面向"十二五"高职高专项目导向式教改教材·财经系列

U0738708

会计信息化应用教程(用友 ERP-U8 8.72 版)

王新玲　刘春梅　王大山　主　编

清华大学出版社

北　京

内 容 简 介

本书以用友 ERP-U8(V8.72 版)为蓝本,以掌握企业典型的财务和业务处理为目标,按照任务引领方式介绍了 U8 财务业务一体化系统主要构成模块的基本原理和实训操作。

本书共分为 11 个项目。项目一简要介绍了企业会计信息化规划和会计信息化应用平台的安装与配置。其他项目分别介绍了系统管理、企业应用平台、总账、报表、薪资管理、固定资产管理、购销存初始、采购与应付管理、销售与应收管理、库存管理与存货核算等内容。每个项目都由若干任务构成,每个任务均由案例引出,然后是基本的理论认知,最后是完成任务的实训指导。每个项目后面附有项目基础练习,可供读者巩固所学内容。本书最后的三个附录分别是我国电算化法规、财务业务综合实训自测和项目基础练习参考答案。

本书可作为高等职业学院、成人教育会计专业及其他经管类专业学习会计信息化课程的专业课教材,也可供在职人员学习用友 ERP 软件提供指导。

图书在版编目(CIP)数据

会计信息化应用教程(用友 ERP-U8 8.72 版)/王新玲,刘春梅,王大山主编.--北京:清华大学出版社,2014
(面向"十二五"高职高专项目导向式教改教材·财经系列)
ISBN 978-7-302-34986-0

Ⅰ.①会… Ⅱ.①王… ②刘… ③王… Ⅲ.①会计信息—财务管理系统—高等职业教育—教材 Ⅳ.①F232

中国版本图书馆 CIP 数据核字(2013)第 316715 号

责任编辑:孙兴芳 杨作梅
封面设计:刘孝琼
责任校对:周剑云
责任印制:何 芊

出版发行:清华大学出版社
　　　　网　　　址:http://www.tup.com.cn,http://www.wqbook.com
　　　　地　　　址:北京清华大学学研大厦 A 座　　　邮　　编:100084
　　　　社 总 机:010-62770175　　　邮　　购:010-62786544
　　　　投稿与读者服务:010-62776969,c-service@tup.tsinghua.edu.cn
　　　　质 量 反 馈:010-62772015,zhiliang@tup.tsinghua.edu.cn
　　　　课 件 下 载:http://www.tup.com.cn,010-62791865
印　刷　者:北京富博印刷有限公司
装 订 者:北京市密云县京文制本装订厂
经　　销:全国新华书店
开　　本:185mm×260mm　　印　张:21.25　　字　数:517 千字
　　　　附 DVD1 张
版　　次:2014 年 7 月第 1 版　　印　次:2014 年 7 月第 1 次印刷
印　　数:1~3000
定　　价:42.00 元

产品编号:056779-01

前　　言

按照"面向'十二五'高职高专项目导向式教改教材·财经系列"的策划要求，本书将培养目标和人才培养规格定位在为生产、管理、服务一线培养具有良好职业道德、专业知识素养和职业能力的高素质技能型人才；在教学模式上倡导"以学生为中心"，根据学生特点，实行任务驱动、项目导向等多种形式的"工学结合"教学模式；在教学内容和课程体系安排上体现与职业岗位对接，理论知识够用，职业能力适应岗位要求和个人发展要求，顺应当前的改革大潮。

本书有以下几个鲜明特色。

(1) 面向企业应用。

本书以企业财务业务一体化应用为背景，对构成财务业务一体化应用系统的主要模块从功能、流程、数据关联、典型业务处理全方位进行介绍，通过这些内容的学习，可以适应信息化企业财务、业务部分的岗位工作，体现就业导向的现实目标。

(2) 强化实操技能。

各项目以任务案例引领，介绍了相关的基本理论、业务流程和实训操作。每个项目的任务均可覆盖信息化系统一个模块的典型功能。教材的附录中还提供了财务业务综合自测练习，打通了模块间的界限，将财务业务一体化应用整合到一起。

(3) 支持自主学习。

本书中的每个任务都有详细的操作指导，可供没有基础的学习者对照自学。除此以外，每个项目还提供了习题用于学习自测。配书光盘中包含了用友 U8 教学软件及补丁，可用于学习者安装实训平台；"实训数据"是为学习者进行实训操作准备的基础数据，也可用于对照参考。

本书由王新玲、刘春梅、王大山任主编。其中，王新玲编写了项目一、项目二和项目四；王大山编写了项目三和项目五；齐媛编写了项目六和项目七；靳哲编写了项目八和项目九；高丽霞编写了项目十和项目十一；刘春梅编写了附录。其他参与编写的老师还有吕志明、康丽、张冰冰、王腾、彭飞、王贺雯。

由于编者水平有限，书中难免有不足之处，恳请广大读者提出宝贵意见。

编　者

目 录

面向「十二五」高职高专项目导向式教改教材·财经系列

项目一

会计信息化应用基础

【项目技能点】

- 能够进行用友 U8 的安装
- 能够进行用友 U8 服务器的配置连接

【项目知识点】

- 了解用友 U8 对软硬件环境的要求
- 了解会计电算化与会计信息化的关系
- 了解手工会计核算系统与信息化系统的异同
- 了解企业信息化建设的过程
- 了解目前市场上主流的管理软件

任务一　企业会计信息化规划

◉【任务案例】

2013 年 12 月 10 日,在创智公司 2014 年度规划会议上,董事会提出,随着企业业务的不断扩张,需要借助更为先进的信息化管理手段将企业财务、业务统一管理起来,实现企业购销存业务管理、会计核算和财务管理一体化,让企业各级管理部门和业务部门都能从系统中方便地获取业务数据和经营决策信息。年度规划会议上任命财务部部长宋淼全权负责该项工作,并于 12 月 26 日就此事进行专题汇报。

◉【具体任务】

(1) 分析宋淼应从何处入手开展此项工作。
(2) 宋淼的汇报方案中应该包括哪些内容?

◉【理论认知】

一、会计信息化相关概念

(一)会计电算化与会计信息化

1. 会计电算化

我国最早将计算机用于会计工作的尝试是从 1979 年财政部给长春一汽拨款 500 万元试点开始的,1981 年在长春召开的"财务、会计、成本应用电子计算机专题研讨会"上正式提出"会计电算化"的概念。

会计电算化是把电子计算机和现代数据处理技术应用到会计工作中的简称,是用电子计算机代替人工记账、算账和报账,以及部分代替人脑完成对会计信息的分析、预测、决策的过程,其目的是提高企业财会管理水平和经济效益,从而实现会计工作的现代化。

会计电算化的普及减轻了会计人员的劳动强度,提高了会计工作的质量和效率,促进了会计职能的转变。

2. 会计信息化

1999 年在深圳召开的"会计信息化理论专家座谈会"上首次提出从会计电算化走向会计信息化的观点,之后逐渐形成会计信息化的概念。

会计信息化是指充分运用现代信息技术,重构和优化传统会计模式,建立起符合现代信息管理要求的、融物流、资金流、信息流和业务流为一体的开放性会计系统,提供真实有用、实时共享的信息资源,为企业经营管理、控制决策服务。

总的来看,会计信息化是会计电算化在两个方向上发展的结果。一是在横向上与企业管理信息系统相结合，形成融物流、资金流、信息流和业务流为一体的开放性会计系统；二是在纵向上为了满足企业决策层和管理层对信息的需求，由会计核算系统、会计管理系统向会计决策支持系统的扩展，进而形成完整的会计系统。因此会计信息化是会计电算化的高级阶段，是会计观念上的重大突破，它要求人们站在整个企业的新视角来认识信息化工作，它体现了会计的全面创新、变革和发展。

(二)会计信息系统与管理信息系统

1. 会计信息系统

会计信息系统(Accounting Information System，AIS)是指利用信息技术，对会计信息进行采集、存储、处理及传送，完成会计核算、监督、管理和辅助决策任务的信息系统。

2. 管理信息系统

管理信息系统(Management Information System，MIS)是一个以人为主导，利用计算机硬件、软件、网络通信设备以及其他办公设备，进行信息的收集、传输、加工、存储、更新和维护，以企业战略竞优、提高效益和效率为目的，支持企业的高层决策、中层控制、基层运作的集成化的人机系统。

会计信息系统是管理信息系统的有机构成。

二、会计信息化系统与手工会计核算系统的比较

(一)会计信息化系统与手工会计核算系统的共同点

1. 系统目标一致

两者都对企业的经济业务进行记录和核算，最终目标都是为了加强经营管理，提供会计信息，参与经营决策，提高企业经济效益。

2. 采用的基本会计理论与方法一致

两系统都要遵循基本的会计理论和方法，都采用复式记账原理。

3. 都要遵守相关法规

两种环境的会计核算都要遵守会计和财务制度，以及国家的各项财经法纪，严格贯彻执行会计法规，从措施、技术、制度上堵塞各种可能的漏洞，消除弊端，防止作弊。

4. 系统的基本功能相同

任何一个信息要达到系统目标，都应具备信息的采集输入、存储、加工处理、传输和输出这五项功能。

5. 会计档案保管要求相同

两者都要保存会计档案。作为会计信息系统的输出，会计信息档案必须妥善保存，以便查询。

6. 编制会计报表的要求相同

两系统都要编制会计报表，并且都必须按国家要求编制企业外部报表。

(二)会计信息化系统与手工会计核算系统的区别

1. 运算工具不同

手工会计核算系统使用的运算工具主要是算盘、计算器，不能存储运算结果，因此需要边计算边记录，速度慢、工作量大。

信息化系统中的数据处理工作由电子计算机完成。计算机运算速度快、精度高、存储量大，相比手工核算有着本质的区别。

2. 信息载体不同

手工核算系统中的所有信息均以纸张为载体，占用空间大，保管难度大，查找困难。

信息化系统中除必要的会计凭证外，均采用磁性介质为信息载体，数据占用空间小、查找方便、保管容易，可以利用网络进行传输。

3. 簿记规则不同

手工核算系统中日记账、总账采用订本式，明细账采用活页式；账簿记录的错误采用划线更正法、红字冲销法和补充更正法更正；账页中的空行、空页要用红线划销。

信息化系统中的账页是折叠或卷带状；记账过程由计算机自动完成，所有账簿数据均来自凭证，对于记账后发现错误的只可采用红字冲销法或补充更正法更正，以留下必要的审计线索。

4. 账务处理不同

账务处理程序也称会计核算组织程序，是指对会计数据的记录、归类、汇总、编报的步骤和方法。即从原始凭证的整理、汇总，记账凭证的填制、汇总，日记账、明细分类账的登记，到会计报表编制的步骤和方法。

手工核算系统的账务处理程序有记账凭证核算程序、科目汇总表核算程序、日记账核算程序和汇总记账凭证核算程序四种。以记账凭证账务处理程序为例，其一般程序如下。

(1) 根据原始凭证编制汇总原始凭证。

(2) 根据原始凭证或汇总原始凭证，编制记账凭证。

(3) 根据收款凭证、付款凭证逐笔登记现金日记账和银行存款日记账。

(4) 根据原始凭证、汇总原始凭证和记账凭证，登记各种明细分类账。

(5) 根据记账凭证逐笔登记总分类账。

(6) 期末，现金日记账、银行存款日记账和明细分类账的余额同有关总分类账的余额核对相符。

(7) 期末，根据总分类账和明细分类账的记录，编制会计报表。

(8) 根据会计报表资料进行会计分析。

信息化系统中账务处理程序中，根据审核后的记账凭证登记账簿的工作由计算机自动完成，编制财务报告时，可以预先设定报表中的数据来源公式，报表编制工作同样由计算机自动完成。

5. 内部控制不同

手工会计核算系统中，业务处理全部由人工完成，由于受工作经验、疲劳程度、舞弊等多方面影响，业务处理过程中会产生各种各样的差错。为了保证业务处理的真实、正确，每一笔经济业务的处理都要经过一套严格的多重手续，每个手续都有严密的制约与监督机制，如授权批准与业务经办的分离、会计记录与收付款项的分离；会计科目汇总表的编制、凭证汇总表的试算平衡检查、账账核对、账证核对等。

信息化系统中，凭证录入到系统后，记账、编制报表都可以自动完成，由于数出一源，所以计算机自动处理过程中不会有计算错误、不受工作时间及情绪等因素影响，因此传统手工环境下的账账核对、账证核对已经丧失其原有的控制意义。同时，内部控制的范围、形式、重点都发生了相应改变。

三、企业会计信息化的建设过程

无论企业的规模大小、结构及业务复杂程度如何，会计信息化的建设过程都大致相同，如图 1-1 所示。

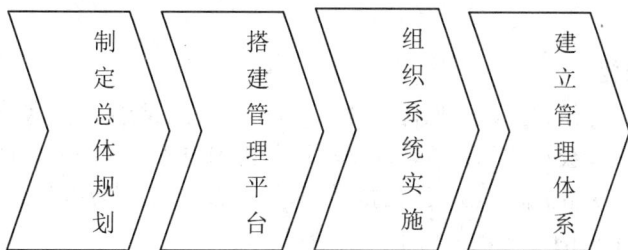

图 1-1　企业会计信息化的建设过程

(一)制定总体规划

企业会计信息化总体规划是对企业会计信息化所要达到的目标及如何有效地、分步骤地实现这个目标所做的规划。它是企业会计信息化建设的指南，是开展具体工作的依据。

会计信息化总体规划应立足本单位实际情况，主要包括以下内容。

1. 会计信息化建设的目标

会计信息化建设的目标应与企业总体战略目标相适应，应指明企业会计信息化建设的基本方向，明确建设的规模和业务处理范围。按时间划分，该目标可以分为近期目标和中长期目标。

2. 会计信息化建设的工作步骤

会计信息化建设的工作步骤是按照建设目标的要求和企业实际情况对会计信息化建设过程的任务分解，主要规定系统的建设分哪几步进行、每一步的阶段目标和任务、各阶段资源配置情况等。

面向 "十二五" 高职高专项目导向式教改教材·财经系列

3. 会计信息化建设的组织机构

会计信息化建设过程不仅会改变会计工作的操作方式，还会引起会计业务处理流程、岗位设置，甚至是单位整个管理模式的一系列重大变革。因此，企业在系统建设过程中，需要投入大量的时间、组织专门的人员根据本企业的具体情况建设适应新系统的工作流程、管理制度、组织形式及绩效考核标准等。因此，企业会计信息化建设是一项复杂的系统工程，是一项长期的、艰苦的工作。规划中应明确规定会计信息化建设过程中的管理体制及组织机构，以利于统一领导、专人负责，高效率地完成系统建设的任务。

4. 资金预算

会计信息化建设需要较多的资金投入，因此要对资金统筹安排，合理使用。会计信息化建设过程中的资金耗费主要由购买商品化软件费用、系统硬件配置费用、系统实施与人员培训与咨询费用以及后期的运行维护等费用构成。

(二)搭建管理平台

会计信息化需要借助信息化的管理手段，管理平台包括硬件和软件两大部分。硬件部分包括计算机、服务器等硬件设备和网络设备；软件部分包括系统软件和应用软件。其中应用软件选型是核心。

1. 主流软件认知

按照不同的分类方法，会计信息化软件可以分为不同的类型。按软件适用范围可分为通用会计软件和定点开发会计软件；按软件来源可分为国内软件和国外软件；按软件网络技术架构分为基于 C/S(客户端/服务器)架构的软件和基于 B/S(浏览器/服务器)架构的软件。

目前国内市场主流的会计软件有以下几个。

1) 用友软件

用友软件股份有限公司成立于 1988 年，于 2001 年在 A 股上市，目前是亚太地区最大的财务软件和企业管理软件提供商，提供面向不同行业、不同规模企业的全面信息化解决方案。

2) 金蝶国际

金蝶国际软件集团有限公司是在香港主板上市的公司之一，是亚太地区管理软件龙头企业，全球领先的中间件软件、在线管理及全程电子商务服务商。金蝶目前有三种 ERP 产品，分别为面向中小型企业的 K/3 和 KIS，以及面向中大型企业的 EAS，涵盖企业财务管理、供应链管理、客户关系管理、人力资源管理、知识管理、商业智能等，并能实现企业间的商务协作和电子商务的应用集成。

3) SAP

SAP 是德国 SAP 公司的产品，是一款企业管理软件的名称，是目前世界排名第一位的 ERP 软件。针对大中型企业，提供完整的系列业务解决方案 SAP ERP，能够快速响应行业需求，跟随需求的提高，使用附加业务功能，降低成本并推动变革。同时 SAP ERP 采用的 SAP NetWeaver 驱动，可以通过将 SAP 和非 SAP 解决方案无缝集成的方式保护并充分利用企业现有的 IT 投资。针对中小型企业：SAP 提供了三种不同类型的解决方案，应对企业成长的不同需求，包括 SAP Business One、SAP Business ByDesign 和 SAP Business All-in-One。

2. 软件选型的原则

1) 软件的合法性与适用性

合法性是指软件的功能必须满足国家有关政策法规的明文要求，1994 年财政部发布的《会计核算软件基本功能规范》中对会计核算软件应具有的基本功能做了规范，目前市场上的商品化会计软件提供的功能均满足《会计核算软件基本功能规范》的要求。适用性是指软件功能是否满足本单位业务处理的要求。明确企业业务处理要求并了解软件功能能否满足这些要求，是企业选择会计软件时首先需要考虑的问题。

2) 软件的灵活性、开放性与可扩展性

会计信息化是一个动态的发展过程，必须考虑由于信息技术的飞速发展所引起的商业活动方式的变化对企业经营管理方式提出的要求，包括机构变革和业务流程重组。同时随着经营活动范围的扩大和方式的多样化，会产生许多新的市场机会，而企业抓住这些机会的必要条件之一就是要进一步调整、增强和完善信息管理系统的功能。这就要求软件系统的设置具有一定的灵活性，以便调整软件操作规程和适应新的业务处理流程的变化。同时，软件在与其他信息系统进行数据交换以及进行二次开发方面的功能对于适应企业不断变化中的管理工作也非常重要。

3) 选择稳定的开发商和服务商

软件开发商的技术实力和发展前景也是企业在选择会计软件时应该考虑的一个重要方面。如果软件开发商的技术实力有限或者根本没有稳定的开发队伍，则今后软件版本的升级和软件功能的改进都将存在问题，用户后续服务支持将无从保证。

此外，某一软件的售后服务体系是否健全、服务水平高低及服务态度如何也会影响到软件能否顺利投入使用，今后软件在运行过程中出现问题能否得到及时解决是至关重要的。需要特别注意的是，最好选用在企业所在城市或地区设立售后服务部门的软件开发商的产品，这是软件长期稳定运行的一个重要保障。

(三)组织系统实施

由于管理软件功能强大，模块齐全，几乎涉及企业的各个部门和所有的功能节点。系统参数多且设置灵活、业务流程控制复杂；系统内不仅要实现数据共享，还要对数据一致性与安全性进行严格控制，整个系统内的数据关联关系复杂；对应用人员的素质和协作能力要求高；通用软件系统的功能要与企业具体的管理需求相对接，这是一项非常专业的工作。

从企业购置软件到软件能正常运转起来，其间有大量的工作要做。实施就是在企业信息化建设过程中，由相关人员组成特定项目组，通过企业调研—业务分析—流程梳理—数据准备人员培训—系统配置与测试—试运行—方案调整等一系列工作，将通用管理软件与企业具体业务及管理需求相对接，完成管理软件的客户化工作，帮助企业实现科学管理，降低成本，提高效率。在双方组成的实施团队中，实施顾问的作用是指导、辅导和培训，实施的主体是企业自身的财务及业务人员。实施过程也是知识转移的过程。

(四)建立管理体系

任何形式的管理软件，都只是企业管理提升的一种工具，经过艰难的项目实施实现系统上线只是第一步，要充分发挥信息系统的效益，还有大量的日常运行与管理工作要做。首先就是要建立一系列与之相适应的管理制度，包括：会计信息化环境下的组织与岗位职责、系统运行维护管理制度、软硬件管理制度、会计档案管理制度及各种内部控制。

任务二　安装与配置会计信息化应用平台

◉【任务案例】

在宋淼领导下，企业会计信息化小组快速推进，经过多方比对，慎重选型，于 2014 年 1 月购买了用友 U8(V8.72)作为企业会计信息化应用平台，并准备从当月开始尝试用友 U8 管理企业业务。用友软件派出了高级顾问方俊、助理顾问严鹏全程指导创智科技企业信息化实施。实施团队一方面开展详细业务调研与分析；一方面开始安装与配置用友 U8 管理软件。

◉【具体任务】

(1) 检查服务器安装环境是否满足 U8 安装要求。
(2) 在服务器和客户端分别安装，并进行连接测试。

◉【理论认知】

一、认识用友 U8

(一)用友 U8 功能概述

用友 U8 运行于局域网环境，定位于中国企业管理软件的中端应用市场，可以满足不同竞争环境下，不同制造、商务模式下，以及不同运营模式下的企业经营，它以全面会计核算和企业级财务管理为基础，实现了购销存业务处理、会计核算和财务监控的一体化管理，提供了从企业日常运营、人力资源管理到办公事务处理等全方位的企业管理解决方案。用友 U8 的用户量最大、应用最全面、行业实践最丰富，因此我们选择 U8 作为企业会计信息化应用平台。

用友 U8 提供了财务管理、供应链管理、生产管理、客户关系管理、人力资源管理办公自动化和商业智能集成化功能，如图 1-2 所示。

在综合考虑教学对象、教学内容、教学学时的基础上，我们选择了其中的财务管理、供应链管理、人力资源管理中的常用功能模块搭建了本教材的实验体系，以满足对企业财务业务的一体化管理的学习需要。功能模块是指软件中能够相对独立地完成数据输入、处理和输出的各个部分，也称为子系统。通常，管理软件是按照不同的职能划分功能模块的。本教程中选择的功能模块简介如下。

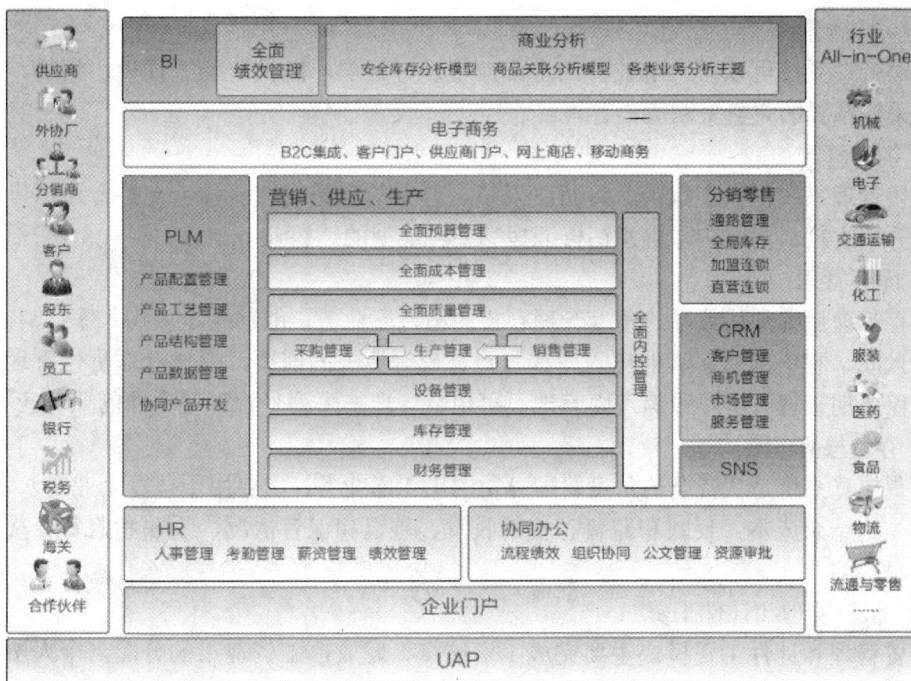

图 1-2 用友 U8 的总体框架

1. 各模块功能概述

1) 总账管理

与手工会计中的总账(总分类账)概念完全不同,用友 U8 中的总账即账务处理系统是会计核算与财务管理中最核心的一个模块。它以会计凭证为原始数据,完成全部的记账、算账、对账、转账、结账等数据处理工作,并提供丰富的账簿查询及数据管理等功能。

2) UFO 报表

UFO 报表模块主要提供各类对外报表和内部报表的定义和编制。用户可以通过公式由计算机自动从总账及其他模块中提取报表数据,进行数据计算、报表汇总和数据分析。

3) 固定资产

固定资产管理模块主要用来管理企业固定资产的增减变动、折旧计算、资产变动等,提供固定资产统计分析及相关报表的查询。

4) 应收款管理

应收款管理系统主要实现企业与客户之间业务往来账款的核算与管理。在应收款管理系统中,以销售发票、费用单、其他应收单等原始单据为依据,记录销售业务及其他业务所形成的往来款项,处理应收款项的收回、坏账、转账等情况,提供票据处理的功能,实现对应收款的管理。

5) 应付款管理

应付款管理系统主要实现企业与供应商之间业务往来账款的核算与管理。在应付款管理系统中,以采购发票、其他应付单等原始单据为依据,记录采购业务及其他业务所形成的往来款项,处理应付款项的发生、付款、转账等情况,提供票据处理的功能。

6) 采购管理

采购管理系统可以对采购业务的全部流程进行管理，提供请购、订货、到货、入库、开票、采购结算的完整采购流程管理。

7) 销售管理

销售管理系统提供了报价、订货、发货、开票的完整销售流程，支持普通销售、委托代销、分期收款、直运、零售、销售调拨等多种类型的销售业务。

8) 库存管理

库存管理系统是从数量的角度管理存货的出入库业务，能够满足采购入库、销售出库、产成品入库、材料出库、其他出入库、盘点管理等业务的需要，提供仓库货位管理、批次管理、保质期管理、出库跟踪入库管理、可用量管理、序列号管理等全面的业务应用。

9) 存货核算

存货核算系统是从资金的角度管理存货的出入库业务，主要用于核算企业的入库成本、出库成本、结余成本，反映和监督存货的收发、领退和保管情况，反映和监督存货资金的占用情况。

10) 薪资管理和计件工资

薪资管理和计件工资模块主要完成工资核算、发放，工资费用的分配，个人所得税计算和缴纳以及工资统计分析等工作。

2. 模块间的数据关联

以上模块相互作用、相互联系，各模块间的数据关系如图 1-3 所示。

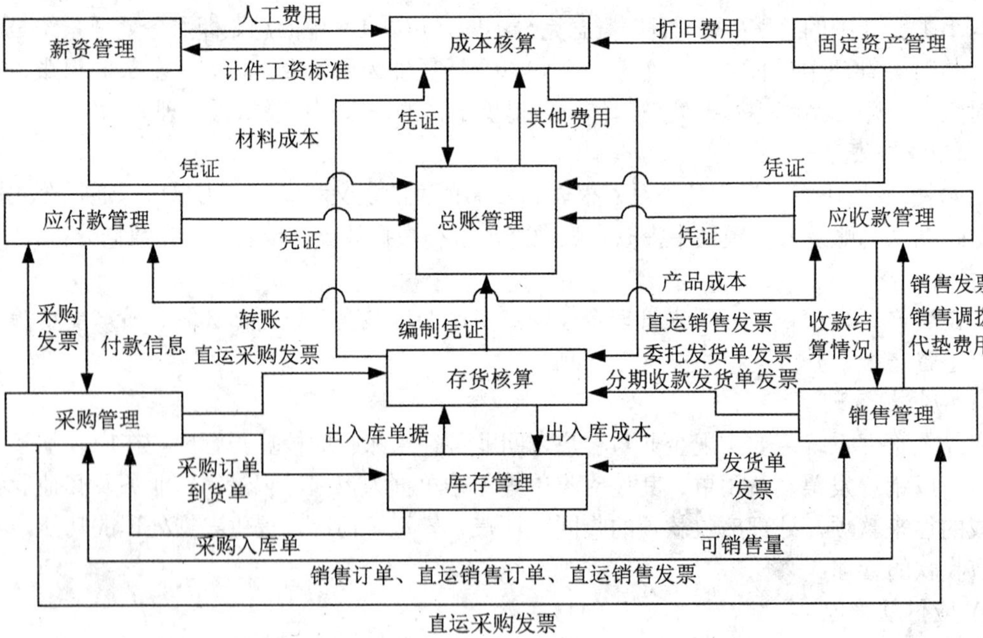

图 1-3 用友 U8 模块间的数据关系

(二)用友 U8 的技术架构

用友 U8 管理软件采用三层架构体系,即逻辑上分为数据服务器、应用服务器和客户端。采用三层架构设计,可以提高系统效率与安全性,降低硬件投资成本。

物理上,既可以将数据库服务器、应用服务器和客户端安装在一台计算机上,即单机应用模式(学校教学大都采用单机模式);也可以将数据库服务器和应用服务器安装在一台计算机上,而将客户端安装在另一台计算机上(网络应用模式但只有一台服务器),当然,还可以将数据库服务器、应用服务器和客户端分别安装在三台计算机上(网络应用模式且有两台服务器)。如果是 C/S 网络应用模式,在服务端和客户端分别安装了不同的内容,需要进行三层结构的互联。在系统运行过程中,可根据实际需要随意切换远程服务器,即通过在登录时改变服务器名称来访问不同服务器上的业务数据,从而实现单机到网络应用模式的转换。

二、安装与配置

(一)用友 U8 的运行环境

用友 U8 属于应用软件,需要有相应的硬件及网络环境作为其运行的载体,同时需要有适合的操作系统、数据库管理系统作为其运行的系统软件。

1. 硬件及网络环境

硬件及网络环境是用友 U8 运行的载体,直接影响到用友 U8 的运行效率与稳定性,建议按表 1-1 中列示的标准进行配置。

表 1-1 用友 U8 的运行环境

分类 对象	硬件环境	
	最低配置	推荐配置
客户端	内存 512MB 以上、CPU P3 800MHz 以上、安装盘(U8 V8.72 所安装的盘符)空间 10GB 以上、系统盘(操作系统所安装的盘符)空间 2GB 以上	内存 1GB 以上、CPU P4 1.8GHz 以上、磁盘空间 10GB 以上、系统盘空间 2GB 以上
数据库服务器	内存 1GB 以上、CPU P4 1.8GHz 以上、磁盘空间 40GB 以上	内存 2GB 以上、CPU 2.4GHz 以上或多 CPU、磁盘空间 40GB 以上
应用服务器	内存 1GB 以上、CPU P4 1.8GHz 以上、磁盘空间 40GB 以上	内存 1GB 以上、CPU 1.8GHz 以上或多 CPU、磁盘空间 10GB 以上

2. 软件环境

用友 U8 运行的软件环境包括操作系统、网络协议、数据库管理系统等,配置要求如表 1-2 所示。

表 1-2　用友 U8 运行的软件环境

对象	分类	系统软件
客户端		Windows XP + SP2 或 Windows 2000 Server/ Professional + SP4 或 Windows 2003 Server+SP2 或 Windows NT + SP6a
数据库服务器		Windows 2000 Server+ SP4 或 Windows 2003 Server+SP2 或 Windows NT + SP6a
应用服务器		Windows XP + SP2 或 Windows 2000 Server + SP4 或 Windows 2003 Server + SP2
网络协议		IE 6.0+SP1，TCP/IP，Named Pipe；IIS
数据库管理系统		SQL Server 2000 + SP4

● 【知识链接】

IIS 的安装

IIS(Internet Information Services，互联网信息服务)是由微软公司提供的一种 Web(网页)服务组件，其中包括 Web 服务器、FTP 服务器、NNTP 服务器和 SMTP 服务器，分别用于网页浏览、文件传输、新闻服务和邮件发送等。

安装 IIS 的步骤如下。

① 执行"开始"|"控制面板"命令，打开"控制面板"窗口。

② 双击"添加或删除程序"选项，再选择"添加或删除 Windows 组件"选项，打开"Windows 组件向导"对话框，如图 1-4 所示。

③ 选中"Internet 信息服务(IIS)"复选框，单击"下一步"按钮。

④ 在安装过程中需要用到 Windows 安装盘。

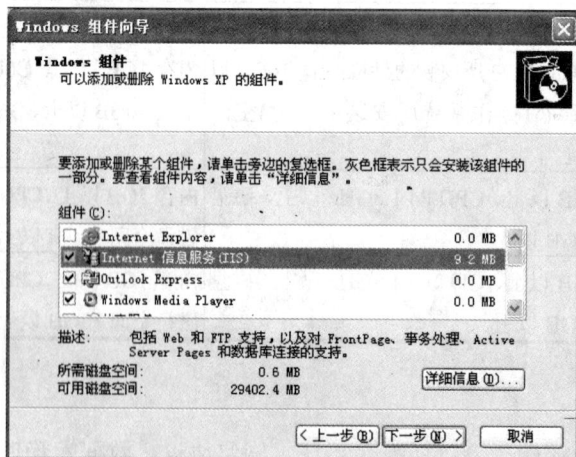

图 1-4　Windows 组件向导

(二)安装前注意事项

为确保系统安装成功，提醒大家在安装之前注意以下问题。

(1) 计算机在安装操作系统和必要的补丁后最好没有安装过任何其他软件。

(2) 用系统管理员账号或具有同等权限的人员账号登录(用户 ID 属于 Administrators 组)，进行安装。

(3) 机器名不能带"-"字符，不能是中文字符。

(4) 安装前关闭所有杀毒软件，否则有些文件无法写入。

(5) 若系统中未默认安装 IIS(Internet 信息服务)，则需要安装该组件。可通过"控制面板"│"添加/删除程序"│"Windows 组件"│"添加 IIS 组件"命令来安装。安装过程中需要用到 Windows XP 安装盘。

(三)产品安装

1. 安装 SQL Server 2000

下面以安装 SQL Server 2000 个人版为例介绍安装过程。其操作步骤如下。

(1) 执行 SQL Server 2000 安装文件 Setup 后，打开 SQL Server 2000 安装界面，选择其中的"安装 SQL Server 2000 组件"选项，打开"安装组件"对话框。

(2) 选择"安装数据库服务器"选项，打开"安装向导-欢迎"对话框，单击"下一步"按钮，打开"计算机名"对话框。选择"本地计算机"选项，单击"下一步"按钮，打开"安装选择"对话框。

(3) 选择"创建新的 SQL Server 实例，或安装客户端工具"选项，单击"下一步"按钮，打开"用户信息"对话框。输入姓名，单击"下一步"按钮，打开"软件许可证协议"对话框。阅读后，单击"是"按钮，打开"安装定义"对话框。

(4) 选择"服务器和客户端工具"选项，单击"下一步"按钮，打开"实例名"对话框，采用系统默认，单击"下一步"按钮，打开"安装类型"对话框。选择"典型"选项，并选择文件安装路径，单击"下一步"按钮，打开"选择组件"对话框。采用系统默认，单击"下一步"按钮，打开"服务账户"对话框。

(5) 选择"对每个服务使用同一账户。自动启动"SQL Server 服务"选项，将服务设置为"使用本地系统账户"，单击"下一步"按钮，打开"身份验证模式"对话框。

(6) 为了加强系统安全性，选择"混合身份验证模式"，选中"空密码"复选框，单击"下一步"按钮，打开"开始复制文件"对话框。

(7) 单击"下一步"按钮，打开"Microsoft Data Access Components 2.6 安装"对话框，按系统提示关闭列表中的任务，单击"下一步"按钮，打开安装软件对话框，单击"完成"按钮开始安装。

(8) 稍候片刻，系统安装结束，显示"安装结束"对话框，单击"完成"按钮，结束 SQL Server 2000 的安装。

(9) 安装 SP4 数据库补丁。

2. 安装用友 U8

下面以单机安装用友 ERP-U8 管理软件为例介绍安装过程。其操作步骤如下。

(1) 以系统管理员 Administrator 身份注册进入系统,将用友 ERP-U8 管理软件光盘放入光驱,打开光盘目录,双击应用程序安装文件 Setup,运行安装程序。

(2) 根据提示单击"下一步"按钮进行操作,直至进入选择"安装类型"界面。

(3) 系统提供了几种安装类型,建议选择"标准"安装,单击"下一步"按钮,进行系统环境检查,看系统配置是否已经满足系统安装条件。

> **注意:** 如果不满足安装条件,系统会列出哪些项目未满足,单击未满足的项目链接,系统会自动定位到组件所在光盘位置,让用户手动安装。

(4) 单击"安装"按钮,即可进行安装。

(5) 安装完成后,单击"完成"按钮,重新启动计算机。

(6) 重新启动计算机进入 Windows 操作平台,系统弹出提示"正在完成最后的配置",稍后会出现"数据源配置"对话框。

(7) 在"数据库"文本框中输入数据库服务器的机器名或 IP 地址,再输入数据库管理员 SA 的密码(安装 SQL Server 时所设置的口令),单击"测试连接"按钮,系统弹出提示"连接串测试成功",表示数据源配置成功。

(8) 系统提示是否初始化数据库,单击"是"按钮,系统弹出提示"正在初始化数据库实例,请稍候……"。数据库初始化完成后,出现"登录"对话框。单击"取消"按钮退出。

如果安装成功,在右下角任务栏会显示 SQL Server 数据服务管理器图标 和应用服务管理器图标 。

安装完成之后,执行"开始"|"程序"|"用友 ERP-U872"|"系统服务"|"系统管理"命令,启动系统管理。

> **注意:** U8.72 安装完成后,系统并没有安装演示账套。

(四)产品配置

如果将 U8 作为会计信息化应用教学平台,一般是将数据库服务器、应用服务器和客户端安装在每一台计算机中,方便学生以不同的角色学习 U8 中不同的功能。企业应用则不同,为了保证数据的安全和系统效率,一般采用单服务器应用模式或多服务器应用模式。单服务器应用模式是用一台服务器既做数据库服务器也做应用服务器;而客户端计算机只需安装自己需要使用的产品模块。多服务器应用模式的拓扑结构如图 1-5 所示。

在服务器、客户端分别安装好 U8 的相应产品后,下面进行应用服务器和数据库服务器、客户端和应用服务器之间的连接。

1. 应用服务器和数据服务器连接

操作指引:

(1) 在应用服务器上,执行"开始"|"程序"|"用友 ERP-U872"|"系统服务"|"应用服务器配置"命令,打开"U8 应用服务器配置工具"对话框,如图 1-6 所示。

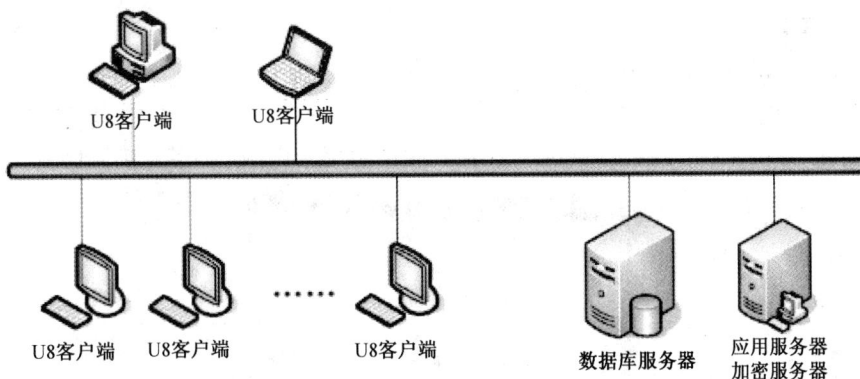

图 1-5　多服务器应用模式的拓扑结构

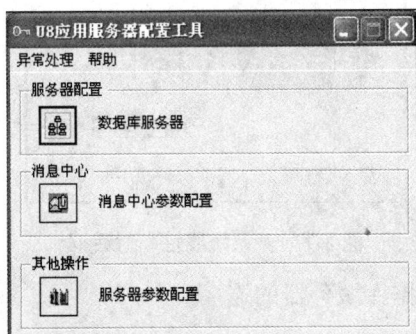

图 1-6　U8 应用服务器配置工具

(2) 双击"数据库服务器"选项，打开"数据源配置"对话框。

(3) 单击"增加"按钮，增加数据源。在数据库服务器文本框中填写数据库服务器的 IP 地址或机器名。

(4) 单击"测试连接"按钮，系统弹出"连接串测试成功"信息提示框，说明数据源配置正确。

2. 客户端连接到应用服务器

在客户端登录 U8 企业应用平台时，在"登录到"文本框中输入应用服务器的 IP 地址或机器名即可。

【实训操作】

【实训项目】

安装用友 U8。

【实训要求】

(1) 查看个人计算机的软硬件环境，判断是否具备安装 U8 的条件；按前面所述步骤尝试在单机上安装 U8。

(2) 在学校计算机上查看应用服务器与数据库服务器的连接情况。

【实训指导】

1) 查看计算机安装的操作系统

右击"我的电脑",从弹出的快捷菜单中选择"属性"命令,在打开的"系统属性"对话框的"常规"选项卡中查看计算机所安装的操作系统是否满足要求,如图1-7所示。

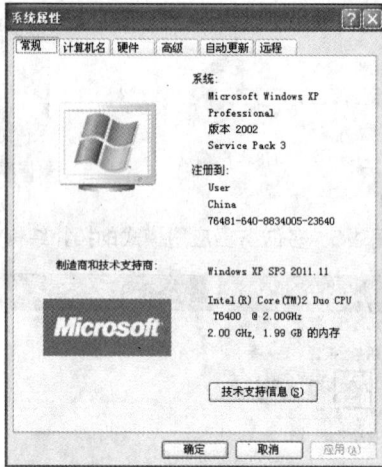

图1-7 "系统属性"对话框

2) 查看应用服务器与数据库服务器的连接

见本项目正文部分。

项 目 小 结

会计信息化应用是一门融合了会计、计算机、管理等多门学科在内的边缘学科,了解会计信息化的基本概念,理解企业会计信息化的建设过程,能够从全局出发理解自己本岗位的工作。通过搭建会计信息化应用平台——用友 U8,掌握软件安装、配置方法,有助于理解会计信息系统的构成,也可以为下一步的学习打下良好的基础。

作为企业会计信息化的负责人,应在企业总体战略目标指导下对企业各部门的业务及管理需求进行调研分析,并着手进行会计信息化总体规划。向企业决策层的汇报方案中应该包括如下几项:企业会计信息化现状分析、会计信息化总体目标、建议组织机构、主流软件对比及初步资金预算。

项目基础练习

一、单项选择题

1."会计电算化"一词是在( )年正式提出的。

    A. 1979   B. 1981   C. 1994   D. 1999

2. 系统实施的主体是( )。

　　A. 软件提供商派出的实施顾问

　　B. 企业方实施团队成员

　　C. 企业方管理班子

3. 支持用友 U8 的数据库管理系统是( )。

　　A. Access　　　　　B. Excel　　　　　C. SQL Server　　D. Oracle

二、多项选择题

1. 企业在会计信息化建设过程中的资金耗费是由( )项目构成的。

　　A. 硬件购置　　　B. 软件购买　　　C. 实施　　　　　D. 升级维护

2. 用友 U8 是一款( )产品。

　　A. 单机应用　　　B. C/S 架构　　　C. B/S 架构

3. 软件选型时，需要遵循的原则包括( )。

　　A. 适用性　　　　B. 灵活性　　　　C. 性价比　　　　D. 合法性

三、简答题

1. 阐述会计信息化与会计电算化的关系。

2. 比较手工会计核算系统与信息化系统的异同。

3. 简述企业信息化的建设过程。

4. 简述如何进行 U8 数据库服务器、应用服务器和客户端的连接。

项目二 企业建账

【项目技能点】

- 作为系统管理员应掌握增加用户、建立账套、为用户赋权、输出/引入账套的方法
- 作为账套主管应掌握修改账套的方法

【项目知识点】

- 理解企业建账的含义
- 掌握企业建账的过程
- 理解权限与岗位分工的关系
- 区别系统管理员与账套主管、账套与年度账

任务一　企业建账应知

【任务案例】

创智科技有限公司于 2014 年 1 月购买了用友 U8 总账、UFO 报表、薪资管理、计件工资、固定资产、应收款管理、应付款管理、采购管理、销售管理、库存管理和存货核算共 11 个模块，并准备于同月开始用 U8 管理企业业务，因此专门成立了信息化项目实施小组，财务部部长宋淼任组长。实施的过程就是将软件中的功能与软件蕴含的管理模式与企业现有业务相结合的过程，因此，项目小组成员首先需要对软件功能有一定程度的认知，宋淼向用友实施顾问方俊提议，先分模块对小组成员进行系统功能的培训，在全体成员对系统功能深入理解的基础上，再按照实施的工作流程进行项目实施，以达成预期效果。

创智科技选购用友 U8 作为会计信息化应用平台之后，首先需要在系统中建立企业的基本信息、核算方法、编码规则等，称为建账，这里的"账"在用友 U8 中称为"账套"。

【具体任务】

(1) 宋淼应通知哪些人员参加培训？谁应该负责企业账套的创建和管理？

(2) 了解如何建账，并做好建账前的各项准备工作。

【理论认知】

一、理解企业建账

(一)何为建账

用友 U8 安装完成之后，只是在计算机中安装了一套可以用来管理企业业务的程序，其中没有任何数据。无论企业原来是用手工记账，还是用其他软件管理业务，都需要把既有的数据建立或转移到新系统中，即在用友 U8 系统中建立企业的基本信息、核算方法、编码规则等，称为建账。

(二)谁负责建账

对中小型企业来说，企业信息化后，需设置专人或专岗负责以下工作：

(1) 按照企业的岗位分工要求在 U8 中设置系统操作员，并分配其对应权限。

(2) 按已确定的企业核算特点及管理要求进行企业建账。

(3) 随时监控系统运行过程中出现的问题，清除异常任务、排除运行故障。

(4) 保障网络系统的安全，预防计算机病毒侵犯。

(5) 定期进行数据备份，保障数据安全、完整。

这个岗位我们称为系统管理员。企业有条件的可设置专人担任系统管理员，条件不具备的可由现有岗位人员兼任此岗。

(三)在哪里建账

在用友 U8 中有一个特殊的模块——系统管理。如同盖高楼大厦预先要打地基一样，系统管理模块用于对整个 U8 系统的公共任务进行统一管理，U8 中其他任何模块的运行都必须以此为基础。

系统管理模块安装在企业的数据库服务器上，其具体功能包括以下几个方面。

1. 账套管理

账套是一组相互关联的数据。每一个独立核算的企业都有一套完整的账簿体系，把这样一套完整的账簿体系建立在计算机系统中就是一个账套。每一个企业都可以为其每一个独立核算的下级单位建立一个核算账套。换句话讲，在用友 U8 中，可以为多个企业(或企业内多个独立核算的部门)分别立账，且各账套数据之间相互独立、互不影响，从而使资源得到充分的利用，系统最多允许建立 999 个企业账套。

账套管理功能一般包括建立账套、修改账套、删除账套、引入/输出账套等。

2. 年度账管理

年度账与账套是两个不同的概念，一个账套中包含了企业所有的数据，把企业数据按年度进行划分，称为年度账。年度账可以作为系统操作的基本单位，因此设置年度账主要是从管理的方便性上考虑的。

年度账管理包括年度账的建立、引入、输出和结转上年数据、清空年度数据等。

3. 系统操作员及操作权限的集中管理

为了保证系统及数据的安全，系统管理提供了操作员及操作权限的集中管理功能。通过对系统操作分工和权限的管理，一方面可以避免与业务无关的人员进入系统，另一方面可以对系统所包含的各个子产品的操作进行协调，以保证各负其责，流程顺畅。

操作权限的集中管理包括设置角色、用户及为用户分配功能权限。

4. 设立统一的安全机制

对企业来说，系统运行安全、数据存储安全是非常重要的，为此，每个应用系统都无一例外地提供了强有力的安全保障机制。如设置对整个系统运行过程的监控机制、清除系统运行过程中的异常任务、设置系统自动备份计划等。

二、企业建账的工作过程

为了快速、准确地完成企业账套的创建过程，提供企业建账的工作流程供参考，如图 2-1 所示。

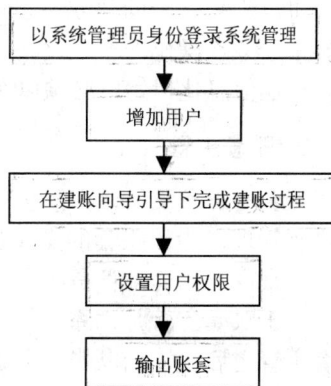

图 2-1 企业建账的工作流程

任务二 以系统管理员身份登录系统管理

【任务案例】

创智科技的实施团队采取同步推进的工作方式。一方面开始安装与配置用友 U8 管理软件；一方面着手培训前的准备工作。方俊是一位经验丰富的实施顾问，在征求宋淼的意见后，决定结合实施进程分阶段对项目组成员进行培训。并且按照在职人员的学习特点，培训采取任务导向方式。

结合企业建账过程，第一个学习任务就是系统管理。企业信息化伊始必须以系统管理员身份登录系统管理。

【具体任务】

(1) 以系统管理员的身份登录系统管理。
(2) 分析 U8 登录界面上各项内容的作用。

【理论认知】

一、能登录系统管理的人员有哪些

由于系统管理在用友 U8 系统中的地位非常重要，因此，系统对登录系统管理的人员做了严格界定。系统只允许以两种身份注册进入系统管理：一是以系统管理员的身份，二是以账套主管的身份。

1. 系统管理员

系统管理员负责整个系统的安全运行和数据维护。以系统管理员身份注册进入系统管理，可以进行账套的建立、引入和输出，设置操作员及其权限，监控系统的运行过程，清除异常任务等操作。

企业信息化伊始，必须以系统管理员身份登录系统管理。

2. 账套主管

账套主管负责所辖账套的管理，其工作任务为确定企业会计核算的规则，对企业年度账进行管理，为该账套的操作员分配权限，组织企业业务处理按既定流程运行。对所管辖的账套来说，账套主管是级别最高的，拥有所有模块的操作权限。

由于账套主管是由系统管理员指定的，因此必须在系统管理员建立账套和指定相应的账套主管之后，才能以账套主管的身份注册和管理系统。

二、如何登录系统管理

无论登录用友 U8 中的哪个模块，其登录界面都是相同的，如图 2-2 所示。

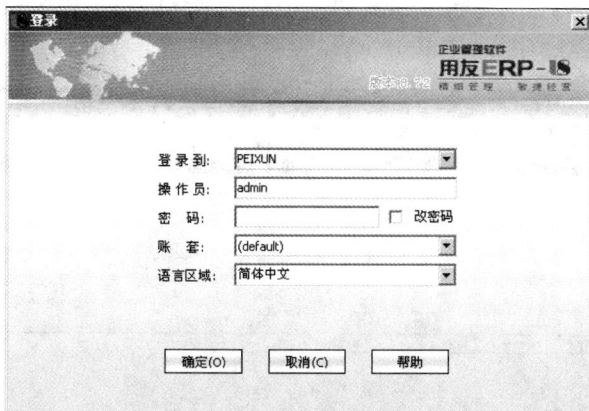

图 2-2 系统管理登录界面

从图 2-2 中可见，登录系统时，要回答这样几个问题。

1. 登录到哪个应用服务器

在"登录到"文本框中要输入应用服务器的名称或 IP 地址。在教学环境中单机方式实训时，应用服务器一般为本机；企业信息化应用模式下，U8 安装完成后要进行应用服务器和数据库服务器、客户端和应用服务器的互联。

2. 什么人登录系统

与手工方式下通过签字盖章等方式明确责任人的方式不同，在信息系统中是通过登录系统时输入"操作员+密码"来确认身份的，因此登录界面中的"操作员"文本框中需要输入在系统中预先建立的操作员编号或操作员姓名和对应密码，当该操作员在系统中进行业务处理时，系统会自动记录其姓名，以此明确经济责任。

3. 登录到哪个企业账套

因为 U8 系统支持多账套，每一个账套都是不同的企业，因此操作员登录时需要从"账套"下拉列表中选择自己所属的企业。

另外，系统能够根据操作员的密码以及权限开放相应的系统功能，确保系统的安全性。

◉【实训操作】

(1) 执行"开始"|"程序"|"用友 ERP-U872"|"系统服务"|"系统管理"命令，进入"用友 ERP-U8[系统管理]"窗口。

(2) 执行"系统"|"注册"命令，打开"登录"对话框。

(3) "登录到"文本框中默认为本地计算机名称。输入应用服务器名称，如果是教学环境单机应用，一般为本机名称。

(4) 在"操作员"文本框中显示用友 U8 默认的系统管理员"admin"，系统默认管理员密码为空。

(5) 单击"确定"按钮，进入系统管理，系统管理界面最下面的状态栏中显示当前操作员为"admin",如图 2-3 所示。系统管理界面中黑色字体的菜单项为系统管理员可以执行的功能。

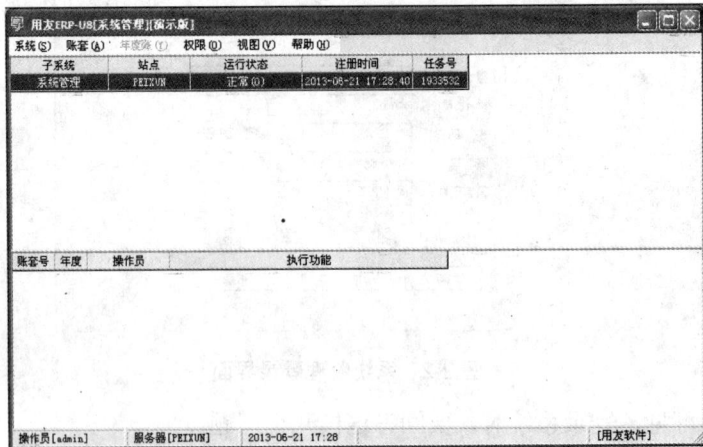

图 2-3　系统管理员登录系统管理后的界面

注意：admin 不区分大小写。

◉【知识链接】

修改登录密码

用友 U8 中的系统管理员密码默认为空，无疑给系统安全留下了隐患。为了保证系统的安全性，系统正式启用后，系统管理员首次登录系统管理时，在"登录"对话框中，需要设置或更改密码。如设置系统管理员密码为"super"的操作步骤如下。

① 在图 2-2 所示的系统管理员登录对话框中，选中"改密码"复选框，单击"确定"按钮，打开"设置操作员密码"对话框。

② 在"新密码"和"确认"文本框中均输入"super"。

③ 单击"确定"按钮，返回系统管理界面。

一定要牢记设置的系统管理员密码，否则以后无法以系统管理员的身份进入系统管理。考虑到实际教学环境，建议不要设置系统管理员密码。

任务三　增　加　用　户

◉【任务案例】

实施团队调研了目前企业的组织结构及岗位分工情况，如表 2-1 所示。项目组需要结合 U8 系统的特点与功能重新梳理企业的业务流程，对手工环境下的人员岗位分工及权限进行调整，确定哪些人员可以登录 U8 系统进行哪些业务操作。

表 2-1　企业目前各部门的主要人员

姓　名	岗　位	分管工作	所属部门
潘龙	企业法人/总经理	全面	总经理办公室
宋淼	财务部经理	财务部全面工作	财务部
郝爽	出纳	负责货币资金收付；登记现金和银行存款日记账；银行对账	财务部
杜雪	会计	各项业务制单；应收应付确认；材料及成本核算	财务部
高亚萍	采购部经理	原料及设备采购	采购部
古茂	销售一部经理	销售一部负责人，管理一部销售工作	销售一部
陈媛	销售二部经理	销售二部负责人，管理二部销售工作	销售二部
李梦甜	生产部经理	负责管理存货出入库	生产部

根据企业目前的岗位分工，结合 U8 功能，应设置的操作员及对应权限如表 2-2 所示。

表 2-2　操作员及其对应权限

编　号	姓　名	角　色	补充赋权
400	潘龙	账套主管	
401	宋淼	账套主管	
402	郝爽	出纳	出纳签字、查询凭证
403	杜雪	总账会计、应收会计、应付会计、成本会计、材料会计、薪酬经理	
404	高亚萍	采购主管	
405	古茂	销售主管	
406	陈媛	销售主管	
407	李梦甜	仓库主管	

注：为实训方便起见，只为宋淼设置口令"1"，其他人口令均为空。

【具体任务】

(1) 以系统管理员的身份增加用户并为用户指定角色。

(2) 分析企业现在的出纳如果两年后从企业离职，是否应该将该用户从系统中删除。

【理论认知】

一、角色与用户

企业开始应用 U8 管理业务之前，首先要指定各系统授权的操作人员，并对操作人员的使用权限进行明确规定，以避免无关人员对系统进行非法操作。同时也可以对系统所包含的各个功能模块的操作进行协调，使得流程顺畅，并保证整个系统和会计数据的安全。

1. 角色管理

角色是指在企业管理中拥有某一类职能的组织，这个组织可以是实际的部门，也可以是由拥有同一类职能的人构成的虚拟组织。例如实际工作中最常见的会计和出纳两个角色，他们既可以是同一个部门的人员，也可以分属不同的部门，但工作职能是一样的。在设置了角色后，就可以定义角色的权限了，当用户归属某一角色后，就相应地拥有了该角色的权限。设置角色的优点在于可以根据职能统一进行权限的划分，方便授权。

2. 用户管理

用户是指有权登录系统，并对系统进行操作和查询的企业人员，即通常意义上的"操作员"。每次登录系统，都要进行用户身份的合法性检查。用户和角色的设置可以不分先后顺序，但对于自动传递权限来说，应该首先设定角色，然后分配权限，最后进行用户的设置。这样在设置用户的时候，选择其归属哪一个角色，其就会自动拥有该角色的权限(包括功能权限和数据权限)。一个角色可以拥有多个用户，一个用户也可以分属于多个不同的角色。

二、用户管理

用户管理包括用户的增加、修改和删除。

1. 增加用户

只有系统管理员有权设置用户。增加用户时，必须明确关于用户的特征信息，包括编号、姓名、所属部门和口令。

(1) 编号：操作员编号是系统区分不同操作人员的唯一标识，因此必须输入。

注意：操作员编号在系统中必须唯一，即使是不同的账套，操作员编号也不能重复。

(2) 姓名：操作员的姓名一般会出现在其处理的票据、凭证上，因此应记录其真实姓名，以便对其操作行为进行监督。

注意：如果存在两个名字完全一样的操作员，需要加特殊标记以示区别。

(3) 口令：指用户注册系统时输入的密码，可由多个数字、字母及特殊符号构成。可以说，口令是用户身份的识别标记。初始状态下可以由系统管理员为每个用户赋予一个空密码，当用户登录系统时，建议立即设置新密码，并严格保密。此后，每隔一定时间，需要更换新密码，以确保密码的安全性。

(4) 确认口令：二次输入口令以验证正确性，必须与前面输入的口令完全一致。为安全起见，一般系统要求输入两次密码，核对一致后才予保存。输入过程中为确保不被他人偷窥，往往采用屏幕屏蔽的方式，如屏幕显示"*"符号用来代表录入的口令，口令可以为空。

(5) 部门：输入该用户所属部门。该项为可选项。

2. 修改或删除用户

用户设置完成后，可以对其姓名及口令进行更改，一旦以其身份进入过系统，该用户便不能被修改和删除。

用户一旦在系统中进行了业务处理,便要留下有痕迹的可追溯记录。如果某个用户日后调离企业,可以在修改用户界面选择"注销当前用户"选项,注销后的用户不能再登录U8 系统。

◉【实训操作】

(1) 以系统管理员的身份登录系统,执行"权限"|"用户"命令,打开"用户管理"窗口。

(2) 单击"增加"按钮,打开"操作员详细情况"对话框。

(3) 按表 2-2 中所提示的资料输入操作员信息,并指定用户所属的角色,如图 2-4 所示。每设置完一个用户,单击"增加"按钮,就可继续增加下一位用户,全部完成后,单击"取消"按钮返回。

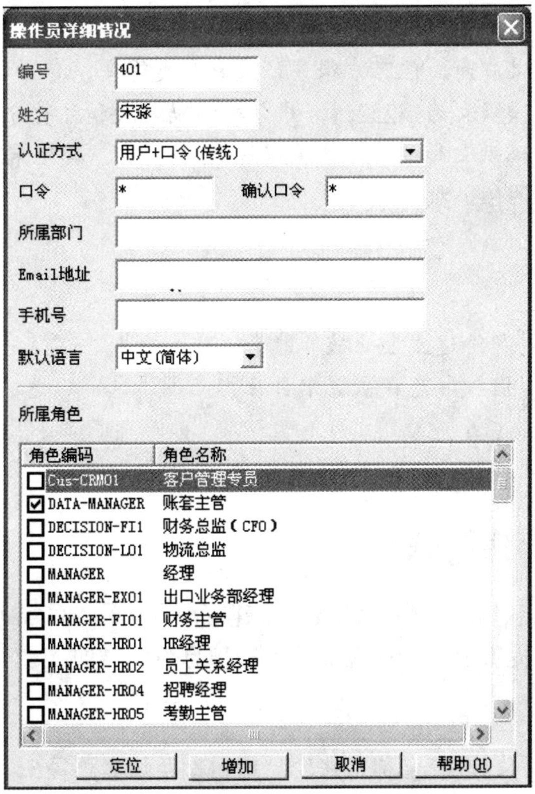

图 2-4 增加用户并指定角色

注意: 对于未使用的用户,可以通过"删除"功能从系统中删除。
已使用过系统之后又调离本企业的用户可以通过"修改"功能中的"注销当前用户"进行操作,状态为"注销"的用户此后不允许再登录本系统。

任务四　建　立　账　套

【任务案例】

创智科技有限公司创建于 2000 年，主要生产和经营计算机、打印机、应用软件等高科技产品。用友 U8 是通用软件，其后台是 SQL Server 数据库的支持。项目组需要在系统中新建一整套创智科技专用的数据文件，用于存储各种业务数据。

北京创智科技有限公司建账相关信息如下：

北京创智科技有限公司(简称创智科技)位于北京市海淀区苏州街 26 号，法定代表人为潘龙，企业纳税登记号为 110108552347832。

该企业属于工业企业，从事软硬件及相关产品的生产及销售，采用 2007 年新会计制度科目核算，记账本位币为人民币，于 2014 年 1 月采用计算机系统进行会计核算及企业日常业务处理。

企业只有几个主要供应商，但客户很多，最好分类管理，有外币业务。

编码规则：科目编码级次为 4222；客户分类编码级次和存货分类编码级次均为 122；部门编码级次、地区编码级次和结算方式编码级次均为 12，其他采用系统默认设置。核算时数量和单价均精确到两位小数。

【具体任务】

(1) 以系统管理员的身份建立企业核算账套。

(2) 建立好的账套以何种形态在系统中存在？

【理论认知】

一、企业建账的工作内容

为了方便操作，信息化系统中大都设置了建账向导，用来引导用户完成建账。建立企业账套时，需要向系统提供以下表征企业特征的信息，归类如下。

1. 账套信息

账套信息包括账套号、账套名称、账套启用日期及账套路径。

用友 U8 支持建立多个企业账套，因此必须设置账套号作为区分不同账套数据的唯一标识。

账套名称一般用来描述账套的基本特性，可以用核算单位简称或该账套的用途来命名。账套号与账套名称是一一对应的关系，共同代表特定的核算账套。

账套路径用来指明账套在计算机系统中的存放位置，为方便用户，应用系统中一般预设一个存储位置，称其为默认路径，但允许用户更改。

账套启用日期用于规定该企业用计算机进行业务处理的起点，一般要指定年、月。启用日期在第一次初始设置时设定，一旦启用便不可更改。在确定账套启用日期的同时，一般还要设置企业的会计期间，即确认会计月份的起始日期和结账日期。

2. 核算单位基本信息

核算单位基本信息包括企业的名称、简称、地址、邮政编码、法人、通信方式等。

在以上各项信息中，单位全称是必填项，因为打印发票时要使用企业全称，其余情况则全部使用企业的简称。

3. 账套核算信息

账套基本信息包括记账本位币、行业性质、企业类型、账套主管、编码方案、数据精度等。

记账本位币是企业必须明确指定的，通常系统默认为人民币，很多软件也提供以某种外币作为记账本位币的功能。为了满足多币种核算的要求，系统都提供设置外币及汇率的功能。

企业类型是区分不同企业业务类型的必要信息，选择不同的企业类型，系统在业务处理范围上会有所不同。

行业性质表明企业所执行的会计制度。从方便使用出发，系统一般内置不同行业的一级科目供用户选择，在此基础上，用户可以根据本单位的实际需要增设或修改必要的明细核算科目。

4. 确定编码方案

编码方案是指对企业关键核算对象进行分类级次及各级编码长度的指定，以便于用户进行分级核算、统计和管理。可分级设置的内容一般包括科目编码、存货分类编码、地区分类编码、客户分类编码、供应商分类编码、部门编码和结算方式编码等。编码方案的设置取决于核算单位经济业务的复杂程度以及其核算与统计要求。

5. 确定数据精度

数据精度是指定义数据的小数保留位数。在会计核算过程中，由于各企业对数量、单价的核算精度要求不一致，有必要明确定义主要数量、金额的小数保留位数，以保证数据处理的一致性。

以上账套参数确定后，应用系统会自动建立一套符合用户特征要求的账簿体系。

●【知识链接】

账套与年度账

用友 U8 中，每个企业账套中一般都存放着不同年度的数据，为方便管理，不同年度的数据存放在不同的数据库中，称为年度账。

账套是年度账的上一级，账套由年度账组成。先有账套然后才有年度账，一个账套可以拥有多个年度的年度账。采用账套和年度账两层结构的优点是：便于企业的管理，如可以实现对不同范围的数据进行引入和输出，可以方便地进行跨年度数据结构调整等，有利于提高效率。

系统管理中由账套主管负责年度账管理，主要包括新年度建账，年度账的引入、输出、清空等。

二、系统中企业账的表现形式

在计算机系统中，账套和年度账的表现形式是这样的：如果 2014 年 10 月新建一个企业账套，账套号规定为 001，且软件默认安装路径为 C:\U8SOFT\Admin，则账套建立完成后，会形成以下层级结构：C:\U8SOFT\Admin\peixun\ZT001\2014(提示：peixun 是本机名)。其中 ZT001 是企业账套的概念,而其中的 2014 则对应年度账的概念。2014 中有两类文件：.ldf 和.mdf。.ldf 是事务文件，.mdf 是数据文件。进入 2015 年度，建立新年度账后，又形成 C:\U8SOFT\Admin\peixun\ZT001\2015 目录结构，用来存放 2015 年度账。

【实训操作】

见记录表。

(1) 以系统管理员的身份登录系统管理模块，执行"账套"|"建立"命令，打开"创建账套"对话框的"账套信息"界面。

(2) 设置账套信息。

● 已存账套：系统将已存在的账套以下拉列表框的形式显示，用户只能查看，不能输入或修改，目的是为了避免重复建账。

● 账套号：账套号是该企业账套的唯一标识，必须输入，且不得与系统中已存在的账套号重复。可以输入 001～999 之间的 3 个字符，本例输入账套号 777。

● 账套名称：账套名称可以是核算单位的简称，必须输入，进入系统后它将显示在正在运行的软件的界面上。本例输入"创智科技"。

● 账套路径：用来确定新建账套将要被放置的位置，系统默认的路径为 "C:\U8SOFT\Admin"，用户可以手动更改，也可以利用 按钮进行参照输入。

● 启用会计期：指开始使用计算机系统进行业务处理的初始日期，必须输入。系统默认为计算机的系统日期，本例更改为"2014 年 1 月"。

输入完成后，如图 2-5 所示。单击"下一步"按钮，打开"创建账套"对话框的"单位信息"界面。

(3) 设置单位信息。

● 单位名称：用户单位的全称，必须输入。企业全称只在打印发票时使用，其余情况全部使用企业的简称。本例输入"北京创智科技有限公司"。

● 单位简称：用户单位的简称，最好输入。本例输入"创智科技"。

其他栏目都属于可选项，参照所给资料输入即可。

输入完成后，如图 2-6 所示。单击"下一步"按钮，打开"创建账套"对话框的"核算类型"界面。

(4) 设置核算类型。

● 本币代码：必须输入。本例采用系统默认的"RMB"。

● 本币名称：必须输入。本例采用系统默认的"人民币"。

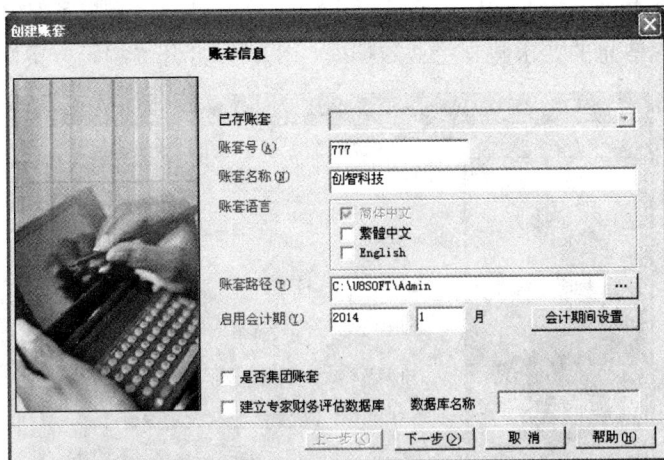

图 2-5　"创建账套"对话框的"账套信息"界面

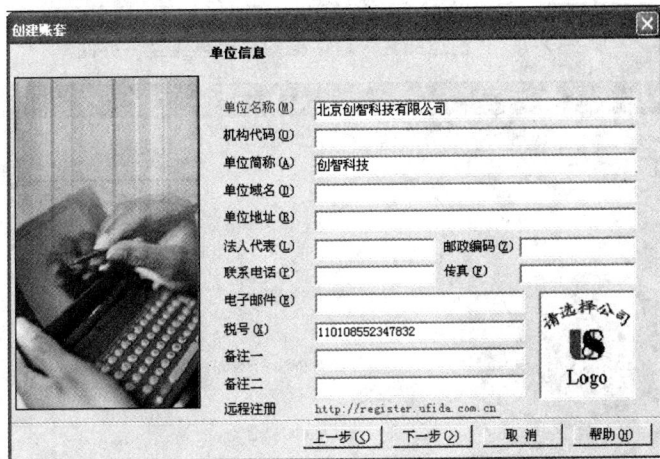

图 2-6　"创建账套"对话框的"单位信息"界面

● 企业类型：用户必须从下拉列表框中选择输入。系统提供了工业、商业两种类型。本例采用系统默认的"工业"。

● 行业性质：用户必须在下拉列表框中选择输入，系统按照所选择的行业性质预置科目。本例采用系统默认的"2007 年新会计制度科目"。

● 账套主管：在下拉列表框中选择输入。本例预设为"[401] 宋淼"。

● 按行业性质预置科目：如果用户希望预置所属行业的标准一级科目，则选中该复选框。本例选中此复选框。

输入完成后，如图 2-7 所示。单击"下一步"按钮，打开"创建账套"对话框的"基础信息"界面。

(5) 设置基础信息。

如果单位的存货、客户、供应商相对较多，可以对他们进行分类核算。如果此时不能确定是否进行分类核算，也可以建账完成后由账套主管在"修改账套"功能中设置分类核算。

按照本例要求,选中"存货是否分类"、"客户是否分类"和"有无外币核算"复选框,如图 2-8 所示。单击"完成"按钮,系统弹出提示"可以创建账套了么?",单击"是"按钮,系统会按输入信息的要求建立企业数据库,完成后打开"编码方案"对话框。

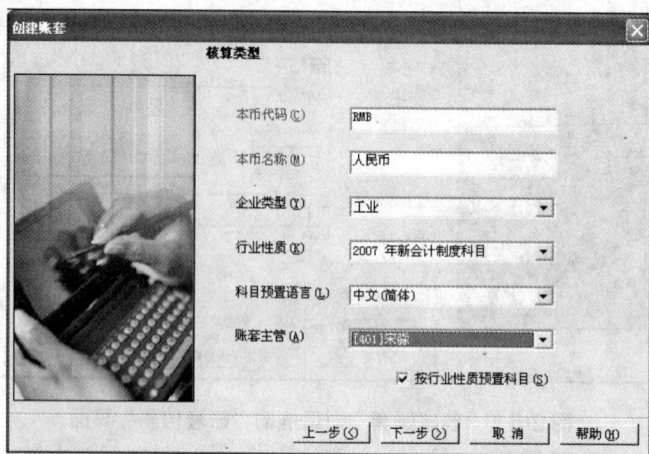

图 2-7 "创建账套"对话框的"核算类型"界面

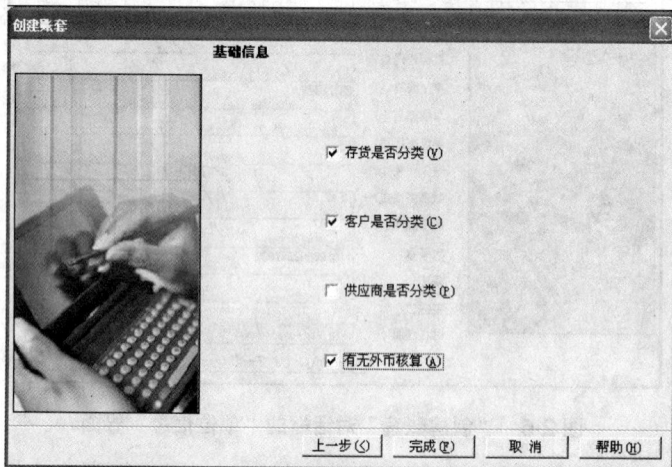

图 2-8 "创建账套"对话框的"基础信息"界面

(6) 设置分类编码方案。

为了便于对经济业务数据进行分级核算、统计和管理,系统要求预先设置某些基础档案的编码规则,即规定各种编码的级次及各级的长度。

按资料所给内容修改系统默认值,如图 2-9 所示,单击"确定"按钮,再单击"取消"按钮,打开"数据精度"对话框。

(7) 数据精度定义。

数据精度涉及核算精度问题。例如涉及购销存业务环节时,会输入一些原始单据(如发票、出/入库单等),需要填写数量及单价,数据精度定义就是确定有关数量及单价的小数位数。本例采用系统默认的设置。单击"确定"按钮,系统弹出提示"创智科技:[777]建立成功!您可以现在进行系统启用的设置,或以后从[企业门户-基础信息]进入[系统启用]功能。"并提示"现在进行系统启用的设置？"，单击"否"按钮，系统弹出提示"请进入企业应用平台进行业务操作!"，单击"确定"按钮，返回系统管理。

项目	最大级数	最大长度	单级最大长度	第1级	第2级	第3级	第4级	第5级	第6级	第7级	第8级	第9级
科目编码级次	9	15	9		2	2	2					
客户分类编码级次	5	12	9	1	2	2						
存货分类编码级次	8	12	9	1	2	2						
部门编码级次	5	12	9	1	2							
地区分类编码级次	5	12	9	1	2							
费用项目分类	5	12	9	1	2							
结算方式编码级次	2	3	3	1	2							
货位编码级次	8	20	9	2	3	4						
收发类别编码级次	3	5	5	1	1	1						
项目设备	8	30	9	2	2							
责任中心分类档案	5	30	9	2	2							
项目要素分类档案	6	30	9	2	2							
客户权限组级次	5	12	9	2	3	4						
意向客户权限组级次	5	12	9	2	3	4						

确定(O)　　取消(C)　　帮助(F)

图2-9　定义编码方案

任务五　为用户设置权限

◉【任务案例】

用户和企业账套建立之后，要为用户赋予其在该账套中的操作权限，权限需要与企业内部控制制度中的岗位分工相符合。因此，项目组需要结合目前的岗位分工情况和U8中的功能确定应该给各个用户赋予什么样的权限，从而既能满足需要又能限制越权情况发生。

按照企业的管理流程，企业涉及收付结算的凭证必须由出纳确认，并且由于在U8中可以实现账证联查，因此还需要赋予出纳查询凭证的权限，否则无法从日记账查询跳转到凭证。

◉【具体任务】

(1) 以系统管理员的身份将系统用户SYSTEM指定为账套主管。
(2) 为出纳赋予出纳签字和查询凭证的功能权限。

◉【理论认知】

一、谁来给操作员赋权

系统管理员和账套主管都能给操作员进行赋权，但二者在赋权的对象和范围上有区别。

系统管理员可以给系统中所有账套的操作员赋权；可以指定各个账套的账套主管。而账套主管只能为自己所管辖的账套的操作员进行赋权，也不能指定他人为账套主管。

二、权限的层次

为了保证系统运行安全、有序，适应企业精细管理的要求，用友 U8 支持三个层次的权限管理：功能级权限管理、数据级权限管理和金额级权限管理，其管理的对象及管理的内容是完全不同的。

第一个层次，功能级权限管理。功能级权限决定了用户能够登录 U8 的哪些子系统，能够使用这些子系统的哪些功能。可以将某个用户指定为账套主管，账套主管拥有账套中所有的操作权限；也可以将某些子系统的权限赋予用户；或者只给用户赋予某个子系统中某个功能的操作权限。

第二个层次，数据级权限管理。该权限可以通过两个方面进行控制：一个是字段级权限控制；另一个是记录级的权限控制。例如，设定操作员马方只能录入某一种凭证类别的凭证。

第三个层次，金额级权限管理。该权限主要用于完善内部金额控制，实现对具体金额数量划分级别，对不同岗位和职位的操作员进行金额级别控制，限制他们制单时可以使用的金额数量，不涉及内部系统控制的不在管理范围内。例如，设定操作员马方只能录入金额在 20 000 元以下的凭证。

功能级权限的分配在系统管理的"权限"中设置，数据级权限和金额级权限在"企业应用平台"|"基础信息"|"数据权限"中进行设置，且必须是在系统管理的功能权限分配之后才能进行。

◉【实训操作】

1. 指定账套主管

可以在两个环节中确定账套主管。一个是在建立账套环节(如图 2-7 所示)，一个是在权限设置环节。只有系统管理员能够指定账套主管。

指定/取消账套主管的操作步骤如下。

(1) 以系统管理员身份进入系统管理，执行"权限"|"权限"命令，进入"操作员权限"窗口。

(2) 在"账套"下拉列表框中选择"[777]创智科技"选项。

(3) 在操作员列表中选择"SYSTEM"，选中"账套主管"复选框，系统弹出提示"设置用户:[SYSTEM]账套主管权限吗？"，如图 2-10 所示。

(4) 单击"是"按钮，SYSTEM 就拥有了账套主管权限。

> **注意：** 一个账套可以设定多个账套主管，但只有一个系统管理员。
>
> 账套主管自动拥有该账套的所有权限。

(5) 取消选中"账套主管"复选框，系统弹出提示"取消用户:[SYSTEM]账套主管权限吗？"，单击"是"按钮，取消 SYSTEM 的账套主管权限。

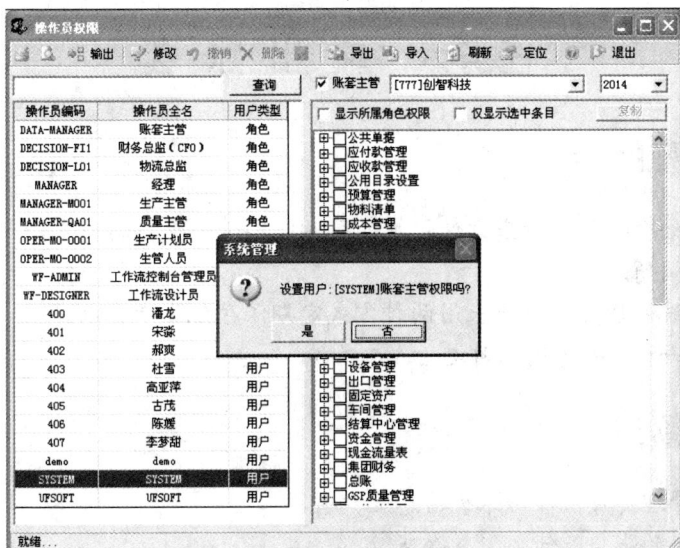

图 2-10 指定账套主管

2. 给用户赋权

系统管理员和账套主管都可以给用户赋权。在建立用户时，已经给郝爽赋予了"出纳"角色，但出纳角色中不含"出纳签字"功能，下面我们为郝爽赋予"出纳签字"功能。

给用户郝爽赋权的操作步骤如下。

(1) 在"操作员权限"窗口中，选择"[777]创智科技"账套，再从操作员列表中选择"402 郝爽"，单击"修改"按钮。

(2) 依次展开"总账"、"凭证"，选中"出纳签字"和"查询凭证"复选框，如图 2-11 所示，单击"保存"按钮。

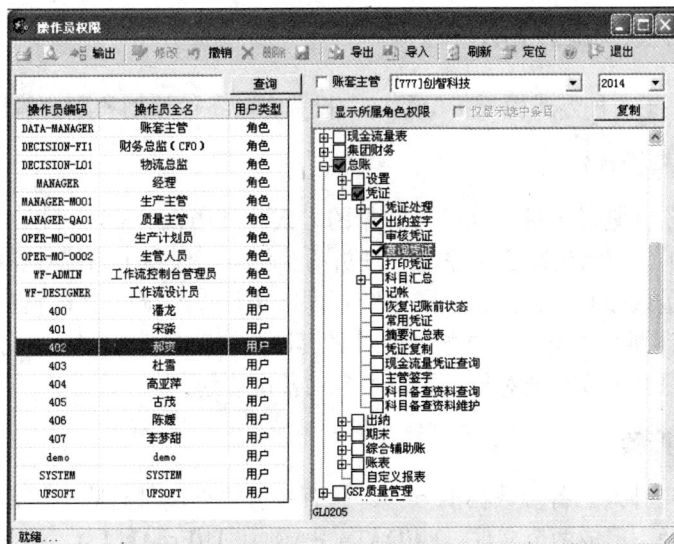

图 2-11 为操作员赋权

任务六 输出账套

◉【任务案例】

信息系统在给企业管理带来方便快捷的同时，也带来更多的不安全因素，这也是企业项目组最担忧的问题。

方俊建议系统管理员：企业采用两种方式定期保存企业账套数据。一种是采用系统自动备份的方式；一种是每天下班时进行人工备份。

◉【具体任务】

(1) 以系统管理员身份备份账套信息至"项目二"。

(2) 查看输出的账套以什么形态存在。

◉【理论认知】

一、输出账套数据的必要性

企业实际运营中，存在很多不可预知的不安全因素，如火灾、计算机病毒、人为破坏等，任何一种情况发生对系统安全的威胁都是致命的。如何在意外发生时将企业损失降至最低，是每个企业共同关注的问题。因此，系统必须提供一个保存机内数据的有效方法，可以定期将机内数据输出存储到不同的介质上。输出数据一方面用于意外发生时恢复数据之用，另外，对于异地管理的公司，还可以解决审计和数据汇总的问题。

二、输出账套数据的方法

用友 U8 提供了两种方式用于备份数据，设置自动备份计划和账套输出。

1. 设置自动备份计划

设置自动备份计划是一种自动备份数据的方式。利用该功能，可以实现定时、自动输出多个账套的目的，有效地减少了系统管理员的工作量，保障了系统数据的安全。

以系统管理员或账套主管身份登录系统管理，执行"系统"|"设置备份计划"命令即可设置自动备份计划。系统管理员既可以对账套设置自动备份计划，也可以对年度账设置自动备份计划。账套主管只能对年度账设置自动备份计划。

2. 手工输出账套

账套输出是一种人工备份数据的方式。只有系统管理员具有账套输出的权限。账套输出之后在指定路径下形成两个文件：UFDATA.BAK 和 UfErpAct.Lst。这两个文件不能直接打开，只能通过系统管理中的账套引入功能引入到 U8 中，才能正常查询。

三、引入账套

通过账套输出功能输出的账套数据必须通过账套引入功能引入系统才能使用，因此账套引入是账套输出的对应操作。在计算机环境中，系统及数据的安全是企业首要关注的。无论是计算机故障还是病毒侵犯，都会导致系统数据受损，这时利用账套引入功能，恢复备份数据，可以将损失降到最低。另外，这一功能为集团公司的财务管理提供了方便。子公司的账套数据可以定期被引入母公司系统中，以便进行有关账套数据的分析和合并工作。

注意：引入账套时，如果系统中已经存在相同账套号的数据，那么引入的账套数据会覆盖原来的账套数据。

◉【实训操作】

假设将本教程每个项目的实训结果存储于"D:\数据备份"文件夹中，则首先需要在"D:\"中建立"数据备份"目录，然后在该目录中分别建立"项目二"、"项目三"……"项目十一"文件夹。

进行账套输出的操作步骤如下。

(1) 以系统管理员身份进入系统管理，执行"账套"|"输出"命令，打开"账套输出"对话框。

(2) 在"账套号"下拉列表框中选择要输出的账套，单击"确认"按钮。

(3) 系统对所要输出的账套数据进行压缩处理，压缩完成后，将打开"请选择账套备份路径"对话框。

(4) 选择存放账套备份数据的文件夹为"D:\数据备份\项目二"，单击"确定"按钮，系统弹出提示"输出成功！"，单击"确定"按钮。

注意：只有系统管理员有权限进行账套的输出和引入。输出账套之前，最好关闭所有系统模块。

如果选中"删除当前输出账套"复选框，系统会先备份数据，然后给出"删除"的确认提示，最后删除当前账套。

项 目 小 结

企业建账是企业信息化的首要环节，自此学习者开始理解手工和信息化存在的种种不同。通过企业建账，对系统管理的功能建立总体认知，理解企业建账的意义，掌握企业建账的工作过程，明确系统管理员、账套主管两种角色的区别；初步认知企业账的存在形态，可以直观理解计算机系统中数据存储的方式，为下一步的学习打下良好的基础。

项目基础练习

一、单项选择题

1. 以下不需在建立账套过程中确定的是( )。
   A. 会计主管　　　　　　　　　　　B. 企业行业类型
   C. 账套启用会计期　　　　　　　　D. 单位名称

2. 系统管理员无权进行的操作是( )。
   A. 建立账套　　　B. 修改账套　　　C. 删除账套　　　D. 输出账套

3. 如果出纳员张欣一年后调出本企业,为确保系统安全,应在系统管理中( )。
   A. 修改操作员　　　　　　　　　　B. 删除操作员
   C. 注销当前操作员　　　　　　　　D. 停用当前账套

4. 引入账套时,如果系统内已存在相同账套号的数据,则( )。
   A. 无法恢复　　　　B. 覆盖系统中同账套号内的所有数据
   C. 恢复为账套号不同的另外一个账套
   D. 将恢复过来的数据追加到系统中同账套号的账套中

二、多项选择题

1. 关于系统管理员,以下说法正确的是( )。
   A. 其名称为 ADMIN,不能更改
   B. 其口令为空,且不允许更改
   C. 系统不区分 ADMIN 的大小写
   D. 系统管理员可以为系统内所有的账套指定账套主管

2. 系统管理员在系统管理界面,可以查看到的内容有( )。
   A. 已经登录的子系统　　　　　　　B. 已经登录系统的操作员
   C. 操作员正在执行的功能　　　　　D. 系统运行状态是否正常

3. 以下不能修改的账套信息是( )。
   A. 账套号　　　B. 账套名称　　　C. 账套启用会计期　　D. 客户是否分类

4. 关于账套主管,以下说法正确的是( )。
   A. 可以增加操作员　　　　　　　　B. 可以为本账套的操作员设置权限
   C. 自动拥有本账套的所有权限　　　D. 可以删除自己管辖的账套

三、简答题

1. 系统管理的主要功能有哪些?
2. 系统管理员与账套主管的区别是什么?
3. 账套的含义是什么?怎样建账?
4. 账套和年度账的关系是怎样的?
5. 系统运行安全管理包括哪些内容?

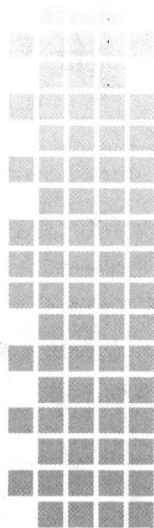

项目三 基础设置

【项目技能点】

● 掌握 U8 子系统启用的方法

● 阐述需要准备哪些基础档案

● 掌握不同类别的基础档案的录入方法

【项目知识点】

● 了解 U8 基础设置包括哪些主要内容

● 理解基础档案对于会计信息系统的重要性

● 理解各项基础档案的含义

任务一 系统启用

【任务案例】

创智科技选购了用友 U8 财务和供应链主要模块，意在实现企业财务业务一体化管理。所有模块集成使用与只用单一模块从业务处理和数据流程上都是不同的。为了项目组能循序渐进，全面掌握 U8 系统的功能，在方俊的提议下，项目组决定在培训期间逐一启用各个系统，尽可能掌握系统中包含的所有功能。这样有利于理解单个模块应用与多模块集成应用时业务处理与数据流程的不同。

【具体任务】

(1) 以账套主管的身份登录企业应用平台启用总账。
(2) 总结启用系统的几种方法。讨论启用总账的注意事项。

【理论认知】

一、系统启用概述

系统启用是指设定在用友 U8 管理软件中各个子系统开始使用的日期。用友 U8 管理软件分为财务会计、管理会计、供应链、生产制造、人力资源、集团应用、决策支持和企业应用集成等产品组，每个产品组中又包含若干模块，它们中大多数既可独立运行，又可以集成使用，但两种用法的数据流程是有差异的。一方面企业可以按照企业信息化规划及本身的管理特点选购不同的子系统；另一方面企业也可能采取循序渐进的策略有计划地先启用一些模块，一段时间之后再启用另外一些模块。系统启用的设置模块为企业提供了选择的便利，它可以表明企业在何时点、启用了哪些子系统。只有设置了启用的系统模块才可以登录。

二、设置系统启用

系统启用有两种方法：由系统管理员在系统管理中创建企业账套完成时进行系统启用设置；如果在建立账套时未设置系统启用，则由账套主管在企业应用平台中进行系统启用的设置。

【知识链接】

企业应用平台

顾名思义，U8 中的企业应用平台为用户提供了访问 U8 系统的单一入口，用户可以在企业应用平台上定义自己的业务工作、设计自己的工作流程；也为企业的员工、用户和合作伙伴提供了一个沟通和交流的平台。本教程主要学习企业应用平台中基本信息设置、基础档案设置和单据设置等常用功能。

在基本信息中可以进行系统启用设置，还可以对建账时设定的分类编码方案和数据精度进行修改。

【实训操作】

由账套主管在企业应用平台中启用总账，启用日期为 2014-01-01。

(1) 选择"开始"|"程序"|"用友 ERP-U872"|"企业应用平台"命令，打开"登录"对话框。输入操作员"401"或"宋淼"；输入密码"1"；在"账套"下拉列表框中选择"777创智科技"；更改"操作日期"为"2014-01-01"；单击"确定"按钮，进入"UFIDA　ERP-U8"窗口。

(2) 在基础设置中，执行"基本信息"|"系统启用"命令，打开"系统启用"对话框。

(3) 选中"GL 总账"复选框，弹出"日历"对话框，选择"2014-01-01"，如图 3-1 所示。

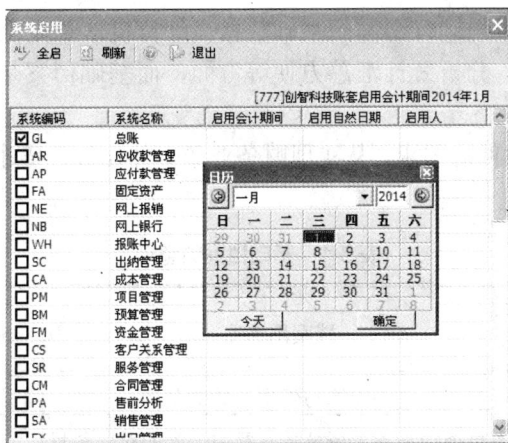

图 3-1　以账套主管身份进行系统启用设置

(4) 单击"确定"按钮，系统弹出"确实要启用当前系统吗？"信息提示框，单击"是"按钮返回。

> 注意：只有账套主管才有权在企业应用平台中进行系统启用。
> 各系统的启用时间必须大于等于账套的启用时间，小于等于系统时间。账套启用时间在系统启用界面的右上角显示；系统时间在任务栏右端显示。

任务二　整理基础档案

【任务案例】

创智科技在用友 U8 中建立账套之后，只相当于形成了一套数据库文件空表，其中不包含任何数据。利用 U8 系统处理企业日常业务需要用到大量的基础档案信息，如部门、会计科目等等，因此项目实施小组需要结合企业的实际情况和 U8 系统数据设置的基本要求，做好基础档案的整理工作，作为系统运行的基本条件。

方俊给项目组进行了关于基础档案整理的相关培训，要求企业各部门落实到责任人，分头收集基础信息，并整理成规范的基础档案。

◉【具体任务】

(1) 分析手工状态下的基础档案与 U8 系统要求有何不同。
(2) 需要准备哪些基础档案？

◉【理论认知】

一、整理哪些基础档案

基础档案是计算机系统运行必需的基础数据。计算机信息处理的优势主要表现在数据处理速度快、精确度高、分析统计汇总方便等方面，而基础档案是计算机进行汇总统计的依据。

按照用友 U8 管理软件的要求，从实现财务业务一体化管理需求出发，需要准备的基础数据如表 3-1 所示。

表 3-1　基础档案的整理

基础档案分类	基础档案目录	档案用途	前提条件
机构人员	部门档案	设置与企业财务核算与管理有关的部门	先设置部门编码方案
	人员类别	按人员类别设置工资分摊、费用分配的对应科目	
	人员档案	设置企业职工信息	先设置部门档案和人员类别
客商信息	客户分类	便于进行业务数据的统计、分析	先确定对客户分类然后确定编码方案
	客户档案	便于进行客户管理和业务数据的录入、统计、分析	先建立客户分类档案
客商信息	供应商分类	便于进行业务数据的统计、分析	先确定对供应商分类然后确定编码方案
	供应商档案	便于进行供应商管理和业务数据的录入、统计、分析	先建立供应商分类档案
	地区分类	针对客户/供应商所属地区进行分类,便于进行业务数据的统计、分析	
存货	存货分类	便于进行企业存货的录入、统计、分析	先确定对存货分类然后确定编码方案
	计量单位	对存货的计量单位进行设置	
	存货档案	便于存货核算、统计、分析和实物管理	先确定对存货分类,再确定编码方案

续表

基础档案分类	基础档案目录	档案用途	前提条件
财务	会计科目	设置企业核算的科目目录	先设置科目编码方案及外币
	凭证类别	设置企业核算的凭证类型	
	外币设置	设置企业用到的外币种类及汇率	
	项目目录	设置企业需要对其进行核算和管理的对象、目录	可将存货、成本对象、现金流量直接作为核算的项目目录
收付结算	结算方式	资金收付业务中用到的结算方式	
	付款条件	设置企业与往来单位协议规定的收、付款折扣优惠方法	
	本单位开户银行	设置企业在收付结算中对应的开户银行信息	
业务	仓库档案	设置企业存放存货的仓库信息	
	收发类别	设置企业的入库、出库类型	
	采购类型	设置企业在采购存货时的各项业务类型	先设置好收发类别为收的收发类别
	销售类型	设置企业在销售存货时的各项业务类型	先设置好收发类别为发的收发类别
	产品结构	用于设置企业各种产品的组成内容，以利于配比出库、成本计算	先设置存货、仓库档案
其他	常用摘要	设置填制凭证时常用的经济业务说明	

二、基础档案整理要求

基础档案整理要求可以概括为以下三点：及时、准确、完整。为了确保基础档案整理工作有序进行，需要进行合理分工并采取有效的工作方法。

1. 手工状态下的基础档案与 U8 中基础档案的区别

相对于手工管理环境，作为一个财务与业务集成管理的信息系统，U8 中的基础档案包含了更为丰富的与管理和控制相关的内容。下面以客户档案为例简要说明。

客户档案是企业的一项重要资源，在手工管理方式下，客户信息一般散落在业务员手中，业务员所掌握的客户信息一般包括客户名称、联系人、电话等基本信息。企业建立会计信息系统时，需要全面整理客户资料并录入系统，以便有效地管理客户、服务客户。客户信息包含以下几个方面的内容。

- 基本信息：包括客户编码、客户名称、客户简称、税号、开户银行、银行账号等。
- 联系信息：包括地址、邮编、联系人、电话、发货地址、发货方式、发货仓库等。
- 信用信息：包括价格级别、信用等级、信用额度、付款条件、应收余额等。
- 其他信息：包括分管部门、分管业务员、停用日期等。

可以看到，与客户相关的信用等级、信用额度是与赊销管理相关的控制信息；发货仓库、发货方式是销售发货必需的信息；客户银行、银行账号和税号是给客户开具销售发票必需的基本信息。

2. 有效的工作方法

1) 合理分工

基础档案数据分散存在于企业的多个职能部门，如会计科目的数据在财务部门、客户档案在销售部门、供应商档案在采购部门、产品结构在技术和生产部门等。基础档案的整理需要财务部门和业务部门的参与，各项基础档案最好直接指定负责部门和负责人。

2) 借助模板

由于 U8 系统中各项档案包含的项目极为丰富，且每个项目与业务之间存在紧密关联，企业用户在没有熟悉系统之前很难全面理解。因此，为了保证数据准备得准确、全面，可以由实施顾问给出每项档案的整理要求——以模板形式给出，并给予适当的培训，从而规范数据准备过程。

3) 辅导及监督

为了确保数据准备的进度和质量，需要挑选负责数据准备的人员，他们必须熟悉业务、认真仔细、具有高度的负责精神。在准备数据之前，应该对此事的重要性、要求、模板的使用进行培训。过程中还要有专门的人员对数据的质量进行检查。

任务三 录入基础档案

【任务案例】

基础档案整理完成之后，需要集中录入 U8 系统。企业日常工作本来已很繁重，项目组为此召开专题会议，确定何人、何时、何地进行基础档案的录入。会议达成一致结果：成立三人小组专门负责数据录入，除系统管理员外，从财务和生产部各抽调一人，在企业网络中心集中三天完成基础档案的录入，各业务部门主管负责核对数据的正确性。

创智科技基础档案信息如下。

1. 部门档案

部门编码	部门名称	负责人
1	企管办	郝佳
2	财务部	宋淼
3	采购部	高亚萍
4	销售部	
401	销售一部	古茂
402	销售二部	陈媛
15	生产部	李梦甜

2. 人员类别

人员类别编码	人员类别名称
1001	企业管理人员
1002	经营人员
1003	车间管理人员
1004	生产工人

3. 人员档案

人员编号	人员姓名	性别	人员类别	行政部门	是否业务员	是否操作员
001	潘龙	男	企业管理人员	企管办	是	
002	宋淼	男	企业管理人员	财务部	是	
003	郝爽	女	企业管理人员	财务部	是	
004	杜雪	女	企业管理人员	财务部	是	
005	高亚萍	女	经营人员	采购部	是	
006	古茂	男	经营人员	销售一部	是	
007	陈媛	女	经营人员	销售二部	是	
008	池田	男	生产工人	生产部	否	
009	李梦甜	女	车间管理人员	生产部	是	

4. 地区分类

地区分类编码	地区分类名称
1	北方
2	南方

5. 客户分类

客户分类编码	客户分类名称
1	批发商
2	代理商
3	零散客户

6. 客户档案

客户编号	客户名称	客户简称	所属分类码	所属地区码	税号	开户银行	账号	分管部门	专管业务员
001	中新联合大学	中新	3	1		工行北京分行	11015892349	销售一部	古茂
002	蓝光科技有限公司	蓝光	1	2	5987320101011412	工行湖南分行	22100032341	销售二部	陈媛
003	麦加科技有限公司	麦加	2	1	1203243242342113	工行北京分行	11010499852	销售一部	古茂

7. 供应商分类

本企业只有几个主要供应商，长期稳定，不需要分类管理。

8. 供应商档案

供应商编号	供应商名称	供应商简称	所属分类码	所属地区码	税　号	开户银行	账　号	分管部门	分管业务员
001	天和电子科技有限公司	天和	00	1	110108534875344	工行北京分行	10543982199	采购部	高亚萍
002	安捷科技有限公司	安捷	00	1	110843543722553	工行北京分行	43828943234	采购部	高亚萍

9. 外币设置

本企业采用固定汇率核算外币，外币只涉及美元一种，美元币符假定为$，2014 年 1 月初汇率为 6.12。

10. 会计科目

科目编号及名称	辅助核算	方　向	币别/计量	备　注
库存现金(1001)	日记账	借		修改
银行存款(1002)	日记账、银行账	借		修改
中行存款(100201)	日记账、银行账	借		新增
人民币户(10020101)	日记账、银行账	借		新增
美元户(10020102)	日记账、银行账	借	美元	新增
应收票据(1121)	客户往来	借		修改
应收账款(1122)	客户往来	借		修改
预付账款(1123)	供应商往来	借		修改
其他应收款(1221)	个人往来	借		修改
原材料(1403)		借		
CPU 芯片(140301)	数量核算(盒)	借		新增
硬盘(140302)	数量核算(盒)	借		新增
鼠标(140303)	数量核算(个)			
应付票据(2201)	供应商往来	贷		修改
应付账款(2202)	供应商往来	贷		修改
预收账款(2203)	客户往来	贷		修改
应付职工薪酬(2211)		贷		
应付工资(221101)		贷		新增
应付福利费(221102)		贷		新增
工会经费(221103)		贷		新增
职工教育经费(221104)		贷		新增

续表

科目编号及名称	辅助核算	方向	币别/计量	备注
应交税费(2221)		贷		
应交增值税(222101)		贷		新增
进项税额(22210101)		贷		新增
销项税额(22210105)		贷		新增
利润分配(4104)		贷		
未分配利润(410415)		贷		新增
生产成本(5001)		借		修改
直接材料(500101)	项目核算	借		新增
直接人工(500102)		借		新增
制造费用(500103)		借		新增
其他 (500104)		借		新增
制造费用(5101)		借		
工资(510101)		借		新增
折旧费(510102)		借		新增
其他(510103)		借		新增
主营业务收入(6001)	项目核算	贷		修改
主营业务成本(6401)	项目核算	借		修改
销售费用(6601)		借		
薪资(660101)		借		复制
福利费(660102)		借		复制
办公费(660103)		借		复制
差旅费(660104)		借		复制
招待费(660105)		借		复制
折旧费(660106)		借		复制
其他(660107)		借		复制
管理费用(6602)		借		
薪资(660201)	部门核算	借		新增
福利费(660202)	部门核算	借		新增
办公费(660203)	部门核算	借		新增
差旅费(660204)	部门核算	借		新增
招待费(660205)	部门核算	借		新增
折旧费(660206)	部门核算	借		新增
其他(660207)		借		新增
财务费用(6603)		借		
利息支出(660301)		借		新增
手续费(660302)		借		新增

利用增加、修改、成批复制等功能完成对会计科目的编辑，最后指定现金、银行存款会计科目。

11. 凭证类别

凭证分类	限制类型	限制科目
收款凭证	借方必有	1001,1002
付款凭证	贷方必有	1001,1002
转账凭证	凭证必无	1001,1002

12. 项目目录

项目大类：*产品*

核算科目：500101 直接材料、6001 主营业务收入、6402 主营业务成本

项目分类：1—计算机；2—打印机；3—软件

项目目录：

项目编号	项目名称	所属分类
01	天骄台式机	计算机
02	神州笔记本	计算机
03	全真激光打印机	打印机
04	名星杀毒软件	软件

13. 结算方式

结算方式编码	结算方式名称	票据管理
1	现金结算	否
2	支票结算	否
201	现金支票	是
202	转账支票	是
3	银行汇票	否
4	商业汇票	否
401	商业承兑汇票	否
402	银行承兑汇票	否
9	其他	否

◉ 【具体任务】

(1) 引入"项目二"作为准备账套。

(2) 以账套主管宋淼的身份登录企业应用平台进行基础档案录入。

【理论认知】

用友 U8 管理软件由多个子系统构成，包括总账、固定资产、应收款管理、采购管理等。这些子系统有很多信息是公用的(如部门、职员、会计科目等)，也有一些基础信息为部分模块所特有(如收发类别、仓库档案等为业务系统所特有)。本项目先介绍一些公共基础档案的录入，并且侧重介绍与财务系统相关的基础档案设置，而与购销存系统相关的基础档案，将在介绍业务系统时再集中介绍。

一、机构人员

1. 部门档案

这里的部门是指与企业财务核算或业务管理相关的职能单位，不一定与企业设置的现有部门一一对应。设置部门档案的目的在于按部门进行数据汇总和分析。

2. 人员类别

人员类别与工资费用的分配、分摊有关，工资费用的分配及分摊是薪资管理系统的一项重要功能。人员类别设置的目的是为工资分摊生成凭证设置相应的入账科目做准备，可以按不同的入账科目需要设置不同的人员类别。

人员类别是人员档案中的必选项目，需要在人员档案建立之前设置。

3. 人员档案

人员档案的作用是设置企业全体员工的信息，将参与业务活动的员工标注为"业务员"，将可以使用系统的人员标注为"操作员"。

二、客商信息

1. 地区分类

如果需要对客户或供应商按地区进行统计，就应该建立地区分类体系。

2. 客户分类

当企业的往来客户较多时，可以按照某种分类标准对客户进行分类管理，以便分类汇总统计。可以根据合作时间将客户分为长期客户、中期客户和短期客户，也可以按信用等级或客户所属行业进行分类。

客户档案必须建立在最末级客户分类之下。

3. 客户档案

客户是企业的重要资源。在手工方式下，客户的详细信息掌握在相应的业务员手中，一旦业务员工作变动，就可能遗失大量客户信息，给企业带来损失。建立计算机管理系统时，需要全面整理客户资料并录入系统，以便有效地管理客户、服务客户。

客户档案按客户信息类别分为"基本"、"联系"、"信用"和"其他"4 个选项卡存放。

"基本"选项卡中主要记录客户的基本信息，如客户编码、客户名称、客户简称、税号等。客户名称与客户简称的用法有所不同，客户名称要输入客户全称，用于销售发票的打印；客户简称主要用于录入业务单据时屏幕上的参照显示。如果企业为一般纳税人，别忘了输入税号，否则专用销售发票中的税号栏为空。"联系"选项卡中几乎包括了企业的所有联系方式，还可以记录该客户默认的发货地址、发货方式和发货仓库。"信用"选项卡中记录了有关客户信用的相关数据，有些数据是根据本企业的信用政策，结合该客户往年的销售量及信用情况评定计算的，如扣率、信用等级；有些数据与应收账款系统直接相连，如应收余额、最后交易日期、最后交易金额、最后收款日期、最后收款金额，它们反映了该客户的当前信用情况。"其他"选项卡中记录了客户的专管部门、专管业务员等信息。

4. 供应商分类

当企业的往来供应商较多时，可以按照某种分类标准对供应商进行分类管理，以便分类汇总统计。可以根据地区、行业、供料性质等对供应商进行分类。

5. 供应商档案

与客户档案极为相似，供应商档案中也包含与业务处理环节相关的大量信息，分为"基本"、"联系"、"信用"和"其他"4 个选项卡存放。

三、财务

1. 外币种类

企业如果有外币核算业务，需要事先进行外币及汇率的设置。此后，在填制凭证时如果使用了外币核算科目，系统会自动调用在此处设置的汇率，既避免了用户重复录入汇率的工作量，也有效地避免了差错的发生。

设置外币时需要定义以下项目。

- 币符及币名：定义外币的表示符号及其中文名称。
- 汇率小数位：定义外币的汇率小数位数。
- 折算方式：分为直接汇率与间接汇率两种。直接汇率即"外币×汇率=本位币"，间接汇率即"外币÷汇率=本位币"。
- 外币最大误差：在记账时，如果外币×(或÷)汇率-本位币>外币最大误差，则系统会给予提示。系统默认最大折算误差为 0.00001，即不相等时就提示。
- 固定汇率与浮动汇率：对于使用固定汇率(即使用月初或年初汇率)作为记账汇率的用户，在填制每月的凭证前，应预先在此录入该月的记账汇率，否则在填制该月外币凭证时，将会出现汇率为零的错误。对于使用变动汇率(即使用当日汇率)作为记账汇率的用户，在填制凭证的当天，应预先在此录入当天的记账汇率。

> 注意：这里的汇率管理只提供录入汇率的功能，而制单时是使用固定汇率还是浮动汇率则取决于总账系统选项的定义。
>
> 如果使用固定汇率，则应在每月月初录入记账汇率(即期初汇率)，月末计算汇兑损益时录入调整汇率(即期末汇率)；如果使用浮动汇率，则应每天录入当日汇率。

2. 会计科目

设置会计科目是会计核算方法之一，它用于分门别类地反映企业经济业务，是登记账簿、编制会计报告的基础。用友 ERP-U8 管理软件中预置了现行会计制度规定的一级会计科目和部分二级会计科目；企业可根据本单位实际情况修改科目属性并补充明细科目。

1) 设置会计科目的原则

设置会计科目时，应该注意以下问题：

- 会计科目的设置必须满足会计报表编制的要求，凡是报表所用数据，需从系统取数的，必须设立相应科目。
- 会计科目要保持相对稳定。
- 设置会计科目要考虑各子系统的衔接。在总账系统中，只有末级会计科目才允许有发生额，才能接收各个子系统转入的数据，因此，要将各个子系统中的核算科目设置为末级科目。

一般来说，为了充分体现计算机管理的优势，应在企业原有的会计科目基础上，对以往的一些科目结构进行优化调整，而不是完全照搬照抄。如当企业规模不大，往来业务较少时，可采用和手工方式一样的科目结构及记账方法，即通过为往来单位、个人、部门、项目设置明细科目来进行核算管理；而对于一个往来业务频繁、清欠和清理工作量大、核算要求严格的企业来说，应该采用总账系统提供的辅助核算功能进行管理，即将这些明细科目的上级科目设为末级科目，并设为辅助核算科目，并将这些明细科目设为相应的辅助核算目录。一个科目设置了辅助核算后，它所发生的每一笔业务都会登记在总账和辅助明细账上。

例如，未使用辅助核算功能时，可将科目设置为

科目编码	科目名称
1122	应收账款
112201	北京石化公司
112202	天津销售分公司
⋮	
1221	其他应收款
122101	差旅费应收款
12210101	王坚
12210102	李默
122102	私人借款
12210201	王坚
12210202	李默
⋮	
1401	材料采购
140101	甲材料
140102	乙材料
⋮	

1604	在建工程	
160401	工程物资	
16040101		A 部门
16040102		B 部门
⋮		
6602	管理费用	
660201	办公费	
66020101	A 部门	
66020102	B 部门	
⋮		

启用总账系统的辅助核算功能进行核算时，可将科目设置为

科目编码	科目名称	辅助核算
1122	应收账款	客户往来
1221	其他应收款	
122101	差旅费应收款	个人往来
122102	私人借款	个人往来
1401	材料采购	项目核算
1604	在建工程	
160401	工程物资	部门项目
6602	管理费用	
660201	办公费	部门核算

2) 增加会计科目

由于系统内已预置了行业一级科目，因此企业需要增加的主要是明细科目。增加会计科目时需要输入以下内容。

(1) 科目编码。科目编码就是按科目编码方案对每个科目进行编码定义。对科目进行编码能够反映上下级会计科目间的逻辑关系；便于计算机将会计科目编码作为数据处理的关键字进行检索、分类及汇总；减少输入工作量，提高输入速度；促进会计核算的规范化和标准化。设置会计科目编码时，应注意一级会计科目编码要符合会计制度的统一要求，明细科目编码要满足建账时设定的编码规则。

(2) 科目名称。科目名称分为科目中文名称和科目英文名称，两者不能同时为空。科目中文名称是证、账、表上显示和打印的标志，必须意义明确、用语规范且尽量避免重名。

(3) 科目类型。科目类型是按会计科目性质对会计科目进行的划分。按照会计制度的规定，科目类型分为 5 个大类，即资产、负债、所有者权益、成本、损益。由于一级科目编码的首位数字与科目类型有直接的对应关系，即科目大类代码"1=资产"、"2=负债"、"3=共同"、"4=所有者权益"、"5=成本"、"6=损益"，因此，系统可以根据科目编码自动识别科目类型。

(4) 账页格式。规定了查询和打印时该科目的会计账页形式。账页格式一般分为金额式、外币金额式、数量金额式、外币数量式几类。一般情况下，有外币核算的科目可设为外币金额式，有数量核算的科目可设为数量金额式，既有外币又有数量核算的科目可设为外币

数量式，既无外币又无数量核算的科目可设为金额式。

(5) 外币核算。如果该科目核算外币，则需要选择外币种类。一个科目只能核算一种外币。

(6) 数量核算。用于设定该科目是否有数量核算以及数量计量单位。计量单位可以是任何汉字或字符，如公斤、件、吨等。

(7) 汇总打印。在同一张凭证上，当某科目或有同一上级科目的末级科目有多笔同方向的分录时，如果希望将这些分录按科目汇总成一笔打印，则需要将该科目设置为"汇总打印"，汇总到的科目设置成该科目的本身或其上级科目。

(8) 封存。被封存的科目在制单时不可以使用。

> 注意：银行存款科目要按存款账户设立，需进行数量、外币核算的科目要按不同的数量单位、外币单位建立科目。
>
> 只有在会计科目修改状态才能设置汇总打印和封存。只有末级科目才能设置汇总打印，且汇总到的科目必须为该科目本身或其上级科目。当将该科目设成汇总打印时，系统登记明细账仍按明细登记，而不是按汇总数登记，此设置仅用于凭证打印输出。

(9) 科目性质。登记在借方的科目，科目性质为借方；登记在贷方的科目，科目性质为贷方。只能在一级科目设置科目性质，下级科目的科目性质与其一级科目的性质相同。已有数据的科目不能再修改科目性质。

(10) 辅助核算，也叫辅助账类，用于说明本科目是否有其他核算要求。系统除完成一般的总账、明细账核算外，还提供了部门核算、个人往来核算、客户往来核算、供应商往来核算和项目核算五种专项核算功能，此外还可以自定义辅助核算。

辅助核算是用友 U8 的特色之一。在传统的手工处理方式下，一般采用设置明细科目的方式来满足特殊的细化核算要求。如果管理者需要了解每月各职能部门各项费用的发生情况，在手工方式下通常这样设置科目：

```
管理费用                    一级科目
    办公费                      二级科目
        一部门                      三级科目
        二部门
        三部门
        ……
        十部门
    差旅费
        一部门
        二部门
        三部门
        ……
        十部门
    招待费
        一部门
```

二部门

三部门

......

十部门

报刊费

......

假定管理费用下分设了 10 个费用项目,企业内设了 10 个职能部门,那么就要设置 100 个明细科目。等到月末如果领导需要"部门费用明细表",还要查询 100 个明细账才能提供准确的数据。而 ERP 管理软件中的辅助核算功能则采用了全新的设计思路,它保留了一级科目和按费用项目设置的二级科目(共 11 个),将这些科目设置为"部门核算",而将部门提取出来设置为部门目录。待业务发生填制凭证时,只要用到部门辅助核算的科目,系统会自动提示输入部门信息,将业务发生数据记入部门。查账时,系统提供部门辅助账,以部门为对象归集相关费用,简单方便。可见,采用辅助核算方式可以简化科目设置,方便信息查询。

一般而言,收入或费用类科目可设置部门辅助核算。日常运营中当收入或费用发生时,系统会要求实时确认收入或费用的部门归属,记账时同时登记总账、明细账和部门辅助账。其他应收款可设为个人往来核算,用于详细记录内部职工的借款情况;与客户的往来科目如应收账款、应收票据、预收账款可设成客户往来核算;应付账款、应付票据、预付账款可设成供应商往来核算;在建工程及收入成本类科目可设成项目核算,用于按项目归集收入或费用。

一个科目可同时设置两种专项核算,例如主营业务收入既想核算各部门的使用情况也想了解各项目的使用情况,那么,可以同时设置部门核算和项目核算。个人往来核算不能与其他专项一同设置,客户与供应商核算不能一同设置。辅助账类必须设在末级科目上,但为了查询或出账方便,有些科目也可以在末级科目和上级科目同时设辅助账类。但若只在上级科目设辅助账核算,系统将不承认。

(11) 日记账。在手工核算的情况下,只对现金和银行科目记日记账;在计算机环境下,突破了记账速度这个瓶颈,企业可以根据管理需要设置对任意科目记日记账。

(12) 银行账。对银行科目需要设置银行账。填制凭证时如果使用设置了银行账的科目,则需要输入结算方式辅助核算信息,以方便日后进行银行对账,也可以进行支票登记。

注意:增加会计科目时,应先建立上级科目,再增加下级科目。

如果某科目已经使用,又需要在该科目下增设下级科目,则系统会自动将该科目中的数据转入在其下增设的第一个明细科目上。

3) 修改和删除会计科目

如果需要对已建立会计科目的某些属性进行修改,如账页格式、辅助核算、汇总打印、封存标识等,可以通过系统提供的"修改"功能来完成。

如果会计科目未经使用,也可通过"删除"功能来删除。删除会计科目时应遵循"自下而上"的原则。

> **注意：** 如果科目已录入期初余额或已制单，则不能删除。
>
> 非末级会计科目不能删除。
>
> 被指定为"现金科目"、"银行科目"的会计科目不能删除；如想删除，必须先取消指定。
>
> 科目一经使用，即已输入凭证，不允许修改或删除。

4）指定会计科目

指定会计科目是指定出纳的专管科目，一般指现金科目和银行存款科目。指定科目后，才能执行出纳签字，从而实现现金、银行存款管理的保密性，才能查看现金、银行存款日记账。

3. 凭证类别

在手工环境下，企业多采用收、付、转三类凭证或银、现、转三类凭证，还有划分为银收、银付、现收、现付、转五类凭证的，当然，还有更复杂的分类。为什么要对凭证分类呢？其深层原因一是在于不同类别的凭证可以印制成不同的颜色，这样有些凭证只需要填写对方科目，节省了书写的工作量；另一个原因是便于分类统计汇总。仔细探究这两个原因不难看出，转换到计算机环境后，以上两个问题已经不是问题了，因此不再需要对凭证进行分类。

在信息化环境下，如果有多种凭证分类，为了防止填制凭证时将凭证类别选错，系统一般都会提供限制类型及限制科目功能，如借方必有、贷方必有、凭证必有、凭证必无、借方必无、贷方必无等。对于收款凭证可以设置为"借方必有 1001、1002"；付款凭证可以设置为"贷方必有 1001、1002"；转账凭证可以设置为"凭证必无 1001、1002"；现金凭证可以设置为"凭证必有 1001"；银行凭证可以设置为"凭证必有 1002"。

4. 项目目录

项目可以是工程、订单或产品，总之，我们可以把需要单独计算成本或收入的这样一种对象都视为项目。在企业中通常存在多种不同的项目，对应地，在软件中可以定义多类项目核算，并可将具有相同特性的一类项目定义为一个项目大类。为了便于管理，还可以对每个项目大类进行细分类，在最末级明细分类下再建立具体的项目档案。为了在业务发生时将数据准确归入对应的项目，需要在项目和已设置为项目核算的科目间建立对应关系。只要遵循以下的提示就可以快速建立项目档案。

(1) 定义项目大类。定义项目大类包括指定项目大类名称、定义项目级次和定义项目栏目三项工作。项目级次是该项目大类下所管理的项目的级次及每级的位数。项目栏目是针对项目属性的记录。如定义项目大类"工程"，工程下又分了一级，设置 1 位数字即可，工程要记录的必要内容如"工程号"、"工程名称"、"负责人"、"开工日期"、"完工日期"等可作为项目栏目。

(2) 指定核算科目。指定设置了项目辅助核算的科目具体要核算哪一个项目，建立项目与核算科目之间的对应关系。

(3) 定义项目分类。如将工程分为"自建工程"和"外包工程"。

(4) 定义项目目录。定义项目目录是指将每个项目分类中所包含的具体项目录入系统。

面向"十二五"高职高专项目导向式教改教材·财经系列

具体每个项目录入哪些内容取决于项目栏目的定义。

四、收付结算

1. 结算方式

设置结算方式一是为了提高银行对账的效率，二是为了在根据业务自动生成凭证时可以识别相关的科目。计算机信息系统中需要设置的结算方式与财务结算方式基本一致，如现金结算、支票结算等。手工系统中一般设有支票登记簿，因业务需要借用支票时需要在支票登记簿上签字，回来报销支票时再注明报销日期。计算机信息系统中同样提供票据管理的功能，如果某种结算方式需要进行票据管理，只需选择"是否票据管理"选项。

2. 付款条件

付款条件是指企业为了鼓励客户提前付清货款而允诺在一定期限内给予的折扣优惠，也叫现金折扣。设置付款条件的作用是规定企业在经营过程中与往来单位协议的收、付款折扣优惠方法。这种折扣条件通常可表示为 5/10、2/20、n/30，它的意思是客户在 10 天内付清货款，可得到 5%的折扣；在 20 天内付清货款，可得到 2%的折扣；在 30 天内付清货款，则须按照全额支付货款；在 30 天以后付清货款，则不仅要按全额支付货款，还可能要支付延期付款利息或违约金。系统最多同时支持 4 个时间段的折扣。

3. 本单位开户银行

维护本单位的开户银行信息。支持存在多个开户行及账号的情况。

【实训操作】

1. 设置部门档案

(1) 在企业应用平台基础设置中，执行"基础档案"|"机构人员"|"部门档案"命令，进入"部门档案"窗口。

(2) 单击"增加"按钮，输入部门编码、部门名称信息，单击"保存"按钮。

> 注意：部门编码要符合部门编码规则的规定。在未建立职员档案前，不能选择输入负责人信息。待职员档案建立完成后，通过"修改"功能补充输入负责人信息。

2. 建立人员类别

(1) 在基础设置中，执行"基础档案"|"机构人员"|"人员类别"命令，进入"人员类别"窗口。

(2) 在左边窗格中选择"在职人员"选项，单击"增加"按钮，按实验资料在"在职人员"下增加人员类别。

3. 设置人员档案

(1) 在基础设置中，执行"基础档案"|"机构人员"|"人员档案"命令，进入"人员列表"窗口。

(2) 选择左边窗格中"部门分类"下的"企管办"。

(3) 单击"增加"按钮，按实验资料输入人员信息。

> **注意：** 此处的人员档案应该包括企业所有员工。
>
> 如果该员工需要在其他档案或其他单据的"业务员"项目中被参照，需要选中"是否业务员"选项。

4. 建立地区分类

操作步骤略。

5. 建立客户分类

操作步骤略。

6. 建立客户档案

操作步骤略。

建立客户档案时，客户开户银行及账号需要在增加完客户档案后单击"银行"按钮，打开"客户银行档案"对话框录入。分管部门和专管业务员在"联系"选项卡中录入。

7. 建立供应商档案

操作步骤略。

8. 外币设置

(1) 在企业应用平台基础设置中，执行"基础档案"|"财务"|"外币设置"命令，进入"外币设置"窗口。

(2) 输入币符"$"，币名"美元"，其他项目采用默认值，单击"确认"按钮。

(3) 输入 2014 年 1 月的记账汇率 6.12，按 Enter 键，如图 3-2 所示。

(4) 单击"退出"按钮，完成外币设置。

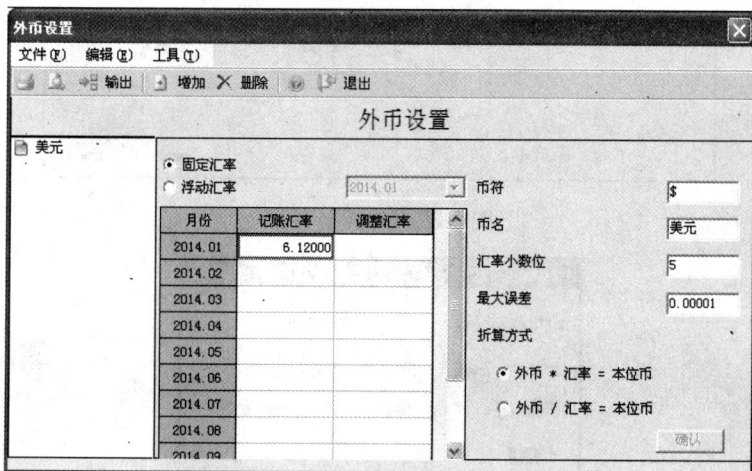

图 3-2 外币设置

9. 会计科目

1) 增加会计科目

操作步骤如下。

(1) 在企业应用平台基础设置中，执行"基础档案"|"财务"|"会计科目"命令，进入"会计科目"窗口。

(2) 单击"增加"按钮，打开"新增会计科目"对话框，如图 3-3 所示。

(3) 按实验资料输入各个项目，单击"确定"按钮保存。

注意：销售费用下的明细科目用"成批复制"功能增加。

2) 利用"成批复制"功能增加会计科目

当完成管理费用下明细科目的增加后，可以利用"成批复制"功能增加销售费用下的明细科目，操作步骤如下。

(1) 在会计科目窗口中，执行"编辑"|"成批复制"命令，打开"成批复制"对话框。

(2) 输入复制源科目编码"6602"和目标科目编码"6601"，取消选中"辅助核算"复选框，如图 3-4 所示。

(3) 单击"确认"按钮保存。

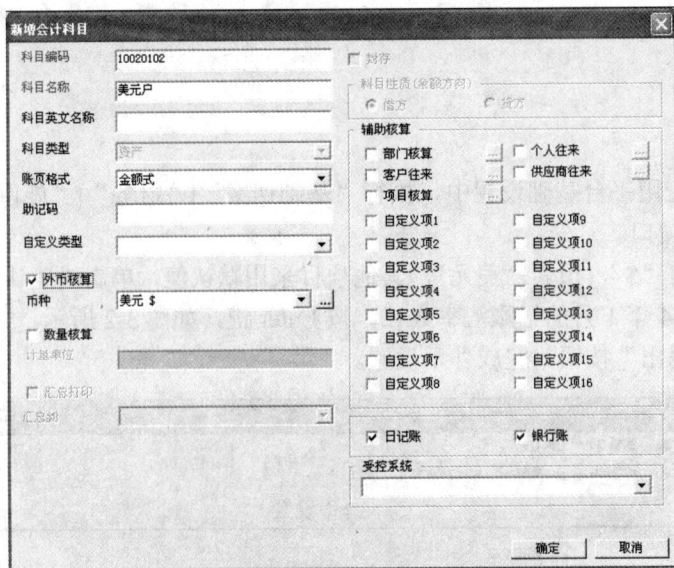

图 3-3　增加会计科目

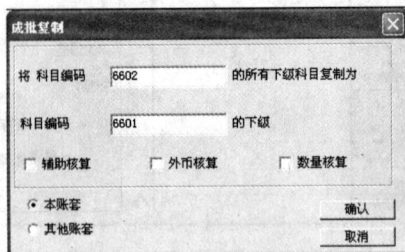

图 3-4　成批复制会计科目

3) 修改会计科目

系统预置的科目中没有指定科目的辅助核算内容(如现金科目未设置日记账核算、应收账款未指定客户往来核算),因此需要对实验资料中标注了辅助核算的科目进行修改,以补充指定科目的辅助核算内容。

4) 指定会计科目

(1) 在"会计科目"窗口中,执行"编辑"|"指定科目"命令,打开"指定科目"对话框。

(2) 选中"现金科目"单选按钮,从"待选科目"列表框中选择"1001 库存现金",单击 按钮,将库存现金科目添加到已选科目列表中。

(3) 同理,将"1002 银行存款"科目设置为银行科目,如图 3-5 所示。

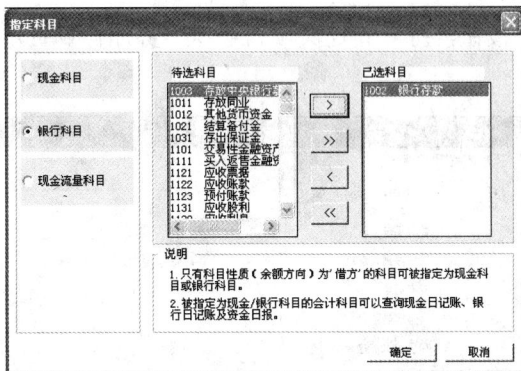

图 3-5　指定科目

(4) 单击"确定"按钮保存。

10. 凭证类别

(1) 在企业应用平台基础设置中,执行"基础档案"|"财务"|"凭证类别"命令,打开"凭证类别预置"对话框。

(2) 单击"收款凭证"、"付款凭证"或"转账凭证"按钮。

(3) 单击"确定"按钮,进入"凭证类别"窗口。

(4) 单击"修改"按钮,双击限制类型,出现下拉列表框,选择"借方必有"选项,选择或输入限制科目"1001,1002",如图 3-6 所示。

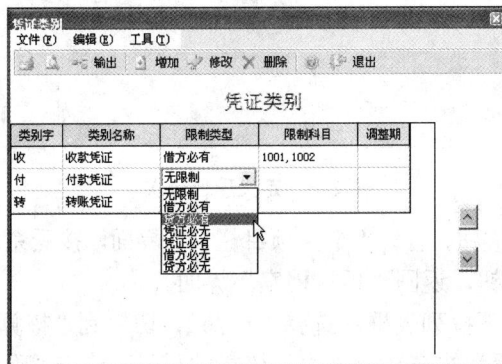

图 3-6　凭证类别设置

注意： 限制科目之间一定要用半角符号。

(5) 按同样步骤设置其他限制类型和限制科目。

11. 项目目录

(1) 在企业应用平台基础设置中，执行"基础档案"|"财务"|"项目目录"命令，打开"项目档案"对话框。

(2) 单击"增加"按钮，打开"项目大类定义_增加"对话框。

(3) 输入新项目大类名称为"产品"，选择新增项目大类的属性为"普通项目"，如图 3-7 所示。

(4) 单击"下一步"按钮，打开"定义项目级次"界面，设置项目级次为一级 1 位，如图 3-8 所示。

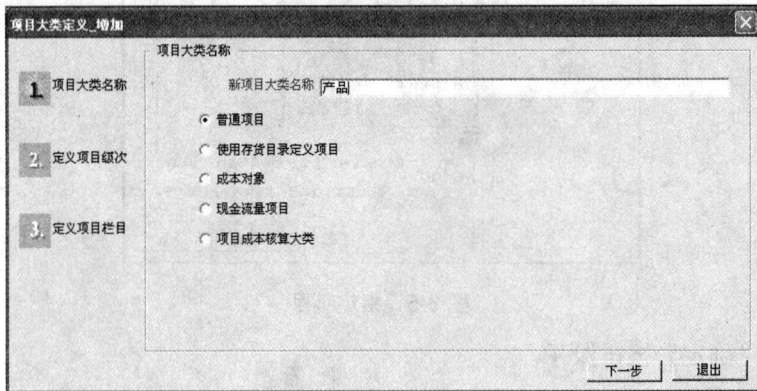

图 3-7　新增项目大类

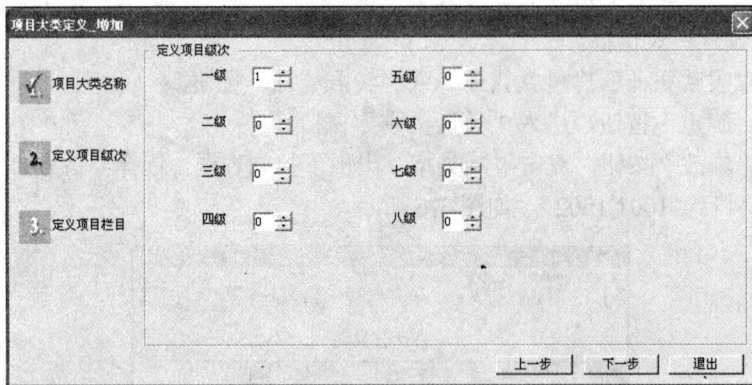

图 3-8　定义项目级次

(5) 单击"下一步"按钮，打开"定义项目栏目"界面，接受系统默认设置，不做修改。

(6) 单击"完成"按钮，返回"项目档案"界面。

(7) 从"项目大类"下拉列表框中选择"产品"，切换到"核算科目"选项卡，单击 ≫ 按钮将全部待选科目设置为按产品项目大类核算的科目，单击"确定"按钮保存，如图 3-9 所示。

会计信息化应用教程(用友 ERP-U8 8.72 版)

60

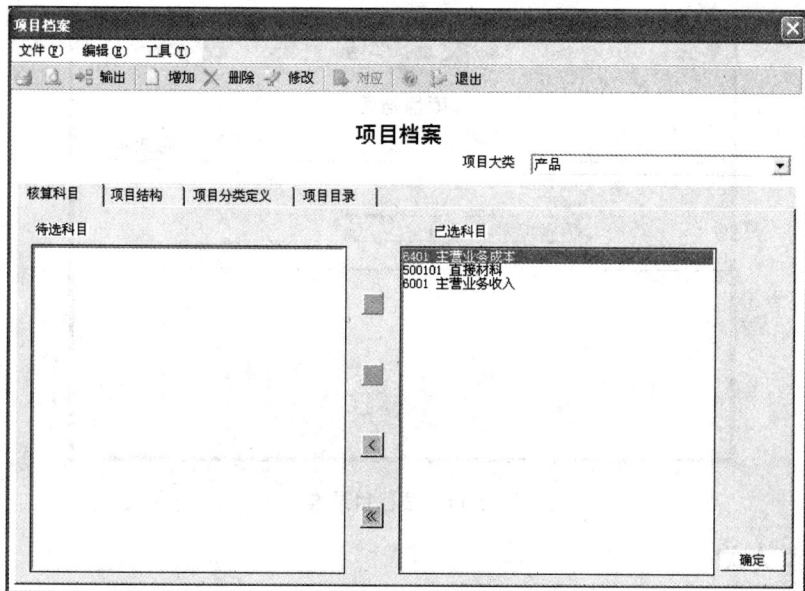

图 3-9 选择项目核算科目

(8) 切换到"项目分类定义"选项卡，输入分类编码"1"，分类名称"计算机"，单击"确定"按钮。同理，输入其他项目，如图 3-10 所示。

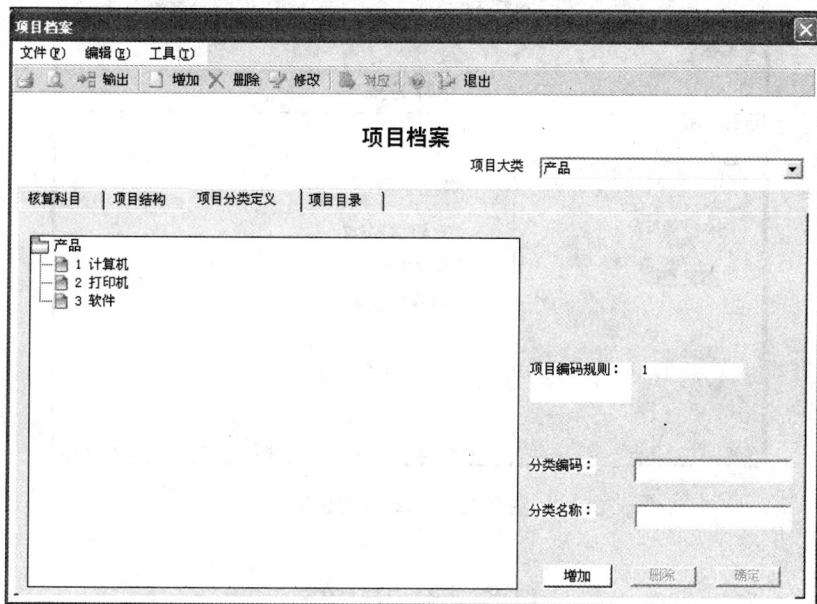

图 3-10 项目分类定义

(9) 切换到"项目目录"选项卡，单击"维护"按钮，进入"项目目录维护"窗口。

(10) 单击"增加"按钮，输入"天骄台式机"等项目，如图 3-11 所示。

面向 "十二五" 高职高专项目导向式教改教材 · 财经系列

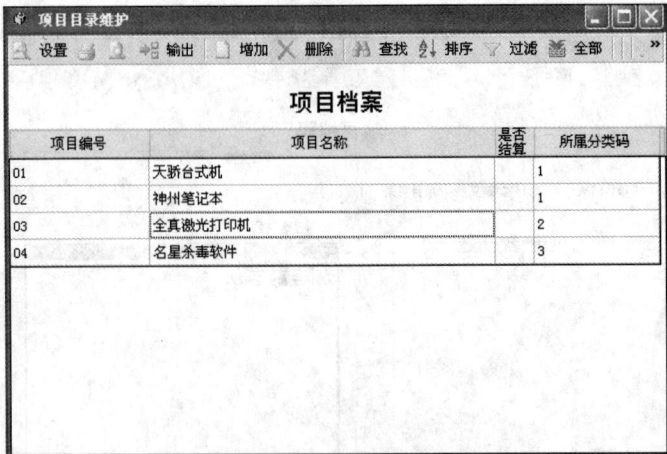

图 3-11　项目目录维护

12. 结算方式

(1) 在企业应用平台基础设置中，执行"基础档案"|"收付结算"|"结算方式"命令，进入"结算方式"窗口。

(2) 按要求输入企业常用结算方式，如图 3-12 所示。

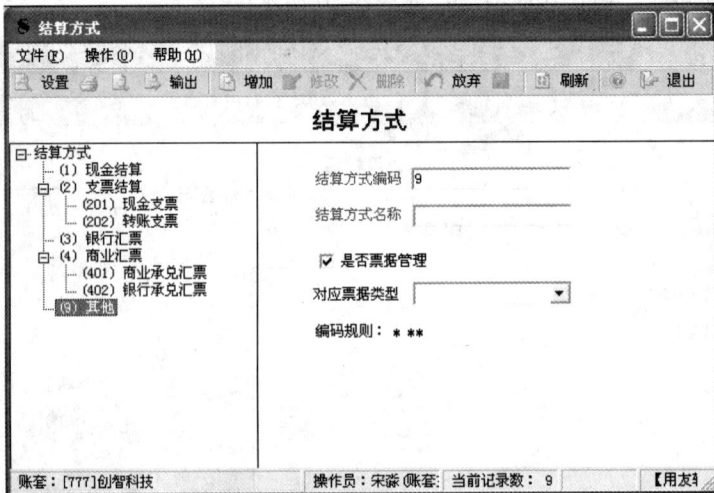

图 3-12　结算方式定义

项 目 小 结

本项目学习了系统启用和基础档案设置，这两部分内容是 U8 各系统业务处理的基础。通过本项目的学习，加深了对信息系统中基础档案各项内容的理解及与未来业务之间的可能关联；领会了分类编码方案对各档案编码之间的制约关系，从而为下一步的业务学习奠定基础。

项目基础练习

一、单项选择题

1. 本公司应收款项通过总账系统进行核算，则"应收账款"科目应选择(　　)辅助核算方式。

    A. 部门核算　　　B. 个人核算　　　C. 客户往来　　　D. 供应商往来

2. 关于增加会计科目，以下说法错误的是(　　)。

    A. 先建上级科目再建下级科目

    B. 会计科目编码的长度及每级位数要符合会计科目编码规则的规定

    C. 会计科目编码不能重复

    D. 会计科目已经使用后则不能再增加下级科目

3. 关于项目，以下说法错误的是(　　)。

    A. 相同特定的一类项目可以定义为一个项目大类

    B. 一个项目大类可以核算多个科目

    C. 可以定义项目的具体栏目

    D. 一个科目也可以对应到不同项目大类

4. 关于外币设置，以下说法错误的是(　　)。

    A. 币符必须输入

    B. 可以定义外币的汇率小数位数

    C. 调整汇率用于期末计算汇兑损益

    D. 在此选择的固定汇率或浮动汇率将决定制单时的汇率方式

二、多项选择题

1. 下列会计科目中，适合设置部门辅助核算的会计科目有(　　)。

    A. 银行存款　　　B. 管理费用　　　C. 应收账款　　　D. 主营业务收入

2. 明光公司在工商银行开立了一个日元账户，公司对该账户进行银行存款日记账管理，并定期进行银行对账，则在设置会计科目时，应选择(　　)选项。

    A. 外币核算　　　B. 项目核算　　　C. 日记账　　　D. 银行账

3. 用户可以根据本单位需要对记账凭证进行分类，系统提供的常用凭证分类方式有(　　)。

    A. 记账凭证

    B. 收款、付款、转账凭证

    C. 现金、银行、转账凭证

    D. 现金收款、现金付款、银行收款、银行付款、转账凭证

4. 删除会计科目时，下列描述正确的是(　　)。

    A. 建立后，不能删除

    B. 有下级的科目，应从下至上删除

面向『十二五』高职高专项目导向式教改教材·财经系列

C. 已经输入余额，可将余额设为 0 后再删除

D. 已在输入凭证中使用，不允许删除

三、简答题

1. 基础设置的重要性是什么？

2. 按照财务业务一体化管理软件的要求，企业需要准备哪些基础数据？

3. 指定会计科目的作用是什么？

4. 用友 U8 中提供了哪些科目辅助核算功能？

5. 举例说明项目辅助核算的用途？

6. 建立项目档案的程序是怎样的？

项目四

总账管理

【项目技能点】

- 掌握总账管理系统各选项的含义
- 能根据企业实际情况设置总账选项
- 能熟练进行凭证处理
- 会定义各类转账凭证
- 掌握在总账中进行各种信息查询的方法

【项目知识点】

- 了解 U8 总账系统的主要功能
- 熟悉总账系统的业务处理流程
- 阐述总账初始化的主要内容
- 阐述出纳的主要工作内容
- 阐述凭证处理的流程
- 阐述总账期末业务的主要工作内容

任务一　认知总账系统

【任务案例】

总账是用友 U8 的核心子系统。在正式使用总账之前，需要对总账有一个基本认识。为了帮助项目成员快速入门，方俊认为一方面要澄清 U8 中的总账和大家观念中的总账的区别；一方面要了解总账和 U8 中其他子系统的关系。

【具体任务】

(1) 阐述 U8 中的总账与手工总账的区别。
(2) 阐述总账与 U8 其他子系统的关系。

【理论认知】

一、总账系统的功能

手工环境下，总账是指总分类账簿，是根据总分类科目开设账户，用来登记全部经济业务，进行总分类核算，提供总括核算资料的分类账簿。总分类账所提供的核算资料，是编制会计报表的主要依据，任何单位都必须设置总分类账。总分类账的登记依据和方法，主要取决于所采用的会计核算形式。它可以直接根据各种记账凭证逐笔登记，也可以先把记账凭证按照一定方式进行汇总，编制成科目汇总表或汇总记账凭证等，然后据以登记。

用友 U8 中，总账是一个核心的子系统，业务数据在生成凭证以后，全部归集到总账系统进行处理，总账系统也可以进行日常的收、付款，报销等业务的凭证制单工作；从建账、日常业务、账簿查询到月末结账等全部的账务处理工作均在总账系统实现。

总账系统的主要功能包括总账系统初始化、凭证管理、出纳管理、账簿管理、辅助核算管理及月末处理。

1. 总账初始化

总账初始化是由企业用户根据自身的行业特性和管理需求，将通用的总账管理系统设置为适合企业自身特点的专用系统的过程。总账初始化主要包括系统选项设置和期初数据录入两项内容。

2. 凭证管理

凭证是记录企业各项经济业务发生的载体，凭证管理是总账系统的核心功能，主要包括填制凭证、出纳签字、审核凭证、记账、查询打印凭证等。凭证是总账系统数据的唯一来源，为严把数据源的正确性，总账系统设置了严密的制单控制以保证凭证填制的正确性。另外，总账系统还提供了资金赤字控制、支票控制、预算控制、外币折算误差控制、凭证类型控制、制单金额控制等功能，以加强对业务的及时管理和控制。

3. 出纳管理

资金收付的核算与管理是企业的重要日常工作，也是出纳的一项重要工作内容。总账系统中的出纳管理为出纳人员提供了一个集成办公环境，可完成现金日记账、银行存款日记账的查询和打印，并可随时输出最新资金日报表，进行银行对账并生成银行存款余额调节表。

4. 账簿管理

总账系统提供了强大的账证查询功能。可以查询打印总账、明细账、日记账、发生额余额表、多栏账、序时账等。不仅可以查询到已记账凭证的数据，也可以查询到未记账凭证的数据；可以轻松实现总账、明细账、日记账和凭证的联查。

5. 辅助核算管理

为了细化企业的核算与管理，总账系统提供了辅助核算管理功能。辅助类型主要包括客户往来核算、供应商往来核算、项目核算、部门核算和个人往来核算。利用辅助核算功能，可以简化会计科目体系，使查询专项信息更为便捷。

6. 月末处理

总账系统的月末处理主要包括自动转账凭证的定义、自动转账凭证的生成、对账和结账等内容。

二、总账系统与其他子系统的数据关系

总账子系统是 ERP 财务管理系统的组成部分，它既可以独立运行，也可以同其他系统协同运转。总账子系统与其他子系统之间的数据关系如图 4-1 所示。

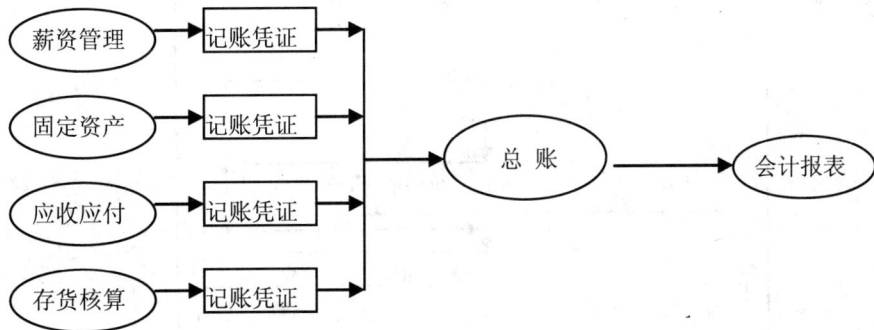

图 4-1 总账子系统与其他子系统之间的数据关系

总账系统需要的基础数据在企业应用平台中统一设置。

在总账与应收款管理集成应用模式下，应收款管理系统向总账系统传递销售过程中形成的应收凭证及收款结算形成的收款凭证。

在总账与应付款管理集成应用模式下，应付款管理系统向总账系统传递采购过程中形成的应付凭证及付款结算形成的付款凭证。

薪资管理系统将工资分摊及费用分配的结果形成的凭证传递给总账系统。

固定资产系统将固定资产增加、减少、计提折旧等业务处理产生的凭证传递给总账,通过对账保持固定资产明细记录与总账记录之间的平衡。

采购、销售、库存管理等业务处理环节生成的凭证统一通过存货核算系统传递给总账。

编制报表时可以从总账系统各类账簿中提取数据。

各子系统传递到总账中的凭证,需要在总账系统中继续进行审核、记账处理。

三、总账系统的应用流程

总账系统的应用流程指示了正确使用总账系统的操作顺序,有助于帮助企业实现快速应用。一般来讲,各业务系统的应用大都划分为三个阶段,即系统初始化、日常业务处理和月末处理,总账系统也遵循这一规律。总账系统的应用流程如图 4-2 所示。

对于图 4-2,需要说明的有两点:

(1) 系统初始化阶段,与总账相关的基础档案(内框包含的部分)在企业应用平台中进行设置。

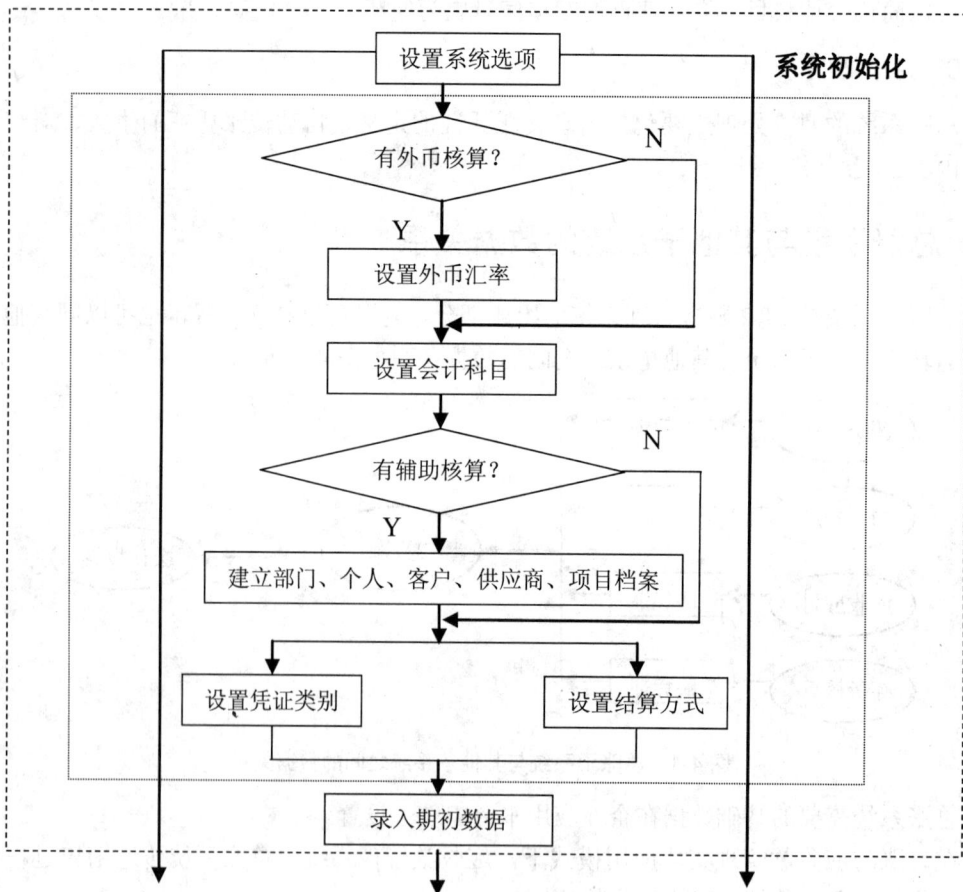

图 4-2 总账子系统的应用流程

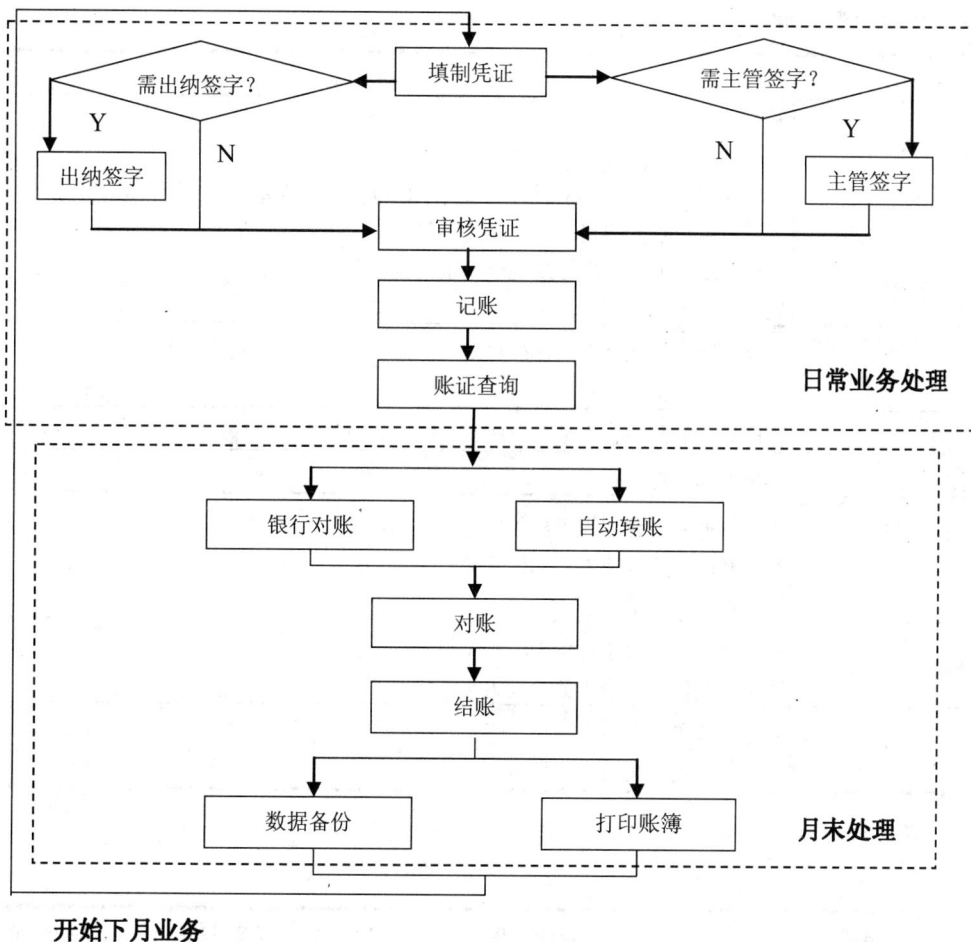

图 4-2 总账子系统的应用流程(续)

(2) 如果在总账选项中设置了出纳凭证必须由出纳和主管签字,那么在凭证处理流程中就必须经过出纳签字、主管签字环节。出纳签字、主管签字与凭证审核没有先后次序之分。

任务二 总账初始设置

◉【任务案例】

总账中包含总账、明细账、日记账等多种不同形式的账簿。创智科技不是企业开立立账,因此这些账簿上需要有期初数据,即手工阶段最后的业务处理数据,以保持业务的连续性。那么目前手工账上的哪些数据需要导入到计算机系统中呢?这是项目成员急切想知道的一个问题,也是项目组本周周会议的研讨主题。

创智科技确定后的总账参数及期初余额如下。

1. 总账控制参数

选 项 卡	参数设置
凭证	制单序时控制 支票控制 赤字控制：资金及往来科目　　赤字控制方式：提示 可以使用应收、应付、存货受控科目 取消"现金流量科目必须录现金流量项目" 凭证编号方式采用系统编号
账簿	账簿打印位数按软件的标准设定 明细账打印按年排页
凭证打印	打印凭证的制单、出纳、审核、记账等人员姓名
预算控制	超出预算允许保存
权限	出纳凭证必须经由出纳签字 允许修改、作废他人填制的凭证 可查询他人凭证
会计日历	会计日历为 1 月 1 日至 12 月 31 日 数量小数位和单价小数位设为 2 位
其他	外币核算采用固定汇率 部门、个人、项目按编码方式排序

2. 期初余额

1) 总账期初明细

科目编号及名称	辅助核算	方　向	币别/计量	期初余额
库存现金(1001)	日记账	借		3 256.20
银行存款(1002)	日记账、银行账	借		189 285.02
中行存款(100201)	日记账、银行账	借		189 285.02
人民币户(10020101)	日记账、银行账	借		189 285.02
美元户(10020102)	日记账、银行账	借	美元	
应收账款(1122)	客户往来	借		75 780.00
其他应收款(1221)	个人往来	借		6 800.00
坏账准备(1231)		贷		10 000.00
材料采购(1401)		借		-41 600.00
原材料(1403)		借		467 960.00
CPU 芯片(140301)		借		378 000.00
	数量核算(盒)			300.00
硬盘(140302)		借		68 400.00
	数量核算(盒)			180.00
鼠标(140303)				21 560.00

续表

科目编号及名称	辅助核算	方向	币别/计量	期初余额
	数量核算(个)			220.00
库存商品(1405)		借		863 800.00
固定资产(1601)		借		342 299.00
累计折旧(1602)		贷		223 471.87
短期借款(2001)		贷		800 000.00
应付账款(2202)	供应商往来	贷		144 000.00
预收账款(2203)	客户往来	贷		
应付职工薪酬(2211)		贷		
应付工资(221101)		贷		228 571.40
应付福利费(221102)		贷		32 000.00
应交税费(2221)		贷		8 200.00
应交增值税(222101)		贷		8 200.00
进项税额(22210101)		贷		−33 800.00
销项税额(22210105)		贷		42 000.00
实收资本(4001)		贷		500 000.00
利润分配(4104)		贷		15 822.69
未分配利润(410415)		贷		15 822.69
生产成本(5001)		借		54 650.74
直接材料(500101)	项目核算	借		35 000.00
直接人工(500102)		借		17 485.74
制造费用(500103)		借		2 000.00

2) 辅助账期初明细

应收账款往来明细：1122 应收账款　　　余额：借 75 780 元

日　期	凭证号	客　户	业务员	摘　要	方　向	金　额
2013-10-25	转-96	中新城市学院	古茂	期初	借	72 000.00
2013-11-10	转-15	麦加科技有限公司	古茂	期初	借	3 780.00

其他应收款往来明细：1221 其他应收款　　　余额：借 6800 元

日　期	凭证号	部　门	个　人	摘　要	方　向	金　额
2013-12-26	付-118	企管办	潘龙	出差借款	借	4 000.00
2013-12-27	付-122	销售一部	古茂	出差借款	借	2 800.00

应付账款往来明细：2202 应付账款　　　余额：贷 144 000 元

日　期	凭证号	供应商	摘　要	方　向	金　额	业务员
2013-10-20	转-62	天和	期初	贷	144 000.00	高亚萍

会计科目： 5001 生产成本　　　　余额：借 25 000 元

科目名称	天骄台式机	神州笔记本	合　计
直接材料(500101)	12 000.00	23 000.00	25 000.00

【具体任务】

(1) 引入"项目 3 初始设置"账套，以账套主管身份进行总账初始化设置。

(2) 讨论总账中的哪些参数会影响总账系统的账务处理流程。

【理论认知】

一、总账选项设置

为了最大范围地满足不同企业用户的信息化应用需求，总账作为通用商品化管理软件的核心子系统，是通过内置大量的选项(也称参数)来提供面向不同企业应用的解决方案的。企业可以根据自身的实际情况进行选择，以确定符合企业个性特点的应用模式。

软件越通用，意味着系统内置的参数越多，系统参数的设置决定了企业的应用模式和应用流程。为了明确各项参数的适用对象，软件一般将参数分门别类地进行管理。用友 U8 总账系统将参数分为以下 7 个选项卡。

1."凭证"选项卡

1) 制单控制

主要设置在填制凭证时，系统应对哪些操作进行控制，具体包括如下内容。

(1) 制单序时控制：该项和"系统编号"选项联用，制单时某类凭证编号必须按日期顺序自小到大排列，凭证日期既不能小于该类别最后一张凭证日期，但也不能大于系统日期。

(2) 支票控制：若选择了此项，在制单时使用银行科目编制凭证时，系统会针对已设置了票据管理的结算方式进行登记，如果录入的支票号在支票登记簿中已存在，系统提供登记支票报销的功能；否则，系统提供登记支票登记簿的功能。

(3) 赤字控制：若选择此项，在填制凭证时，当"资金及往来科目"或"全部科目"的最新余额出现负数时，系统将予以提示。赤字控制既可以只针对资金类科目和往来科目，也可以针对所有科目。

(4) 可以使用应收受控科目：若科目为应收款系统的受控科目，为了防止重复制单，只允许应收款系统使用此科目进行制单，总账系统是不能使用此科目制单的。所以如果希望在总账系统中也能使用这些科目填制凭证，应选择此项。

注意：总账和其他业务系统使用受控科目会导致应收系统与总账对账不平。

2) 凭证控制

(1) 现金流量科目必录现金流量项目：如果企业选择利用现金流量项目核算作为编制现金流量表的方法，就涉及该选项的设置。选择该项，在录入凭证时如果使用了现金流量科目则必须输入现金流量项目及金额。

(2) 自动填补凭证断号：如果选择凭证编号方式为系统编号，则在新增凭证时，系统按凭证类别自动查询本月的第一个断号作为本次新增凭证的凭证号。

(3) 凭证录入时结算方式及票据号必录：在填制凭证时如果使用了银行科目，则必须输入结算方式及票据号。

3) 凭证编号方式

系统提供系统编号和手工编号两种方式。如果选用系统编号，系统在填制凭证时会按照设置的凭证类别按月自动编号。

2．"账簿"选项卡

用来设置各种账簿的输出方式和打印要求等。

3．"凭证打印"选项卡

用来设置凭证的输出方式和打印要求等，主要包括如下内容。

1) 合并凭证显示、打印

选择此项，在填制凭证、查询凭证、出纳签字和凭证审核时，凭证按照"按科目、摘要相同方式合并"或"按科目相同方式合并"合并显示，在明细账显示界面提供是否"合并显示"的选项。

2) 打印凭证页脚姓名

决定在打印凭证时，是否自动打印制单人、出纳、审核人、记账人的姓名。

4．"预算控制"选项卡

根据预算管理系统或财务分析系统设置的预算数对业务发生进行控制。

5．"权限"选项卡

1) 制单权限控制到科目

如果需要明确操作员只能使用具有相应制单权限的科目制单，则首先应在数据权限控制设置中选择对"科目"进行控制，再选中该项，最后在数据权限中为操作员指定制单可以使用的科目。设置完成后，该操作员只能使用有权限的科目进行制单。

同样意义的选项还有"制单、辅助账查询控制到辅助核算"、"明细账查询控制到科目"。

2) 制单权限控制到凭证类别

如果需要明确操作员只能填制特定类别的凭证，则首先应在数据权限控制设置中选择对"凭证类别"进行控制，再选中该项，最后在数据权限中为操作员指定制单时可以使用哪些凭证类别。设置完成后，操作员制单时，凭证类别参照中只显示操作员有权限的凭证类别。

3) 操作员进行金额权限控制

系统可以对不同级别的人员进行制单金额大小的控制。例如财务主管可以对 10 万元以上的经济业务制单，一般财务人员只能对 5 万元以下的经济业务制单，这样可以减少由不必要的责任事故带来的经济损失。

以下情况不能进行金额权限控制：

① 如为外部凭证或常用凭证调用生成，则不做金额权限控制。

② 自定义结转凭证不受金额权限控制。

4) 凭证审核控制到操作员

如果需要指定某个具有凭证审核权限的操作员只能审核某些制单人填制的凭证，则应选择该选项。

5) 出纳凭证必须经由出纳签字

出纳凭证是指凭证上包含现金或银行科目的凭证。涉及现金收付的业务是企业需要重点关注的业务，如果选择该项，凭证处理流程为：填制凭证—出纳签字—审核凭证—记账。

注意：出纳签字与审核凭证不分先后顺序。

6) 凭证必须经由主管会计签字

如果企业中规定所有凭证都必须由主管会计签字才能作为记账依据，则应选中该项。

注意：如果选择了"凭证必须经由主管会计签字"，则在凭证处理流程的填制凭证和记账之间还需要增加主管签字环节。

7) 允许修改、作废他人填制的凭证

如果制单人填制的凭证有误，该选项决定其他人员(如审核人员)发现凭证有误时是否被允许修改或作废凭证。"控制到操作员"属于数据权限控制内容，利用该项可以指定允许修改、作废哪些操作员填制的凭证。

8) 可查询他人凭证

是否可以查询他人填制的凭证。利用"控制到操作员"能够指定可以查询哪些操作员填制的凭证。

6. 会计日历选项卡

会计日历选项卡中包括以下内容：

(1) 可查看各会计期间的起始日期与结束日期，以及启用会计年度和启用日期。

注意：此处仅能查看会计日历的信息，如需修改请到系统管理中进行。

(2) 可查看建立账套时的一些信息，如账套名称、单位名称、账套存放的路径、行业性质和定义的科目级长等。

(3) 可以修改数量小数位、单价小数位和本位币精度。

7. "其他"选项卡

在"其他"选项卡中可以设置以下内容。

1) 外币核算方式

有外币业务时，企业可以选择"固定汇率"或"浮动汇率"处理方式。

2) 排序方式

在参照部门目录、查询部门辅助账时，可以指定查询列表的内容是按编码顺序显示还是按名称顺序显示。对个人往来辅助核算和项目辅助核算也可以进行设置。

二、期初余额录入

企业账套建立之后，还需要在系统中建立基础档案和各账户的余额数据，才能接续手工业务处理进程。各账户余额数据的准备与总账启用的会计期间相关。

1. 准备期初数据

为了保持账簿资料的连续性，应该将原有系统下截至总账启用日的各账户年初余额、累计发生额和期末余额输入到计算机系统中。但因为它们之间存在这样的关系：如果某账户余额在借方，则年初余额+本年累计借方发生额-本年累计贷方发生额=期末余额；如果某账户余额在贷方，则年初余额+本年累计贷方发生额-本年累计借方发生额=期末余额。因此一般只需要向计算机输入其中三个数据，另外一个可以根据上述关系自动计算。

选择年初启用总账和选择年中启用总账需要准备的期初数据是不同的。

1) 年初建账

如果选择年初建账，只需要准备各账户上年年末的余额作为新一年的期初余额，且年初余额和月初余额是相同的。如某企业选择 2013 年 1 月启用总账系统，则只需要整理该企业 2012 年 12 月末各账户的期末余额作为 2013 年 1 月初的期初余额，因为本年没有累计数据发生，因此月初余额同时也是 2013 年年初余额。

2) 年中建账

如果选择年中建账，不仅要准备各账户启用会计期间上一期的期末余额作为启用期的期初余额，而且还要整理自本年度开始截至启用期的各账户累计发生数据。例如，某企业 2013 年 8 月开始启用总账系统，那么，应将该企业 2013 年 7 月末各科目的期末余额及 1～7 月的累计发生额整理出来，作为计算机系统的期初数据录入到总账系统中，系统将自动计算年初余额。

如果科目设置了某种辅助核算，那么还需要准备辅助项目的期初余额。如应收账款科目设置了客户往来辅助核算，除了要准备应收账款总账科目的期初数据外，还要详细记录这些应收账款是哪些客户的销售未收，因此要按客户整理详细的应收余额数据。

2. 录入期初数据

期初余额录入时，根据科目性质不同，分为以下几种情况。

(1) 末级科目的余额可以直接输入。

(2) 非末级科目的余额数据由系统根据末级科目数据逐级向上汇总而得。

(3) 科目有数量外币核算时，在输入完本位币金额后，还要在下面一行输入相应的数量和外币信息。

(4) 科目有辅助核算时，不能直接输入该账户的期初余额，而是必须输入辅助账的期初余额。辅助账余额输入完毕后，自动带回总账。累计发生额可以直接输入。

注意： 如果余额方向与科目余额方向相反，录入余额时录入负数。

面向"十二五"高职高专项目导向式教改教材·财经系列

3. 进行试算平衡

期初数据输入完毕后应进行试算平衡。如果期初余额试算不平衡,可以填制、审核凭证,但不能进行记账处理。因为企业信息化时,初始设置工作量大,占用时间比较长,为了不影响日常业务的正常进行,故允许在初始化工作未完成的情况下进行凭证的填制。

凭证一经记账,期初数据便不能再修改。

◉【实训操作】

1. 设置总账选项

(1) 在企业应用平台业务工作中,选择"财务会计"中的"总账",双击"设置"下的"选项"项目,打开"选项"对话框。

(2) 单击"编辑"按钮,进入参数修改状态。

(3) 切换到"凭证"选项卡,按照实验资料的要求进行相应的设置,如图 4-3 所示。

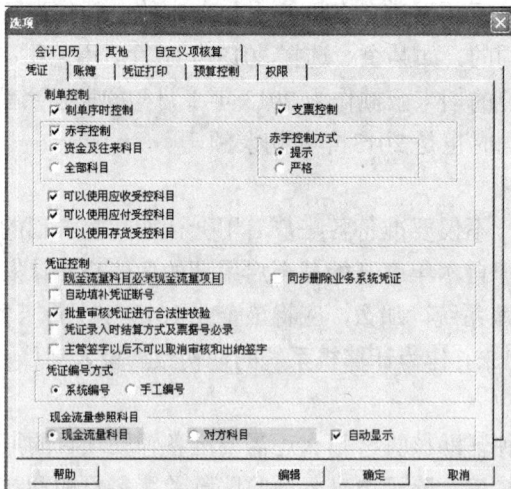

图 4-3　"选项"对话框中"凭证"选项卡

> 注意:选中"可以使用应收受控科目"复选框时,系统会弹出提示"受控科目被其他系统使用时,会造成应收系统与总账对账不平",单击"确定"按钮返回即可。

(4) 同理,分别切换到"账簿"、"会计日历"、"其他"等选项卡,按照实验资料的要求进行相应的设置。

(5) 设置完成后,单击"确定"按钮返回。

2. 输入期初余额

(1) 双击"设置"下的"期初余额"选项,进入"期初余额录入"窗口。

(2) 直接输入末级科目(底色为白色)期初余额,上级科目的余额自动汇总计算。

(3) 设置了辅助核算的科目底色显示为蓝色,其累计发生额可直接输入,但期初余额要在相应的辅助账中录入。方法是双击设置了辅助核算属性的科目的期初余额栏,进入"辅助期初余额"窗口。单击"往来明细"按钮进入"期初往来明细"窗口，录入应收账款往来明细，如图 4-4 所示。

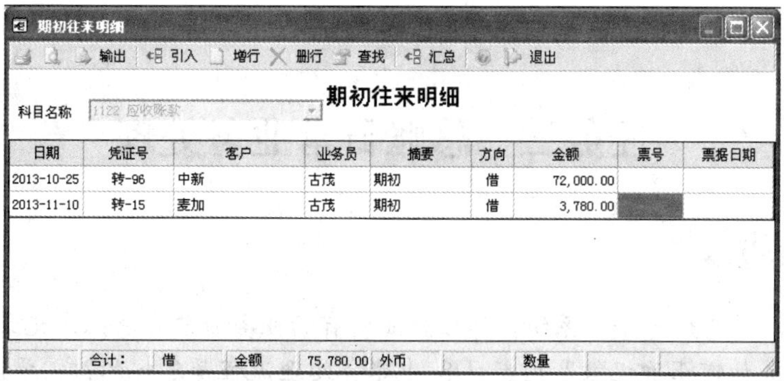

图 4-4 期初往来明细

(4) 单击"汇总"按钮，系统自动汇总并弹出提示"完成了往来明细到辅助期初表的汇总!"，单击"确定"按钮。

(5) 单击"退出"按钮，返回到"辅助期初余额"窗口，如图 4-5 所示。

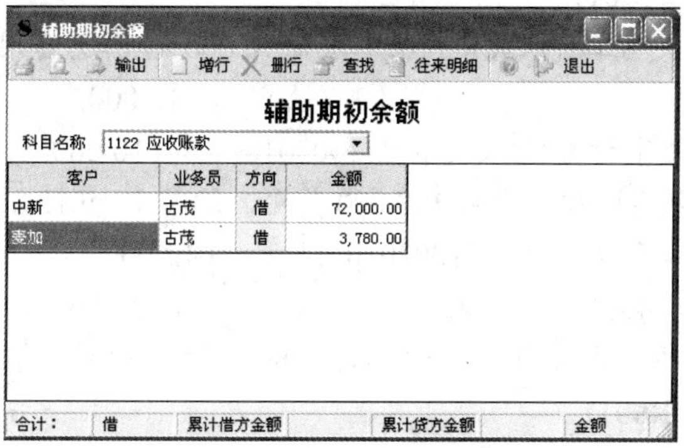

图 4-5 辅助期初余额

(6) 输完所有科目余额后，返回到"期初余额录入"窗口单击"试算"按钮，打开"期初试算平衡表"对话框，如图 4-6 所示。

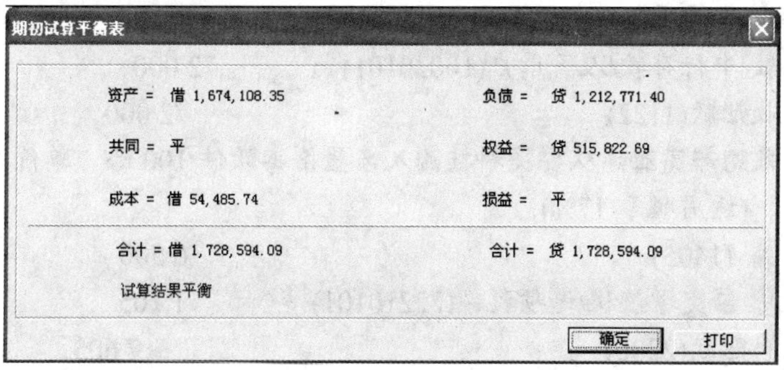

图 4-6 期初试算平衡表

(7) 若期初余额不平衡，则修改期初余额；若期初余额试算平衡，单击"确定"按钮。

> **注意：** 期初余额试算不平衡，将不能记账，但可以填制和审核凭证。
> 　　　　已经记过账，则不能再输入、修改期初余额，也不能执行"结转上年余额"功能。

最后，备份该任务账套数据至"项目四-1"。

任务三　总账日常业务处理

◉【任务案例】

既然只启用了总账一个子系统，那么企业所有的业务都要在总账中记录和反映。因此，不同类型的业务如何正确记录？用友 U8 中账务处理流程是怎样的？需要注意哪些问题？就是项目组目前必须熟悉和了解的。

创智科技 2014 年 1 月发生以下业务：

(1) 2 日，销售一部古茂报销业务招待费 1 200 元，以现金支付。(附单据一张)

借：销售费用/招待费(660105)　　1 200

　　贷：库存现金(1001)　　　　　　1 200

(2) 3 日，财务部郝爽从工行人民币户提取现金 10 000 元，作为备用金。(现金支票号 XJ001)

借：现金(1001)　　　　　　　　　　　　　　10 000

　　贷：银行存款/中行存款/人民币户(10020101)　　10 000

(3) 5 日，收到久联集团投资资金 100 000 美元，汇率 1：6.12。(转账支票号 ZZW001)

借：银行存款/中行存款/美元户(10020102)　　612 000

　　贷：实收资本(4001)　　　　　　　　　　612 000

(4) 8 日，采购部高亚萍采购鼠标 50 个，单价 90 元，材料直接入库，货款以银行存款支付。(转账支票号 ZZR001)

借：原材料/鼠标(140303)　　　　　　　　　　4 500

　　应交税费/应交增值税/进项税额(22210101)　　765

　　贷：银行存款/中行存款/人民币户(10020101)　　5 265

(5) 10 日，销售一部古茂收到中新城市学院转来一张转账支票，金额 72 000 元，用以偿还前欠货款。(转账支票号 ZZR002)

借：银行存款/中行存款/人民币户(10020101)　　72 000

　　贷：应收账款(1122)　　　　　　　　　　72 000

(6) 12 日，采购部高亚萍从安捷科技购入名星杀毒软件 100 套，单价 65 元，货税款暂欠，已验收入库。(适用税率 17%)

借：库存商品 (1405)　　　　　　　　　　　　6 500

　　应交税费/应交增值税/进项税额(22210101)　　1 105

　　贷：应付账款(2202)　　　　　　　　　　7 605

(7) 16 日，企管办购办公用品 170 元，付现金。

借：管理费用/办公费(660203)　　　　170

　　贷：库存现金(1001)　　　　　　　170

(8) 18 日，企管办潘龙出差归来，报销差旅费 4 000 元，交回现金 440 元。

借：管理费用/差旅费(660204)　　　　　　3 560

　　库存现金(1001)　　　　　　　　　　440

　　　贷：其他应收款 (1221)　　　　　　　　　　4 000

(9) 20 日，生产部领用硬盘 40 盒，单价 380 元，用于生产天骄台式机。

借：生产成本/直接材料(500101)　　　　　15 200

　　　贷：原材料/硬盘(140302)　　　　　　　　　15 200

◉【具体任务】

1. 引入"项目四-1"账套数据。

2. 以"杜雪"的身份进行以下操作。

(1) 填制凭证：针对本月发生的业务填制凭证。

(2) 修改凭证：

① 经查，16 日企管办购办公用品应为 190 元，误录为 170 元。

② 经查，12 日采购部系从供应商"天和"购入杀毒软件 100 套。

(3) 删除凭证：

经查，2 日古茂报销的业务招待费属个人消费行为，不允许报销，现金已追缴，业务上不再反映。

3. 以"郝爽"的身份进行出纳签字，现金、银行存款日记账和资金日报表的查询，支票登记。

(1) 查询现金日记账。

(2) 查询资金日报。

(3) 登记支票登记簿：22 日，采购部高亚萍借转账支票一张采购硬盘，票号 155，预计金额 40 000 元。

4. 以"宋淼"的身份进行审核、记账、账证查询操作。

(1) 查询凭证：查询现金支出在 100 元以上的凭证。

(2) 账簿查询：

① 查询 2014.01 余额表。

② 查询原材料-硬盘数量金额明细账。

③ 定义并查询管理费用多栏账。

④ 查询 2014.01 部门收支分析表。

⑤ 查询企管办潘龙个人往来清理情况。

(3) 往来账查询：

① 查询供应商"天和"明细账。

② 进行客户往来账龄分析。

(4) 项目账查询：

① 查询"天骄台式机"项目明细账。

② 进行项目统计分析。

◉【理论认知】

一、凭证管理

记账凭证是登记账簿的依据,是总账系统的唯一数据来源,因此凭证管理是总账系统最为核心的内容。凭证管理的内容主要包括填制凭证、凭证复核、凭证汇总、凭证记账,以及修改凭证、作废凭证、冲销凭证、查询凭证等内容。

1. 填制凭证

记账凭证按其编制来源可分为两大类:手工填制凭证和机制凭证。机制凭证包括利用总账系统自动转账功能生成的凭证以及在其他子系统中生成传递到总账的凭证。本节主要介绍手工填制凭证。

填制凭证时各项目应填制的内容及注意事项如下。

1) 凭证类别

填制凭证时可以直接选择所需的凭证类别。如果在设置凭证类别时设置了凭证的限制类型,那么所选的凭证必须符合限制类型的要求,否则系统会给出错误提示。例如,假定企业选择了"收、付、转"三类凭证,且设置了收款凭证的限制类型为"借方必有"科目"1001,1002",如果企业发生了"销售产品,货款未收"的业务,应借记应收账款科目,贷记主营业务收入科目;如果用户误选了"收款凭证"类别,保存时系统会提示"不满足借方必有条件"。

2) 凭证编号

如果选择"系统编号"方式,则凭证分凭证类别按月自动编号。如果选择"手工编号"方式,需要手工输入凭证号,但应注意凭证号的连续性、唯一性。

3) 凭证日期

填制凭证时,日期一般自动取登录系统时的业务日期。选择"制单序时控制"的情况下,凭证日期应大于等于该类凭证最后一张凭证日期,但不能超过机内系统日期。

4) 附单据数

记账凭证打印出来后,应将相应的原始凭证黏附其后,这里的附单据数就是指将来该记账凭证所附的原始单据数。

5) 摘要

摘要是对经济业务的概括说明。因为计算机记账时是以记录行为单位的,因此每行记录都要有摘要,不同记录行的摘要可以相同也可以不同,每行摘要将随相应的会计科目在明细账、日记账中出现。摘要可以直接输入,如果定义了常用摘要的话,也可以调用常用摘要。

6) 会计科目

填制凭证时,要求会计科目必须是末级科目,可以输入科目编码、科目名称、科目助记码。

如果输入的是银行科目,一般系统会要求输入有关结算方式的信息,此时最好输入,以方便日后银行对账;如果输入的科目有外币核算,系统会自动带出在外币中已设置的相关汇率，如果不符还可以修改，输入外币金额后，系统会自动计算出本币金额；如果输入的科目有数量核算，应该输入数量和单价，系统会自动计算出本币金额；如果输入的科目有辅助核算，应该输入相关的辅助信息，以便系统生成辅助核算信息。

7) 金额

金额可以是正数或负数(即红字)，但不能为零。凭证金额应符合"有借必有贷，借贷必相等"原则，否则将不能保存。

另外，如果设置了常用凭证，可以在填制凭证时直接调用常用凭证，从而增加凭证录入的速度和规范性。

2．凭证复核

为了保证会计事项处理正确和记账凭证填制正确，需要对记账凭证进行复核。凭证复核包括出纳签字、主管签字和审核凭证。

1) 出纳签字

由于出纳凭证涉及企业资金的收支，所以应加强对出纳凭证的管理。出纳签字功能使得出纳可以对涉及现金、银行存款的凭证进行核对，以检查凭证是否有误。如果凭证正确无误，出纳便可签字，否则必须交由制单人进行修改后再重新核对。

出纳凭证是否必须由出纳签字取决于系统参数的设置，如果选择了"出纳凭证必须由出纳签字"选项，那么出纳凭证必须经过出纳签字才能够记账。

2) 主管签字

为了加强对会计人员制单的管理，有的企业所有凭证都需要由主管签字，为了满足这一应用需求，总账系统提供主管签字功能。但凭证是否需要主管签字才能记账，取决于系统参数的设置。

3) 审核凭证

审核凭证是审核员按照相关规定，对制单员填制的记账凭证进行检查核对，审核内容包括是否与原始凭证相符、会计分录是否正确等。凭证审核无误后，审核人便可签字，否则必须交由制单人进行修改后再重新审核。

所有凭证必须审核后才能记账，且审核人与制单人不能是同一人。

如果设置了凭证审核明细权限的话，审核凭证还会受到明细权限的制约。

3．凭证记账

记账凭证经过审核签字后，便可以记账了。计算机系统中，记账是由计算机自动进行的。记账过程一旦断电或因其他原因造成中断，系统会自动调用"恢复记账前状态"功能恢复数据，再重新选择记账。

如果记账后发现输入的记账凭证有错误需要进行修改，需要人工调用"恢复记账前状态"功能。系统提供了两种恢复记账前状态方式，即将系统恢复到最后一次记账前状态和将系统恢复到月初状态。只有主管才能选择将数据"恢复到月初状态"。

如果期初余额试算不平衡则不能记账。如果上月未结账，则本月不能记账。

4．修改凭证

在信息化方式下，凭证的修改分为有痕迹修改和无痕迹修改两种。

1) 无痕迹修改

无痕迹修改是指系统内不保存任何修改线索和痕迹。对于尚未审核和签字的凭证可以直接进行修改；对于已经审核或签字的凭证应该先取消审核或签字，然后才能修改。显然，这两种情况下，都没有保留任何审计线索。

2) 有痕迹修改

有痕迹修改是指系统通过保存错误凭证和更正凭证的方式来保留修改痕迹，因而可以留下审计线索。对于已经记账的错误凭证，一般应采用有痕迹修改。具体方法是采用红字更正法或补充更正法。前者适用于更正记账金额大于应记金额的错误或者会计科目的错误，后者适用于更正记账金额小于应记金额的错误。

能否修改他人填制的凭证，取决于系统参数的设置。其他子系统生成的凭证，在账务系统中只能进行查询、审核、记账，不能修改和作废。只有在生成该凭证的原子系统中才能对其进行修改和删除，从而保证记账凭证和原子系统中的原始单据相一致。

修改凭证时，一般而言凭证类别及编号是不能修改的。修改凭证日期时，为了保持序时性，日期应介于前后两张凭证日期之间，同时日期月份不能修改。

5. 作废凭证

对于尚未审核和签字的凭证，如果不需要的话，可以直接将其作废，作废凭证仍保留凭证内容及编号，但仅显示"作废"字样。作废凭证不能修改、审核，但应参与记账，否则月末无法结账。记账时不对作废凭证进行数据处理，其相当于一张空凭证。查询账簿时，查不到作废凭证的数据。

与作废凭证相对应，系统也提供对作废凭证的恢复，即将已标识为作废的凭证恢复为正常凭证。如果作废凭证没有保留的必要时，可以通过"整理凭证"彻底将其删除。

6. 冲销凭证

冲销凭证是针对已记账凭证而言的。红字冲销可以采用手工方式也可以由系统自动进行。如果采用自动冲销，只要告知系统要被冲销的凭证类型及凭证号，系统便会自动生成一张与该凭证相同但金额为红字(负数)的凭证。

7. 凭证查询

凭证查询是计算机系统较手工方式的优势之一。使用此功能既可以查询已记账凭证也可以查询未记账凭证；既可以查询作废凭证也可以查询标错凭证；既可以按凭证号范围查询也可以按日期查询；既可以按制单人查询，也可以按审核人或出纳员查询；通过设置查询条件，还可以按科目、摘要、金额、外币、数量、结算方式或各种辅助项查询，快捷方便。

8. 凭证汇总

凭证汇总时，可按一定条件对记账凭证进行汇总并生成凭证汇总表。进行凭证汇总的凭证可以是已记账凭证，也可以是未记账凭证。它使得财务人员可以随时查询凭证汇总信息，及时了解企业的经营状况及其他财务信息。

9．设置常用凭证

企业发生的经济业务都有其规律性，有些业务在一个月内会重复发生若干次，因而在填制凭证的过程中，经常会有许多凭证完全相同或部分相同。因此可以将这些经常出现的凭证进行预先设置，以便将来填制凭证时随时调用，简化凭证的填制过程，这就是常用凭证。

10．设置常用摘要

由于经济业务的重复性，在日常填制凭证的过程中，经常会用到许多相同的摘要。为了提高凭证的录入速度，可以将这些经常使用的摘要预先设置下来，这样在填制凭证时可以随时调用这些摘要，从而提高我们处理业务的效率。

11．设置明细权限

如果在系统参数中设置了某些选项，如"制单权限控制到科目"、"制单权限控制到凭证类别"、"制单金额控制"、"审核权限控制到操作员"、"明细账查询控制到科目"等，则还需要利用系统提供的相关功能进行明细权限的设置。

二、出纳管理

出纳管理是总账系统为出纳人员提供的一套管理工具和工作平台，功能包括出纳签字、现金和银行存款日记账的查询打印、资金日报、支票登记簿及银行对账。

1．出纳签字

如果凭证上使用了指定为现金或银行存款属性的科目，即涉及现金收付业务，就需要出纳对该类业务进行确认。出纳签字在凭证管理中已作过介绍，在此不再赘述。

2．现金、银行日记账及资金日报表的查询打印

现金日记账和银行存款日记账不同于一般科目的日记账，是属于出纳管理的，因此将其查询与打印功能放置于出纳管理平台。现金、银行日记账一般可按月或按日查询，查询时也可以查询未记账凭证。

资金日报表可以反映现金和银行存款日发生额及余额情况。手工环境下，资金日报表由出纳员逐日填写，以反映当天营业终了时现金、银行存款的收支情况及余额。在计算机系统中，资金日报表可由总账系统根据记账凭证自动生成，以便及时掌握当日借、贷金额合计、余额及当日业务量等信息。资金日报表既可以根据已记账凭证生成，也可以根据未记账凭证生成。

3．支票登记簿

加强支票的管理对于企业来说非常重要，因此总账系统提供了支票登记簿功能，以供出纳员详细登记支票领用及报销情况，如领用日期、领用部门、领用人、支票号、用途、预计金额、报销日期、实际金额、备注等。

使用支票登记簿时，需要注意以下问题：

(1) 建立会计科目时，必须为银行存款科目设置银行账属性。

(2) 设置结算方式时，必须为支票结算方式设置票据管理属性。

(3) 领用支票时，银行出纳必须据实填写领用日期、领用部门、领用人、支票号、用途、预计金额、备注等信息。

(4) 经办人持原始单据报销支票时，会计人员必须据此填制记账凭证。在录入该凭证时，系统要求录入结算方式和支票号，填制完凭证后，在采取支票控制的方式下，系统会自动在支票登记簿中为该支票填上报销日期，表示该支票已报销。否则，出纳员需要自己填写报销日期。

4. 银行对账

银行对账是出纳在月末应进行的一项工作。企业为了了解未达账项情况，通常都会定期与开户银行进行对账。在信息化方式下，银行对账的程序如下。

1) 录入银行对账期初数据

在第一次利用总账系统进行银行对账前，应该录入银行启用日期时的银行对账期初数据。银行对账的启用日期是指使用银行对账功能前最后一次手工对账的截止日期，银行对账不一定和总账系统同时启用，银行对账的启用日期可以晚于总账系统的启用日期。银行对账期初数据包括银行对账启用日的企业方银行日记账与银行方银行对账单的调整前余额，以及启用日期之前的单位日记账和银行对账单的未达账项。录入期初数据后，应保证银行日记账的调整后余额等于银行对账单的调整后余额，否则会影响以后的银行对账。

2) 录入银行对账单

在开始对账前，必须将银行开出的银行对账单录入到系统中，以便将其与企业银行日记账进行核对。有些系统还提供了银行对账单导入的功能，避免了烦琐的手工录入过程。

3) 银行对账

银行对账可采用自动对账和手工对账相结合的方式，即先进行自动对账，然后在此基础上再进行手工对账。

自动对账是指系统根据设定的对账依据，将银行日记账(银行未达账项文件)与银行对账单进行自动核对和勾销。对于已核对上的银行业务，系统将自动在银行日记账和银行对账单上打上两清标志，视为已达账项，否则视为未达账项。对账依据可由用户自己设置，但"方向+金额"是必要条件，通常可设置为"结算方式+结算号+方向+金额"。

采用自动对账后，可能还有一些特殊的已达账项没有对上而被视为未达账项，为了保证对账的彻底性和正确性，在自动对账的基础上还要进行手工补对。例如，自动对账只能针对"一对一"的情况进行对账，而对于"一对多"、"多对一"或"多对多"的情况，只能由手工对账来实现。

4) 查询打印余额调节表

在进行对账后，系统会根据对账结果自动生成银行存款余额调节表，以供用户查询打印或输出。

对账后，还可以查询银行日记账和银行对账单对账的详细情况，包括已达账项和未达账项。

5) 核销银行账

为了避免文件过大，占用磁盘空间，可以利用核销银行账功能将已达账项删除。对于企业银行日记账已达账项的删除不会影响企业银行日记账的查询和打印。

6) 长期未达账项审计

有的软件还提供长期未达账项审计的功能。通过设置截止日期以及至截止日期未达天数，系统可以自动将未达账项至截止日期未达天数超过指定天数的所有未达账项显示出来，以便企业了解长期未达账项的情况，从而采取措施对其追踪、加强监督，避免不必要的损失。

三、账簿查询

企业发生的经济业务，经过制单、复核、记账后，就可以查询打印各种账簿了。计算机系统的账簿查询具有以下鲜明特点：首先，在查询各种账簿时，可以查询未记账凭证；其次，与手工环境不同，在信息化方式下，各种账簿都可以针对各级科目进行查询；再次，可以进行账表联查，例如查询总账时可以联查明细账，而查明细账时可以联查凭证等。

下面分别介绍基本会计账簿查询和辅助账簿查询。

(一)基本会计账簿

基本会计账簿就是指手工处理方式下的总账、明细账、日记账、多栏账等。

1. 总账

查询总账时，可单独显示某科目的年初余额、各月发生额合计、全年累计发生额和月末余额。

2. 发生额余额表

发生额余额表可以同时显示各科目的期初余额、本期发生额、累计发生额及期末余额。

3. 明细账

明细账以凭证为单位显示各账户的明细发生情况，包括日期、凭证号、摘要、借方发生额、贷方发生额及余额。

4. 序时账

序时账根据记账凭证以流水账的形式反映各账户的信息，一般包括日期、凭证号、科目、摘要、方向、数量、外币及金额等信息。

5. 日记账

在信息化方式下，任何账户都可以查询日记账，只要将会计设置为日记账即可，而且可以随时设置，现金、银行存款日记账一般是在出纳功能中单独查询的。日记账一般包括日期、凭证号、摘要、对方科目、借方发生额、贷方发生额及余额。

6. 多栏账

在查询多栏账之前，必须先定义多栏账的格式。多栏账格式可以设置为两种，即自动编制栏目和手工编制栏目。

(二)辅助核算账簿

辅助账在手工处理方式下一般作为备查账存在。

1．个人核算

个人核算主要进行个人借款、还款的管理工作，以便及时控制个人借款，完成清欠工作。个人核算可以提供个人往来明细账、催款单、余额表、账龄分析报告及自动清理核销已清账等功能。

2．部门核算

部门核算主要是为了考核部门收支的发生情况，及时反映控制部门费用的支出，对各部门的收支情况加以比较分析，以便于部门考核。部门核算可以提供各级部门的总账、明细账，还可以对各部门收入与费用进行部门收支分析。

3．项目核算

项目核算用于收入、成本、在建工程等业务的核算，以项目为中心为使用者提供各项目的成本、费用、收入、往来等汇总与明细信息，以及项目计划执行报告等。

4．客户核算和供应商核算

客户核算和供应商核算主要进行客户和供应商往来款项的发生、清欠管理工作，及时掌握往来款项的最新情况，可以提供往来款的总账、明细账、催款单、对账单、往来账清理、账龄分析报告等功能。如果用户启用了应收款管理系统和应付款管理系统，还可以分别在这两个系统中对客户往来款和供应商往来款进行更为详细的核算与管理。

◉【实训操作】

(一)凭证处理

以"403 杜雪"的身份进入企业应用平台。

1．填制凭证

业务 1：无辅助核算的一般业务

(1) 在企业应用平台业务工作中，双击"财务会计"|"总账"|"凭证"下的"填制凭证"项目，进入"填制凭证"窗口。

(2) 单击 ⊕ 按钮，系统自动增加一张空白收款凭证。

(3) 在凭证左上角单击 ⋯ 参照按钮，选择凭证类型"付款凭证"；输入制单日期"2014.01.02"；输入附单据数"1"。

(4) 输入摘要"报销招待费"；选择科目名称"660105"，借方金额"1200"，按 Enter键；摘要自动带入下一行，输入贷方科目"1001"，光标位于贷方时，按"="键将借贷方差额"1200"取到当前位置，如图 4-7 所示。

(5) 单击"保存"按钮,系统弹出提示"凭证已成功保存!",单击"确定"按钮。

注意:采用序时控制时,凭证日期应大于等于总账启用日期,且不能超过业务日期。

凭证一旦保存,其凭证类别、凭证编号不能修改。

正文中不同行的摘要可以相同也可以不同,但不能为空。每行摘要将随相应的会计科目在明细账、日记账中出现。

科目编码必须是末级的科目编码。

金额不能为"零";红字以"-"号表示。

可按"="键取当前凭证借贷方金额的差额到当前光标位置。

单击"增加"按钮可在保存凭证的同时增加一张新凭证。

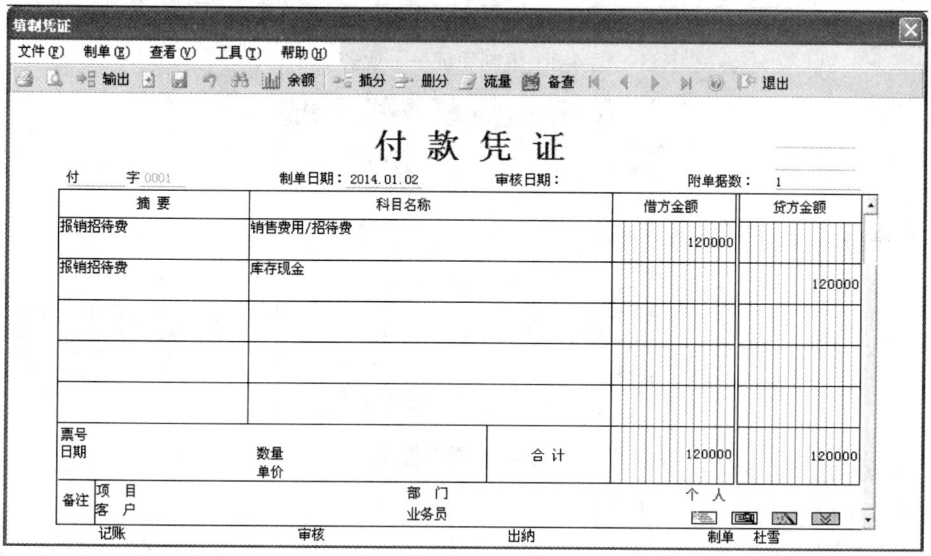

图 4-7 填制凭证——业务 1

业务 2:辅助核算——银行科目

(1) 在总账填制凭证功能中,增加一张付款凭证,输入摘要"提现金"。

(2) 输入银行科目"10020101",打开"辅助项"对话框。

(3) 输入结算方式"201",票号"XJ001",发生日期"2014-01-03",如图 4-8 所示,单击"确定"按钮。

(4) 保存凭证时,若此张支票未登记,则会打开"此支票尚未登记,是否登记?"对话框。

(5) 单击"是"按钮,打开"票号登记"对话框,如图 4-9 所示。

(6) 输入领用日期"2014-01-03",领用部门"财务部",姓名"郝爽",限额"10000",用途"备用金",单击"确定"按钮,系统弹出提示"凭证已成功保存!",单击"确定"按钮。

注意:选择支票控制,即该结算方式设为票据管理时,银行账辅助信息不能为空,而且该方式的票号应在支票登记簿中有记录。

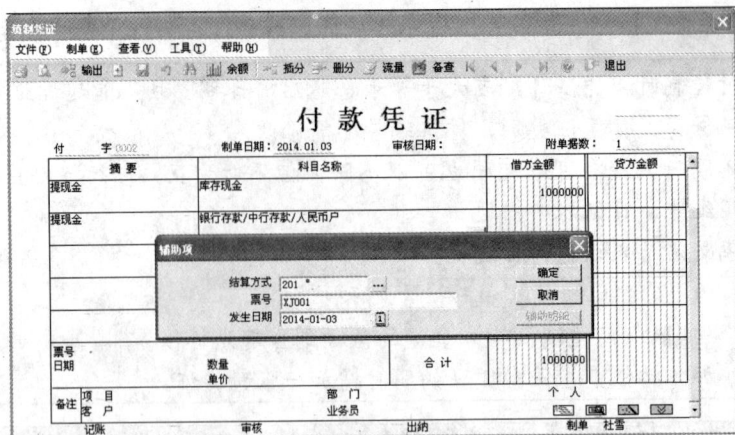

图 4-8　填制凭证——业务 2

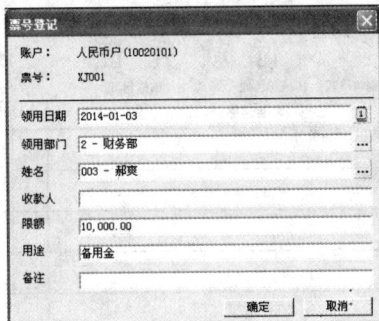

图 4-9　票号登记

业务 3：辅助核算——外币科目

(1) 在填制凭证过程中，在"科目名称"栏输入外币科目"10020102"，系统会自动显示外币汇率"6.12"，输入外币金额"100000"，系统自动算出并显示本币金额"612000"，如图 4-10 所示。

(2) 全部输完后，单击"保存"按钮，保存凭证。

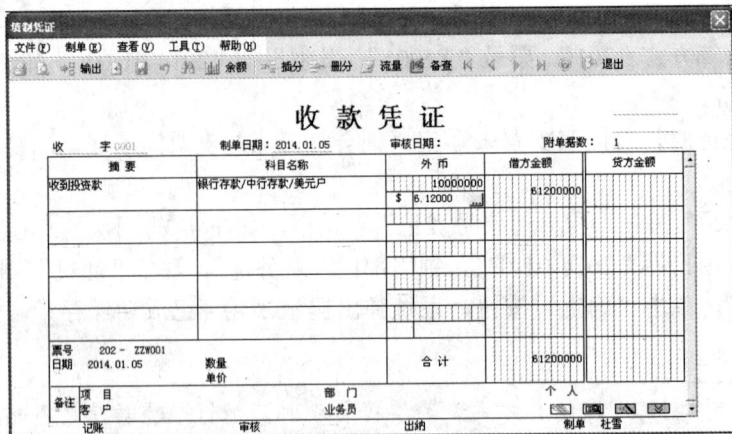

图 4-10　填制凭证——业务 3

注意：汇率栏的内容是固定的，不能输入或修改。如使用浮动汇率，汇率栏中显示最近一次汇率，可以直接在汇率栏中修改。

业务 4：辅助核算——数量科目

(1) 在填制凭证过程中，输入数量科目"140303"，打开"辅助项"对话框。

(2) 输入数量"50"，单价"90"，如图 4-11 所示，单击"确定"按钮。

(3) 保存凭证时，登记支票登记簿。

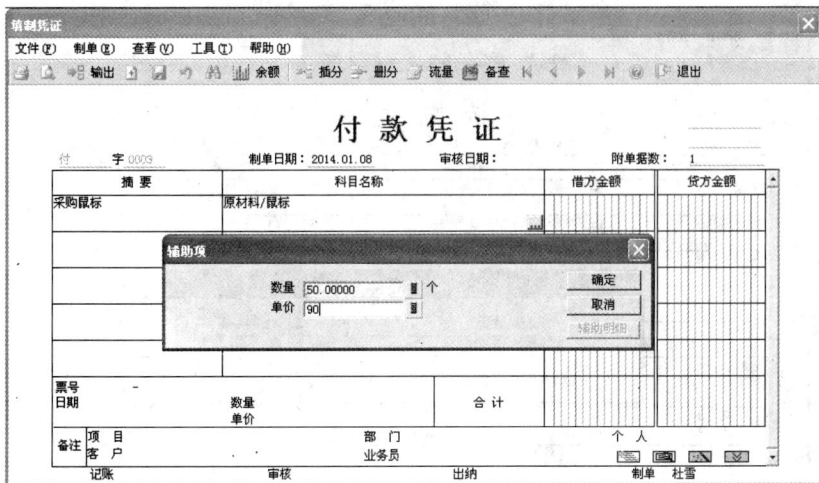

图 4-11　填制凭证——业务 4

业务 5：辅助核算——客户往来

(1) 在填制凭证过程中，输入客户往来科目"1122"，打开"辅助项"对话框。

(2) 输入客户"中新"，业务员"古茂"，发生日期"2014-01-10"，如图 4-12 所示。

(3) 单击"确定"按钮。

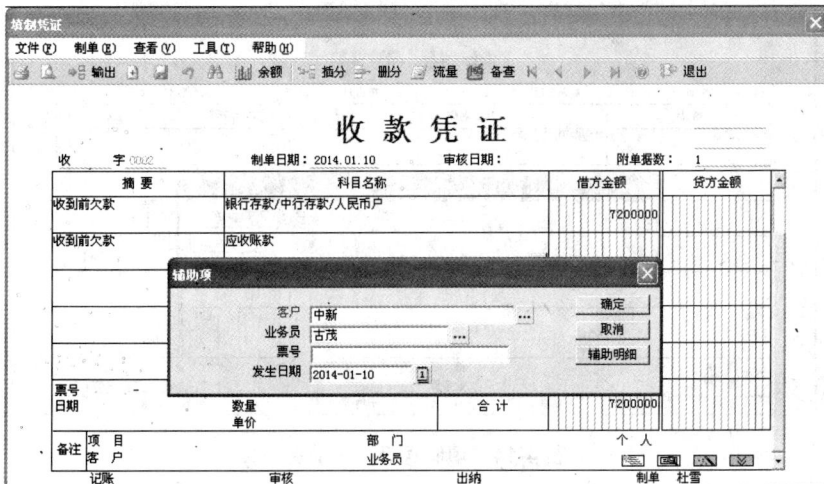

图 4-12　填制凭证——业务 5

注意： 如果往来单位不属于已定义的往来单位，则要正确输入新往来单位的辅助信息，系统会自动将其追加到往来单位目录中。

业务 6：辅助核算——供应商往来

(1) 在填制凭证过程中，输入供应商往来科目"2202"，打开"辅助项"对话框。

(2) 输入供应商"安捷"，发生日期"2014-01-12"，如图 4-13 所示。

(3) 单击"确定"按钮。

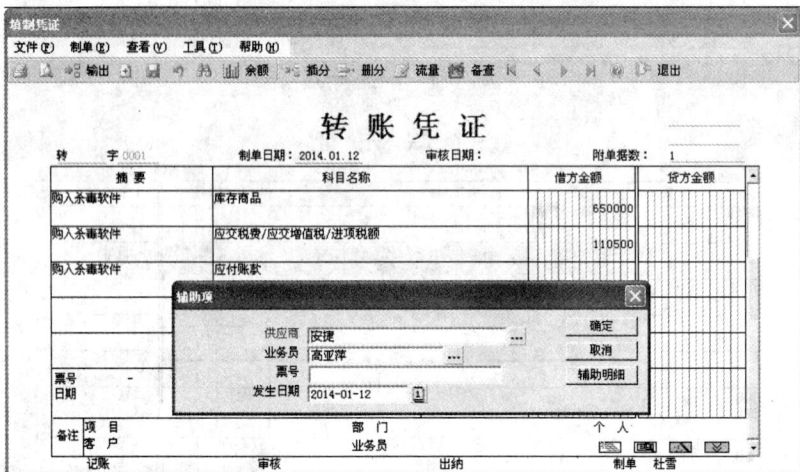

图 4-13　填制凭证——业务 6

业务 7：辅助核算——部门核算

(1) 在填制凭证过程中，输入部门核算科目"660203"，打开"辅助项"对话框。

(2) 选择输入部门"企管办"，单击"确定"按钮，如图 4-14 所示。

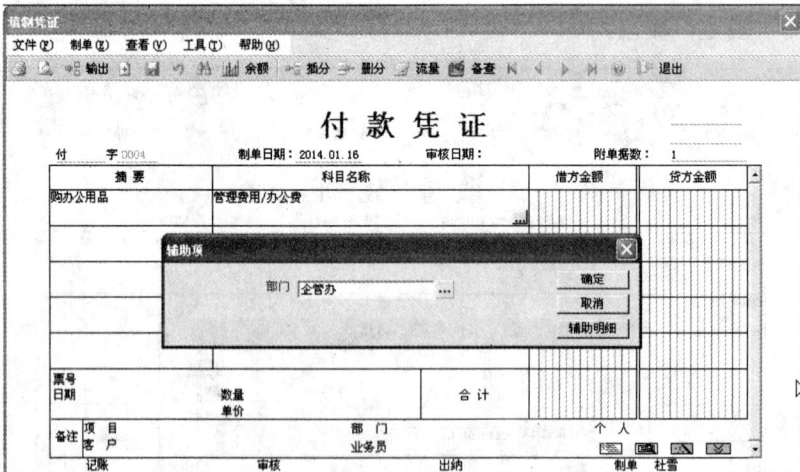

图 4-14　填制凭证——业务 7

业务 8：辅助核算科目——个人往来

(1) 在填制凭证过程中，输入个人往来科目"1221"，打开"辅助项"对话框。

(2) 输入部门"企管办"，个人"潘龙"，发生日期"2014-01-18"，如图 4-15 所示。

(3) 单击"确定"按钮。

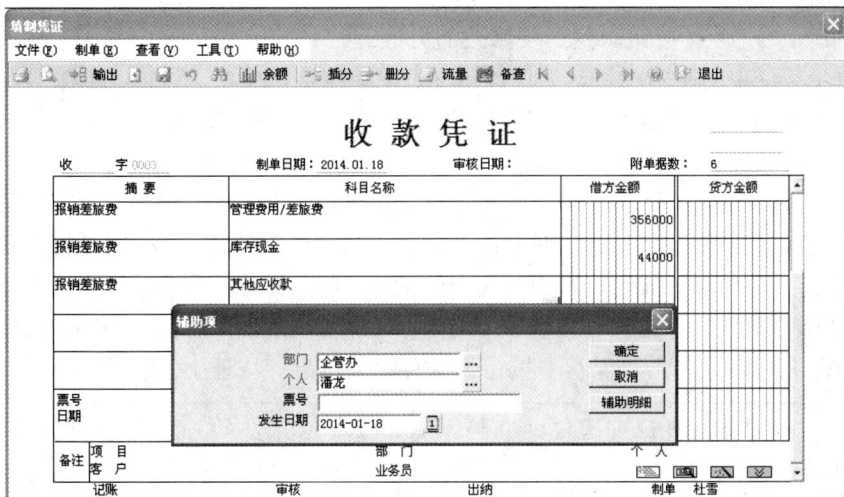

图 4-15 填制凭证——业务 8

注意：在输入个人信息时，若只输入"个人名称"，系统将根据所输个人名称自动输入其所属的部门。

业务 9：辅助核算科目——项目核算

(1) 在填制凭证过程中，输入项目核算科目"500101"，打开"辅助项"对话框。

(2) 输入项目名称"天骄台式机"，单击"确定"按钮，如图 4-16 所示。

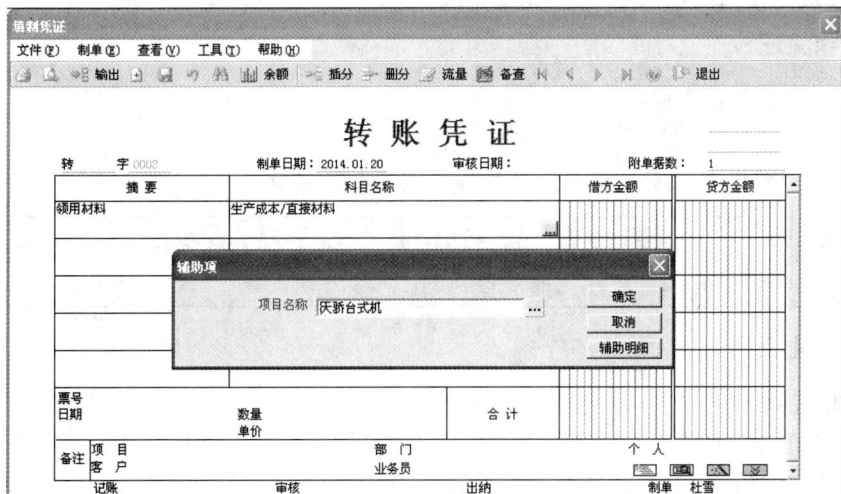

图 4-16 填制凭证——业务 9

注意：系统根据数量×单价自动计算出金额，并将金额先放在借方，如果方向不符，可将光标移动到贷方，按空格键调整金额方向。

2. 修改凭证

(1) 双击"凭证"下的"填制凭证"项目，进入"填制凭证"窗口。

(2) 单击 ⋈ ◁ ▷ ⋈ 按钮，找到要修改的凭证。

(3) 对于凭证上的基本项目，如凭证日期、附单据数、摘要、科目、金额等，可将光标放在要修改的地方，直接修改；如将"付-0004"凭证的金额 170 元修改为 190 元。

(4) 如果要修改凭证的辅助项信息，如票号、数量、单价、部门、个人、客户、供应商、项目等。首先选中设置了辅助核算科目的分录行，然后将光标移动到凭证下方的备注栏辅助项区域，待鼠标指针变形为"🖑"时双击，打开"辅助项"对话框，在对话框中修改相关信息。如，找到"转-0001"凭证，选中第 3 个分录行，将鼠标移动到备注栏供应商处，鼠标指针变形为"🖑"时双击，打开"辅助项"对话框，删除供应商"安捷"，重新选择"天和"。

(5) 修改完成后，单击"保存"按钮，保存相关信息。凭证上没有任何修改痕迹。

> **注意**：未经审核的错误凭证可通过"填制凭证"功能直接修改；已审核的凭证应先取消审核再进行修改。
>
> 若已采用制单序时控制，则修改制单日期时，其日期不能在上一张凭证的制单日期之前。
>
> 若选择"不允许修改或作废他人填制的凭证"权限控制，则不能修改或作废他人填制的凭证。
>
> 如果涉及银行科目的分录已录入支票信息，并对该支票做过报销处理，修改操作将不影响"支票登记簿"中的内容。
>
> 外部系统传过来的凭证不能在总账系统中进行修改，只能在生成该凭证的系统中进行修改。

3. 冲销凭证

(1) 在"填制凭证"窗口，执行"制单"|"冲销凭证"命令，打开"冲销凭证"对话框。

(2) 输入条件："月份"、"凭证类别"；输入"凭证号"等信息。

(3) 单击"确定"按钮，系统自动生成一张红字冲销凭证。

> **注意**：通过红字冲销法增加的凭证，应当按正常凭证进行保存和管理。
>
> 红字冲销操作只能针对已记账凭证进行。

4. 删除凭证

1) 作废凭证

(1) 在"填制凭证"窗口中，先查询到要作废的凭证"付-0001"。

(2) 执行"制单"|"作废/恢复"命令。

(3) 凭证的左上角显示"作废"字样，表示该凭证已作废。

> **注意**：作废凭证仍保留凭证内容及编号，只显示"作废"字样。
>
> 作废凭证不能修改，不能审核。
>
> 在记账时，已作废的凭证应参与记账，否则月末无法结账，但不对作废凭证做数据

处理，相当于一张空凭证。

账簿查询时，查不到作废凭证的数据。

若当前凭证已作废，可执行"编辑"|"作废/恢复"命令，取消作废标志，将当前凭证恢复为有效凭证。

2）整理凭证

(1) 在"填制凭证"窗口，执行"制单"|"整理凭证"命令，打开"凭证期间选择"对话框。

(2) 选择要整理的"月份"，如图4-17所示。

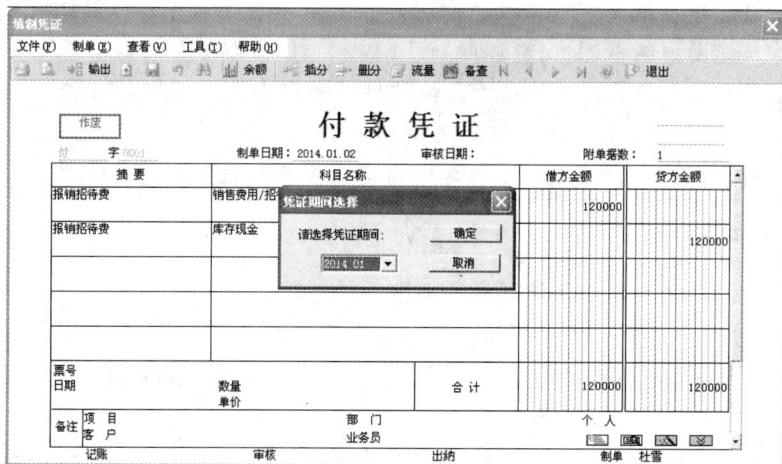

图 4-17　整理凭证

(3) 单击"确定"按钮，打开"作废凭证表"对话框。

(4) 单击"全选"按钮或双击要删除的凭证记录行，选择真正要删除的作废凭证。

(5) 单击"确定"按钮，系统弹出提示"是否还需整理凭证断号"，单击"是"按钮系统将这些凭证从数据库中删除并对剩余凭证重新排号。

注意：如果不想保留作废凭证，则可以通过"整理凭证"功能，将其彻底删除，并对未记账凭证重新编号。

只能对未记账凭证进行凭证整理。

对已记账凭证进行凭证整理，应先恢复本月月初的记账前状态，再进行凭证整理。

5. 出纳签字

1）更换操作员

(1) 在企业应用平台界面，执行"重注册"命令，打开"登录"对话框。

(2) 以"402 郝爽"的身份注册进入总账系统。

注意：凭证填制人和出纳签字人可以为不同的人，也可以为同一个人。

会计制度规定，凭证的填制与审核不能是同一个人。

在进行出纳签字和审核之前，通常需先更换操作员。

2) 出纳签字

(1) 双击"凭证"下的"出纳签字"项目，打开"出纳签字查询条件"对话框。

(2) 输入查询条件：选中"全部"单选按钮，输入月份"2014.01"。

(3) 单击"确定"按钮，进入"出纳签字"的凭证列表窗口。

(4) 双击某一要签字的凭证或者单击"确定"按钮，进入"出纳签字"的签字窗口。

(5) 单击"签字"按钮，凭证底部的"出纳"处自动签上出纳人姓名。

(6) 单击 ▷ 按钮，对其他凭证签字，最后单击"退出"按钮。

注意：指定为现金科目和银行科目的凭证才需出纳签字。

凭证一经签字，就不能被修改、删除，只有取消签字后才可以修改或删除，取消签字操作只能由出纳自己执行。

若在设置总账参数时，不选择"出纳凭证必须经由出纳签字"，则可以不经过"出纳签字"环节。

可以执行"出纳"|"成批出纳签字"命令对所有凭证进行出纳签字。

6. 审核凭证

以"401 宋淼"的身份重新注册进入总账系统。

(1) 双击"凭证"下的"审核凭证"项目，打开"凭证审核"查询条件对话框。

(2) 输入查询条件，单击"确定"按钮，进入"凭证审核"的凭证列表窗口，如图 4-18 所示。

制单日期	凭证编号	摘要	借方金额合计	贷方金额合计	制单人	审核人	系统名	备注	审核日
2014-01-05	收 - 0001	收到投资款	￥612,000	￥612,000	杜雪				
2014-01-10	收 - 0002	收到前欠款	￥72,000	￥72,000	杜雪				
2014-01-18	收 - 0003	报销差旅费	￥4,000	￥4,000	杜雪				
2014-01-03	付 - 0001	提现金	￥10,000	￥10,000	杜雪				
2014-01-08	付 - 0002	采购鼠标	￥5,265	￥5,265	杜雪				
2014-01-16	付 - 0003	购办公用品	￥190	￥190	杜雪				
2014-01-12	转 - 0001	购入杀毒软件	￥7,605	￥7,605	杜雪				
2014-01-20	转 - 0002	领用材料	￥15,200	￥15,200	杜雪				

图 4-18　凭证审核列表窗口

(3) 双击要审核的凭证或单击"确定"按钮，进入"凭证审核"的审核凭证窗口，如图 4-19 所示。

(4) 检查要审核的凭证，无误后，单击"审核"按钮，凭证底部的"审核"处自动签上审核人姓名，并自动翻到下一张凭证。

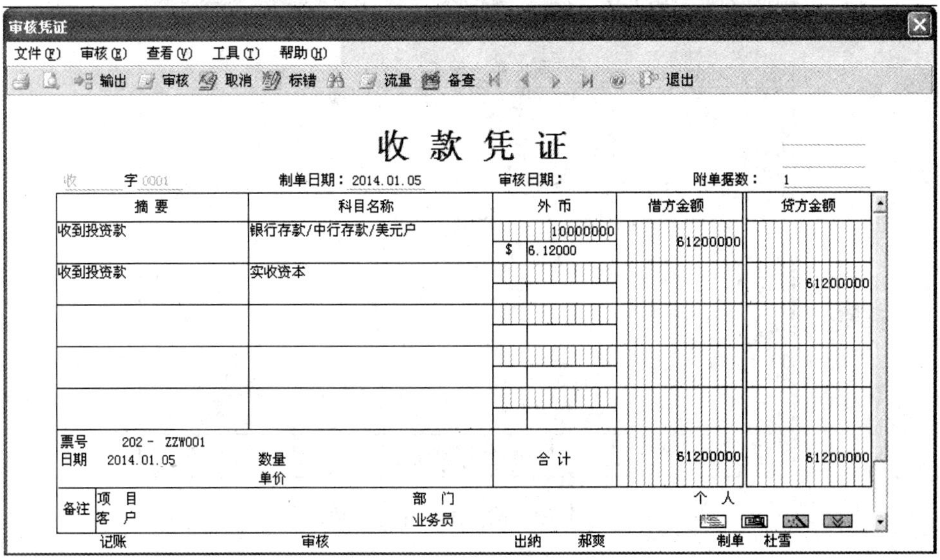

图 4-19 审核凭证窗口

注意：审核人必须具有审核权。当通过"凭证审核权限"设置了明细审核权限时，还需要
　　有对制单人所制凭证的审核权。
　　作废凭证不能被审核，也不能被标错。
　　审核人和制单人不能是同一个人，凭证一经审核，不能被修改、删除，只有取消审
　　核签字后才可修改或删除，已标记作废的凭证不能被审核，需先取消作废标记后才
　　能审核。
　　可以执行"审核"|"成批审核凭证"命令对所有凭证进行审核签字。

7. 记账

(1) 双击"凭证"下的"记账"项目，进入"记账"窗口。

(2) 选择要进行记账的凭证范围。例如，在付款凭证的"记账范围"栏中输入"1-3"。
本例单击"全选"按钮，选择所有凭证，如图 4-20 所示，单击"记账"按钮。

(3) 系统进行记账前试算，并显示期初试算平衡表。

(4) 单击"确定"按钮，系统开始登记有关的总账和明细账、辅助账。登记完后，系统
弹出提示"记账完毕！"。

(5) 单击"确定"按钮，记账完毕。

注意：第一次记账时，若期初余额试算不平衡，不能记账。
　　上月未记账或未结账，本月不能记账。
　　未审核凭证不能记账，记账范围应小于等于已审核范围。
　　作废凭证不需审核可直接记账。
　　记账过程一旦断电或因其他原因造成中断后，系统将自动调用"恢复记账前状态"
　　功能恢复数据，然后再重新记账。

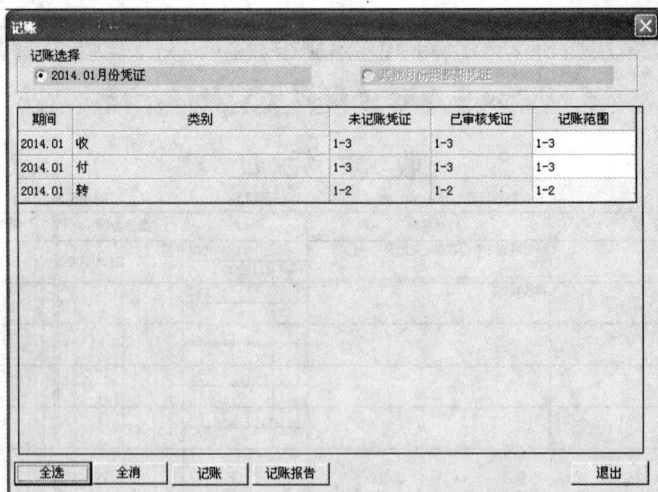

图 4-20　选择本次记账范围

8. 取消记账

1) 激活"恢复记账前状态"菜单项

(1) 双击"期末"下的"对账"项目，进入"对账"窗口。

(2) 按 Ctrl+H 快捷键，系统弹出提示"恢复记账前状态功能已被激活。"，如图 4-21 所示，单击"确定"按钮返回，在"凭证"菜单下显示"恢复记账前状态"菜单项。

(3) 单击"退出"按钮。

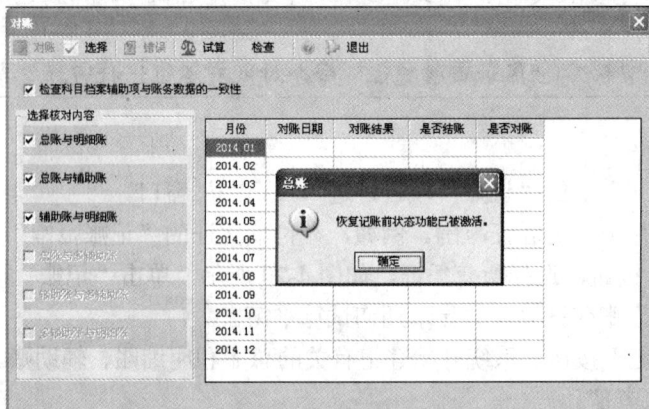

图 4-21　激活"恢复记账前状态"功能

注意：如果退出系统后又重新进入系统或在"对账"中按 Ctrl+H 快捷键，将重新隐藏"恢复记账前状态"功能。

2) 取消记账

(1) 双击"凭证"下的"恢复记账前状态"项目，打开"恢复记账前状态"对话框。

(2) 选中"最近一次记账前状态"单选按钮。

(3) 单击"确定"按钮，系统弹出提示"请输入主管口令"。

(4) 输入主管口令,单击"确定"按钮,系统弹出提示"恢复记账完毕!",单击"确定"按钮。

> **注意**：已结账月份的数据不能取消记账。
>
> 取消记账后，一定要重新记账。

9. 查询凭证

(1) 双击"凭证"下的"查询凭证"项目,打开"凭证查询"对话框。

(2) 单击"辅助条件"按钮,设置科目为"1001"、方向为"贷方"、金额为"100",如图 4-22 所示。

(3) 单击"确定"按钮,进入"查询凭证"窗口。

(4) 双击某一凭证行,屏幕即显示出此张凭证。

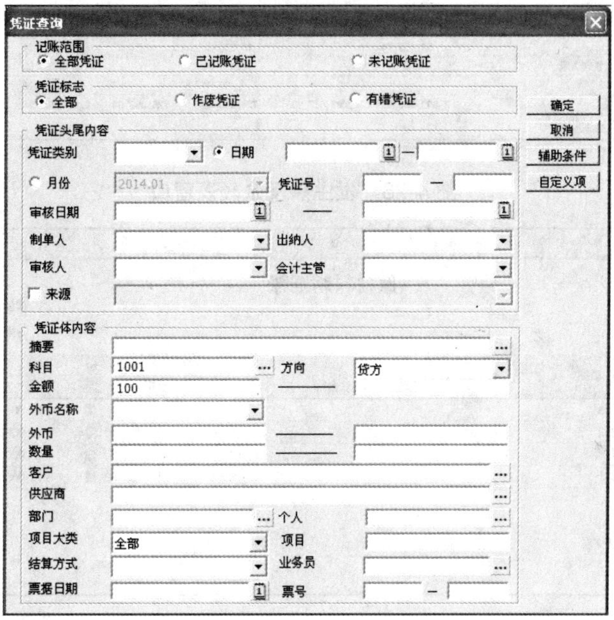

图 4-22　查询凭证

(二)账簿查询

1) 查询余额表

(1) 双击"账表"下的"科目账"下的"余额表"项目,打开"发生额及余额表查询条件"对话框。

(2) 选择查询条件,单击"确定"按钮,进入"发生额及余额表"窗口,如图 4-23 所示。

(3) 单击"累计"按钮,系统自动增加借贷方累计发生额两个栏目。

2) 查询明细账

(1) 双击"账表"|"科目账"下的"明细账"项目,打开"明细账查询条件"对话框。

(2) 选择查询科目"140302",单击"确定"按钮,进入"明细账"窗口。

(3) 选择"数量金额式"账页形式,如图 4-24 所示。

消息中心 发生额及余额表

金额式

发生额及余额表

月份：2014.01-2014.01

科目编码	科目名称	期初余额		本期发生		期末余额	
		借方	贷方	借方	贷方	借方	贷方
1001	库存现金	3,256.20		10,440.00	190.00	13,506.20	
1002	银行存款	189,285.02		684,000.00	15,265.00	858,020.02	
1122	应收账款	75,780.00			72,000.00	3,780.00	
1221	其他应收款	6,800.00			4,000.00	2,800.00	
1231	坏账准备		10,000.00				10,000.00
1401	材料采购		41,600.00				41,600.00
1403	原材料	467,960.00		4,500.00	15,200.00	457,260.00	
1405	库存商品	863,800.00		6,500.00		870,300.00	
1601	固定资产	342,299.00				342,299.00	
1602	累计折旧		223,471.87				223,471.87
资产小计		1,949,180.22	275,071.87	705,440.00	106,655.00	2,547,965.22	275,071.87
2001	短期借款		800,000.00				800,000.00
2202	应付账款		144,000.00		7,605.00		151,605.00
2211	应付职工薪酬		260,571.40				260,571.40
2221	应交税费		8,200.00	1,870.00			6,330.00
负债小计			1,212,771.40	1,870.00	7,605.00		1,218,506.40
4001	实收资本		500,000.00		612,000.00		1,112,000.00
4104	利润分配		15,822.69				15,822.69
权益小计			515,822.69		612,000.00		1,127,822.69
5001	生产成本	54,485.74		15,200.00		69,685.74	
成本小计		54,485.74		15,200.00		69,685.74	
6602	管理费用			3,750.00		3,750.00	
损益小计				3,750.00		3,750.00	
合计		2,003,665.96	2,003,665.96	726,260.00	726,260.00	2,621,400.96	2,621,400.96

图 4-23　发生额及余额表窗口

消息中心 明细账

数量金额式

原材料明细账

数量单位：盒

科目 140302 硬盘

月份：2014.01-2014.01

2014年		凭证号数	摘要	单价	借方		贷方		方向	余额		
月	日				数量	金额	数量	金额		数量	单价	金额
			上年结转						借	180.00000	380.00000	68,400.00
01	20	转-0002	领用材料	380.00000			40.00000	15,200.00	借	140.00000		53,200.00
01			当前合计				40.00000	15,200.00	借	140.00000	380.00000	53,200.00
01			当前累计				40.00000	15,200.00	借	140.00000	380.00000	53,200.00

图 4-24　数量金额明细账

3) 定义并查询管理费用多栏账

(1) 双击“账表”|“科目账”下的“多栏账”项目，打开“多栏账”对话框。

(2) 单击“增加”按钮，打开“多栏账定义”对话框。选择核算科目“6602 管理费用”，单击“自动编制”按钮，系统自动将管理费用下的明细科目作为多栏账的栏目。

(3) 单击“确定”按钮，完成管理费用多栏账的定义。

(4) 单击“查询”按钮，打开“多栏账查询”对话框，单击“确定”按钮，显示管理费用多栏账，如图 4-25 所示。

4) 查询部门收支分析表

(1) 双击“账表”|“部门辅助账”下的“部门收支分析”项目，打开“部门收支分析条件”对话框。

(2) 选择管理费用下的明细科目作为分析科目，单击“下一步”按钮。

(3) 选择所有部门作为分析部门，单击“下一步”按钮。

(4) 选择“2014.01”作为分析月份，单击“完成”按钮，系统显示部门收支分析表，如图 4-26 所示。

消息中心　多栏账查询

多栏账

多栏 管理费用多栏账　　　　月份：2014.01-2014.01

2014年 月	日	凭证号数	摘要	借方	贷方	方向	余额	借方 薪资	福利费	办公费	差旅费	招待费	折旧费
01	16	付-0003	购办公用品	190.00		借	190.00			190.00			
01	18	收-0003	报销差旅费	3,560.00		借	3,750.00				3,560.00		
01			当前合计	3,750.00		借	3,750.00			190.00	3,560.00		
01			当前累计	3,750.00		借	3,750.00			190.00	3,560.00		

图 4-25　管理费用多栏账

部门收支分析表

2014.01-2014.01　　　　金额式

全部　收入科目　费用科目

科目编码	科目名称	统计方式	方向	合计 金额	1 企管办 金额	2 财务部 金额	3 采购部 金额	4 销售部 金额	401 销售一部 金额	402 销售二部 金额	5 生产部 金额
660201	薪资	期初	借								
		借方									
		贷方									
		期末	借								
660202	福利费	期初	借								
		借方									
		贷方									
		期末	借								
660203	办公费	期初	借								
		借方		190.00	190.00						
		贷方									
		期末	借	190.00	190.00						
660204	差旅费	期初	借								
		借方		3,560.00	3,560.00						
		贷方									
		期末	借	3,560.00	3,560.00						
660205	招待费	期初	借								
		借方									
		贷方									
		期末	借								
660206	折旧费	期初	借								
		借方									
		贷方									
		期末	借								

图 4-26　部门收支分析表

5) 查询企管办潘龙个人往来清理情况

(1) 双击“账表”|“个人往来账”下的“个人往来清理”项目，打开“个人往来两清条件”对话框。

(2) 选择部门“企管办”，个人“潘龙”；选中“显示已两清”复选框，单击“确定”按钮，进入“个人往来两清”窗口。

(3) 单击“勾对”按钮，系统自动将已达账项打上已结清的标志，如图 4-27 所示。

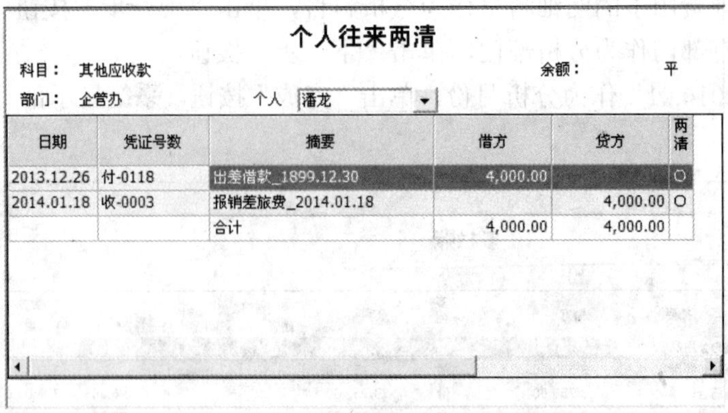

个人往来两清

科目： 其他应收款　　余额： 平

部门： 企管办　　个人 潘龙

日期	凭证号数	摘要	借方	贷方	两清
2013.12.26	付-0118	出差借款_1899.12.30	4,000.00		O
2014.01.18	收-0003	报销差旅费_2014.01.18		4,000.00	O
		合计	4,000.00	4,000.00	

图 4-27　“个人往来两清”窗口

6) 查询供应商明细账

(1) 双击“账表”|“供应商往来辅助账”|“供应商往来明细账”下的“供应商明细账”项目，打开“供应商明细账”对话框。

(2) 选择供应商“天和”，单击“确定”按钮，显示供应商明细账。

7) 客户往来账龄分析

(1) 双击“账表”|“客户往来辅助账”下的“客户往来账龄分析”项目，打开“客户往来账龄”对话框。

(2) 选择查询科目“1122 应收账款”，单击“确定”按钮，显示客户往来账龄分析情况，如图 4-28 所示。

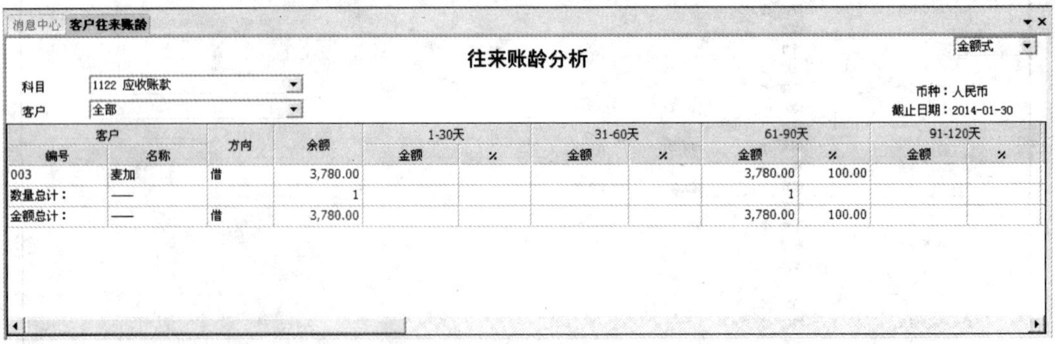

消息中心　客户往来账龄

往来账龄分析　　金额式

科目 1122 应收账款　　币种：人民币

客户 全部　　截止日期：2014-01-30

客户		方向	余额	1-30天		31-60天		61-90天		91-120天	
编号	名称			金额	%	金额	%	金额	%	金额	%
003	麦加	借	3,780.00					3,780.00	100.00		
数量总计：	—		1					1			
金额总计：	—	借	3,780.00					3,780.00	100.00		

图 4-28　客户往来账龄分析表

8) 查询项目明细账

(1) 双击“账表”|“项目辅助账”|“项目明细账”下的“项目明细账”项目，打开“项目明细账条件”对话框。

(2) 选择项目“天骄台式机”，单击“确定”按钮，显示项目明细账。

9) 项目统计分析

(1) 双击“账簿”|“项目辅助账”下的“项目统计分析”项目，打开“项目统计条件”对话框。

(2) 选择全部统计项目，单击“下一步”按钮。

(3) 选择生产成本及其明细科目作为统计科目，单击"下一步"按钮。

(4) 选择统计月份"2014.01"，单击"完成"按钮，显示项目统计情况，如图 4-29 所示。

项目统计表 金额式

2014.01-2014.01

项目分类及项目名称	项目编号	统计方式	方向	合计金额	直接材料(500101)金额
计算机(1)		期初	借	35,000.00	35,000.00
		借方		15,200.00	15,200.00
		贷方			
		期末	借	50,200.00	50,200.00
神州笔记本(02)	02	期初	借	23,000.00	23,000.00
		借方			
		贷方			
		期末	借	23,000.00	23,000.00
天骄台式机(01)	01	期初	借	12,000.00	12,000.00
		借方		15,200.00	15,200.00
		贷方			
		期末	借	27,200.00	27,200.00
合计		期初	借	35,000.00	35,000.00
		借方		15,200.00	15,200.00
		贷方			
		期末	借	50,200.00	50,200.00

图 4-29　项目统计表

(三)出纳管理

1. 查询现金日记账

(1) 双击"出纳"下的"现金日记账"项目，打开"现金日记账查询条件"对话框。

(2) 选择科目"1001 库存现金"，默认月份"2014.01"，单击"确定"按钮，进入"现金日记账"窗口，如图 4-30 所示。

现金日记账 金额式

科目 1001 库存现金 月份：2014.01-2014.01

2014年月	日	凭证号数	摘要	对方科目	借方	贷方	方向	余额
			上年结转				借	3,256.20
01	03	付-0001	提现金	10020101	10,000.00		借	13,256.20
01	03		本日合计		10,000.00		借	13,256.20
01	16	付-0003	购办公用品	660203		190.00	借	13,066.20
01	16		本日合计			190.00	借	13,066.20
01	18	收-0003	报销差旅费	1221	440.00		借	13,506.20
01	18		本日合计		440.00		借	13,506.20
01			当前合计		10,440.00	190.00	借	13,506.20
01			当前累计		10,440.00	190.00	借	13,506.20

图 4-30　现金日记账

（3）双击某行或将光标定在某行再单击"凭证"按钮，可查看相应的凭证。

（4）单击"总账"按钮，可查看此科目的三栏式总账。

> 注意：如果单击"总账"按钮系统弹出"该操作员无此功能权限"信息提示框，是因为在系统管理中给用户"郝爽"赋权时未赋予其"查询总账"的功能权限。

2. 查询资金日报表

（1）双击"出纳"下的"资金日报"项目，打开"资金日报表查询条件"对话框。

（2）输入查询日期"2014-01-20"，选中"有余额无发生也显示"复选框。

（3）单击"确定"按钮，进入"资金日报表"窗口。

3. 登记支票登记簿

（1）双击"出纳"下的"支票登记簿"项目，打开"银行科目选择"对话框。

（2）选择科目：人民币户"10020101"，单击"确定"按钮，进入支票登记窗口。

（3）单击"增加"按钮。

（4）输入领用日期"2014.01.22"，领用部门"采购部"，领用人"高亚萍"，支票号"155"，预计金额"40000"，用途"采购硬盘"，单击"保存"按钮，如图4-31所示。完成后单击"退出"按钮。

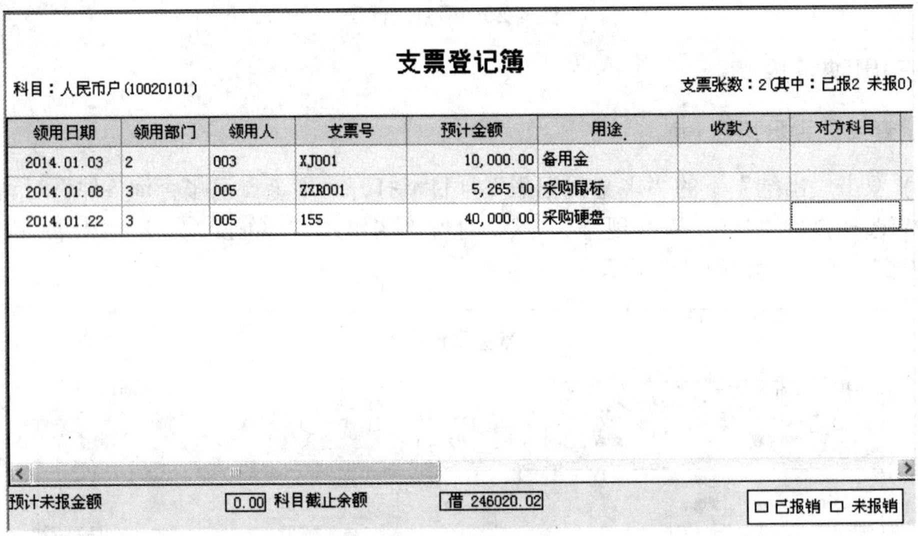

支票登记簿

科目：人民币户（10020101）　　　　　　　　　　　　　　支票张数：2（其中：已报2 未报0）

领用日期	领用部门	领用人	支票号	预计金额	用途	收款人	对方科目
2014.01.03	2	003	XJ001	10,000.00	备用金		
2014.01.08	3	005	ZZR001	5,265.00	采购鼠标		
2014.01.22	3	005	155	40,000.00	采购硬盘		

预计未报金额　0.00　科目截止余额　借 246020.02　　□已报销 □未报销

图4-31 支票登记

> 注意：领用日期和支票号必须输入，其他内容可以不输。
> 报销日期不能在领用日期之前。
> 已报销的支票可成批删除。

实验结束后，备份"项目四-2"账套数据。

任务四　总账期末处理

【任务案例】

每个会计期间结束，都要完成一些特定的工作。由于各会计期间的许多期末业务均具有较强的规律性，因此由实施顾问方俊引导项目成员逐项分析期末处理的工作内容，对比原手工处理方式，分析哪些工作可以由系统辅助生成，以提高业务处理的准确性，提高工作效率。

创智科技总账期末业务资料如下。

1. 银行对账

1) 银行对账期初

新锐科技银行账的启用日期为 2013-01-01，工行人民币户企业日记账调整前余额为 189 282.02 元，银行对账单调整前余额为 211 282.02 元，未达账项一笔，系银行已收企业未收款 22 000 元。

2) 银行对账单

1 月份银行对账单

日　期	结算方式	票　号	借方金额	贷方金额
2014.01.03	201	XJ001		10 000
2014.01.06				60 000
2014.01.08	202	ZZR001		5 265
2014.01.10	202	ZZR002	72 000	

2. 自动转账定义

1) 自定义结转

计提短期借款利息(年利率 8%)

借：财务费用/利息支出(660301)

　　贷：应付利息(2231)　　　　短期借款 2001 科目的期初贷方余额 × 8% ÷ 12

2) 期间损益结转

设置本年利润科目为 4103。

3. 自动转账生成

(1) 生成上述定义的自定义凭证，并审核、记账。

(2) 生成期间损益结转凭证，并审核记账。

4. 对账

5. 结账

【具体任务】

(1) 引入"项目四-2"账套。

(2) 以"郝爽"的身份进行银行对账操作。

(3) 以"杜雪"的身份进行自动转账定义及生成。

(4) 以"宋淼"的身份进行审核、记账、对账、结账操作。

●【理论认知】

一、自动转账

(一)转账的分类

转账分为内部转账和外部转账。外部转账是指将 U8 其他子系统自动生成的凭证转入到总账系统，如工资系统有关工资费用分配的凭证，固定资产系统有关固定资产增减变动及计提折旧的凭证，应收款管理系统有关应收账款发生、收回及坏账准备的凭证，应付款管理系统有关应付账款发生及偿还的凭证等。而内部转账就是我们这里所讲的自动转账，是指在总账系统内部通过设置凭证模板而自动生成相应的记账凭证。一些期末业务具有较强的规律性，而且每个月都会重复发生，例如费用的分配、费用的分摊、费用的计提、税金的计算、成本费用的结转、期间损益的结转等。这些业务的凭证分录是固定的，金额来源和计算方法也是固定的，因而可以利用自动转账功能将处理这些经济业务的凭证模板定义下来，期末时通过调用这些模板来自动生成相关凭证。

(二)定义转账凭证

要想利用自动转账功能自动生成记账凭证，首先应该定义凭证模板。定义凭证模板时，应设置凭证类别、摘要、借贷会计科目及其金额。其中，最关键的是金额公式的设置。因为各月金额不可能总是相同的，所以不能直接输入金额数，而必须利用账务子系统提供的账务函数来提取账户数据，如期初余额函数、期末余额函数、发生额函数、累计发生额函数、净发生额函数等。

定义转账凭证时，一定要注意这些凭证的生成顺序。例如，定义结转销售成本、计算汇兑损益、结转期间损益、计提所得税、结转所得税五张自动转账凭证时，因为销售成本、汇兑损益是期间损益的一部分，所以一定要先生成结转销售成本、计算汇兑损益的凭证并复核记账后，才能生成结转期间损益的凭证；因为要依据本期利润计提所得税，所以一定要先生成结转期间损益的凭证并复核记账后，才能生成计提所得税的凭证；因为有了所得税费用才能结转所得税至本年利润，所以一定要先生成计提所得税的凭证并复核记账后才能生成结转所得税的凭证。因此，这五张凭证的顺序应是结转销售成本、计算汇兑损益、结转期间损益、计提所得税、结转所得税，并且必须在前一张凭证复核记账后才能继续生成后一张凭证。

凭证模板只需定义一次即可，各月不必重复定义。

1. 自定义结转

自定义结转功能可以完成的转账业务主要有"费用分配"的结转、"费用分摊"的结转、"税金计算"的结转、"各项费用的计提"等。

2. 对应结转

对应结转可进行两个科目一对一结转，也可以进行一对多的结转。对应结转的科目可为上级科目，但其下级科目的科目结构必须一致。如果有辅助核算，那么两个科目的辅助账类也必须一一对应。对应结转只能结转期末余额。

3. 销售成本结转

销售成本结转是指在月末按一定的方法计算出库存商品的平均单价的基础上，计算各类商品的销售成本。销售成本结转设置时需要指定"库存商品"、"主营业务收入"和"主营业务成本"科目，且要求这三个科目具有相同的明细科目结构。

4. 汇兑损益结转

汇兑损益结转用于期末自动计算外币账户的汇兑损益。

5. 期间损益结转

期间损益结转用于当一个会计期间终了时，将损益类科目的余额转入"本年利润"科目，从而及时反映企业利润的盈亏情况。

(三)生成转账凭证

凭证模板定义好以后，当每个月发生相关经济业务时可不必再通过手工录入凭证，而可以直接调用已定义好的凭证模板来自动生成相关的记账凭证。

利用凭证模板生成记账凭证需要各月重复进行。

一般而言，只有在凭证记账后，账务函数才能取出相关数据。所以利用自动转账生成凭证时，一定要使得相关凭证已经全部记账，这样才能保证数据被取出并且是完整的。例如，定义一张根据本期利润计提所得税的凭证，那么要生成该张凭证，必须保证有关利润的凭证已经全部记账，否则，要么不能取出相应数据导致金额为零而不能生成凭证，要么取出的数据不完整而导致所得税计提错误。

利用自动转账生成的凭证属于机制凭证，它只是代替了人工查账和填制凭证的环节，所以自动转账生成的凭证仍然需要审核记账。

二、对账

对账就是对账簿数据进行核对，以检查记账是否正确、是否账账相符。对账包括总账与明细账、总账与辅助账的核对。试算平衡时系统会将所有账户的期末余额按会计平衡公式"借方余额=贷方余额"进行平衡检验，并输出科目余额表。正常情况下，系统自动记账后，应该是账账相符的，账户余额也是平衡的。但由于非法操作或计算机病毒等原因有时可能会造成数据被破坏，因而引起账账不符，为了检查是否账证相符、账账相符以及账户余额是否平衡，应经常使用对账功能。结账时，一般系统会自动进行对账和试算平衡。

三、结账

每月月末都要进行结账。结账前最好先进行数据备份。结账后，当月不能再填制凭证，并终止各账户的记账工作。同时，系统会自动计算当月各账户发生额合计及余额，并将其转到下月月初。本月结账时，系统会进行下列检查工作。

(1) 检查本月业务是否已全部记账，有未记账凭证时不能结账。

(2) 检查上月是否已结账，上月未结账，则本月不能结账。实际上，上月未结账的话，本月也不能记账，只能填制、复核凭证。

(3) 核对总账与明细账、总账与辅助账，账账不符不能结账。

(4) 对科目余额进行试算平衡，试算结果不平衡不能结账。

(5) 损益类账户是否已结转至本年利润。

(6) 当各子系统集成应用时，总账系统必须在其他各子系统结账后才能结账。

◉【实训操作】

(一)银行对账

以"郝爽"的身份进行银行对账。

1. 输入银行对账期初数据

(1) 在总账系统中，双击"出纳"|"银行对账"下的"银行对账期初录入"项目，打开"银行科目选择"对话框。

(2) 选择科目"10020101 人民币户"，单击"确定"按钮，进入"银行对账期初"窗口。

(3) 输入单位日记账的调整前余额"189 282.02"；输入银行对账单的调整前余额"211 282.02"，如图 4-32 所示。

(4) 单击"对账单期初未达项"按钮，进入"银行方期初"窗口。

(5) 单击"增加"按钮，输入日期"2013.12.31"，结算方式"202"，借方金额"22 000"。

(6) 单击"保存"按钮，单击"退出"按钮。

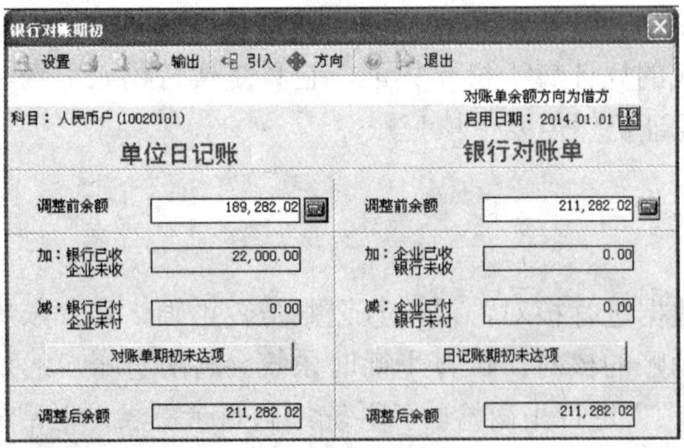

图 4-32 "银行对账期初"窗口

注意：第一次使用银行对账功能前，系统要求录入日记账及对账单未达账项，在开始使用银行对账之后不用再录入。

在录入完单位日记账、银行对账单期初未达账项后，请不要随意调整启用日期，尤其是向前调，这样可能会造成启用日期后的期初数不能再参与对账。

2. 录入银行对账单

(1) 双击"出纳"|"银行对账"下的"银行对账单"项目，打开"银行科目选择"对话框。

(2) 选择科目"10020101 人民币户"，月份"2014.01-2014.01"，单击"确定"按钮，进入"银行对账单"窗口。

(3) 单击"增加"按钮，输入银行对账单数据，如图4-33所示，单击"保存"按钮。

银行对账单

科目：人民币户(10020101)　　　　　　　　　　　　　对账单账面余额：208,017.02

日期	结算方式	票号	借方金额	贷方金额	余额
2014.01.03	201	XJ001		10,000.00	201,282.02
2014.01.06				60,000.00	141,282.02
2014.01.08	202	ZZR001		5,265.00	136,017.02
2014.01.10	202	ZZR002	72,000.00		208,017.02

□ 已勾对　□ 未勾对

图 4-33　录入银行对账单

3. 银行对账

1) 自动对账

(1) 双击"出纳"|"银行对账"下的"银行对账"项目，打开"银行科目选择"对话框。

(2) 选择科目"10020101 人民币户"，月份"2014.01-2014.01"，单击"确定"按钮，进入"银行对账"窗口。

(3) 单击"对账"按钮，打开"自动对账条件"对话框。

(4) 对账条件采用系统默认。

(5) 单击"确定"按钮，显示自动对账结果，如图4-34所示。

科目：10020101(人民币户)

		单位日记账							银行对账单			
票据日期	结算方式	票号	方向	金额	两清	凭证号数	日期	结算方式	票号	方向	金额	两清
2014.01.03	201	XJ001	贷	10,000.00	○	付-0001	2014.01.03	201	XJ001	贷	10,000.00	○
2014.01.08	202	ZZR001	贷	5,265.00	○	付-0002	2014.01.06			贷	60,000.00	
2014.01.10	202	ZZR002	借	72,000.00	○	收-0002	2014.01.08	202	ZZR001	贷	5,265.00	○
							2014.01.10	202	ZZR002	借	72,000.00	○

图 4-34　自动对账

注意：对账条件中的方向、金额相同是必选条件，对账截止日期可不输。
对于已达账项，系统自动在银行存款日记账和银行对账单双方的"两清"栏打上圆圈标记。

2) 手工对账

(1) 在银行对账窗口，对于一些应选中而未选中的账项，可分别双击"两清"栏，直接进行手工调整。手工对账的标记为"Y"，以区别于自动对账标记。

(2) 对账完毕，单击"检查"按钮，检查结果平衡，单击"确定"按钮。

注意：在自动对账不能完全对上的情况下，可采用手工对账。

4. 输出余额调节表

(1) 双击"出纳"|"银行对账"下的"余额调节表查询"项目，进入"银行存款余额调节表"窗口。

(2) 选择科目"10020101 人民币户"，单击"查看"或双击该行，即显示该银行账户的银行存款余额调节表。

(二)自动转账

以"杜雪"的身份重新注册进入总账系统。

1. 转账定义

1) 自定义结转设置

(1) 双击"总账"|"期末"|"转账定义"下的"自定义转账"项目，进入"自动转账设置"窗口。

(2) 单击"增加"按钮，打开"转账目录设置"对话框。

(3) 输入转账序号"0001"，转账说明为"计提短期借款利息"；选择凭证类别"转账凭证"。

(4) 单击"确定"按钮，继续定义转账凭证分录信息。

(5) 单击"增行"按钮，确定分录的借方信息。选择科目编码"660301"，方向"借"，输入金额公式"JG()"。

注意：转账科目可以为非末级科目。部门可为空，表示所有部门。

输入转账计算公式有两种方法：一是直接输入计算公式；二是用引导方式录入公式。

JG()的含义为"取对方科目计算结果"，其中的"()"必须为英文符号，否则系统会弹出提示"金额公式不合法：未知函数名"。

(6) 单击"增行"按钮，确定分录的贷方信息。选择科目编码"2231"，方向"贷"，在金额公式栏单击"参照"按钮，打开"公式向导"对话框，选择"期初余额 QC()"，单击"下一步"按钮。

(7) 选择科目"2001"，单击"完成"按钮，返回金额公式栏。

(8) 继续输入"*0.08/12"，如图 4-35 所示。

(9) 单击"保存"按钮。

2) 期间损益结转设置

(1) 双击"总账"|"期末"|"转账定义"下的"期间损益"项目，进入"期间损益结转设置"窗口。

(2) 选择凭证类别"转账凭证"，选择本年利润科目"4103"，单击"确定"按钮。

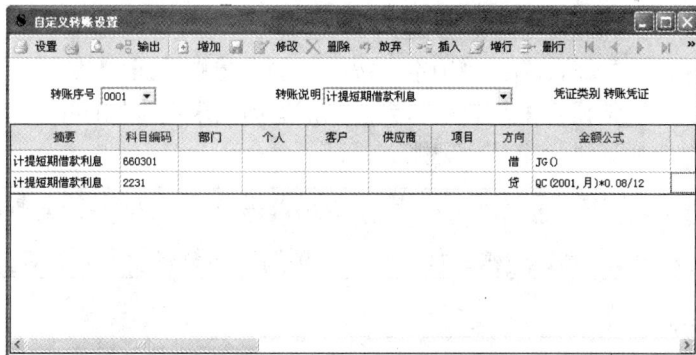

图 4-35 自定义转账设置

2. 转账生成

1) 自定义转账生成

(1) 双击"总账"|"期末"下的"转账生成"项目，进入"转账"窗口。

(2) 选中"自定义转账"单选按钮，单击"全选"按钮。

(3) 单击"确定"按钮，系统生成转账凭证。

(4) 单击"保存"按钮，系统自动将当前凭证追加到未记账凭证中，凭证左上角出现"已生成"标志，如图 4-36 所示。

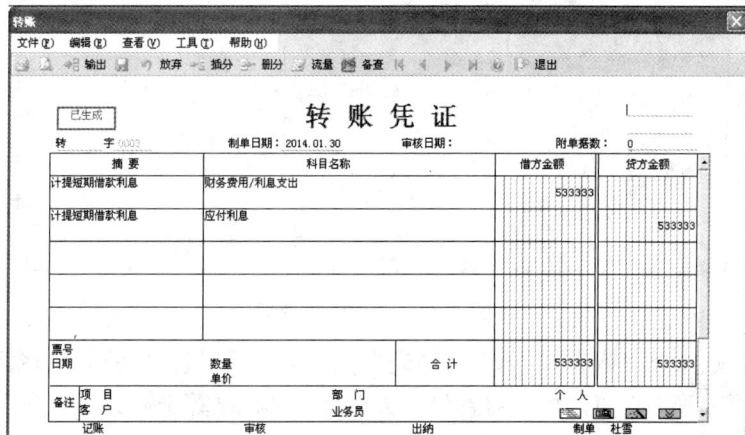

图 4-36 自定义转账生成

(5) 由宋淼对该凭证进行审核、记账。

> **注意：** 进行转账生成之前，先将相关经济业务的记账凭证登记入账。
>
> 转账凭证每月只生成一次。
>
> 生成的转账凭证，仍需审核才能记账。

2) 期间损益结转生成

以"杜雪"的身份生成期间损益结转凭证。

(1) 双击"总账"|"期末"下的"转账生成"项目，进入"转账"窗口。

(2) 选中"期间损益结转"单选按钮。

(3) 单击"全选"按钮,单击"确定"按钮,生成转账凭证。

(4) 单击"保存"按钮,系统自动将当前凭证追加到未记账凭证中。

(5) 由宋淼对该凭证进行审核、记账。

注意:转账是结转已记账凭证的数据,因此期间损益结转之前,所有与期间损益科目相关的经济业务的记账凭证必须登记入账,否则结转的数据将不完整。

(三)对账

以"宋淼"的身份进行对账、结账。

(1) 双击"期末"下的"对账"项目,进入"对账"窗口。

(2) 将光标定位在要进行对账的月份"2014.01",单击"选择"按钮。

(3) 单击"对账"按钮,开始自动对账,并显示对账结果,如图 4-37 所示。

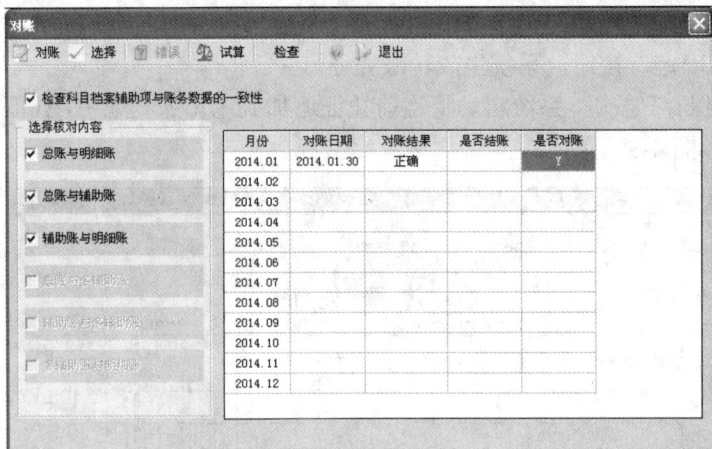

图 4-37 "对账"窗口

(4) 如果对账结果"错误",单击"错误"按钮可查看引起账账不符的原因。

(5) 单击"试算"按钮,可以对各科目类别余额进行试算平衡。

(四)结账

1. 结账

(1) 双击"期末"下的"结账"项目,进入"结账"窗口。

(2) 选择要结账月份"2014.01",单击"下一步"按钮。

(3) 单击"对账"按钮,系统对要结账的月份进行账账核对。

(4) 单击"下一步"按钮,系统显示"2014 年 01 月工作报告",如图 4-38 所示。

(5) 查看工作报告后,单击"下一步"按钮,单击"结账"按钮,若符合结账要求,系统将进行结账,否则不予结账。

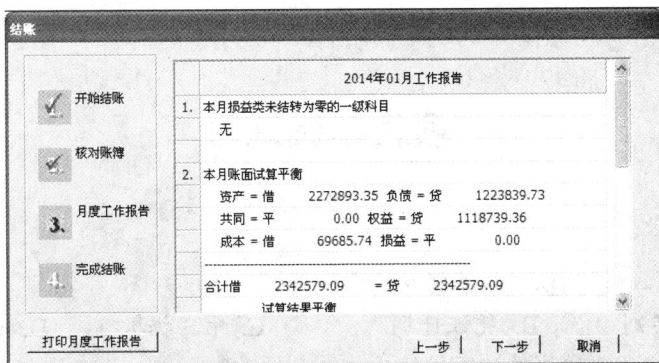

图 4-38　结账-月度工作报告

> **注意：** 结账只能由有结账权限的人执行。
>
> 　　　若本月还有未记账凭证，则本月不能结账。
>
> 　　　结账必须按月连续进行，上月未结账，则本月不能结账。
>
> 　　　若总账与明细账对账不符，则不能结账。
>
> 　　　如果与其他系统联合使用，其他子系统未全部结账，则本月不能结账。
>
> 　　　结账前，要进行数据备份。

2．取消结账

(1) 双击"期末"下的"结账"项目，进入"结账"窗口。

(2) 选择要取消结账的月份"2014.01"。

(3) 按 Ctrl+Shift+F6 组合键激活"取消结账"功能。

(4) 输入主管口令，单击"确认"按钮，取消结账标记。

> **注意：** 反结账功能只能由账套主管执行。

全部实验完成后，备份"项目四-3"账套数据。

项目小结

总账是用友 U8 的核心子系统，总账子系统主要包括设置、凭证处理、出纳管理、账簿查询和期末处理几个部分。设置包括选项和期初余额；凭证处理包括填制凭证、审核凭证、记账等主要处理过程，凭证修改、冲销、删除等辅助操作；出纳管理包括出纳签字、出纳账查询和支票登记簿的管理；账簿包括基本核算账簿和丰富的辅助核算账簿；期末处理包括转账定义、转账生成、对账和结账。

手工环境下，填制凭证，记明细账、日记账、总账全部都是人工完成，为了避免人工转抄过程中可能出现的失误，通常将对账作为一种检查和控制的手段。在用友 U8 中，凭证是唯一的数据来源，所有账簿的数据均来自于凭证，且记账过程由计算机自动完成。为了保证凭证录入正确，系统中设置了多项控制措施，包括：凭证号采用自动编号时按照凭证类别+序号顺序排号；凭证日期序时且不能超前于系统日期；每个分录行摘要必须输入；金额不能为 0；每张凭证借贷方必须平衡等控制措施。

项目基础练习

一、单项选择题

1. 凭证一旦保存，则以下不能修改的内容是(　　)。
   A. 凭证类别　　　B. 凭证日期　　　C. 附单据数　　　D. 凭证摘要
2. 总账系统中可以取消凭证审核的操作员必须是(　　)。
   A. 该凭证制单人　　B. 有审核权限的人　　C. 会计主管　　　D. 该凭证审核人
3. 使用总账系统输入凭证时，对科目和金额的要求是(　　)。
   A. 科目必须是总账科目，金额不能为零
   B. 科目必须是末级科目，金额不能为零
   C. 科目既可以是一级科目也可以是末级科目
   D. 金额不能为负数
4. 使用总账系统填制凭证时，如果系统要求输入对应的票据日期、结算方式和票号，说明该科目设置了(　　)辅助核算。
   A. 数量核算　　　B. 往来核算　　　C. 银行核算　　　D. 外币核算
5. 在总账系统中，查询账簿的必要条件是(　　)。
   A. 凭证已记账　　B. 当月已结账　　C. 凭证已审核　　D. 凭证已填制
6. 如果要取消凭证审核，需由(　　)执行。
   A. 系统管理员　　B. 账套主管　　　C. 原审核人　　　D. 有审核权限的人

二、多项选择题

1. 在总账系统中填制凭证时，系统设置的控制手段有(　　)。
   A. 凭证日期不能大于系统日期　　　　B. 附单据数不能为空
   C. 每个分录行的摘要都必须输入　　　D. 借贷金额必须平衡
2. 关于审核凭证，以下说法正确的是(　　)。
   A. 所有凭证必须审核之后才能记账　　B. 审核人与记账人不能为同一人
   C. 审核后的凭证不能进行无痕迹修改　D. 取消审核只能由审核人自己进行
3. 关于记账，以下说法正确的是(　　)。
   A. 可以选择记账范围
   B. 记账只能由账套主管进行
   C. 可以选择要记账的账簿，如总账、明细账、日记账、辅助账和多栏账
   D. 一个月可以多次记账
4. 关于账簿查询，以下说法正确的是(　　)。
   A. 系统提供总账—明细账—凭证逆向联查
   B. 多栏账首先要定义，然后才能查询
   C. 现金日记账和银行日记账只有出纳才能查询

D. 在查询账簿时可以查到未记账凭证的数据

5. 在总账系统中，不能结账的情况是(　　)。

　　A. 上月未结账　　　　　　　　　　B. 本月有未记账凭证

　　C. 总账与明细账不符　　　　　　　D. 损益类账户未全部结转

6. 总账系统期初余额如果试算不平衡，仍然可以(　　)。

　　A. 填制凭证　　　　B. 审核凭证　　　　C. 记账　　　　D. 结账

三、简答题

1. 简述总账系统提供的主要功能。

2. 简述总账管理系统与其他系统之间的关系。

3. 简述总账管理系统的业务流程。

4. 简述总账选项设置的意义。

5. 简述日常业务处理包括的主要内容。

6. 简述出纳管理包括的主要功能。

7. 什么是转账定义？系统提供了哪些转账定义？

8. 结账前需要进行哪些检查？

9. 对比手工处理和计算机处理在账务处理上的异同。

项目五
报表编制

【项目技能点】

- 掌握报表格式定义的内容及方法
- 掌握报表数据处理的内容及方法
- 能利用报表模板编制资产负债表、利润表和现金流量表
- 能自定义企业内部管理报表

【项目知识点】

- 了解 U8 报表系统的主要功能
- 熟悉报表系统的基本概念
- 区分格式状态和数据状态能完成的主要工作
- 熟悉自定义报表编制的流程
- 熟悉利用报表模板编制报表的流程

任务一 认知报表系统

【任务案例】

企业通过总账系统把各项经济业务分类登记到会计账簿中，具体反映企业的经济活动状况和经营业绩。但会计账簿记录的会计信息，虽然比会计凭证反映的信息更具条理化、系统化，但就某一会计期间的经济活动的整体情况而言，其所能提供的信息，仍然是分散的、部分的，不能集中地反映和揭示该会计期间经营活动和财务收支的全貌。为了更全面地体现创智科技各项经济业务的全貌，项目组需要设计、编制财务报表，以便使企业做出更合理、准确、有效的决策，在市场竞争中立于不败之地。

【具体任务】

(1) 阐述对 U8 报表系统的理解，U8 是一套表吗？与 Excel 相比，它的优势是什么？
(2) 阐述格式状态和数据状态的主要功用是什么？

【理论认知】

一、认识财务报表系统

财务报表管理系统是会计信息系统中一个独立的子系统，它为企业内部各管理部门及以外相关部门提供综合反映一定时期财务状况、经营成果和现金流量的会计信息。

(一)财务报表系统的功能

财务报表管理系统既可编制对外报表，又可编制各种内部报表。它的主要任务是设计报表的格式和编制公式，从总账系统或其他业务系统中取得相关会计信息自动编制各种会计报表，对该报表进行审核、汇总，生成各种分析图，并按预定格式输出各种会计报表。财务报表系统的主要功能如下。

1. 报表格式设计

我们可以把一张报表拆分为相对固定的内容和相对变动的内容两部分。相对固定的内容包括报表的标题、表格部分、表中的项目、表中数据的来源等；相对变动的内容主要包括报表中的数据。报表格式设计就是指在计算机系统中建立一张报表中相对固定的部分，相当于在计算机中建立一个报表模板，供以后编制此类报表时调用。UFO 报表系统提供了丰富的格式设计功能，包括设置报表行列数、定义组合单元、画表格线、定义报表关键字、设置公式等。

2. 报表数据处理

报表数据处理是根据预先设置的报表格式和报表公式进行数据采集、计算、汇总等,以生成会计报表。除此以外,UFO 报表系统还提供了排序、审核、舍位平衡、汇总等功能。

3．图表处理功能

图表比数据报表更直观。UFO 报表系统的图表处理功能能够方便地对报表数据进行图形组织,制作直方图、立体图、圆饼图、折线图等多种分析图表,还能编辑图表的位置、大小、标题、字体、颜色等,并打印输出各种图表。

4．文件管理功能

利用文件管理功能可以方便地完成报表文件的创建、保存等操作,进行不同文件格式的转换(包括文本文件、*.MDB 文件、Excel 文件等),导入和导出标准财务数据。

5．行业报表模板

UFO 报表系统中按照会计制度提供了不同行业的标准财务报表模板,简化了用户的报表格式设计工作。如果标准行业报表仍不能满足需要,系统还提供了自定义模板的功能。

此外,UFO 报表系统还提供了强大的二次开发功能,方便用户进行各种定制。

(二)报表系统与其他系统的主要关系

会计报表子系统主要是从其他子系统中提取编制报表所需的数据。总账、工资、固定资产、应收、应付、采购、库存、存货核算和销售子系统均可向报表子系统传递数据,以生成财务部门所需的各种会计报表。

二、报表系统的有关概念

(一)报表结构

报表的格式一般由四个基本要素组成:标题、表头、表体和表尾,如表 5-1 所示,不同报表的上述四个基本要素是不同的。

表 5-1　通用报表的结构

(1) 标题：用来描述报表的名称。报表的标题可能不止一行，有时会有副标题、修饰线等内容。

(2) 表头：用来描述报表的编制单位名称、日期等辅助信息。

(3) 表体：报表的核心，决定报表的横向组成。它是报表数据的表现区域，是报表的主体。表体在纵向上由若干行组成，这些行称为表行；在横向上，每个表行又由若干个栏目构成，这些栏目称为表列。

(4) 表尾：指标题以下进行辅助说明的部分以及编制人、审核人等内容。

(二)报表的基本概念

1. 格式状态

报表的格式是指报表中每月相对固定不变的那些内容。报表的格式在格式状态下定义。在 UFO 报表系统中，在格式状态下确定表尺寸、行高列宽、单元格属性、组合单元、关键字、报表中的各种项目、各类公式等。

在格式状态下所做的操作对本报表所有的表页都发生作用。在格式状态下不能进行报表数据的输入、计算等操作。

2. 数据状态

在数据状态下主要完成报表数据的管理，如输入数据、增加或删除表页、审核、舍位平衡、作出图形、汇总和合并报表等。在数据状态下不能编辑修改报表的格式。

在数据状态下，看到的是报表的全部内容，包括格式和数据。

注意：财务中报表的格式和数据是分开管理的，建立报表格式时，不能对数据进行操作；处理数据时不能编辑报表格式。格式和数据状态的转换可单击系统界面右下角的"格式/数据"按钮来切换，默认为"格式"状态。

3. 单元

单元是组成报表的最小单位，单元名称由所在行、列标识。单元中行号用数字 1～9999 表示，列标用字母 A～IU 表示。

例如：A4 表示第 1 列第 4 行的单元。

4. 单元属性

单元属性包括单元类型、对齐方式、字体颜色等。

单元类型有数值型、字符型和表样型。

1) 数值单元

数值单元是报表的数据，在数据状态下("格式/数据"按钮显示为"数据"时)输入。

数值型数据可以直接输入或由单元中存放的单元公式运算生成。建立一个新表时，所有单元的类型默认为数值。数值单元中可以包含逗号、百分号、货币符号及小数位数等。

2) 字符单元

字符单元在格式状态下("格式/数据"按钮显示为"格式"时)输入。

字符单元的内容可以是汉字、字母、数字及各种键盘可输入的符号组成的一串字符，一个单元中最多可输入 63 个字符或 31 个汉字。字符单元的内容也可由单元公式生成。

3) 表样单元

表样单元是报表的格式，是定义一个没有数据的空表所需的所有文字、符号或数字。一旦单元被定义为表样，那么在其中输入的内容对所有表页都有效。

表样在格式状态下("格式/数据"按钮显示为"格式"时)输入和修改，在数据状态下("格式/数据"按钮显示为"数据"时)不允许修改。

5. 区域

区域是由一张表页上的相邻单元组成的，自起点至终点单元是一个完整的长方形矩阵。

在财务报表中，区域是二维的，最大的区域是一个二维表的所有单元(整个表页)，最小的区域是一个单元。

区域的表示方法是"开始区域:结束区域"，如 A4:B36，表示第 4 行第 1 列至第 36 行第 2 列为一个区域。

6. 组合单元

组合单元是指由相邻的两个或更多的单元组合而成的单元，这些单元必须是同一种单元类型(表样、数值、字符)，财务在处理报表时将组合单元视为一个单元。

可以组合同一行相邻的几个单元，也可以组合同一列相邻的几个单元，还可以把一个多行多列的平面区域设为一个组合单元。

组合单元的名称可以用区域的名称或区域中的单元的名称来表示。

7. 关键字

关键字是游离于单元之外的特殊数据单元，可以唯一标识一个表页，用于在大量表页中快速选择表页。在格式状态下，可以对关键字进行设置、取消。在格式和数据状态下，均可以对关键字的位置进行设置。

财务报表共提供了以下六种关键字，关键字的显示位置在格式状态下设置，关键字的值在数据状态下输入，每个报表可以定义多个关键字。

(1) 单位名称：字符(最大 28 个字符)，为该报表表页编制单位的名称。

(2) 单位编号：字符型(最大 10 个字符)，为该报表表页编制单位的编号。

(3) 年：数字型(1980~2099)，该报表表页反映的年度。

(4) 季：数字型(1~4)，该报表表页反映的季度。

(5) 月：数字型(1~12)，该报表表页反映的月份。

(6) 日：数字型(1~31)，该报表表页反映的日期。

除此之外，财务有自定义关键字功能，可以用于业务函数中。

8. 固定区、可变区

固定区是指组成一个区域的行数和列数的数量是固定的。一旦设定好以后，在固定区域内其单元总数是不变的。

可变区是指屏幕显示的一个区域的行数或列数是不固定的，可变区的最大行数或最大列数是在格式设计中设定的。在一个报表中只能设置一个可变区。

面向"十二五"高职高专项目导向式教改教材 · 财经系列

9. 公式

财务中的公式共有 3 种,即单元公式、审核公式、舍位公式。

(1) 单元公式:可定义报表数据间的运算关系。

(2) 审核公式:用于审核报表内或报表间的勾稽关系是否正确。

(3) 舍位公式:用于对报表数据进行进位或小数取整后重新调整平衡关系。

三、制作一张报表的流程

下面给出制作一张报表的完整流程。一般来讲在下面讨论的制表流程步骤中,第 1、2、4、7 步是必需的,因为要完成报表处理,一定要有启动 UFO 报表系统建立报表、设计格式、数据处理、退出系统这些基本过程。

1. 启动 UFO 建立报表

在 UFO 报表系统中新建报表时,系统会自动建立一张空表,默认表名为 report1,并进入格式状态;然后可以开始在这张报表上设计报表格式,并在保存文件时按照文件命名的基本规定为这张报表命名。

2. 设计报表的格式

报表的格式设计在格式状态下进行,格式对整个报表都有效。格式设计包括以下操作。

(1) 设置表尺寸:定义报表的大小即设定报表的行数和列数。

(2) 录入表内文字:包括表头、表体和表尾(关键字除外)。在格式状态下定义的单元内容自动默认为表样型,定义为表样型的单元在数据状态下不允许修改和删除。

(3) 确定关键字在表页上的位置。

(4) 定义行高和列宽。

(5) 定义组合单元:即把几个单元作为一个单元使用。

(6) 设置单元风格:设置单元的字形、字体、字号、颜色、图案、折行显示等。

(7) 设置单元属性:把需要输入数字的单元定为数值单元;把需要输入字符的单元定为字符单元。

(8) 画表格线。

(9) 设置可变区:即确定可变区在表页上的位置和大小。

3. 定义各类公式

公式的定义在格式状态下进行。

计算公式定义了报表数据之间的运算关系,可以实现报表系统从 U8 其他子系统取数。在报表单元中键入 "=" 就可直接定义计算公式,所以也称为单元公式。

审核公式用于审核报表内或报表之间的勾稽关系是否正确。

舍位平衡公式用于在报表数据进行进位或小数取整时调整数据,避免破坏原数据平衡。

4. 报表数据处理

报表格式和报表中的各类公式定义好之后,就可以录入数据并进行处理了。报表数据处理在数据状态下进行，包括以下操作。

(1) 因为新建的报表只有一张表页，需要追加多个表页。

(2) 如果报表中定义了关键字，则录入每张表页上关键字的值。

例如录入关键字"单位名称"的值：在第一页录入"甲单位"，在第二页录入"乙单位"，在第三页录入"丙单位"等。

(3) 在数值单元或字符单元中录入数据。

(4) 如果报表中有可变区，可变区初始只有一行或一列，需要追加可变行或可变列，并在可变行或可变列中录入数据。

随着数据的录入，当前表页的单元公式将自动运算并显示结果。如果报表有审核公式和舍位平衡公式，则执行审核和舍位。需要的话，做报表汇总和合并报表。

5. 报表图形处理

选取报表数据后可以制作各种图形，如直方图、圆饼图、折线图、面积图、立体图等。图形可随意移动，图形的标题、数据组可以按照要求设置，图形可以打印输出。

6. 打印报表

可控制打印方向，横向或纵向打印；可控制行列打印顺序；不但可以设置页眉和页脚，还可设置财务报表的页首和页尾；可缩放打印；利用打印预览可观看打印效果。

7. 退出

所有操作进行完毕之后，不要忘了保存报表文件，保存后可以退出 UFO 报表系统。如果忘记保存文件，在退出 UFO 报表系统前将有提示。

任务二　自定义报表

【任务案例】

借助信息化提升管理水平是企业信息化的目标。通过前期调研，各业务部门分别提出了本部门的管理需求，如销售部门希望能定期进行产品销售毛利的分析；财务部门希望获取各项费用的详细出处等。这些企业内部管理报表如何借助 UFO 报表系统来实现，是目前项目组最关注的问题。

创智科技每月需要制作一张部门费用明细表，样表见表 5-2。

表 5-2　部门费用明细表

2014 年 1 月 1 日　　　　　　　　　　　　　　　金额单位：元

	薪　资	福利费	办公费	差旅费	招待费	合　计
企管办	·		※	※		※
财务部						
采购部						

续表

	薪 资	福 利 费	办 公 费	差 旅 费	招 待 费	合 计
销售一部						
销售二部						

制表人：　　　　　　　　　　　审核：

注意：为简化编报工作，只需设置标注了"※"符号的单元格公式。

　　　　制表人每月不确定，于制表当月录入制表人姓名。

◉【具体任务】

(1) 以账套主管身份进行报表自定义。

(2) 比较与手工环境下编制该报表有哪些不同。

◉【理论认知】

一、报表分类

1. 对外报表

会计信息使用者可以分为国家宏观管理部门、企业的投资者和债权人、企业的管理者以及其他与企业有相关利益的各个集团。尽管会计信息使用者对会计信息的关注重点不同，但报表形式的会计信息是他们所共同关注的。主要包括反映企业特定时点的财务状况的信息——资产负债表，反映企业特定会计期间的经营成果的信息——利润表，以及反映企业特定会计期间现金流动情况的信息——现金流量表，统称为基本财务报表，是企业于会计期末必须编制并在规定时日内上报的，也称为对外报表。

由于对外报表的格式是固定的，因此报表系统中按行业预置了常用对外报表的模板供用户调用。可以在模板的基础上进行简单修改，节省了大部分报表定义的工作量。

2. 内部报表

作为企业管理者，基本财务报表提供的基本信息是远远不能满足其管理分析需求的，他们往往需要了解每一个业务部门、每一项业务活动、每一个员工、每一个产品(产品线)的价值贡献，这就需要编制各种形态的内部管理报表，也称为对内报表。

由于每个企业的管理需求不同，内部报表的格式、内容都有所区别，因此需要借助 UFO报表系统自定义报表。

二、报表格式设计

报表格式就是一张报表的框架。报表的格式在"格式"状态下设计，整个报表文件的所有表页格式都相同。报表格式设计主要包括报表尺寸定义、单元属性定义、组合单元定义和关键字设置等内容。报表格式设计工作虽然烦琐，但属于一次性工作，一旦设计完成便可以重复使用，可谓"一劳永逸"。

(一)固定表格式设计

固定表是指行和列相对固定的报表。

1．设置表尺寸

设置表尺寸就是定义报表的行数和列数。报表的行数包括标题、表头、表体和表尾几个部分。

2．输入报表标题

标题用来描述报表的名称，一般标题会采用稍大一些的字号和与表中项目不同的字体，且居中显示。这需要通过设置单元风格、组合单元来实现。

3．定义表头和关键字

表头一般用来描述报表的编制单位的名称、报表的编制日期等辅助信息和报表栏目。如果报表的编制单位是固定的，可以作为表样型数据处理。报表的编制日期是从账务系统及其他系统采集数据的依据，一般需要定义为关键字。报表的栏目定义了报表的内容及结构。

4．定义表体

表体是报表的核心内容，主要包括各种项目和数据。项目一般作为表样型数据输入；数据部分根据编报日期不断变化，一般是由函数从账务系统或其他系统采集或汇总计算得到，属于数值型数据。因此定义表体的关键内容是对表中项目的数据来源的定义。

表中项目数据的可能来源有以下几种。

(1) 从账务系统或其他系统中取得。如利润表中的主营业务收入取自于账务系统"主营业务收入"的本期贷方发生数。

(2) 通过表中项目的计算得到。如利润表中主营业务利润等于主营业务收入减主营业务成本和主营业务税金及附加。

(3) 从本表其他表页取数得到。如利润表中的"本年累计"一列等于本表的"本月数"加上上个月的"本年累计"。如果是用同一个报表文件存放全年 12 个月的利润表，那么就涉及本表他页取数问题。

(4) 从其他报表中取数。

针对以上种种情况，UFO 报表系统中提供了多种函数供定义数据公式使用。

5．定义表尾

表尾是指表体以下的辅助说明信息，如制表人、审核人等。

6．保存报表

报表格式设计完成后，应及时保存，以备下次调用。

(二)可变表格式设计

一般来说,企业常用报表的格式比较固定,即使有变化,也可以通过修改固定表来实现。本节要讲的可变表不是指固定表格式的变化,而是指那些行数或列数不固定,随实际需要变动的表。

例如,ABC 公司 9、10 月份销售的产品有三种:甲产品、乙产品、丙产品。为考核各种产品的获利能力,设计了产品销售毛利明细表,如表 5-3 所示。表中产品的品种是可以变化的,假定在 2014 年度 ABC 公司预计最多可以销售 10 种产品(包括甲、乙、丙三种产品),这就用到了可变表制作。

表 5-3　9 月份产品销售毛利明细表

产品品种	销售收入	销售成本	销售毛利
甲	70000	40000	
乙	50000	30000	
丙	30000	10000	
合计	150000	80000	

制作可变表的步骤基本与固定表一样,唯一不同的是增加了可变区的设计。

一个报表只能定义一个可变区。本表属于列固定、行可变。

(三)报表公式设置

由于各种报表之间存在着密切的数据间的逻辑关系,所以,报表中各种数据的采集、运算和勾稽关系的检测就用到了不同的公式。主要有计算公式、审核公式和舍位平衡公式。

1. 计算公式

计算公式的作用是从其他子系统的账簿文件、本表其他表页或其他报表中采集数据,直接填入表中相应的单元格或经过简单计算填入相应的单元格。因此,通常报表系统会内置一整套从各种数据文件中调取数据的函数。不同的报表软件函数的具体表示方法不同,但这些函数所提供的功能和使用方法一般是相同的。通过计算公式来组织报表数据,既经济又省事,简化了大量重复、复杂的劳动。合理地设计计算公式能节约劳动时间,提高工作效率。

UFO 报表系统允许在报表中的每个数值型、字符型单元格中,写入代表一定运算关系的公式,用来建立表内各单元之间、报表与报表之间或报表系统与其他子系统之间的运算关系,描述这些运算关系的表达式,我们称之为单元公式。为了规范和简化单元公式的定义过程,一般报表系统会提供公式向导,逐步引导公式的建立。

2. 审核公式

财务报表中的数据往往存在一定的勾稽关系,如资产负债表中的资产合计应等于负债及所有者权益合计。在实际工作中,为了确保报表数据的准确性,可以利用报表之间或报表内的勾稽关系对报表进行编制的正确性检查,用于该种用途的公式称为审核公式。

3. 舍位平衡公式

如果对报表进行汇总，得到的汇总数据可能位数很多，这样，需要把以"元"为单位的报表转换为以"千元"、"万元"为单位的报表。在转换过程中，原报表的平衡关系可能会被破坏，因此需要进行调整，使之符合指定的平衡公式。报表经舍位之后，用于重新调整平衡关系的公式称为舍位平衡公式。

三、报表数据处理

在格式设计工作完成以后，就可以进行报表数据处理了。报表数据处理主要包括报表数据生成、报表审核、报表舍位平衡处理、图表处理、报表输出等内容。

(一)报表编制

报表编制的主要任务是根据预先设定的公式完成报表数据的采集和计算，得到完整的数据表。利用报表子系统编制报表一般包括如下步骤。

1. 打开报表文件

打开已定义好表样格式及公式的报表文件。一个报表文件可能包含多个表页，每个表页用来存放不同会计期间的数据。如果没有存放当期数据的表页，需要插入或追加表页。

2. 输入关键字

不同会计期间企业经营的数据有所不同，系统通过设置关键字来判定本表页数据取自哪个单位和哪个会计期间。因此生成报表数据前的重要步骤就是录入关键字的值。

3. 输入基本数据

某些报表单元的数据每月不同，且无法从机内的账簿文件中获取，与其他数据之间也不存在关联关系，因此只能在报表编制时临时输入。

4. 生成报表

在完成基本数据输入和关键字录入后，系统将自动根据计算公式从账务子系统或其他子系统中采集数据，然后进行计算，生成报表。在生成报表的过程中，系统将对公式的格式进行检查，如有语法或句法错误，系统将给予提示。

5. 报表审核

报表数据生成后，如果设置了审核公式，系统将根据审核公式中设定的逻辑关系进行检查。如果报表数据不符合勾稽关系时，系统会给出预先设定的提示信息。用户应按照系统提示修改报表数据，并重新进行审核，直到审核通过。每次对报表数据进行修改后，都应该重新进行审核，以保证报表各项勾稽关系正确。

6. 舍位平衡处理

如果设置了舍位平衡公式，还可以进行舍位平衡处理，生成舍位表。

面向"十二五"高职高专项目导向式教改教材 · 财经系列

(二)图表处理

图表处理可以用图表的方式对数据进行直观分析。报表子系统提供的图表格式一般包括直方图、圆饼图、折线图、面积图等,不同格式图表的建立方法基本相似。

图表是利用报表文件中的数据生成的,因此图表与报表存在着密切的联系,当报表中的源数据发生变化时,图表也随之变化;当报表文件被删除后,由该报表生成的图表也同时删除。

图表以图表窗口的形式存在。图表并不是独立的文件,它依附于源数据所在的报表文件,只有打开报表文件后,才能打开相应的图表。

可以对图表进行命名、修改、保存或删除等操作,也可以进行打印输出。

(三)表页管理

表页管理包括插入、追加、删除表页,还可以对表页进行排序。

表页排序是指报表子系统可以按照表页关键字的值或按照报表中任何一个单元的值重新排列表页,以方便用户进行查询和管理。

(四)报表数据管理

报表数据管理主要包括对报表数据进行透视、汇总和报表合并。

1. 报表透视

在报表子系统中,大量的数据是以表页的形式分布的,正常情况下每次只能看到一张表页。要想对各个表页的数据进行比较,可以利用数据透视功能,把多张表页的多个区域的数据显示在一个平面上。数据透视的结果可以保存在报表中。

2. 数据汇总

报表的数据汇总是报表数据不同形式的叠加。通过数据汇总功能可以把结构相同、数据不同的两张报表经过简单叠加生成一张新的报表。在实际工作中,主要用于同一报表不同时期的汇总,以便得到某一期间的汇总数据,或者同一单位不同部门的同一张报表的汇总,以得到整个单位的合计数字。

◉【实训操作】

1. 启动 UFO 报表管理系统

(1) 以宋淼的身份进入企业应用平台,双击在"财务会计"下的"UFO 报表"项目,进入 UFO 报表管理系统。

(2) 执行"文件"|"新建"命令,建立一张空白报表,报表名默认为"report1"。

2. 定义报表格式

单击空白报表左下角的"格式/数据"按钮,使当前状态为"格式"状态。

1) 设置报表尺寸

(1) 执行"格式"|"表尺寸"命令,打开"表尺寸"对话框。

(2) 输入行数 "9"，列数 "7"，如图 5-1 所示，单击 "确认" 按钮。

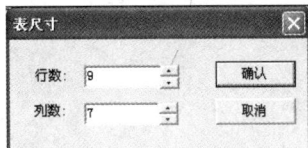

2) 定义组合单元

(1) 选中需合并的区域 A1:G1。

(2) 执行 "格式" | "组合单元" 命令，打开 "组合单元" 对话框。

图 5-1　设置表尺寸

(3) 选择组合方式 "整体组合" 或 "按行组合"，即可将多个单元格合并成一个单元格。

3) 画表格线

(1) 选中报表需要画线的区域 A3:G8。

(2) 执行 "格式" | "区域画线" 命令，打开 "区域画线" 对话框。

(3) 选择 "网线"，单击 "确认" 按钮，将所选区域画上表格线。

4) 输入报表项目

(1) 选中需要输入内容的单元或组合单元。

(2) 在该单元或组合单元中输入相关文字内容，如在 A1 组合单元中输入 "部门费用明细表"；在 G2 单元中输入 "金额单位：元"。

注意：报表项目是指报表的文字内容，主要包括表头内容、表体项目、表尾项目等，不包括关键字。

日期一般不作为文字内容输入，而是需要设置为关键字。

5) 定义报表行高和列宽

(1) 选中需要调整的单元所在行 A1。

(2) 执行 "格式" | "行高" 命令，打开 "行高" 对话框。

(3) 输入行高 "9"，单击 "确定" 按钮。

(4) 选中需要调整的单元所在列，执行 "格式" | "列宽" 命令，可设置该列的宽度。

注意：行高、列宽的单位为毫米。

6) 设置单元风格

(1) 选中标题所在组合单元 "A1"。

(2) 执行 "格式" | "单元属性" 命令，打开 "单元格属性" 对话框。

(3) 切换到 "字体图案" 选项卡，设置字体为 "黑体"，字号为 "14"。

(4) 切换到 "对齐" 选项卡，设置对齐方式为 "居中"，单击 "确定" 按钮。

7) 定义单元属性

(1) 选中单元 B9。

(2) 执行 "格式" | "单元属性" 命令，打开 "单元格属性" 对话框。

(3) 切换到 "单元类型" 选项卡，选择 "字符"，如图 5-2 所示，单击 "确定" 按钮。

注意："格式" 状态下输入内容的单元均默认为表样单元，未输入数据的单元均默认为数值单元，在 "数据" 状态下可输入数值。若希望在 "数据" 状态下输入字符，应将其定义为字符单元。

字符单元和数值单元输入后只对本表页有效，表样单元输入后对所有表页有效。

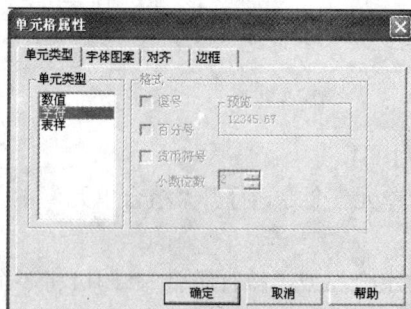

图 5-2　设置单元属性

8) 设置关键字

(1) 选中需要输入关键字的组合单元 D2。

(2) 执行"数据"|"关键字"|"设置"命令,打开"设置关键字"对话框。

(3) 选中"年"单选按钮,单击"确定"按钮。

(4) 同理,在 D2 单元中设置"月"关键字。"年"关键字和"月"关键字重叠在一起。

注意: 每个报表可以同时定义多个关键字。

　　　　如果要取消关键字,须执行"数据"|"关键字"|"取消"命令。

9) 调整关键字位置

(1) 执行"数据"|"关键字"|"偏移"命令,打开"定义关键字偏移"对话框。

(2) 在需要调整位置的关键字后面输入偏移量,如在"月"微调框中输入"50",如图 5-3 所示。

(3) 单击"确定"按钮。

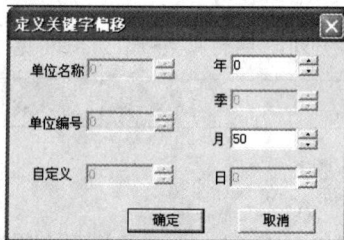

图 5-3　定义关键字偏移

注意: 关键字的位置可以用偏移量来表示,负数值表示向左移,正数值表示向右移。在调整时,可以通过输入正或负的数值来调整。

　　　　关键字偏移量的单位为像素。

10) 定义报表公式

(1) 定义单元公式——引导输入公式。

① 选中需要定义公式的单元 D4,即企管办"办公费"。

② 单击 ƒx 按钮或执行"数据"|"编辑公式"|"单元公式"命令,打开"定义公式"对话框。

③ 单击"函数向导"按钮,打开"函数向导"对话框。

④ 在函数分类列表框中选择"用友账务函数",在右边的函数名列表中选择"发生(FS)",单击"下一步"按钮,打开"用友账务函数"对话框。

⑤ 单击"参照"按钮,打开"账务函数"对话框。

⑥ 选择科目"660203",部门编码设为"企管办",其余各项均采用系统默认值,如图 5-4 所示,单击"确定"按钮,返回"用友账务函数"对话框。

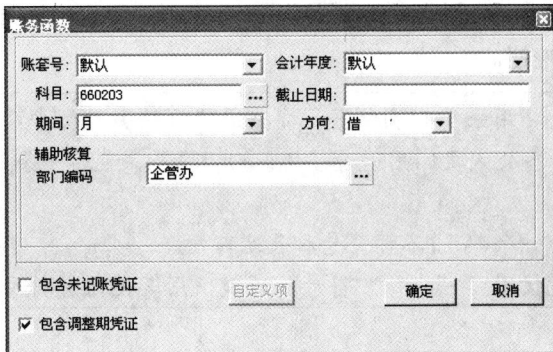

图 5-4　"财务函数"对话框

⑦ 单击"确定"按钮,返回"定义公式"对话框,单击"确认"按钮。

⑧ 同理输入 E4 单元的公式。

注意: 一般来说,账务函数中的账套号和会计年度不需要输入。

(2) 定义单元公式——引导输入统计函数。

① 选中需要定义公式的单元 G4。单击 *fx* 按钮,打开"定义公式"对话框。

② 单击"函数向导"按钮,打开"函数向导"对话框。

③ 在函数分类列表框中选择"统计函数",在右边的函数名列表中选择 PTOTAL,单击"下一步"按钮,打开"固定区统计函数"对话框。

④ 在固定区区域文本框中输入"B4:F4",单击"确认"按钮返回。定义完成后如图 5-5 所示。

图 5-5　格式设计

(3) 定义审核公式。

审核公式用于审核报表内或报表之间勾稽关系是否正确,例如,资产负债表中的"资产合计=负债合计+所有者权益合计"。若要定义审核公式,执行"数据"|"编辑公式"|"审核公式"命令即可。

(4) 定义舍位平衡公式。

① 执行"数据"|"编辑公式"|"舍位公式"命令,打开"舍位平衡公式"对话框。

② 输入舍位表名、舍位范围、舍位位数和平衡公式"C6=C4+C5,D6=D4+D5"。

③ 单击"完成"按钮。

> 注意:舍位平衡公式是指用来重新调整报表数据进位后的小数位平衡关系的公式。
> 每个公式一行,各公式之间用逗号","(半角)隔开,最后一条公式不用写逗号,否则公式无法执行。
> 等号左边只能为一个单元(不带页号和表名)。
> 舍位公式中只能使用"+"、"−"符号,不能使用其他运算符及函数。

3. 保存报表格式

(1) 执行"文件"|"保存"命令,如果是第一次保存,则打开"另存为"对话框。

(2) 选择保存文件夹的目录,输入报表文件名"部门费用明细表",选择保存类型为"*.REP",单击"保存"按钮。

> 注意:报表格式设置完以后切记要及时将这张报表格式保存下来,以便以后随时调用。
> 如果没有保存就退出,系统会弹出提示"是否保存报表?",以防止误操作。
> ".REP"为用友报表文件专用扩展名。

4. 报表数据处理

1) 打开报表

(1) 启动 UFO 报表系统,执行"文件"|"打开"命令。

(2) 选择存放报表格式的文件夹中的报表文件"部门费用明细表.REP",单击"打开"按钮。

(3) 在空白报表左下角单击"格式/数据"按钮,将当前状态设置为"数据"状态。

> 注意:报表数据处理必须在"数据"状态下进行。

2) 增加表页

(1) 执行"编辑"|"追加"|"表页"命令,打开"追加表页"对话框。

(2) 输入需要增加的表页数"2",单击"确认"按钮。

> 注意:追加表页是在最后一张表页后追加 N 张空表页,插入表页是在当前表页后面插入一张空表页。
> 一份报表最多只能管理 99999 张表页,演示版最多为 4 页。

3) 输入关键字值

(1) 执行"数据"|"关键字"|"录入"命令，打开"录入关键字"对话框。

(2) 输入年份"2014"，月份"1"，单击"确认"按钮，系统弹出提示"是否重算第 1 页？"。单击"是"按钮，系统会自动根据单元公式计算 1 月份数据；单击"否"按钮，系统不计算 1 月份数据，以后可利用"表页重算"功能生成 1 月份数据。

注意：每一张表页均对应不同的关键字值，输出时随同单元一起显示。

日期关键字可以确认报表数据取数的时间范围，即确定数据生成的具体日期。

4) 生成报表

(1) 执行"数据"|"表页重算"命令，系统弹出提示"是否重算第 1 页？"。

(2) 单击"是"按钮，系统会自动在初始的账套和会计年度范围内根据单元公式计算生成数据。

注意：可将生成的数据报表保存到指定位置。

5) 报表舍位操作

执行"数据"|"舍位平衡"命令。系统会自动根据前面定义的舍位公式进行舍位操作，并将舍位后的报表保存在 SW1.REP 文件中。

注意：舍位操作以后，可以将 SW1.REP 文件打开查阅一下。

如果舍位公式有误，系统状态栏会提示"无效命令或错误参数！"。

5．表页管理及报表输出

1) 表页排序

(1) 执行"数据"|"排序"|"表页"命令，打开"表页排序"对话框。

(2) 选择第一关键字"年"，排序方向为"递增"；选择第二关键字为"月"，排序方向为"递增"。

(3) 单击"确认"按钮。系统将自动把表页按年份递增顺序重新排列，如果年份相同则按月份递增顺序排序。

2) 表页查找

(1) 执行"编辑"|"查找"命令，打开"查找"对话框。

(2) 选择查找内容"表页"，查找条件"月=1"。

(3) 单击"查找"按钮，查找到符合条件的表页作为当前表页。

6．图表功能

1) 追加图表显示区域

(1) 在"格式"状态下，执行"编辑"|"追加"|"行"命令，打开"追加行"对话框。

(2) 输入追加行数"10"，单击"确定"按钮。

注意：追加行或列须在格式状态下进行。

2) 插入图表对象

(1) 在数据状态下，选中数据区域 A4:F8。

(2) 执行"工具"|"插入图表对象"命令，打开"区域作图"对话框。

(3) 选择数据组"行"，数据范围为"当前表页"。

(4) 输入图表名称"资金分析图"，图表标题"资金对比"，X 轴标题"期间"，Y 轴标题"金额"。

(5) 选择图表格式"成组直方图"，单击"确定"按钮。

(6) 将图表中的对象调整到合适位置。

> 注意：插入的图表对象实际上也属于报表的数据，因此有关图表对象的操作必须在数据状态下进行。
>
> 选择图表对象显示区域时，区域不能小于 2 行 2 列，否则会提示出现错误。

3) 编辑图表主标题

(1) 双击图表对象的任意位置，选中图表。

(2) 执行"编辑"|"主标题"命令，打开"编辑标题"对话框。

(3) 输入主标题"资金对比分析"，单击"确认"按钮。

4) 编辑图表主标题字样

(1) 选中主标题，执行"编辑"|"标题字体"命令，打开"标题字体"对话框。

(2) 选择字体"隶书"，字型"粗体"，字号"12"，效果"加下划线"，单击"确认"按钮。

任务三　利用报表模板制作报表

●【任务案例】

自定义报表要在用友 U8 中从头定义，而企业每个月都要报告的资产负债表、利润表、现金流量表的格式都是国家统一制定的，是否有简便易行的方法？方俊向项目组成员介绍如何利用报表模板制作报表，编制现金流量表应该注意哪些问题。

编制创智科技 2014 年 1 月资产负债表、利润表和现金流量表。

●【具体任务】

(1) 引入"项目四-3"账套数据，以账套主管身份完成报表编制工作。

(2) 分析资产负债表、利润表中的数据各自是从何处取何数。

(3) 编制现金流量表的前提条件是什么？

●【理论认知】

一、常用财务报表

企业对外提供的财务报表包括资产负债表、利润表、所有者权益变动表和现金流量表。其中，资产负债表和利润表是最基本的两张报表。

1．资产负债表

资产负债表是反映企业在某一特定日期的财务状况的会计报表。其目的在于提供财务状况信息资料，通过资产、负债、所有者权益的构成及相互关系反映企业的财务状况。

资产负债表中的数据主要分为两种：账务取数得到的或是表内计算得到的。资产负债表中的数据主要是期初数和期末数。

2．利润表

利润表是反映企业一定期间生产经营成果的会计报表。利润表把一定时期的营业收入与其同一会计期间相关的营业费用进行配比，以计算出企业一定时期的净利润。通过利润表的收入和费用等数据，能够反映企业生产经营的收入情况和耗费情况，表明企业一定时期的生产经营成果；同时，通过利润表提供不同时期的比较数字，可以分析企业今后利润的发展趋势和获利能力，了解投资者投入资本的完整性。

利润表中主要有两列数据：一列数据为"本月数"，取自于损益类科目的本月发生数；另一列数据为"本年累计数"。

3．现金流量表

现金流量表是反映企业一定会计期间内有关现金和现金等价物流入和流出情况的报表。它以现金的流入和流出反映企业在一定会计期间的经营活动、投资活动和筹资活动的动态情况。

编制现金流量表有两种方法：其一，利用总账中的项目管理功能和 UFO 报表系统完成现金流量表的编制；其二，利用现金流量表模块完成现金流量表的编制。本教程采用第一种方法。

二、利用报表模板编制报表

1．报表模板

对于会计实务中常用的报表，UFO 报表系统中提供了16个行业的各种标准的报表格式，用户根据本单位具体情况进行局部修改，即可快速完成报表定义工作。

2．利用报表模板编制资产负债表和利润表

在"格式"状态下，执行"格式"|"报表模板"命令，选择对应行业及财务报表，就可调出系统内预置的报表模板，然后检查各个项目的公式是否正确，保存即可。

3．利用总账与 UFO 报表编制现金流量表

用友总账系统中，提供了部门核算、个人往来、客户往来、供应商往来、项目核算 5种辅助核算，其中以项目核算的运用最为灵活。利用总账与 UFO 报表编制现金流量表的思路如下：

(1) 系统在项目目录里已经建立了"现金流量项目"项目大类，如图5-6所示。

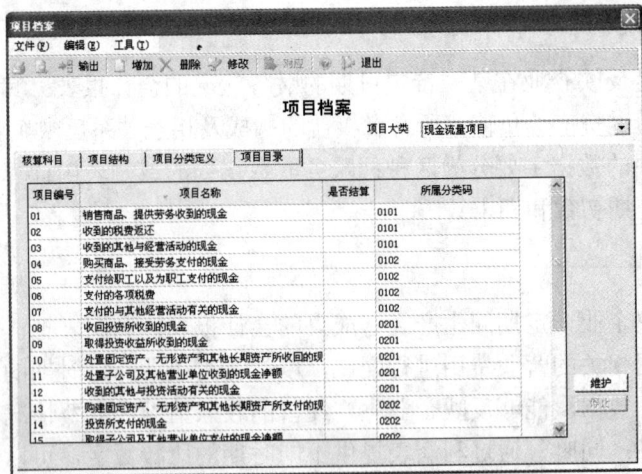

图 5-6　现金流量项目大类及项目目录

(2) 在会计科目中指定现金流量科目。

现金流量表中的"现金"是指广义的现金，包括库存现金、银行存款、其他货币资金及现金等价物。为了明确哪些会计科目与现金流量项目相关，需要利用会计科目界面中的"编辑"|"指定科目"|"现金流量科目"命令，将现金、银行存款、其他货币资金科目选定为现金流量科目，如图 5-7 所示。

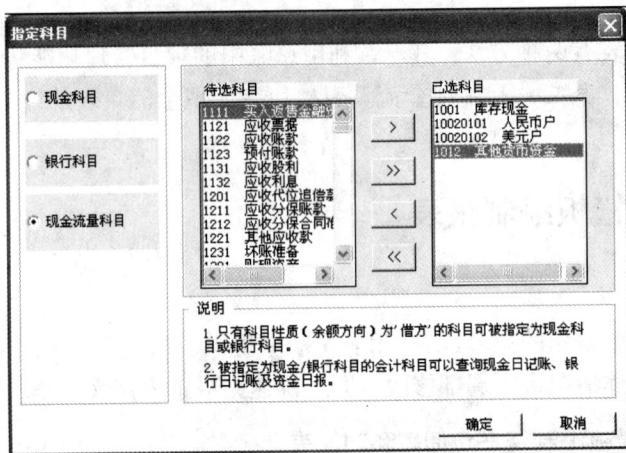

图 5-7　指定现金流量科目

(3) 在总账管理系统中(执行"设置"|"选项"命令)设定相关选项。由于现金各项目之间的增减变动不会影响现金流量净额的变动，如从银行提取现金，用现金购买两个月到期的债券等；因此不是所有的现金流量科目都必须录入现金流量项目，需要在选项设置中取消选中"现金流量科目必录现金流量项目"复选框，如图 5-8 所示。

(4) 涉及现金流量项目的日常业务处理。在总账管理系统填制凭证时，一旦用到指定为现金流量项目的科目，系统要求确认现金流量项目。即业务发生的当时就确定应归入现金流量表中的哪一个项目。

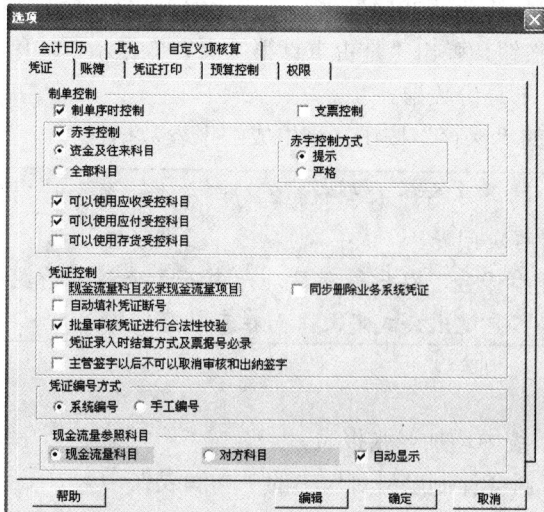

图 5-8　凭证现金流量科目设置

(5) 利用 UFO 报表系统编制现金流量表。当月业务全部处理完毕后，可以在 UFO 报表处理系统中调用现金流量表报表模板生成现金流量表。与资产负债表和利润表不同，现金流量表报表模板中只列出了有关表内计算的几个单元公式。因此，还需要进行单元公式定义。在用友账务函数分类中提供了现金流量项目金额(XJLL)函数，用于从总账现金流量项目核算中取得现金流量项目数据。

【实训操作】

1. 编制资产负债表

以"宋淼"的身份注册进入企业应用平台。

(1) 新建一张空白报表，在"格式"状态下，执行"格式"|"报表模板"命令，打开"报表模板"对话框。

(2) 选择所在的行业，设置财务报表为"资产负债表"，如图 5-9 所示。

图 5-9　调用报表模板

(3) 单击"确认"按钮，弹出"模板格式将覆盖本表格式！是否继续？"提示框。

(4) 单击"确定"按钮，打开"资产负债表"模板。

(5) 在"格式"状态下，根据企业实际情况，调整报表格式以及报表公式。

(6) 切换至"数据"状态下，执行"数据"|"关键字"|"录入"命令，打开"录入关键字"对话框。

(7) 输入关键字："年"为"2014"，"月"为"01"，"日"为"31"。

(8) 单击"确认"按钮，弹出"是否重算第1页？"提示框。单击"是"按钮，系统会自动根据单元公式计算1月份数据。

(9) 单击工具栏中的"保存"按钮，将生成的报表数据保存。

> 注意：若资产负债表中的资产合计不等于负债与所有者权益合计，可能的原因有多种。需要查明原因对症解决问题。
>
> 资产负债表中货币资金、存货等科目均是由若干个科目的数据组成的，定义第一个科目公式完成后不要退出公式定义，而在末尾直接输入"+"号，继续定义。

2. 编制利润表

(1) 在 UFO 报表系统中增加一张报表。

(2) 选择"2007年新会计制度科目"中的"利润表"。

(3) 录入单位名称"创智科技有限责任公司"。

(4) 修改"本年累计数"的计算公式，如表5-4所示。

(5) 单击"格式"按钮，进入"数据"状态。

(6) 执行"数据"|"关键字"|"录入"命令。

(7) 录入年为2014，月为1。

(8) 执行"数据"|"整表重算"命令，生成该企业1月份的利润表。

> 注意：利润表中的本月数是取损益类科目的发生数。

表5-4　本年累计数计算公式

项　目	行数	本年累计数
一、营业收入	1	LFS("6001",全年,"贷",,,"",,)+LFS("6051",全年,"贷",,,,,)
减：营业成本	2	LFS("6401",全年,"借",,,,,)+LFS("6402",全年,"借",,,,,)
营业税金及附加	3	LFS("6403",全年,"借",,,,,)
销售费用	4	LFS("6601",全年,"借",,,,,)
管理费用	5	LFS("6602",全年,"借",,,,,)
财务费用	6	LFS("6603",全年,"借",,,,,)
资产减值损失	7	LFS("6701",全年,"借",,,,,)
加：公允价值变动收益(损失以"-"号填列)	8	LFS("6101",全年,"贷",,,,,)
投资收益(损失以"-"号填列)	9	LFS("6111",全年,"贷",,,,,)
其中:对联营企业和合营企业的投资收益	10	

续表

项　目	行数	本年累计数
二、营业利润(亏损以"-"号填列)	11	D5-D6-D7-D8-D9-D10-D11+D12+D13
加：营业外收入	12	LFS("6301",全年,"贷",,,,,)
减：营业外支出	13	LFS("6711",全年,"贷",,,,,)
其中：非流动资产处置损失	14	
三、利润总额(亏损总额以"-"号填列)	15	D15+D16-D17
减：所得税费用	16	LFS("6801",全年,"借",,,,,)
四、净利润(净亏损以"-"号填列)	17	D19-D20
五、每股收益：	18	
(一)基本每股收益	19	×
(二)稀释每股收益	20	×

3. 编制现金流量表

1) 编制前的准备工作

(1) 在企业应用平台基础档案中设置会计科目界面，指定现金流量科目。

(2) 在填制凭证时如果涉及现金流量科目可以在填制凭证界面单击"流量"按钮，打开"现金流量表"对话框，指定发生的该笔现金流量的所属项目。如果在填制凭证时未指定现金流量项目，也可以执行"现金流量表"|"现金流量凭证查询"命令，进入"现金流量查询及修改"窗口，针对每一张现金流量凭证，单击"修改"按钮补充录入现金流量项目，如图5-10所示。

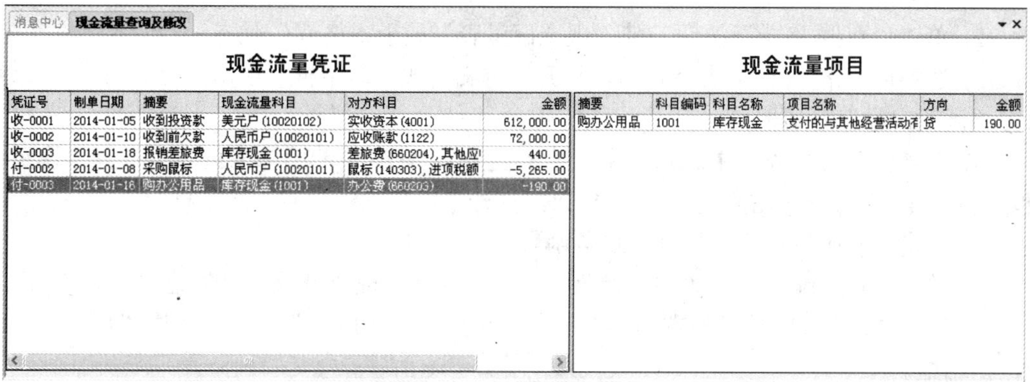

图 5-10 现金流量查询及修改

2) 在 UFO 报表系统中调用现金流量表模板

(1) 在"格式"状态下，执行"格式"|"报表模板"命令，打开"报表模板"对话框。

(2) 选择行业性质"2007新会计制度科目"，财务报表选择"现金流量表"。

(3) 单击"确认"按钮，系统弹出提示"模板格式将覆盖本表格式！是否继续？"。

(4) 单击"确定"按钮，即可打开"现金流量表"模板。

3) 调整现金流量表模板

(1) 定义现金流量表关键字。在单元格 B3 中定义关键字"年"和"月"，然后设置关键字年偏移为"-60"，如图 5-11 所示。

图 5-11　定义现金流量表关键字

注意：有时调出报表时，B2 单元格显示红色的"年度"，看似关键字实际上只是设置了红色字体的普通汉字，不能起到关键字的作用，需要删除重新设置关键字。

(2) 单击"数据/格式"按钮，使"现金流量表"处于"格式"状态。

(3) 选中单元格 C6，单击 f_x 按钮，打开"定义公式"对话框。单击"函数向导"按钮，打开"函数向导"对话框。

(4) 在函数分类列表框中选择"用友账务函数"，在右边的函数名列表中选择"现金流量项目金额(XJLL)"，单击"下一步"按钮，打开"用友账务函数"对话框。

(5) 单击"参照"按钮，打开"账务函数"对话框。

(6) 单击"项目编码"右边的"参照"按钮，打开"现金流量项目"选项界面。

(7) 双击选择与 C6 单元格左边相对应的项目，单击"确定"按钮，返回"用友账务函数"对话框。

(8) 单击"确定"按钮，返回"定义公式"对话框，单击"确认"按钮。

(9) 重复步骤(3)～(8)，输入其他单元公式。

(10) 单击工具栏中的"保存"按钮，保存调整后的报表模板。

4) 生成现金流量表主表数据

(1) 在数据状态下，执行"数据"|"表页重算"命令。

(2) 系统弹出提示"是否重算第 1 页？"。单击"是"按钮，系统会自动根据单元公式计算 1 月份数据。

(3) 执行"文件"|"另存为"命令，输入文件名"现金流量表"，单击"另存为"按钮，将生成的报表数据保存。

项 目 小 结

用友 U8 报表系统(UFO)为用户提供了一套制作报表的工具，而不是提供了所有的报表。与通用表处理软件如 Excel 相比，UFO 报表系统的优势是通过公式的定义能够从总账子系统和其他系统中提取数据生成报表。

本项目主要学习了自定义报表和利用报表模板生成资产负债表、利润表和现金流量表的方法。资产负债表中的数据一般取总账科目的期末数；利润表是取损益类科目的发生数；而编制现金流量表的前提条件是：第一，指定现金流量科目；第二，在涉及现金流量科目的凭证中指定了现金流量科目金额对应的现金流量项目。

项目基础练习

一、单项选择题

1. UFO 报表系统中同一报表文件的表页可以是(   )。
   A. 不同格式不同数据　　　　　　　B. 不同格式相同数据
   C. 相同格式不同数据　　　　　　　D. 相同格式相同数据

2. 在财务报表系统的数据处理中能够完成的(   )任务。
   A. 格式排版　　　B. 舍位平衡　　　C. 修改单元公式　　　D. 设置关键字

3. 财务报表系统能从总账中取数的前提是(   )。
   A. 总账正确填制凭证后即可　　　　B. 总账必须结账后
   C. 总账必须记账后　　　　　　　　D. 总账正确填制凭证且审核后

二、多项选择题

1. UFO 财务报表的单元类型包括(   )。
   A. 字符型　　　B. 表样型　　　C. 数值型　　　D. 逻辑型

2. UFO 财务报表系统中，下列说法正确的是(   )。
   A. 在格式状态下向单元格输入的数据是表样型数据
   B. 对于字符型单元只能在数据状态下输入数据
   C. 需要设置组合的单元必须具有相同的单元类型
   D. 各表页同样位置上的表样单元的内容和显示方式都相同。

3. 下列必须在数据状态下完成的操作是(   )。
   A. 审核操作　　　B. 设置列宽　　　C. 表页重算　　　D. 单元组合

面向"十二五"高职高专项目导向式教改教材 · 财经系列

三、简答题

1. 报表子系统的主要功能有哪些？
2. 制作一张报表的流程是怎样的？
3. 报表格式设计包括哪些内容？
4. 报表公式分为哪几类，各自的作用是什么？
5. 什么是关键字？关键字是如何进行设置的？
6. 报表数据处理包括哪些内容？
7. 如何利用报表模板生成资产负债表？
8. 如何利用总账中的项目辅助核算功能生成现金流量表？

项目六 薪资管理

【项目技能点】

- 掌握工资系统初始化设置的内容及方法
- 能正确进行工资核算、个人所得税计算
- 能正确进行工资分摊及与工资相关的费用计提
- 掌握在工资中查询各种信息的方法

【项目知识点】

- 了解 U8 薪资系统的主要功能
- 熟悉薪资系统的业务处理流程
- 阐述薪资初始化的主要内容
- 阐述工资日常业务的主要工作内容

任务一 认识薪资管理系统

◉【任务案例】

职工工资是产品成本的重要组成部分，是企业进行各种费用计提的基础。工资核算是每个单位财务部门最基本的业务之一，是一项重要的经常性工作，它关系到每个职工的切身利益。那么使用 U8 薪资管理需要做好哪些准备？它与刚刚学过的总账管理有着怎样的关系？工资管理都能管理哪些具体内容呢？

◉【具体任务】

(1) 阐述 U8 薪资管理的功能。
(2) 阐述薪资与 U8 总账子系统的关系。

◉【理论认知】

一、薪资系统的功能

工资核算的任务是以职工工资的原始数据为基础，计算应发工资、扣款和实发工资等，编制工资结算单；按部门和人员类别进行汇总，进行个人所得税计算；提供对工资相关数据的多种方式的查询和分析，进行工资费用分配与计提，并实现自动转账处理。

工资系统的主要功能包括工资类别管理、人员档案管理、工资数据管理以及工资报表管理等。

1．工资类别管理

工资系统提供处理多个工资类别的功能。

如果单位中所有人员的工资统一管理，而人员的工资项目、工资计算公式全部相同，则只需要建立单个工资类别，以提高系统的运行效率。

如果单位按周或月多次发放工资，或者是单位中有多种不同类别(部门)的人员，工资发放项目不同，计算公式也不同，但需进行统一工资核算管理，则应选择建立多个工资类别。

2．人员档案管理

人员档案管理可以设置人员的基础信息并对人员变动进行调整，另外系统也提供了设置人员附加信息的功能。

3．工资数据管理

工资数据管理可以根据不同企业的需要设计工资项目和计算公式；管理所有人员的工资数据，并对平时发生的工资变动进行调整；自动计算个人所得税，结合工资发放形式进行扣零处理或向代发工资的银行传输工资数据；自动计算、汇总工资数据；自动完成工资分摊、计提、转账业务。

4．工资报表管理

工资报表管理提供多层次、多角度的工资数据查询。

二、薪资系统与其他系统的主要关系

工资系统与系统管理共享基础数据；工资系统将工资分摊及相关费用计提的结果生成转账凭证，传递到总账系统。财务报表可以从薪资管理系统提取数据。

三、薪资管理系统的操作流程

采用多工资类别核算的企业，第一次启用工资系统，应按图 6-1 所示的步骤进行操作。

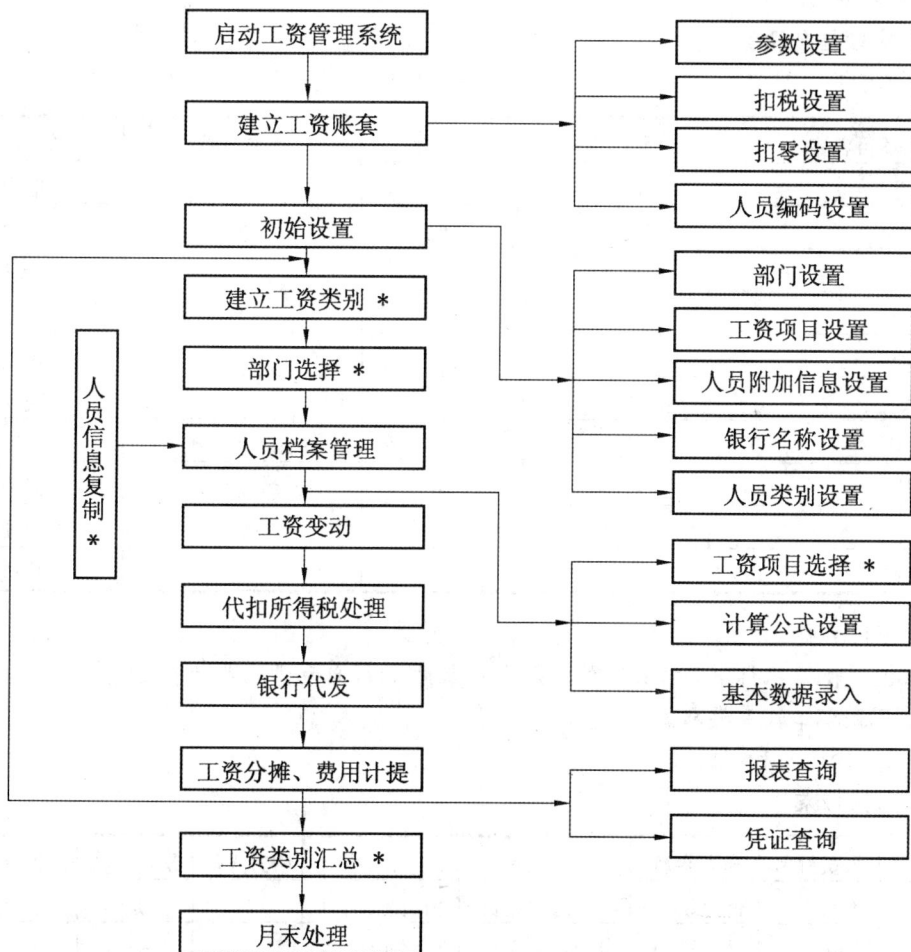

图 6-1　多工资类别核算管理的企业的操作流程

注意： 去掉标注了*的步骤即为单工资类别核算的基本操作流程。

任务二　薪资系统初始化

◉【任务案例】

有了学习总账的经验，项目组已经能够理解系统初始化主要是设置开展日常业务处理必需的基础信息，一般包括参数选项、基础档案和期初数据三类。那么薪资系统这三类内容具体是什么呢？

创智科技 2014 年 1 月份工资账套初始化相关信息如下。

1. 建立工资账套

工资类别个数：多个；核算计件工资；核算币种：人民币 RMB；要求代扣个人所得税；不进行扣零处理；启用日期：2014 年 1 月。

2. 基础信息设置

1) 工资项目设置

项目名称	类　型	长　度	小数位数	增减项
基本工资	数字	8	2	增项
浮动工资	数字	8	2	增项
交补	数字	8	2	增项
应发合计	数字	10	2	增项
养老保险	数字	8	2	减项
请假扣款	数字	8	2	减项
代扣税	数字	10	2	减项
扣款合计	数字	10	2	减项
实发合计	数字	10	2	增项
请假天数	数字	8	2	其他

2) 银行名称

01001　工商银行中关村分理处；账号定长为 11，自动带出账号长度 7。

3. 正式职工人员类别

部门选择：所有部门

1) 人员档案

人员编号	人员姓名	部门名称	人员类别	账　号	中方人员	是否计税	核算计件工资
001	潘龙	企管办	企业管理人员	20140010001	是	是	否
002	宋淼	财务部	企业管理人员	20140010002	是	是	否
003	郝爽	财务部	企业管理人员	20140010003	是	是	否
004	杜雪	财务部	企业管理人员	20140010004	是	是	否
005	高亚萍	采购部	经营人员	20140010005	是	是	否

续表

人员编号	人员姓名	部门名称	人员类别	账号	中方人员	是否计税	核算计件工资
006	古茂	销售一部	经营人员	20140010006	是	是	否
007	陈媛	销售二部	经营人员	20140010007	是	是	否
008	池田	生产部	生产工人	20140010008	是	是	否
009	李梦甜	生产部	车间管理人员	20140010009	是	是	否

注：以上所有人员的代发银行均为工商银行中关村分理处。

2) 本类别工资项目

基本工资、浮动工资、交补、应发合计、养老保险、代扣税、请假扣款、扣款合计、实发合计、请假天数。排列顺序同上。

3) 计算公式

工资项目	定义公式
请假扣款	请假天数×50
养老保险	基本工资×0.08
交　补	iff(人员类别="企业管理人员" OR 人员类别="车间管理人员"，300，100)

4) 个人所得税设置

个税免征额，即扣税基数为 3 500 元。外籍人士个税减除费用为 4 800 元。

2012 年开始实行的 7 级超额累进个人所得税税率表

级　数	全月应纳税所得额(税率资讯网提供)	税率(%)	速算扣除数
1	不超过 1 500 元	3	0
2	超过 1 500 元至 4 500 元的部分	10	105
3	超过 4 500 元至 9 000 元的部分	20	555
4	超过 9 000 元至 35 000 元的部分	25	1 005
5	超过 35 000 元至 55 000 元的部分	30	2 755
6	超过 55 000 元至 80 000 元的部分	35	5 505
7	超过 80 000 元的部分	45	13 505

4. 临时人员工资类别

部门选择：生产部

1) 人员档案

人员编号	人员姓名	部门名称	人员类别	账号	中方人员	是否计税	核算计件工资
011	冯卫东	生产部	生产工人	20140010011	是	是	是
012	刘刚	生产部	生产工人	20140010012	是	是	是

2) 工资项目：计件工资

3) 计件要素

工序。工序档案包括两项：01 组装；02 检验。

面向"十二五"高职高专项目导向式教改教材·财经系列

4) 计件工价设置

组装：30，检验：18。

5) 个人所得税税率同正式职工工资类别

●【具体任务】

(1) 引入"项目四-1"准备账套。

(2) 以账套主管身份启用工资系统，进行工资系统初始化。

●【理论认知】

一、建立工资账套

工资账套与系统管理中的账套是不同的概念，系统管理中的账套是针对整个管理系统的，而工资账套只针对薪资子系统。建立工资账套前，要先在系统管理中建立本单位的核算账套。建立工资账套时可以根据建账向导分四步进行，即参数设置、扣税设置、扣零设置、人员编码。

二、基础信息设置

建立工资账套以后，要对整个系统运行所需的一些基础信息进行设置，具体包括以下几个方面。

1. 部门设置

员工薪资一般是按部门进行管理的。

2. 人员类别设置

人员类别与工资费用的分配、分摊有关，此项设置有利于按人员类别进行工资汇总计算。

3. 人员附加信息设置

此项设置可增加人员信息，丰富人员档案的内容，以便对人员进行更加有效的管理。例如增加设置人员的性别、民族、婚否等。

4. 工资项目设置

工资项目设置即定义工资项目的名称、类型、宽度、小数、增减项。系统中有一些固定项目，是工资账中必不可少的，包括"应发合计"、"扣款合计"、"实发合计"，这些项目不能删除和重命名。其他项目可根据实际情况定义或参照增加，如基本工资、奖励工资、请假天数等。在此设置的工资项目是针对所有工资类别的全部工资项目。

5. 银行名称设置

发放工资的银行可按需要设置多个，这里银行名称设置是针对所有工资类别的。例如，同一工资类别中的人员由于在不同的地点工作，需在不同的银行代发工资；或者不同的工资类别由不同的银行代发工资，均需设置相应的银行名称。

三、工资类别管理

薪资系统是按工资类别来进行管理的，一个工资账套中可以有多个工资类别。每个工资类别下都可以设置职工档案、工资变动、工资数据、报税处理、银行代发等。对工资类别的维护包括建立工资类别、打开工资类别、删除工资类别、关闭工资类别和汇总工资类别。

1. 人员档案

人员档案的设置用于登记工资发放人员的姓名、职工编号、所在部门、人员类别等信息，此外员工的增减变动也必须在本功能中处理。人员档案的操作是针对某个工资类别的，即应先打开相应的工资类别才能进行操作。

人员档案管理包括增加/修改/删除人员档案、人员调离与停发处理、查找人员等。

2. 设置工资项目和计算公式

在系统初始中设置的工资项目包括本单位各种工资类别所需要的全部工资项目。由于不同工资类别的工资发放项目不同，计算公式也不同，因此应对某个指定工资类别所需的工资项目进行设置，并定义此工资类别的工资数据计算公式。

1) 选择建立本工资类别的工资项目

这里只能选择系统初始中设置的工资项目，不可自行输入。工资项目的类型、长度、小数位数、增减项等不可更改。

2) 设置计算公式

定义某些工资项目的计算公式及工资项目之间的运算关系。例如，定义"缺勤扣款=基本工资/月工作日×缺勤天数"。运用公式可直观表达工资项目的实际运算过程，灵活地进行工资计算处理。定义公式可通过选择工资项目、运算符、关系符、函数等组合完成。

系统固定的工资项目（"应发合计"、"扣款合计"、"实发合计"等）的计算公式，系统会根据工资项目设置的"增减项"自动给出。用户在此只能增加、修改、删除其他工资项目的计算公式。

定义工资项目计算公式要符合逻辑，系统将对公式进行合法性检查，不符合逻辑的系统将给出错误提示。定义公式时要注意先后顺序，先得到的数据应先设置公式。"应发合计"、"扣款合计"和"实发合计"公式应是公式定义框的最后三个公式，并且"实发合计"的公式要在"应发合计"和"扣款合计"公式之后。可通过单击公式框中的▲、▼按钮调整计算公式顺序。如计算公式超长，可将所用到的工资项目名称缩短(减少字符数)，或设置过渡项。定义公式时可使用函数公式向导参照输入。

◉【实训操作】

1. 在企业应用平台中启用薪资管理和计件工资管理

(1) 执行"开始"|"程序"|"用友 ERP-U872"|"企业应用平台"命令，以账套主管宋淼的身份登录。

(2) 双击"基础设置"|"基本信息"下的"系统启用"项目，打开"系统启用"对话框，选中"WA 薪资管理"复选框，打开"日历"对话框。选择工资系统启用日期为"2014 年 1 月 1 日"，单击"确定"按钮，系统弹出提示"确实要启用当前系统吗？"，单击"是"按钮返回。

(3) 用同样方法，启用计件工资管理系统。

2．建立工资账套

(1) 在企业应用平台的"业务工作"选项卡中，选择"人力资源"中的"薪资管理"，系统弹出提示"请先设置工资类别"，单击"确定"按钮，打开"建立工资套"对话框。

(2) 在建账第一步"参数设置"中，选择本账套所需处理的工资类别个数"多个"，默认币别名称为"人民币"，选中"是否核算计件工资"复选框，如图 6-2 所示。单击"下一步"按钮。

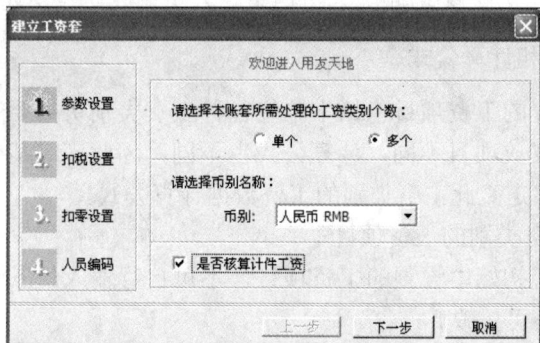

图 6-2　建立工资套的参数设置

> **注意**：本例中对正式人员和临时人员分别进行核算，所以工资类别应选择"多个"。
> 计件工资是按计件单价支付劳动报酬的一种形式。由于对计时工资和计件工资的核算方法不同，因此，在薪资管理系统中对于企业是否存在计件工资特别设置了确认选项。选中该项，系统在工资项目中自动增加"计件工资"项目；在人员档案中"核算计件工资"项目可选；在"设置"菜单下显示"计件工资标准设置"和"计件工资方案设置"；在"业务处理"菜单下显示"计件工资统计"功能菜单。

(3) 在建账第二步的"扣税设置"中，选中"是否从工资中代扣个人所得税"复选框，如图 6-3 所示。单击"下一步"按钮。

> **注意**：选择代扣个人所得税后，系统将自动生成工资项目"代扣税"，并在工资计算的同时自动进行代扣税金的计算。

(4) 在建账第三步的"扣零设置"中，不做选择，直接单击"下一步"按钮。

> **注意**：扣零处理是指每次发放工资时零头扣下，积累取整，于下次发放工资时补上。系统在计算工资时将依据扣零类型(扣零至元、扣零至角、扣零至分)进行扣零计算。
> 用户一旦选择了"扣零处理"，系统将自动在固定工资项目中增加"本月扣零"和"上月扣零"两个项目，扣零的计算公式将由系统自动定义，无须设置。

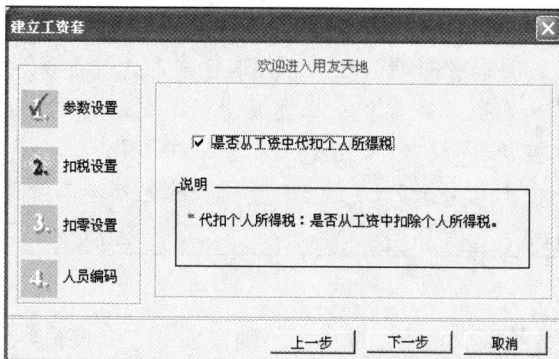

图 6-3　建立工资套的扣税设置

(5) 在建账第四步"人员编码"中,系统要求和公共平台中的人员编码保持一致。单击"完成"按钮,完成工资账套的创建。

注意: 建账完毕后,部分建账参数可以通过双击"设置"下的"选项"项目进行修改。

3. 公共基础设置

1) 工资项目设置

(1) 在薪资管理系统中,双击"设置"下的"工资项目设置"项目,打开"工资项目设置"对话框。

(2) 单击"增加"按钮,工资项目列表中增加一空行。

(3) 从"名称参照"下拉列表框中选择"基本工资"选项,默认其他项目。如果需要修改某栏目,只需要双击栏目,按需要进行修改即可。

(4) 单击"增加"按钮,增加其他工资项目。完成后,如图 6-4 所示。

(5) 单击"确定"按钮,系统弹出提示"工资项目已经改变,请确认各工资类别的公式是否正确",单击"确定"按钮。

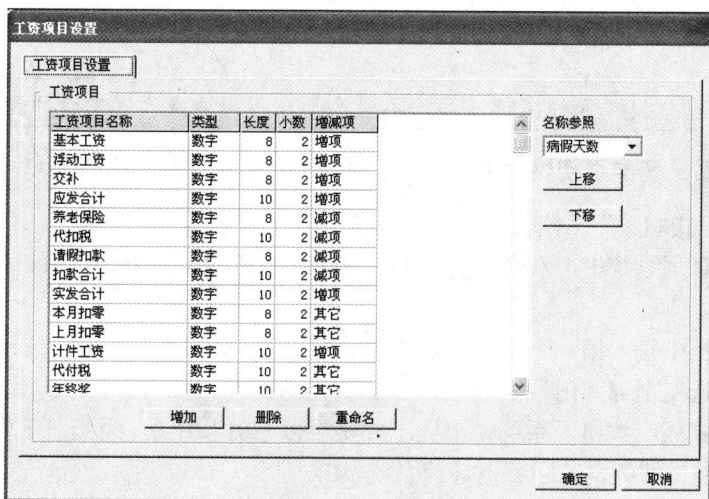

图 6-4　工资项目设置

面向"十二五"高职高专项目导向式教改教材·财经系列

注意: 系统会提供若干常用工资项目供参考,可选择输入。对于参照中未提供的工资项目,可以通过双击"工资项目名称"一栏直接输入,或先从"名称参照"中选择一个项目,然后单击"重命名"按钮将其修改为需要的项目。

在未进入任何一个工资类别时设置的工资项目应包括本工资账套中所有工资类别要使用的工资项目。

2) 银行设置

(1) 在企业应用平台基础设置中,双击"基础档案"|"收付结算"下的"银行档案"项目,打开"银行档案"对话框。

(2) 单击"增加"按钮,增加"01001 工商银行中关村分理处",默认个人账号定长且账号长度为 11、自动带出的个人账号长度为 7,如图 6-5 所示。

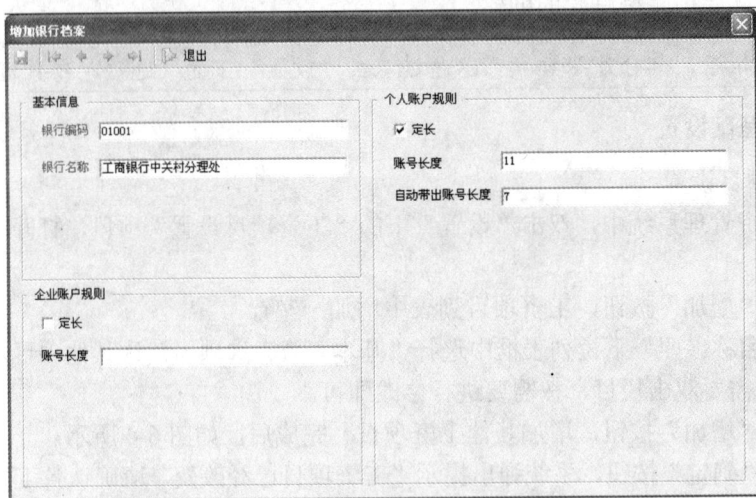

图 6-5 银行档案设置

(3) 单击"返回"按钮。

注意: 可设置多个代发工资的银行以满足不同人员在不同地点代发工资的情况。

4. 正式人员工资类别初始设置

1) 建立"正式职工"工资类别

(1) 在薪资管理系统中,双击"工资类别"下的"新建工资类别"项目,打开"新建工资类别"对话框。

(2) 在文本框中输入第一个工资类别"正式职工",单击"下一步"按钮。

(3) 选中"选定全部部门"复选框。

(4) 单击"完成"按钮,系统弹出提示"是否以 2014-01-01 为当前工资类别的启用日期?",单击"是"按钮,返回薪资管理系统。

2) 打开工资类别

(1) 双击"工资类别"下的"打开工资类别"项目,打开"打开工资类别"对话框。

(2) 选择"001 正式职工"工资类别，单击"确定"按钮。

3）设置人员档案

(1) 双击"设置"下的"人员档案"项目，进入"人员档案"窗口。

(2) 在工具栏中单击"批增"按钮，打开"人员批量增加"对话框。

(3) 在左侧的"人员类别"列表中选择"企业管理人员"、"经营人员"、"车间管理人员"和"生产工人"，这四类人员档案出现在右侧列表中，且默认是选择状态，如图 6-6 所示。单击"确定"按钮返回。

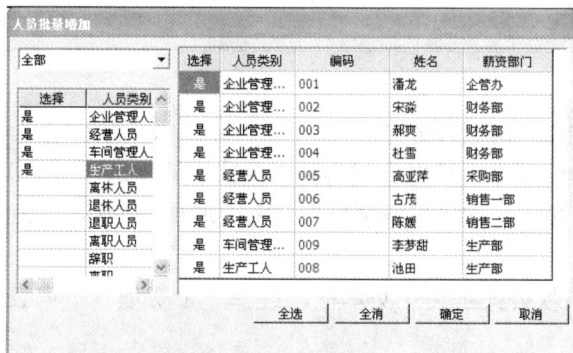

图 6-6　人员批量增加

(4) 修改人员档案信息，补充输入银行账号信息，如图 6-7 所示。

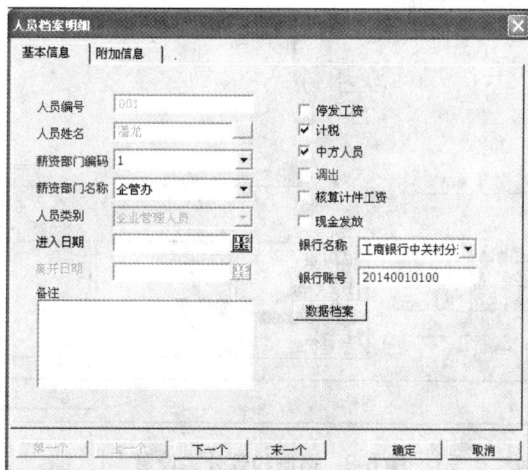

图 6-7　人员档案

(5) 单击"确定"按钮，系统弹出"写入该人员档案信息吗"信息提示框，单击"确定"继续修改其他人员信息。

4）选择工资项目

(1) 双击"设置"下的"工资项目设置"项目，打开"工资项目设置"对话框。

(2) 切换到"工资项目设置"选项卡，单击"增加"按钮，工资项目列表中增加一空行。

(3) 从"名称参照"下拉列表框中选择"基本工资"选项，工资项目名称、类型、长度、小数、增减项都自动带出，不能修改。

（4）单击"增加"按钮，增加其他工资项目。

（5）所有项目增加完成后，利用"工资项目设置"界面上的"上移"和"下移"按钮按照实验资料所给顺序调整工资项目的排列位置。

> 注意：工资项目不能重复选择。没有设置的工资项目不允许在计算公式中出现。不能删除已输入数据的工资项目和已设置计算公式的工资项目。
>
> 如果计税工资既不是应发合计也不是实发合计，那么需要在工资项目中增加"计税工资"工资项目，并设置该工资项目的计算公式，在"扣税设置"中设置扣税项目为"计税工资"。

5) 设置计算公式

设置公式"请假扣款=请假天数*50"。

（1）在"工资项目设置"对话框中切换到"公式设置"选项卡。

（2）单击"增加"按钮，在"工资项目"列表中增加一空行，从列表框中选择"请假扣款"选项。

（3）单击"请假扣款公式定义"文本框，选择"工资项目"列表框中的"请假天数"选项。

（4）单击运算符*，在*后单击，输入数字50，如图6-8所示，单击"公式确认"按钮。

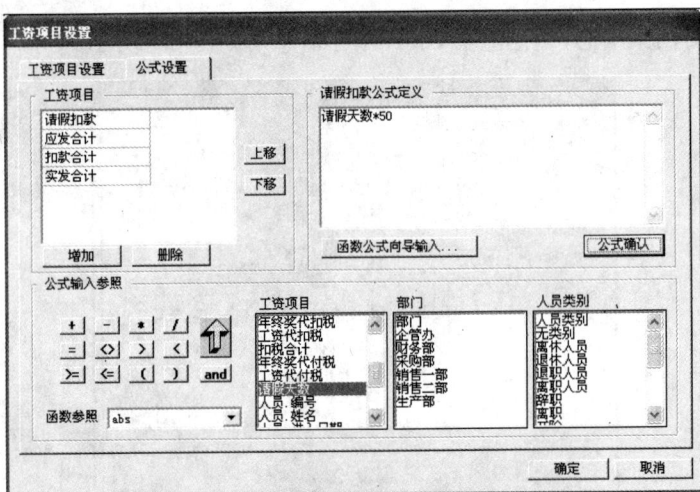

图6-8 请假扣款公式设置

设置公式"交补=iff(人员类别="企业管理人员" or 人员类别="车间管理人员"，300，100)"。

（1）单击"增加"按钮，在"工资项目"列表框中增加一空行，从列表框中选择"交补"选项。

（2）单击"公式定义"文本框，单击"函数公式向导输入"按钮，打开"函数向导——步骤之1"对话框。

（3）从"函数参照"下拉列表框中选择"iff"，单击"下一步"按钮，打开"函数向导——步骤之2"对话框。

(4) 单击"逻辑表达式"后的"参照"按钮，打开"参照"对话框，从"参照"下拉列表框中选择"人员类别"，从下面的列表框中选择"企业管理人员"，单击"确定"按钮。

(5) 在逻辑表达式文本框中的公式后单击鼠标，输入 or 后，再次单击"逻辑表达式"后的"参照"按钮，出现"参照"对话框，从"参照"下拉列表框中选择"人员类别"选项，从下面的列表框中选择"车间管理人员"，单击"确定"按钮，返回"函数向导——步骤之2"。

注意：在"or"前后应有空格。

(6) 在"算术表达式1"后的文本框中输入300，在"算术表达式2"后的文本框中输入100，如图6-9所示。单击"完成"按钮，返回"公式设置"窗口，单击"公式确认"按钮。

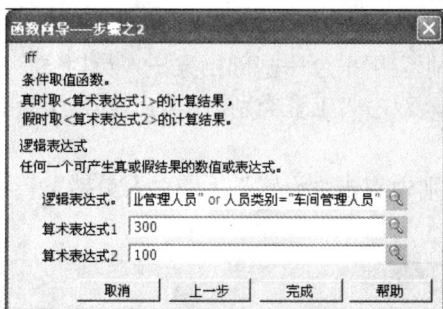

图6-9　"交补"公式设置

(7) 设置养老保险计算公式。设置完成后，单击"确定"按钮，退出公式设置。

6) 设置所得税纳税基数

(1) 双击"设置"下的"选项"项目，打开"选项"对话框，单击"编辑"按钮。

(2) 切换到"扣税设置"选项卡，单击"税率设置"按钮，打开"个人所得税申报表——税率表"对话框。

(3) 设置所得税纳税基数为3500，附加费用为1300。

(4) 选择税率表中的第9行，单击"删除"按钮，系统弹出提示"是否删除最末级税率级次？"，单击"是"按钮。用同样方法，删除税率表中的第8行。然后按照实验资料所给的税率表逐行修改应纳税所得额上限、税率和速算扣除数。修改完成后，如图6-10所示。

(5) 单击"确定"按钮返回。

图6-10　个人所得税税率设置

7) 关闭工资类别

执行"工资类别"|"关闭工资类别"命令，关闭"正式人员"工资类别。

5. 临时人员工资类别初始设置

1) 建立"临时人员"工资类别

(1) 双击"工资类别"下的"新建工资类别"项目，打开"新建工资类别"对话框。

(2) 在文本框中输入第二个工资类别"临时人员"，单击"下一步"按钮。

(3) 选择"生产部"。

(4) 单击"完成"按钮，系统弹出提示"是否以 2014-01-01 为当前工资类别的启用日期？"，单击"是"按钮，返回薪资管理系统。

2) 建立临时人员档案

(1) 按实验资料在"企业应用平台—基础档案—人员档案"中增加临时人员档案。

(2) 在薪资管理系统中，双击"工资类别"下的"打开工资类别"项目，打开"临时人员"工资类别。

(3) 在临时人员工资类别中双击"设置"下的"人员档案"项目，补充发放工资人员的其他必要信息。

注意：设置"核算计件工资"标志。

3) 计件要素设置

(1) 在计件工资中，双击"设置"下的"计件要素设置"项目，打开"计件要素设置"对话框。

(2) 查看是否包括"工序"计件要素并为"启用"状态，如图 6-11 所示。

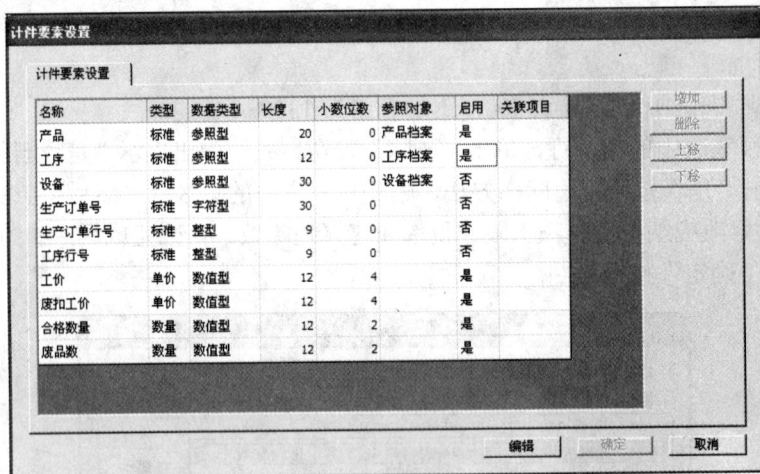

图 6-11 计件要素设置

4) 工序设置

(1) 在基础档案设置中，双击"生产制造"下的"标准工序资料维护"项目，进入"标准工序资料维护"窗口。

(2) 单击"增加"按钮，增加"组装"和"检验"两种工序。

注意：保存时，如果出现"MSDTC 不可用"的系统提示，只需在 Windows "控制面板" | "管理工具" | "服务"中找到 Distributed Transaction Coordinator，启动即可。

5) 计件工价设置

(1) 在计件工资中，双击"设置"下的"计件工价设置"项目，进入"计件工价设置"窗口。

(2) 单击"增加"按钮，按实验资料输入计件工价，如图 6-12 所示。

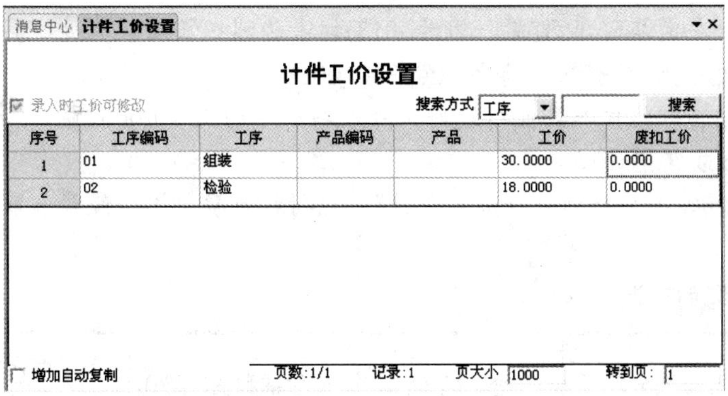

图 6-12　计件工价设置

任务三　薪资日常业务处理

●【任务案例】

正式职工和临时人员分别采用计时工资和计件工资进行工资核算。薪资管理日常业务处理包括工资核算、个人所得税计算、银行代发工资处理等。期末要进行工资费用的分摊和相关费用的计提；还要进行工资类别的汇总。在用友 U8 中上述工作是如何进行的？

创智科技 2014 年 1 月发生以下业务：

1. 工资数据

1 月初人员工资情况：

姓　名	基本工资	浮动工资
潘龙	8 000	2 000
宋淼	6 000	1 500
郝爽	3 500	1 000
杜雪	4 000	1 200
高亚萍	5 000	1 500
古茂	4 200	
陈媛	4 800	
池田	3 500	1 000
李梦甜	5 000	1 500

临时人员工资情况:

姓　名	日　期	组装工时	检验工时
冯卫东	2014-01-31	180	
刘刚	2014-01-31		200

2. 1 月份工资变动情况

(1) 考勤情况: 高亚萍请假 2 天; 池田请假 1 天。

(2) 因需要, 决定招聘李力(男, 编号 013)到采购部担任经营人员, 其基本工资 3 000 元, 无浮动工资, 代发工资银行账号: 20130010013。

(3) 因去年销售部推广产品业绩较好, 每人增加浮动工资 2000 元。

3. 工资分摊及费用计提

应付工资总额等于工资项目"应发合计", 应付福利费、工会经费、职工教育经费也以此为计提基数。

工资费用分配的转账分录:

部门	工资分摊	应付工资		应付福利费(14%)		工会经费(2%)、职工教育经费(1.5%)	
		借方	贷方	借方	贷方	借方	贷方
企管办, 财务部	企业管理人员	660 201	221 101	660 202	221 102		
采购部, 销售一部, 销售二部	经营人员	660 101	221 101	660 102	221 102	660 207	221 103 221 104
生产部	车间管理人员	510 101	221 101	510 101	221 102		
	生产工人	500 102	221 101	500 102	221 102		

◉【具体任务】

(1) 引入"项目六-1"账套数据。以账套主管身份进行薪资日常业务处理。

(2) 分析如果计税工资既不是应发合计也不是实发合计, 那么如何进行个人所得税的计算。

◉【理论认知】

一、工资数据管理

对于计时工资, 每月进行工资计算前需要把本月考勤情况录入系统, 如果有工资数据的变动也需要先进行调整; 对于计件工资来说, 每月进行工资计算前需要把计件统计数据录入系统。这些工资核算的基础数据录入完成后, 就可以由系统按照预设的计算公式自动完成职工工资的计算。

注意: 第一次使用薪资系统必须将所有人员的基本工资数据录入计算机。

为了快速、准确地录入工资数据，系统提供了以下功能。

1．筛选和定位

如果只对部分人员的工资数据进行修改，最好采用数据过滤的方法，先将所要修改的人员过滤出来，然后进行工资数据修改。修改完毕后进行"重新计算"和"汇总"。

2．页编辑

在工资变动界面提供了"编辑"按钮，可以对选定的个人进行快速录入。单击"上一人"、"下一人"按钮可变更人员，以便录入或修改其他人员的工资数据。

3．替换

将符合条件的人员的某个工资项目的数据，统一替换成另一个数据。如将管理人员的奖金上调 100 元。

4．过滤器

如果只对工资项目中的某一个或几个项目进行修改，可将要修改的项目过滤出来。如只对事假天数、病假天数两个工资项目的数据进行修改。对于常用到的过滤项目，可以在项目过滤选择后，输入一个名称进行保存，以后可通过过滤项目名称调用，不用时也可以删除。

二、工资分钱清单

工资分钱清单是指按单位计算的工资发放分钱票面额清单，会计人员根据此清单从银行取款并发给各部门。系统提供了票面额设置的功能，用户可根据单位需要自由设置，系统根据实发工资项目分别按部门、人员、企业自动计算出各种面额的张数。

三、个人所得税的计算与申报

鉴于许多企事业单位计算职工工资薪金所得税的工作量较大，本系统特提供个人所得税自动计算功能，用户只需自定义所得税税率，系统就会自动计算个人所得税。

四、银行代发

目前社会上许多单位发放工资时都采用职工凭工资信用卡去银行取款的方式。银行代发业务处理，是指每月末单位应向银行提供银行给定文件格式的软盘。这样做既减轻了财务部门发放工资的工作量，又有效地避免了财务去银行提取大笔款项所承担的风险，同时还提高了对员工个人工资的保密程度。

五、工资分摊

工资是费用中人工费用最主要的部分，需要对工资费用进行工资总额的计提计算、分配及各种经费的计提，并编制转账会计凭证，传递给总账管理系统。

与工资费用相关的费用计提通常包括应付福利费、工会经费、职工教育经费、五险一金，进行工资分摊和费用计提需要预先定义凭证模板。

六、工资数据查询统计

工资数据处理结果最终通过工资报表的形式反映，薪资系统提供了主要的工资报表的格式。如果对报表提供的固定格式不满意，可以通过"修改表"和"新建表"功能自行设计。

1. 工资表

工资表包括工资发放签名表、工资发放条、工资卡、部门工资汇总表、人员类别工资汇总表、条件汇总表、条件统计表、条件明细表、工资变动明细表、工资变动汇总表等由系统提供的原始表。主要用于本月工资的发放和统计，工资表可以修改和重建。

2. 工资分析表

工资分析表是以工资数据为基础，对部门、人员类别的工资数据进行分析和比较而产生的各种分析表，供决策人员使用。

七、月末结转

月末结转是指将当月数据经过处理后结转至下月。每月工资数据处理完毕后均可进行月末结转。由于在工资项目中，有的项目是变动的(即每月的数据均不相同)，因此在每月处理工资时，均需将其数据清零，然后才可输入当月的数据。此类项目即为清零项目。

因月末处理功能只有主管人员才能执行，所以应以主管的身份登录系统。

月末结转只能在会计年度的 1～11 月进行，且只能在当月工资数据处理完毕后才可进行。若处理多个工资类别，则应打开工资类别，分别进行月末结转。若本月工资数据未汇总，系统将不允许进行月末结转。进行期末处理后，当月数据将不允许变动。

◉【知识链接】

年 末 结 转

年末结转是指将工资数据经过处理后结转至下一年。进行年末结转后，新年度账将自动建立。只有处理完所有工资类别的工资数据(对多工资类别，应关闭所有工资类别)，然后才能在系统管理中选择"年度账"菜单，进行上年数据结转。其他操作与月末处理类似。

年末结转只有在当月工资数据处理完毕后才能进行。若当月工资数据未汇总，系统将不允许进行年末结转。进行年末结转后，本年各月数据将不允许变动。若用户跨月进行年末结转，系统将给予提示。年末处理功能只有主管人员才能执行。

【实训操作】

1．正式职工工资处理

以账套主管宋淼的身份登录企业应用平台，打开正式职工工资类别。

1）录入正式人员基本工资数据

(1) 双击"业务处理"下的"工资变动"项目，进入"工资变动"窗口。

(2) 在"过滤器"下拉列表框中选择"过滤设置"选项，打开"项目过滤"对话框。

(3) 选择"工资项目"列表框中的"基本工资"选项，单击">"按钮；同样再选择"浮动工资"选项。

(4) 单击"确定"按钮，返回"工资变动"窗口，此时每个人的工资项目只显示两项。

(5) 输入"正式人员"工资类别的工资数据。

> 注意：这里只需输入没有进行公式设定的项目，如基本工资、浮动工资和请假天数，其余各项由系统根据计算公式自动计算生成。

(6) 在"过滤器"下拉列表框中选择"所有项目"选项，屏幕上显示所有工资项目。

2）输入正式人员工资变动数据

(1) 输入考勤情况：高亚萍请假 2 天，池田请假 1 天。

(2) 单击"全选"按钮，人员前面的"选择"栏出现选中标记"√"。

(3) 在工具栏中单击"替换"按钮，在"将工资项目"下拉列表框中选择"浮动工资"选项，在"替换成"文本框中输入"浮动工资+2000"。

(4) 在替换条件处分别选择"部门"、"="、"销售部"，如图 6-13 所示。单击"确定"按钮，系统弹出提示"数据替换后将不可恢复。是否继续？"，单击"是"按钮，系统弹出提示"2 条记录被替换，是否重新计算？"，单击"是"按钮，系统自动完成工资计算。

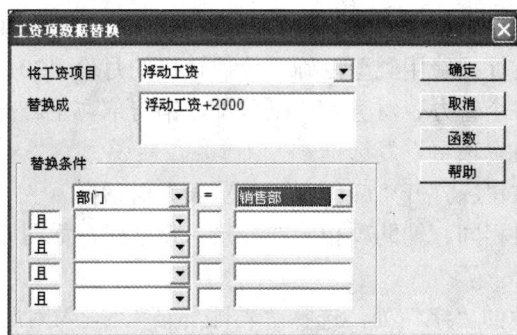

图 6-13 数据替换

3）数据计算与汇总

(1) 在"工资变动"窗口中的工具栏中单击"计算"按钮，计算工资数据。

(2) 在工具栏中单击"汇总"按钮，汇总工资数据。退出"工资变动"窗口。

4）查看个人所得税

(1) 双击"业务处理"下的"扣缴所得税"项目，打开"个人所得税申报模板"对话框。

(2) 选择"北京"地区"扣缴个人所得税报表",单击"打开"按钮。打开"所得税申报"对话框,单击"确定"按钮,进入"北京扣缴个人所得税报表"窗口。

(3) 查看完毕后退出。

5)"正式职工"类别工资分摊

(1) 工资分摊类型设置

① 双击"业务处理"下的"工资分摊"项目,打开"工资分摊"对话框。

② 单击"工资分摊设置"按钮,打开"分摊类型设置"对话框。

③ 单击"增加"按钮,打开"分摊计提比例设置"对话框。

④ 输入计提类型名称"应付工资",单击"下一步"按钮,打开"分摊构成设置"对话框。

⑤ 按实际资料内容进行设置,设置完成后如图 6-14 所示。单击"完成"按钮返回"分摊类型设置"对话框,继续设置应付福利费、工会经费、职工教育经费等分摊计提项目。

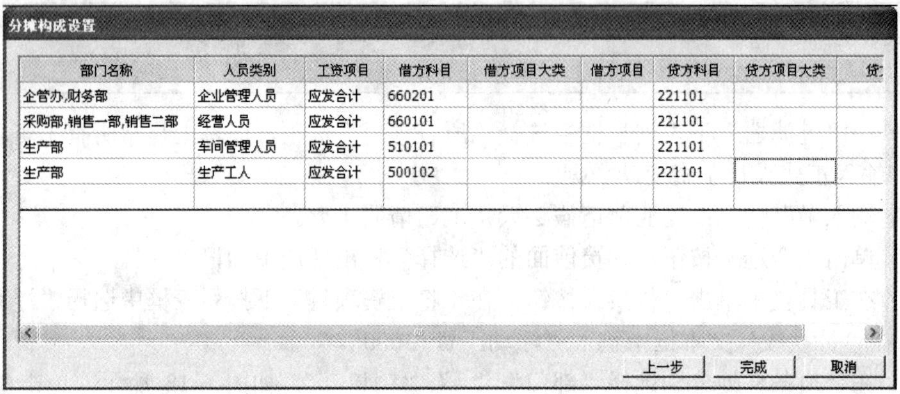

部门名称	人员类别	工资项目	借方科目	借方项目大类	借方项目	贷方科目	贷方项目大类	贷
企管办,财务部	企业管理人员	应发合计	660201			221101		
采购部,销售一部,销售二部	经营人员	应发合计	660101			221101		
生产部	车间管理人员	应发合计	510101			221101		
生产部	生产工人	应发合计	500102			221101		

上一步　完成　取消

图 6-14 分摊构成设置

(2) 工资分摊

① 双击"业务处理"下的"工资分摊"项目,打开"工资分摊"对话框。

② 选择需要分摊的计提费用类型,确定分摊计提的月份"2014.01"。

③ 选择核算部门:企管办、财务部、采购部、销售部、生产部。

④ 选中"明细到工资项目"复选框。

⑤ 单击"确定"按钮,打开"应付工资一览表"对话框。

⑥ 选中"合并科目相同、辅助项相同的分录"复选框,如图 6-15 所示。单击"制单"按钮。

⑦ 单击凭证左上角的"字"处,选择"转账凭证",输入附单据数,单击"保存"按钮,凭证左上角出现"已生成"标志,代表该凭证已传递到总账,如图 6-16 所示。

注意: 薪资系统生成的凭证在薪资系统中可以进行查询、删除等操作,传递到总账后需要在总账中进行审核、记账。

⑧ 在工具栏中单击"退出"按钮返回。

⑨ 用同样方法生成应付福利费、工会经费和职工教育经费凭证。

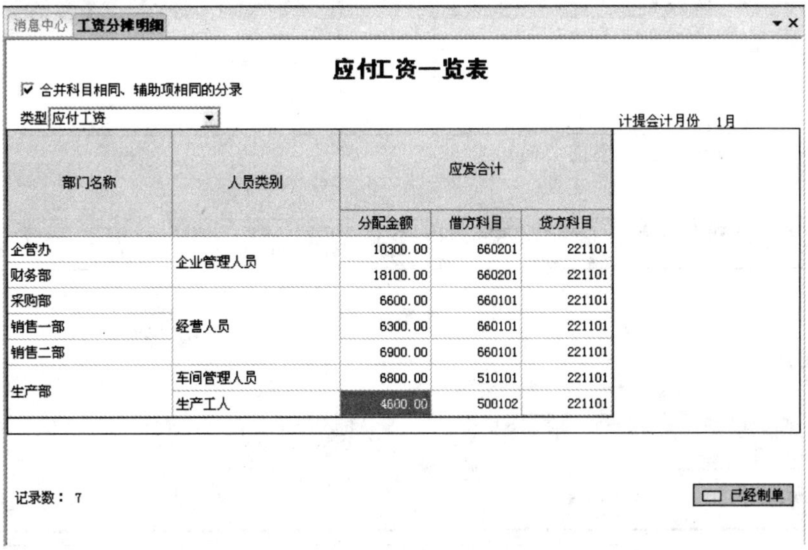

图 6-15 应付工资一览表

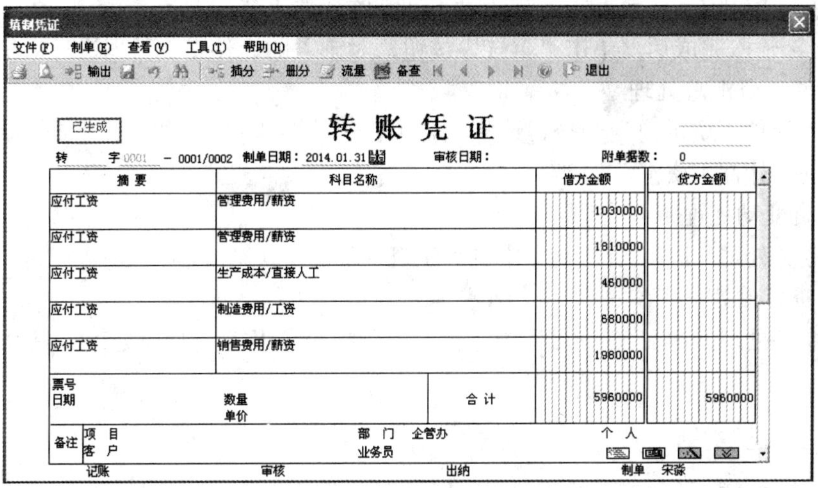

图 6-16 工资分摊生成凭证

2. 临时人员工资处理

在完成正式职工工资数据处理后,打开"临时人员"工资类别,参照"正式职工"工资类别初始设置及数据处理方式完成"临时人员"工资处理。

1) 计件工资统计

(1) 在计件工资中,双击"个人计件"下的"计件工资录入"项目,进入"计件工资录入"窗口。

(2) 选择工资类别"临时人员"、部门"生产部",单击"批增"按钮,进入"计件数据录入"窗口。

(3) 选择人员"冯卫东",选择计件日期 2014-01-31。单击"增行"按钮,输入组装工时 180,如图 6-17 所示。

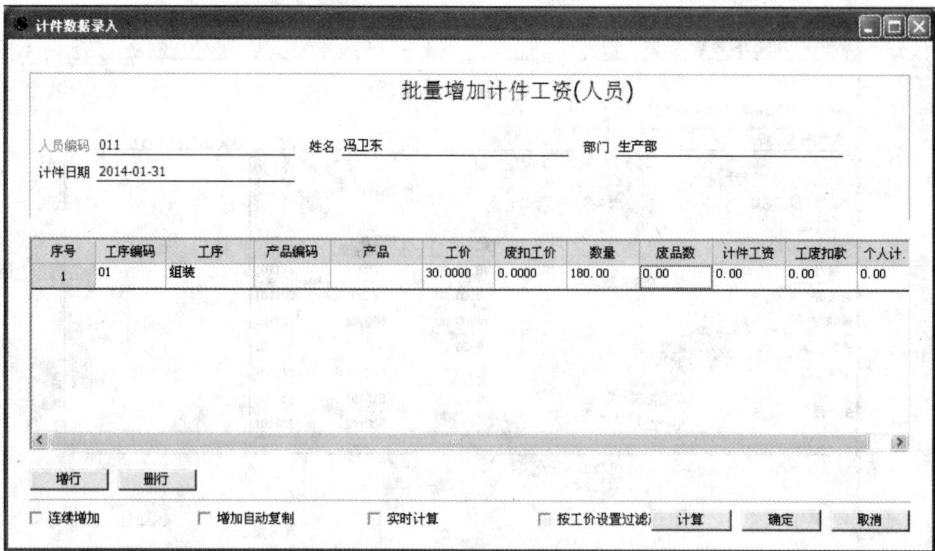

图 6-17　计件数据录入

(4) 单击"确定"按钮返回。继续输入刘刚的计件工资数据。

(5) 全部输入完成后，单击"审核"按钮，对录入的计件工资数据进行审核。

2) 计件工资汇总处理

执行"计件工资汇总"命令，选择工资类别"临时人员"，部门"生产部"，单击"汇总"按钮进行计件工资汇总处理。

3) 工资变动处理

在"业务处理"|"工资变动"中进行工资计算、汇总。

4) 工资分摊处理

在"业务处理"|"工资分摊"中进行工资分摊设置及工资分摊处理。只设置应付工资分摊即可。

3. 汇总工资类别

(1) 双击"工资类别"下的"关闭工资类别"项目。

(2) 双击"维护"下的"工资类别汇总"项目，打开"选择工资类别"对话框。

(3) 选择要汇总的工资类别，单击"确定"按钮，完成工资类别汇总。

(4) 双击"工资类别"下的"打开工资类别"项目，打开"选择工资类别"对话框。

(5) 选择"998 汇总工资类别"，单击"确定"按钮，查看工资类别汇总后的各项数据。

> 注意：该功能必须在关闭所有工资类别时才可用。
>
> 所选工资类别中必须有汇总月份的工资数据。
>
> 如为第一次进行工资类别汇总，需在汇总工资类别中设置工资项目计算公式。如果每次汇总的工资类别一致，则公式无须重新设置。如果与上一次汇总所选择的工资类别不一致，则需重新设置计算公式。
>
> 汇总工资类别不能进行月末结算和年末结算。

4．账表查询

查看工资分钱清单、个人所得税扣缴申报表、各种工资表。

5．月末处理

(1) 打开正式职工人员类别，执行"业务处理"|"月末处理"命令，打开"月末处理"对话框。单击"确定"按钮，系统弹出提示"月末处理之后，本月工资将不许变动，继续月末处理吗？"，单击"是"按钮。系统弹出提示"是否选择清零项？"，单击"是"按钮，打开"选择清零项目"对话框。

(2) 在"请选择清零项目"列表中，选择"请假天数"、"请假扣款"，单击">"按钮，将所选项目移动到右侧的列表框中，如图 6-18 所示。

(3) 单击"确定"按钮，系统弹出提示"月末处理完毕！"，单击"确定"按钮返回。

(4) 用同样方法完成"临时人员"工资类别月末处理。

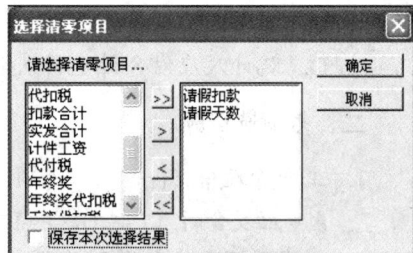

图 6-18　选择清零项目

> **注意：** 月末结转只能在会计年度的 1～11 月进行。
>
> 若为处理多个工资类别，则应打开工资类别，分别进行月末结算。
>
> 若本月工资数据未汇总，系统将不允许进行月末结转。
>
> 进行期末处理后，当月数据将不再允许变动。
>
> 月末处理功能只有主管人员才能执行。

项 目 小 结

薪资管理主要包括初始化和日常业务处理两部分。薪资初始化包括工资类别设置、工资项目和计算公式的设置、个人所得税扣税基数的设置等。日常业务处理包括工资的计算、个人所得税计算、工资分摊及相关费用的计提。

项目基础练习

一、单项选择题

1. 以下可以根据用户在建立工资账套时选择的选项自动生成的工资项目是(　　)。

　　A．基本工资　　　　B．代扣税　　　　C．应发合计　　　　D．扣款合计

2. 如果奖金的计算公式为"奖金 = iff(人员类别 = "企业管理人员" and　部门 = "总经理办公室",800,iff(人员类别 = "车间管理人员",500,450))"，如果某职工属于一般职工，则他的奖金为(　　)。

A. 800　　　　　B. 500　　　　　C. 450　　　　　D. 0

3. 如果设置某工资项目为数字型，长度为 8，小数位为 2，则该工资项目中最多可以输入(　　)位整数。

A. 5　　　　　B. 6　　　　　C. 7　　　　　D. 任意

4. 增加工资项目时，如果在"增减项"一栏选择"其他"，则该工资项目的数据(　　)。

A. 自动计入应发合计

B. 自动计入扣款合计

C. 既不计入应发合计也不计入扣款合计

D. 既计入应发合计也计入扣款合计

二、多项选择题

1. 工资管理中，(　　)工资项目的公式为系统默认。

A. 应发合计　　　B. 扣款合计　　　C. 实发合计　　　D. 基本工资

2. 工资管理系统传递到总账中的凭证，在工资管理系统中可以进行(　　)。

A. 查询　　　　　B. 删除　　　　　C. 记账　　　　　D. 审核

3. 新建工资类别时，必须指定(　　)。

A. 工资类别编号　　　　　　　　　B. 工资类别名称

C. 工资类别所属账套　　　　　　　D. 工资类别包含的部门

三、简答题

1. 薪资管理系统的基本功能有哪些？

2. 如何理解工资账套？

3. 有哪些初始设置与工资项目相关？

4. 哪些情况需要使用多工资类别进行管理？

5. 如何进行代扣个人所得税的处理？

6. 如何进行银行代发工资的处理？

7. 如何进行与工资相关的各项保险基金的处理？

8. 如何进行计件工资处理？

9. 总结薪资系统能生成哪些类型的凭证？

项目七

固定资产管理

【项目技能点】

- 能根据企业固定资产核算要求建立固定资产账套
- 能正确地进行固定资产系统初始化
- 能正确进行固定资产增减、变动处理
- 会进行折旧计提计算
- 能在固定资产系统中进行各种相关信息查询

【项目知识点】

- 了解 U8 固定资产系统的主要功能
- 熟悉固定资产系统的业务处理流程
- 熟悉固定资产初始化的主要内容
- 熟悉固定资产日常业务处理的主要工作内容

任务一　认识固定资产管理系统

◉【任务案例】

固定资产是企业资产的重要组成部分，固定资产管理是否完善、核算是否正确，不仅关系到企业资产的安全性，而且也会影响成本费用乃至利润计算的正确性。那么使用 U8 固定资产需要做好哪些准备？它与刚刚学过的总账管理有着怎样的关系？固定资产管理都能管理哪些具体内容呢？

◉【具体任务】

(1) 阐述 U8 固定资产系统的功能。
(2) 阐述固定资产与 U8 总账子系统的关系。

◉【理论认知】

一、固定资产管理系统的功能

固定资产系统的主要任务是完成企业固定资产日常业务的核算和管理，生成固定资产卡片，按月反映固定资产的增减变动、原值变化及其他变化，按月计提折旧，生成折旧分配凭证，协助企业进行成本核算，同时输出一些同设备管理相关的报表和账簿。

固定资产管理系统的主要功能包括初始化设置、日常业务处理、凭证处理、信息查询、期末处理等。

1. 初始化设置

在固定资产系统的初始化过程中需完成对固定资产日常核算和管理所必需的各种系统参数和基本信息的设置，并输入固定资产系统的原始业务数据。初始设置主要包括核算单位的建立，固定资产卡片项目、卡片样式、折旧方法、使用部门、使用状况、增减方式、资产类别等信息的设置，以及固定资产原始卡片的录入。

2. 日常业务处理

固定资产系统的日常业务处理主要是当固定资产发生资产增加、资产减少、原值变动、使用部门转移等变动情况时，更新固定资产卡片，并根据用户设定的折旧计算方法自动计算折旧来生成折旧清单和折旧分配表。

3. 凭证处理

固定资产系统根据使用状况和部门对应折旧科目的设置进行转账凭证的定义。转账凭证可以根据固定资产的业务处理自动生成。转账凭证经过确认后会自动传递到账务或成本等系统等待进一步处理。

4．信息查询

固定资产管理系统输出的报表主要有固定资产卡片、固定资产增减变动表、固定资产分类统计表、固定资产折旧计算表、转账数据汇总表等。

5．期末处理

固定资产管理系统的期末处理主要包括对账和月末结账两部分。

二、固定资产管理系统与其他系统的关系

固定资产管理系统与总账系统、报表系统和成本系统存在数据关联。

固定资产的日常变动数据和计提折旧的数据通过生成的转账凭证传递到总账系统。同时，固定资产系统可以与总账系统针对固定资产和累计折旧进行对账，保证固定资产明细与总账的一致性。固定资产系统为成本系统提供其核算所需要的折旧费用数据，这是成本核算的基础数据之一。UFO 报表系统可以通过函数调用固定资产系统的核算数据编制相关报表。

三、固定资产系统的业务处理流程

固定资产系统的业务处理流程大致包括初始化和日常业务处理两部分。初始化主要完成系统参数和基础信息的设置，日常业务处理主要进行固定资产增减变动、计提折旧、凭证处理等工作。相关业务处理完成后可输出固定资产账簿和统计分析报表，并进行月末结账。固定资产系统业务处理流程如图 7-1 所示。

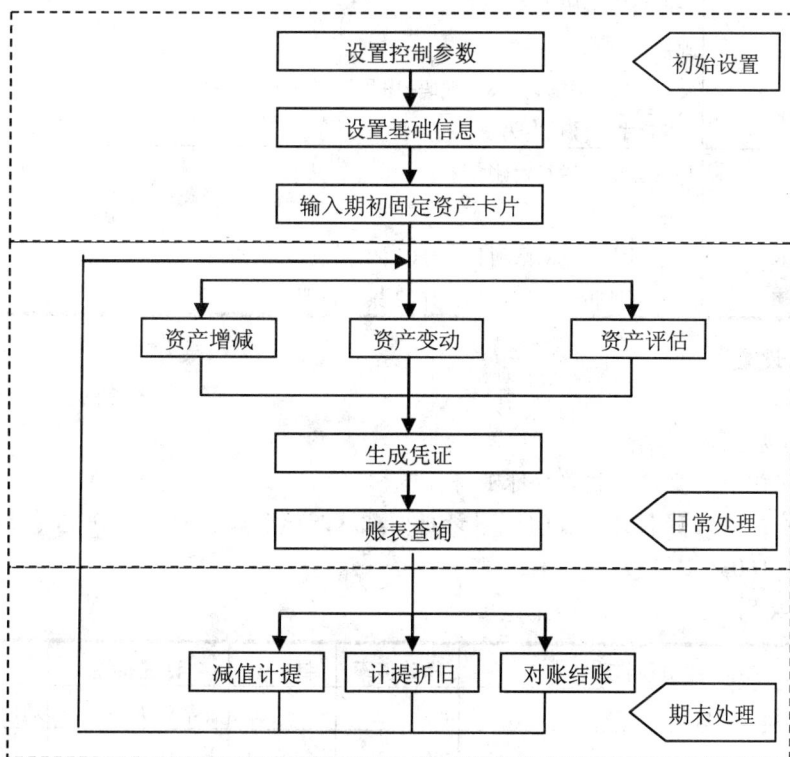

图 7-1　固定资产系统业务处理流程

任务二　固定资产系统初始化

【任务案例】

有了学习总账的经验，项目组已经能够理解系统初始化主要是设置开展日常业务处理必需的基础信息，一般包括参数选项、基础档案和期初数据三类。那么薪资固定资产系统中这三部门的内容具体是哪些呢？

创智科技 2014 年 1 月固定资产初始信息如下。

1. 建立固定资产账套

建账向导	参数设置
约定与说明	我同意
启用月份	2014.01
折旧信息	本账套计提折旧； 折旧方法：平均年限法(二)； 折旧汇总分配周期：1 个月； 当"月初已计提月份=可使用月份-1"时，将剩余折旧全部提足
编码方式	资产类别编码方式：2 1 1 2； 固定资产编码方式： 　　按"类别编码+部门编码+序号"自动编码； 　　卡片序号长度为 3
财务接口	与账务系统进行对账； 对账科目： 　　固定资产对账科目：1601 固定资产 　　累计折旧对账科目：1602 累计折旧

2. 初始设置

1) 选项

业务发生后立即制单；

月末结账前一定要完成制单登账业务；

固定资产默认入账科目：1601；累计折旧默认入账科目：1602；固定资产减值准备默认入账科目：1603

2) 资产类别

编　码	类别名称	净残值率	单　位	计提属性	卡片样式
01	交通运输设备	4%		正常计提	通用样式
011	经营用设备	4%		正常计提	通用样式
012	非经营用设备	4%		正常计提	通用样式

编 码	类别名称	净残值率	单 位	计提属性	卡片样式
02	电子设备及其他通信设备	4%		正常计提一	通用样式
021	经营用设备	4%	台	正常计提	通用样式
022	非经营用设备	4%	台	正常计提	通用样式

3) 部门及对应折旧科目

部 门	对应折旧科目
企管办、财务部、采购部	管理费用/折旧费
销售部	营业费用/折旧费
生产部	制造费用/折旧费

4) 增减方式的对应入账科目

增减方式目录	对应入账科目
增加方式	
直接购入	10020101，中行存款/人民币户
投资者投入	4001，实收资本
减少方式	
毁损	1606，固定资产清理

5) 原始卡片

固定资产名称	类别编号	所在部门	增加方式	使用年限月	开始使用日期	原 值	累计折旧	对应折旧科目名称
轿车	012	企管办	直接购入	72	2009.10.1	315 000	210 000	管理费用/折旧费
多功能一体机	012	企管办	直接购入	72	2011.3.1	2 000	1 056	管理费用/折旧费
笔记本电脑	022	企管办	直接购入	60	2010.12.1	15 000	8 640	管理费用/折旧费
传真机	022	企管办	直接购入	60	2013.4.1	699	89.47	管理费用/折旧费
台式机	021	生产部	直接购入	60	2011.12.1	4 800	1 843.2	制造费用/折旧费
台式机	021	生产部	直接购入	60	2011.12.1	4 800	1 843.2	制造费用/折旧费
合计						342 299	223 471.87	

注：净残值率均为4%，使用状况均为"在用"，折旧方法均采用平均年限法(二)。

(1) 引入"项目四-1"准备账套。

(2) 以账套主管宋淼的身份进行固定资产账套初始化。

【理论认知】

固定资产系统初始化的主要内容包括建立固定资产账套、设置基础信息和录入原始卡片。

一、建立固定资产账套

建立固定资产账套是指根据企业的具体情况，在已建立的企业会计核算账套的基础上，设置企业进行固定资产核算的必须参数，包括关于固定资产折旧计算的一些约定及说明、启用月份、折旧信息、编码方式、账务接口等。

建账完成后，当需要对账套中的某些参数进行修改时，可以在"设置"中的"选项"中修改；当有些参数无法通过"选项"修改但又必须改正时，只能通过"重新初始化"功能来实现，重新初始化将清空对该固定资产账套所做的一切操作。

二、基础信息设置

1. 资产类别设置

固定资产的种类繁多，规格不一，为强化固定资产管理，及时准确地进行固定资产核算，需建立科学的资产分类核算体系，为固定资产的核算和管理提供依据。目前，我国固定资产管理使用的是国家技术监督局 1994 年 1 月 24 日批准发布的《固定资产分类与代码》国家标准(GB/T 14885—1994)，其中规定的类别编码最多可以设置 4 级，编码总长度是 6 位即(2112)。参照此标准，企业可以根据自身的特点和要求，设定较为合理的资产分类方法。

2. 部门对应折旧科目设置

固定资产计提折旧后，需将折旧费用分配到相应的成本或费用中，根据不同企业的情况可以按照部门或类别进行汇总。固定资产折旧费用的分配去向和其所属部门密切相关，如果给每个部门设定对应折旧科目，则属于该部门的固定资产在计提折旧时，折旧费用将对应分配到其所属的部门。

3. 增减方式设置

固定资产增减方式设置是指设置资产增加的来源和减少的去向。增减方式包括增加方式和减少方式两大类。增加方式主要包括直接购买、投资者投入、捐赠、盘盈、在建工程转入、融资租入；减少方式主要包括出售、盘亏、投资转出、捐赠转出、报废、毁损、融资租出。增减方式可根据用户的需要自行增加。在增减方式的设置中还可以定义不同增减方式的对应入账科目，配合固定资产和累计折旧的入账科目使用，当发生相应的固定资产增减变动时可以快速生成转账凭证，减少手工输入数据的工作量。

4．使用状况设置

固定资产的使用状况一般分为使用中、未使用和不需用三大类，不同的使用状况决定了固定资产计提折旧与否。因此，正确定义固定资产的使用状况是准确计算累计折旧、进行资产数据统计分析并提高固定资产管理水平的重要依据。

5．折旧方法设置

固定资产折旧的计算是固定资产管理系统的重要功能，固定资产折旧的计提由系统根据用户选择的折旧方法自动计算得出，因此折旧方法的定义是计算资产折旧的重要基础。根据财务制度的规定，企业固定资产的折旧方法有平均年限法、工作量法、双倍余额递减法、年限总和法。企业可根据国家规定和自身条件采用其中的一种，如果系统中预置的折旧方法不能满足企业管理与核算的需要，用户也可以定义新的折旧方法与相应的计算公式。

由于在计算机系统中基本不必考虑处理能力的问题，因此在向计算机系统过渡时只需根据企业细化会计核算的需要在会计制度允许的范围内选择折旧计算方法即可。一般来说选用单台折旧方法核算固定资产折旧更合适。

6．卡片项目和卡片样式设置

固定资产卡片是固定资产管理系统中重要的管理工具，固定资产卡片文件是重要的数据文件。固定资产文件中包含的数据项目会形成一个卡片项目，卡片项目也是固定资产卡片上用来记录固定资产资料的栏目，如原值、资产名称、所属部门、使用年限、折旧方法等是卡片上最基本的项目。固定资产系统提供的卡片上常用的项目称为系统项目，但这些项目不一定能满足所有单位的需求。为了增加固定资产系统的通用性，一般系统都为用户留下足够的增减卡片项目的余地，在初始设置中由用户定义的项目称为自定义项目。系统项目和自定义项目一起构成固定资产卡片的全部内容。

固定资产卡片样式是指卡片的外观，即卡片的格式和卡片上包含的项目及项目的位置。不同资产核算管理的内容与重点各不相同，因此，卡片样式也可能不同。系统默认的卡片样式一般能够满足企业日常管理的要求，用户可以在此基础上略做调整，形成新卡片模板，也可以自由定义新卡片样式。

三、期初数据录入

固定资产系统的初始数据是指系统投入使用前企业现存固定资产的全部有关数据，主要是固定资产原始卡片的有关数据。固定资产原始卡片是固定资产管理系统处理的起点。因此，准确录入原始卡片内容是保证历史资料的连续性、正确进行固定资产核算的基本要求。为了保证所输入原始卡片数据的准确无误，应该在开始输入前对固定资产进行全面的清查盘点，做到账实相符。

传统方式下，固定资产是按卡片进行管理的。固定资产卡片的原值合计应与总账系统固定资产科目余额数据相符；卡片已提折旧的合计应与总账系统累计折旧账户的余额相符。

面向"十二五"高职高专项目导向式教改教材·财经系列

⦿【实训操作】

1. 启用固定资产管理系统

以账套主管宋淼的身份进入企业应用平台，启用固定资产系统。

2. 固定资产系统初始化

(1) 在企业应用平台"业务工作"选项卡中，双击"财务会计"下的"固定资产"项目，系统弹出提示"这是第一次打开此账套，还未进行过初始化，是否进行初始化？"，单击"是"按钮，打开"初始化账套向导"对话框。

(2) 在"固定资产初始化向导——约定与说明"对话框中，仔细阅读相关条款，选中"我同意"单选按钮。

(3) 单击"下一步"按钮，打开"初始化账套向导——启用月份"对话框，确认账套启用月份"2014.01"。

(4) 单击"下一步"按钮，打开"初始化账套向导——折旧信息"对话框。选中"本账套计提折旧"复选框；选择折旧方法"平均年限法(二)"，折旧分配周期为"1 个月"；选中"当(月初已计提月份=可使用月份-1)时，将剩余折旧全部提足"复选框，如图 7-2 所示。

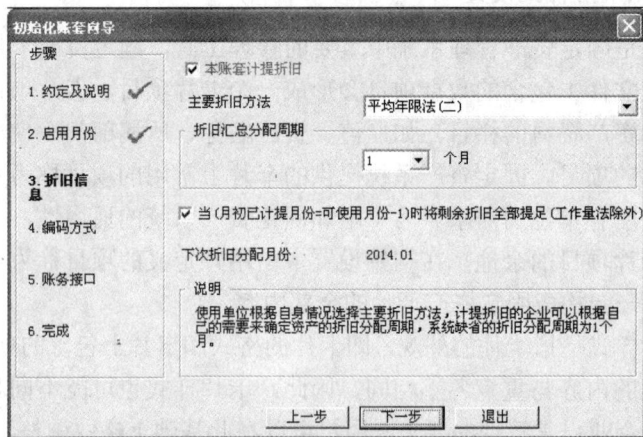

图 7-2　固定资产初始化——折旧信息

> **注意：** 如果是行政事业单位，不选中"本账套计提折旧"复选框，则账套内所有与折旧有关的功能都会被屏蔽，该选项在初始化设置完成后不能修改。
>
> 虽然这里选择了某种折旧方法，但在设置资产类别或定义具体的固定资产时可以更改该设置。

(5) 单击"下一步"按钮，打开"初始化账套向导——编码方式"对话框。确定资产类别编码长度为 2112；选中"自动编号"单选按钮，选择固定资产编码方式"类别编号+部门编号+序号"，选择序号长度 3，如图 7-3 所示。

(6) 单击"下一步"按钮，打开"初始化账套向导——财务接口"对话框。选中"与账务系统进行对账"复选框；固定资产对账科目选择"1601，固定资产"，累计折旧对账科目选择"1602，累计折旧"，如图7-4所示。

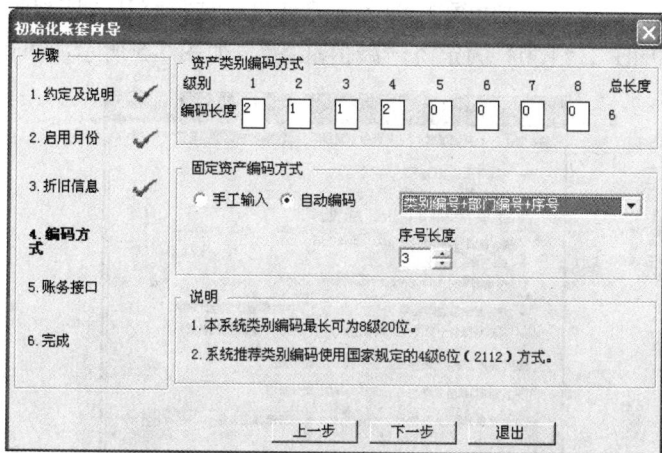

图7-3　固定资产初始化——编码方式

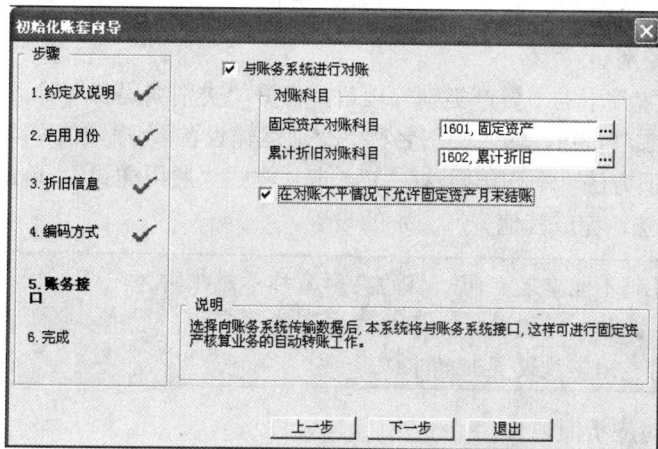

图7-4　固定资产初始化——账务接口

(7) 单击"下一步"按钮，打开"初始化账套向导——完成"对话框。单击"完成"按钮，完成本账套的初始化，系统弹出提示"是否确定所设置的信息完全正确并保存对新账套的所有设置"，单击"是"按钮。

(8) 系统弹出提示"已成功初始化本固定资产账套！"，单击"确定"按钮。

注意：初始化设置完成后，有些参数不能修改，所以要慎重。

如果发现参数有错，必须改正，只能通过在固定资产系统执行"维护"|"重新初始化账套"命令来实现，该操作将清空之前对该子账套所做的一切工作。

3. 初始设置

1) 选项设置

完成固定资产系统初始化后还要进行补充参数设置，操作步骤如下。

(1) 双击"设置"下的"选项"项目，打开"选项"对话框。

(2) 单击"编辑"按钮，切换到"与账务系统接口"选项卡。选中"业务发生后立即制单"、"月末结账前一定要完成制单登账业务"复选框；选择默认入账科目为"1601 固定资产"、"1602 累计折旧"、"1603 固定资产减值准备"，如图 7-5 所示，单击"确定"按钮。

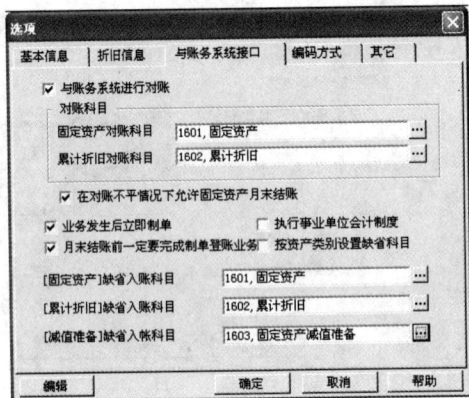

图 7-5　选项

2) 设置资产类别

(1) 双击"设置"下的"资产类别"项目，打开"类别编码表"对话框。

(2) 单击"增加"按钮，输入类别名称"交通运输设备"，净残值率 4%；选择计提属性"正常计提"，折旧方法"平均年限法(二)"，卡片样式"通用样式"，单击"保存"按钮。

(3) 用同样方法，完成其他资产类别的设置。

注意：资产类别编码不能重复，同一级的类别名称不能相同。
　　　类别编码、名称、计提属性、卡片样式不能为空。
　　　已使用过的类别不能设置新的下级。

3) 设置部门对应折旧科目

(1) 双击"设置"下的"部门对应折旧科目"项目，进入"部门编码表"窗口。

(2) 选择部门"企管办"，单击"修改"按钮。

(3) 选择折旧科目"660206 管理费用/折旧费"，单击"保存"按钮。

(4) 用同样方法，完成其他部门折旧科目的设置。设置完成后如图 7-6 所示。

图 7-6　部门对应折旧科目设置

注意：如果销售一部和销售二部对应的折旧科目相同，可以将折旧科目设置在销售部，保存后，单击"刷新"按钮，其下属部门自动继承。

4) 设置增减方式的对应科目

(1) 双击"设置"下的"增减方式"项目，进入"增减方式"窗口。

(2) 在左边列表框中，选择增加方式"直接购入"，单击"修改"按钮。

(3) 输入对应入账科目"10020101 人民币户"，单击"保存"按钮。

(4) 用同样方法，输入减少方式"损毁"的对应入账科目"1606 固定资产清理"。

注意：固定资产若发生增减变动，系统生成凭证时会默认采用这些科目。

4．原始卡片录入

(1) 双击"卡片"下的"录入原始卡片"项目，进入"资产类别参照"窗口。

(2) 选择固定资产类别"012 非经营用设备"，单击"确定"按钮，进入"固定资产卡片录入"窗口。

(3) 输入固定资产名称"轿车"；选择部门"企管办"，增加方式"直接购入"，使用状况"在用"；输入开始使用日期 2009-10-01，原值 315000，累计折旧 210000，可使用年限 72；其他信息自动算出，如图 7-7 所示。

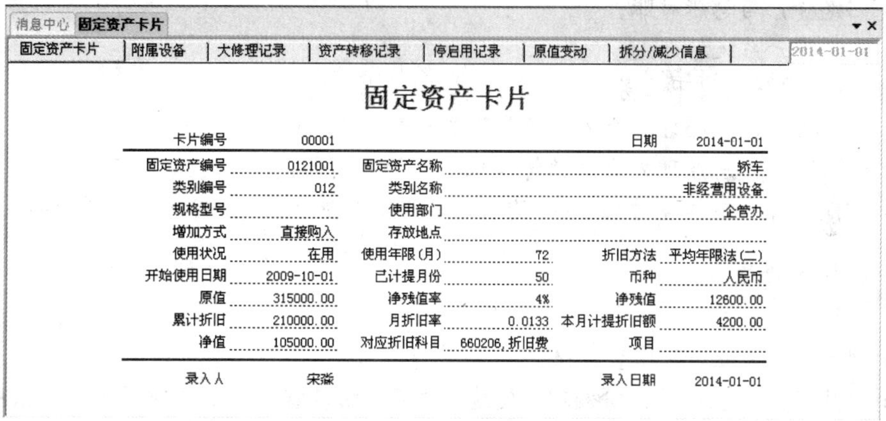

图 7-7　原始卡片录入

(4) 单击"保存"按钮，系统弹出提示"数据成功保存！"，单击"确定"按钮。

(5) 用同样方法，完成其他固定资产卡片的输入。

注意：卡片编号：系统根据初始化时定义的编码方案自动设定，不能修改，如果删除一张卡片，且此卡片又不是最后一张时，系统将保留空号。

已计提月份：系统将根据开始使用日期自动算出，但可以修改，需将使用期间停用等不计提折旧的月份扣除。

月折旧率、月折旧额：与计算折旧有关的项目录入后，系统会按照输入的内容自动算出并显示在相应项目内，可与手工计算的值比较，核对是否有错误。

5．期初对账

全部原始卡片录入完成后，可以执行"处理"｜"对账"命令将目前固定资产系统明细与总账系统进行对账，以确保固定资产明细账与总账相符。

任务三　固定资产日常业务处理

◉【任务案例】

固定资产系统的日常业务处理主要是完成固定资产的核算和管理工作，包括固定资产卡片管理、固定资产增减业务处理、变动单处理、折旧处理、资产评估处理、凭证处理、账簿查询和月末处理等内容。在用友 U8 中上述工作是如何进行的？

创智科技 2014 年 1 月发生以下业务。

(1) 1 月 21 日，企管办购买投影仪一台，价值 8 500 元，净残值率 4%，预计使用年限 5 年。

(2) 1 月 23 日，将企管办使用的轿车的使用年限由 6 年调整为 8 年。

(3) 1 月 31 日，计提本月折旧费用。

(4) 1 月 31 日，生产部毁损台式机一台。

(5) 进行固定资产账表查询。

(6) 固定资产与总账对账。

(7) 固定资产系统结账。

2014 年 2 月发生以下业务。

(1) 2 月 16 日，总经理办公室的轿车添置新配件 10 000 元。

(2) 2 月 27 日，总经理办公室的传真机转移到采购部。

(3) 2 月 28 日，经核查对 2010 年购入的笔记本电脑计提 1 000 元的减值准备。

◉【具体任务】

(1) 引入"项目七-1"账套数据。

(2) 以账套主管宋淼的身份处理固定资产业务，由杜雪在总账中对固定资产系统生成的凭证进行审核、记账。

◉【理论认知】

一、固定资产卡片管理

卡片是记录固定资产相关资料的载体。无论固定资产增加、减少还是变动都要通过固定资产卡片进行管理。卡片管理包括卡片修改、卡片删除、卡片查询及打印等。

二、固定资产增减业务

当企业由于各种原因而增加或减少其固定资产时，就需要进行相应的处理，根据固定资产增减变动记录更新固定资产卡片文件，以保证折旧计算的正确性。

1．固定资产的增加

企业通过购买或其他方式取得固定资产时要进行固定资产增加的处理，填制新的固定资产卡片。一方面，要求对新增固定资产按经济用途或其他标准分类，并确定其原始价值。另一方面，要求办理交接手续，填制和审核有关凭证，作为固定资产核算的依据。

2．固定资产的减少

固定资产的减少是指资产在使用过程中，由于毁损、出售、盘亏等各种原因而被淘汰。此时需进行固定资产减少的处理，输入固定资产减少记录，说明减少的固定资产、减少方式、减少原因等。资产减少信息经过确认后，系统会搜索出相应的固定资产卡片，更新卡片文件数据，以反映固定资产减少的相关情况。

只有当账套开始计提折旧后，才可以使用资产减少功能，否则，资产减少只能通过删除卡片来完成。

三、资产变动处理

固定资产日常使用中出现原值变动、部门转移、使用状况变动、使用年限调整、折旧方法调整、净残值(率)调整、工作总量调整、累计折旧调整、资产类别调整等情况时，需通过变动单进行处理。变动单是指在资产使用过程中由于固定资产卡片上某些项目调整而编制的原始凭证。

1．原值变动

资产在使用过程中，其原值增减有 5 种情况：根据国家规定对固定资产重新估价；增加补充设备或改良设备；将固定资产的一部分拆除；根据实际价值调整原来的暂估价值；发现原记录固定资产价值有误的。原值变动包括原值增加和原值减少两种情况。

2．部门转移

资产在使用过程中，因内部调配而发生的部门变动应及时处理，否则将影响部门的折旧计算。

3．使用状况调整

资产使用状况分为使用中、未使用、不需用等。资产在使用过程中，可能会因为某种原因，使得资产的使用状况发生变化，这种变化会影响到设备折旧的计算，因此应及时调整。

4．使用年限调整

资产在使用过程中，资产的使用年限可能会由于资产的重估、大修等原因而调整。进行使用年限调整的资产在调整的当月就按调整后的使用年限计提折旧。

5．资产折旧方法的调整

一般来说资产折旧方法一年之内很少改变，如有特殊情况确需调整的也必须遵循一定的原则。如所属类别是"总提折旧"的资产调整后的折旧方法不能是"不提折旧";相应地，所属类别是"总不提折旧"的资产折旧方法不能调整。一般来说，进行折旧方法调整的资产在调整的当月就按调整后的折旧方法计提折旧。

本月录入的卡片和本月增加的资产，不允许进行变动处理。

四、折旧处理

折旧处理是固定资产管理系统的基本处理功能之一，主要包括折旧的计提与分配。

1．折旧计提

根据固定资产卡片中的基本资料，系统自动计算折旧，自动生成折旧分配表，根据折旧分配表编制转账凭证，将本期折旧费用登记入账。

2．折旧分配

计提折旧工作完成后进行折旧分配形成折旧费用，生成折旧清单。固定资产的使用部门不同其折旧费用分配的去向也不同，折旧费用与资产使用部门间的对应关系主要是通过部门对应折旧科目来实现的。系统根据折旧清单及部门对应折旧科目生成折旧分配表，而折旧分配表是将累计折旧分配到成本与费用中和编制转账凭证将折旧数据传递到总账系统的重要依据。

3．进行折旧处理需注意的问题

在固定资产管理系统中进行折旧处理时一般应注意以下问题。

(1) 如果在一个会计期间内多次计提折旧，则每次计提折旧后，只是将计提的折旧累加到月初的累计折旧上，而不会重复累计。如果计提折旧后又对账套进行了影响折旧计算分配的操作，那么必须重新计提折旧，以保证折旧计算的正确性。

(2) 如果上一次计提的折旧已经制单但尚未记账，必须删除该凭证；如果已经记账，必须冲销该凭证重新计提折旧。如果自定义的折旧方法中月折旧率或月折旧额出现负数，系统会自动中止计提。

(3) 折旧分配表分为部门折旧分配表和类别折旧分配表两种类型。部门折旧分配表中的部门可以不等同于使用部门，使用部门必须是明细部门，而部门折旧分配表中的部门是指汇总时使用的部门，因此要在计提折旧后分配折旧费用时做出选择。

(4) 当企业中有固定资产按工作量法计提折旧时，在计提折旧之前，需输入该固定资产当期的工作量，为系统提供计算累计折旧所需要的信息。

五、资产评估处理

随着市场经济的发展，企业在经营活动中，根据业务或国家要求需要对部分资产或全部资产进行评估和重估，而其中固定资产评估是资产评估很重要的部分。固定资产管理系统中固定资产评估处理的主要功能有将评估机构的评估数据或定义公式手工录入到系统、根据国家要求手工录入评估结果或根据定义的评估公式生成评估结果，以及评估单的管理。

进行资产评估处理的主要步骤如下。

(1) 对需要评估的项目进行选择。可以进行评估的内容包括固定资产的原值、累计折旧、使用年限等，每次进行评估时可以根据评估的要求进行选择。

(2) 对需要进行评估的资产进行选择。资产评估的目的各有不同，因此每次评估涉及的资产也不尽相同，可根据需要进行选择。

(3) 制作评估单。选择评估项目和评估资产后，录入评估结果，系统会生成评估单，给出被评估资产评估前与评估后的数据。

(4) 制作转账凭证。当评估后资产原值和累计折旧与评估前数据不等时，需通过转账凭证将变动数据传递到总账系统。

六、凭证处理

固定资产管理系统的凭证处理功能主要是根据固定资产各项业务数据自动生成转账凭证并传递到总账系统进行后续处理。一般当固定资产发生资产增加、资产减少、原值变动、累计折旧调整、资产评估(涉及原值和累计折旧时)、计提折旧等业务时就要编制转账凭证。

编制凭证可以采用"立即制单"和"批量制单"两种方法。编制转账凭证的过程中，系统会根据固定资产和累计折旧入账科目设置、增减方式设置、部门对应折旧科目设置及业务数据来自动生成转账凭证，凭证中不完整的部分可由用户进行补充。

七、账表查询

固定资产系统提供的报表可以分为账簿、折旧表、汇总表和分析表4大类。

1. 固定资产账簿

固定资产账簿一般用于提供资产管理所需要的基本信息，主要包括固定资产总账、固定资产明细账、固定资产登记簿等基础报表。

1) 固定资产总账
固定资产总账是按部门和类别反映一个年度内固定资产价值变化的账页。

2) 单项固定资产明细账
单项固定资产明细账可反映单个资产在查询期间发生的所有业务，包括在该期间的资产增加或资产减少的情况。

3) 固定资产登记簿
固定资产登记簿可按资产所属类别或所属部门显示一定期间范围内发生的所有业务，包括资产增加、资产减少、原值变动、部门转移等信息。

4) 部门、类别明细账
部门、类别明细账可反映某一类别或部门的固定资产在查询期间内发生的所有业务，包括资产增加、资产减少、原值变动、使用状况变化、部门转移、计提折旧等信息。

2. 固定资产分析表

固定资产分析表可以从资产的构成情况、分布情况、使用状况等角度提供统计分析数据，为管理人员进行决策提供信息。固定资产分析表主要包括固定资产部门构成分析表、

面向"十二五"高职高专项目导向式教改教材·财经系列

固定资产使用状况分析表、固定资产价值结构分析表、固定资产类别构成分析表等报表。

1) 固定资产部门构成分析表

固定资产部门构成分析表是对企业内资产在各使用部门之间分布情况的分析统计。

2) 固定资产使用状况分析表

固定资产使用状况分析表是对企业内所有资产的使用状况做的分析汇总，它可使管理者了解资产的总体使用情况，尽快将未使用的资产投入使用，及时处理不需用的资产，提高资产的利用率。

3) 固定资产价值结构分析表

固定资产价值结构分析表是对企业内各类资产的期末原值和净值、累计折旧净值率数据的分析汇总，它可使管理者了解资产计提折旧的程度和剩余价值的大小。

4) 固定资产类别构成分析表

固定资产类别构成分析表是对企业资产按类别分别进行分析的报表。

3. 固定资产汇总表

固定资产汇总表用于提供各种统计信息，主要包括评估汇总表、固定资产统计表、盘盈盘亏报告表、固定资产原值统计表等报表。

1) 评估汇总表

评估汇总表反映的是查询日期某使用部门内各类资产评估后价值的变动情况。

2) 评估变动表

资产评估变动表是列示所有资产评估变动数据的统计表。

3) 固定资产统计表

固定资产统计表是按部门或类别统计该部门或类别的资产的价值、数量、折旧、新旧程度等指标的统计表。

4) 逾龄资产统计表

逾龄资产统计表反映的是指定会计期间内已经超过折旧年限的逾龄资产的状况。

5) 役龄资产统计表

役龄资产统计表反映的是指定会计期间内在折旧年限内正常使用的资产的状况。

6) 盘盈盘亏报告表

盘盈盘亏报告表反映企业以盘盈方式增加的资产和以盘亏、毁损方式减少的资产情况。因盘盈、盘亏、毁损属于非正常方式，所以通过该统计表，可以看出企业对资产的管理情况。

7) 固定资产原值统计表

固定资产原值统计表是按使用部门和类别交叉汇总显示资产的原值、累计折旧、净值的统计表，便于管理者掌握资产的分布情况。

4. 固定资产折旧表

固定资产折旧表用于提供与固定资产折旧相关的明细信息与汇总信息，主要包括部门折旧计算汇总表、固定资产折旧清单表、折旧计算明细表、固定资产及累计折旧表等报表。

1) 部门折旧计算汇总表

部门折旧计算汇总表反映该账套内各使用部门计提折旧的情况，包括计提原值和计算的折旧额信息。

2) 固定资产折旧清单表

固定资产折旧清单表用于显示按资产明细列示的折旧数据及累计折旧数据信息，可以根据部门、资产类别提供固定资产的明细折旧数据。

3) 折旧计算明细表

折旧计算明细表是按类别设立的，反映资产按类别计算折旧的情况，包括上月计提情况、上月原值变动和本月计提情况。

4) 固定资产及累计折旧表

固定资产及累计折旧表是按期编制的，反映各类固定资产的原值、累计折旧和本年累计折旧变动的相关明细情况。

八、固定资产系统期末处理

固定资产期末处理主要包括对账和月末结账两项工作内容。

1. 对账

对账是将固定资产系统中记录的固定资产和累计折旧数额与总账系统中的固定资产和累计折旧科目的数值进行核对，验证是否一致，并寻找可能产生差异的原因。任何时候都可以进行对账，系统在执行月末结账时会自动进行对账，给出对账结果，并根据初始化中是否设置"在对账不平情况下允许固定资产月末结账"选项判断是否允许结账。

2. 月末结账

固定资产管理系统完成当月全部业务后，便可进行月末结账，以便将当月数据结转至下月。月末结账后当月数据不允许再进行改动。月末结账后如果发现有本月未处理的业务或需要修改的事项，可以通过系统提供的"恢复月末结算前状态"功能进行反结账。

九、数据维护

1. 数据接口管理

数据接口管理提供了卡片导入的功能，可以将企业使用固定资产系统之前已有的固定资产卡片自动导入系统中，能减少手工录入卡片的工作量，提高效率。

2. 重新初始化账套

当系统在运行过程中发现账簿错误太多、无法通过"反结账"功能纠正时，可以利用"重新初始化账套"功能将该账套内容全部清空，然后重新建立账套。

◉【实训操作】

1. 2014 年 1 月份业务

1) 业务 1：资产增加

(1) 双击"卡片"下的"资产增加"项目，进入"资产类别参照"窗口。

(2) 选择资产类别"022 非经营用设备"，单击"确定"按钮，进入"固定资产卡片"窗口。

(3) 输入固定资产名称"投影仪"；选择使用部门"企管办"，增加方式"直接购入"，使用状况"在用"；输入原值 8500，可使用年限 60 月，开始使用日期 2014-01-21，如图 7-8 所示。

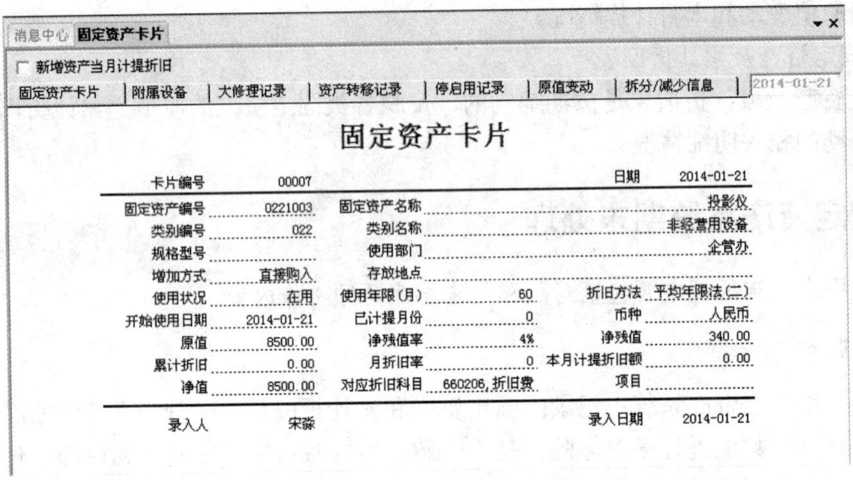

图 7-8　新增固定资产

(4) 单击"保存"按钮，进入"填制凭证"窗口。

(5) 选择凭证类型"付款凭证"，修改制单日期、附件数，单击"保存"按钮，生成凭证如图 7-9 所示。

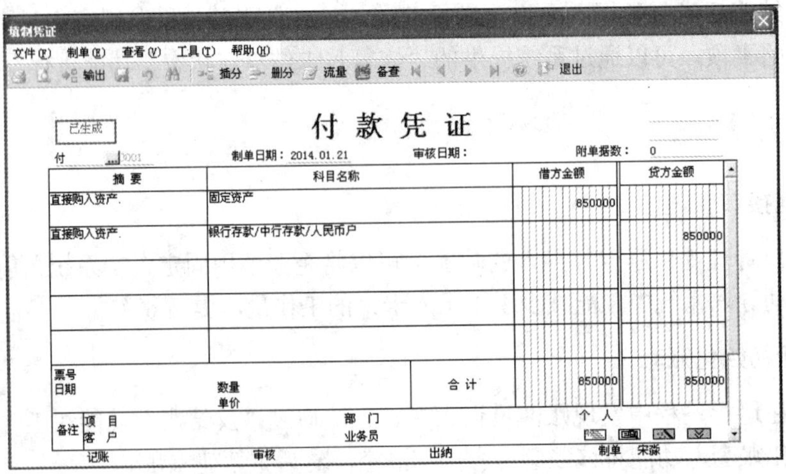

图 7-9　付款凭证

注意：新增资产和原始卡片的区别是资产的开始使用日期不同。

固定资产原值一定要输入卡片录入月月初的价值，否则会出现计算错误。

新卡片第一个月不提折旧，累计折旧为空或 0。

卡片输入完后，也可以不立即制单，待月末再批量制单。

2) 业务 2：使用年限调整

(1) 双击"卡片"|"变动单"下的"使用年限调整"项目，进入"固定资产变动单"窗口。

(2) 选择卡片编号为 00001 的卡片，系统显示该资产的相关信息。

(3) 输入变动后使用年限为 96，变动原因为"使用年限调整"，如图 7-10 所示。

(4) 单击"保存"按钮，系统弹出提示"数据保存成功。"，单击"确定"按钮退出。

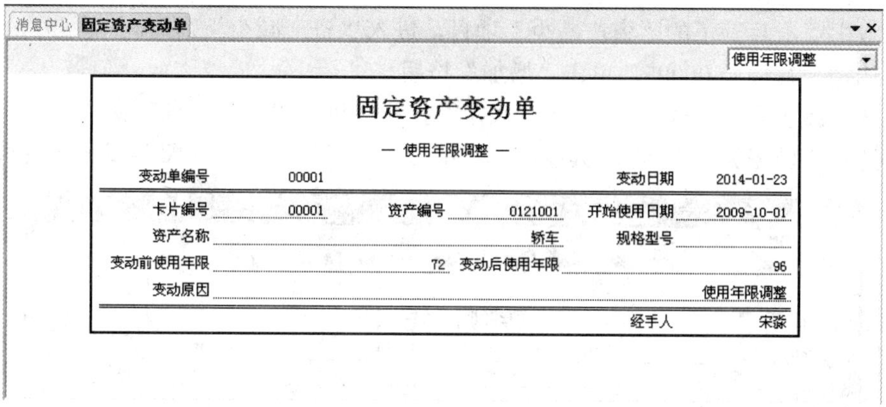

图 7-10　固定资产变动单

3) 业务 3：折旧处理(业务 3)

(1) 双击"处理"下的"计提本月折旧"项目，系统弹出提示"是否要查看折旧清单？"，单击"否"按钮。系统弹出提示"本操作将计提本月折旧，并花费一定时间，是否要继续？"，单击"是"按钮。

(2) 系统计提折旧完成后进入"折旧分配表"窗口，单击"凭证"按钮，进入"填制凭证"窗口，选择"转账凭证"，修改其他项目，单击"保存"按钮，计提折旧凭证如图 7-11 所示。

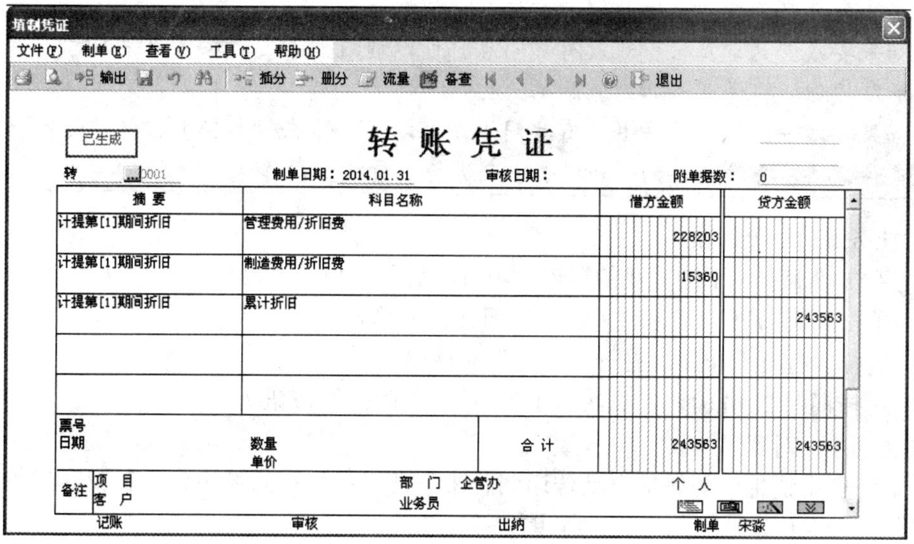

图 7-11　计提折旧凭证

> **注意：** 如果上次计提折旧已通过记账凭证把数据传递到账务系统，则必须删除该凭证才能重新计提折旧。
>
> 如果计提折旧后又对账套进行了影响折旧计算或分配的操作，则必须重新计提折旧，否则系统不允许结账。

4) 业务 4：资产减少

(1) 双击"卡片"下的"资产减少"项目，进入"资产减少"窗口。

(2) 选择卡片编号 00005，单击"增加"按钮。

(3) 选择减少方式"毁损"，单击"确定"按钮，进入"填制凭证"窗口。

(4) 选择"转账凭证"，修改其他项目，单击"保存"按钮，如图 7-12 所示。

转 账 凭 证

摘 要	科目名称	借方金额	贷方金额
资产减少	累计折旧	192000	
资产减少	固定资产清理	288000	
资产减少	固定资产		480000
	合 计	480000	480000

图 7-12　资产减少凭证

> **注意：** 本账套需要进行计提折旧后，才能减少资产。
>
> 如果要减少的资产较少或没有共同点，可以通过输入资产编号或卡片号，单击"增加"按钮，将资产添加到资产减少表中。
>
> 如果要减少的资产较多并且有共同点，可以通过单击"条件"按钮，输入一些查询条件，将符合该条件的资产挑选出来进行批量减少操作。

5) 业务 5：账表管理

(1) 双击"账表"下的"我的账表"项目，进入"报表"窗口。

(2) 单击"折旧表"，选择"(部门)折旧计提汇总表"。

(3) 选择"打开"按钮，打开"条件"对话框。

(4) 选择期间 2014.01，汇总级次 1-2，单击"确定"按钮。

6) 业务 6：对账

固定资产系统生成的凭证自动传递到总账系统，在总账系统中，由郝爽对出纳凭证进行签字，杜雪对传递过来的凭证进行审核和记账。

> **注意：** 只有总账系统记账完毕，固定资产管理系统期末才能和总账进行对账工作。

(1) 双击"处理"下的"对账"项目，系统弹出"与财务对账结果"提示对话框，如图 7-13 所示。

(2) 单击"确定"按钮。

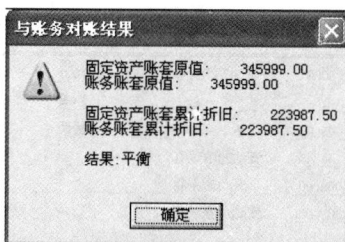

图 7-13　"与账务对账结果"对话框

> **注意：** 总账记账完毕后，固定资产系统才可以进行对账。对账平衡，开始月末结账。
>
> 如果在初始设置时，选择了"与账务系统对账"功能，则对账的操作不限制执行时间，任何时候都可以进行对账。
>
> 若在财务接口中选中"在对账不平情况下允许固定资产月末结账"，则可以直接进行月末结账。

7) 业务 7：结账与反结账

(1) 结账。

① 双击"处理"下的"月末结账"命令，打开"月末结账"对话框。

② 单击"开始结账"按钮，系统自动检查与账务系统的对账结果，单击"确定"按钮后，系统弹出提示"月末结账成功完成！"提示框。

③ 单击"确定"按钮。

> **注意：** 本会计期间做完月末结账工作后，所有数据资料将不能再进行修改。
>
> 本会计期间不做完月末结账工作，系统将不允许处理下一个会计期间的数据。
>
> 月末结账前一定要进行数据备份，否则数据一旦丢失，将造成无法挽回的损失。

(2) 取消结账。

假如在结账后发现结账前操作有误，则必须修改结账前的数据，此时可以执行"处理"|"恢复结账前状态"命令(又称"反结账")，即将数据恢复到月末结账前状态，结账时做的所有工作都将被无痕迹删除。

> **注意：** 在总账系统未进行月末结账时才可以使用"恢复结账前状态"功能。
>
> 一旦成本系统提取了某期的数据，则该期不能反结账。如果当前的账套已经做了年末处理，那么就不允许再执行"恢复结账前状态"功能。

2. 2014 年 2 月业务

1) 业务 8：资产增加

(1) 双击"卡片"|"变动单"下的"原值增加"项目，进入"固定资产变动单"窗口。

(2) 输入卡片编号 00001，增加金额 10000，变动原因"增加配件"，如图 7-14 所示。

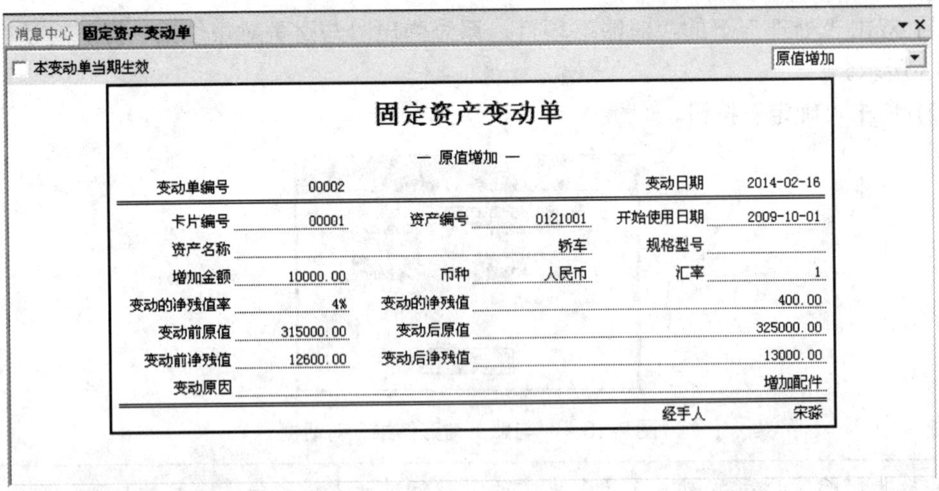

图 7-14　固定资产变动单

(3) 单击"保存"按钮,进入"填制凭证"窗口。

(4) 选择凭证类型"付款凭证",填写修改其他项目,单击"保存"按钮。

> **注意:** 资产变动主要包括原值变动、部门转移、使用状况变动、使用年限调整、折旧方法调整、净残值(率)调整、工作总量调整、累计折旧调整、资产类别调整等。系统对已做出变动的资产,要求输入相应的变动单来记录资产调整结果。
> 变动单不能修改,只有当月可删除重做,所以请仔细检查后再保存。
> 必须保证变动后的净值大于变动后的净残值。

2) 业务 9:资产部门转移

(1) 双击"卡片"|"变动单"下的"部门转移"项目,进入"固定资产变动单"窗口。

(2) 输入卡片编号 00004;选择变动后部门"采购部";输入变动原因"调拨"。

(3) 单击"保存"按钮。

3) 业务 10:计提减值准备

(1) 双击"卡片"|"变动单"下的"计提减值准备"项目,进入"固定资产变动单"窗口。

(2) 输入卡片编号 00003,减值准备金额 1000,变动原因"减值"。

(3) 单击"保存"按钮,进入"填制凭证"窗口。

(4) 选择凭证类型"转账凭证",填写修改其他项目,单击"保存"按钮。

实验结束后,备份为"项目七-2"账套数据。

项 目 小 结

固定资产管理主要包括初始化和日常业务处理两部分。固定资产初始化包括资产类别设置、部门对应折旧科目设置和增减方式对应入账科目设置、卡片样式和卡片项目设置等。日常业务处理包括资产增减、资产变动、折旧计算及减值准备计提等。

项目基础练习

一、单项选择题

1. 固定资产系统对固定资产管理采用严格的序时管理，序时到(　　)。
   A. 日　　　　　　　B. 月　　　　　　　C. 季　　　　　　　D. 年

2. 固定资产系统与总账系统对账是指将固定资产系统内(　　)的原值、累计折旧和总账系统中的固定资产科目和累计折旧科目的余额核对。
   A. 变动资产　　　　B. 在役资产　　　　C. 增加资产　　　　D. 减少资产

3. 在固定资产系统中，使用批量制单方式，记账凭证的摘要(　　)。
   A. 系统自动给出，不能修改　　　　B. 系统自动给出，能修改
   C. 只能手工输入　　　　　　　　　D. 视具体情况而定

4. 在固定资产卡片录入中，下列(　　)是自动给出的，不能更改。
   A. 录入人　　　　　　　　　　　　B. 固定资产名称
   C. 存放地点　　　　　　　　　　　D. 对应折旧科目

二、多项选择题

1. 下列固定资产的卡片能通过"原始卡片录入"功能录入系统的是(　　)。
   A. 开始使用日期为 2012-01-10，录入时间为 2012-02-10
   B. 开始使用日期为 2012-01-10，录入时间为 2013-02-10
   C. 开始使用日期为 2012-01-10，录入时间为 2012-01-22
   D. 开始使用日期为 2012-01-10，录入时间为 2012-01-10

2. 固定资产系统与总账系统对账不平，可能的原因有(　　)。
   A. 传到总账系统的凭证还没有记账
   B. 在总账系统中手工录入了固定资产业务
   C. 固定资产产生的凭证还没有传到总账
   D. 与基础设置有关

3. 关于计提折旧，以下说法正确的是(　　)。
   A. 固定资产系统提供整个账套不提折旧的功能
   B. 计提折旧在固定资产系统中每月只能做一次，否则会重复计提
   C. 只有在计提折旧后才能执行固定资产减少
   D. 计提折旧只能由账套主管执行

4. 固定资产系统生成的凭证，可以在总账中(　　)。
   A. 查询　　　　　　B. 修改　　　　　　C. 审核　　　　　　D. 记账

三、简答题

1. 固定资产管理系统的主要功能有哪些？

2. 如何建立固定资产账套?

3. 有哪些初始设置与固定资产自动生成凭证相关?

4. 固定资产日常业务处理主要有哪些内容?

5. 固定资产变动有哪些类型?

6. 固定资产折旧计提有哪些注意事项?

7. 固定资产期末处理有哪些工作?

8. 固定资产系统中哪些业务可以生成凭证传给总账?

项目八 财务业务一体化初始设置

【项目技能点】

- 掌握财务业务一体化相关的基础档案的设置
- 掌握存货核算系统凭证模板的科目设置
- 掌握财务业务一体化系统期初数据的录入

【项目知识点】

- 了解供应链管理系统包含的功能模块及应用方案
- 熟悉财务业务一体化管理应用的数据流程
- 理解业务数据和财务数据的对应关系

任务一　财务业务一体化应用认知

◉【任务案例】

供应链管理系统是用友 U8 管理软件的重要组成部分，它以企业购销存业务环节中的各项活动为对象，记录各项业务的发生并有效地跟踪其发展过程，以及应收款管理、应付款管理、总账集成应用，为财务核算、业务分析、管理决策提供依据。它突破了会计核算软件单一财务管理的局限，实现了从财务管理到企业财务业务一体化全面管理的跨跃，实现了物流、资金流管理的统一。

◉【具体任务】

(1) 总结财务业务一体化应用具体包括哪些主要模块？

(2) 财务业务一体化与单纯财务信息化在应用模式上有什么不同？

◉【理论认知】

一、财务业务一体化应用

(一)财务业务一体化的意义

企业经济业务发生的证明是原始凭证，如果只是财务信息化，业务发生后大量的原始凭证集中在业务部门，票据的传递不能做到实时，那么财务上的记录就永远是滞后的。在财务业务一体化应用模式下，业务发生的同时便在业务系统中记录和反映，并同步传给财务，这样财务才能变事后核算为事中控制。

(二)财务业务一体化模块的构成及功能

用友 U8 供应链管理系统主要包括合同管理、采购管理、委外管理、销售管理、库存管理、存货核算、售前分析、质量管理几个模块。其主要功能在于增加预测的准确性，减少库存，提高发货供货能力；减少工作流程周期，提高生产效率，降低供应链成本；减少总体采购成本，缩短生产周期，加快市场响应速度。同时，在这些模块中提供了对采购、销售等业务环节的控制，以及对库存资金占用的控制，并能完成对存货出入库成本的核算。供应链管理系统能使企业的管理模式更符合实际情况，并制订出最佳的企业运营方案，实现管理的高效率、实时性、安全性、科学性。

从上面的介绍可以看到，供应链管理系统由众多模块构成，功能强大，应用复杂。但为了便于学习，且从实际应用的角度出发，本教材将重点介绍供应链的采购管理、销售管理、库存管理、存货核算 4 个模块。由于采购与应付、销售与应收有着不可分割的关联，且业务处理的结果会通过存货核算系统生成凭证传给总账，因此我们把应收款管理、应付款管理和总账也作为财务业务一体化综合应用的必要构成部分。各模块的主要功能简述如下：

1. 采购管理

采购管理帮助企业对采购业务的全部流程进行管理，提供请购、订货、到货、检验、入库、开票、采购结算的完整采购流程，支持普通采购、受托代销、直运等多种类型的采购业务，支持按询价比价方式选择供应商，支持以订单为核心的业务模式。企业还可以根据实际情况进行采购流程的定制，既可选择按规范的标准流程操作，又可按最简约的流程来处理实际业务，方便企业构建自己的采购业务管理平台。

2. 销售管理

销售管理帮助企业对销售业务的全部流程进行管理，提供报价、订货、发货、开票的完整销售流程，支持普通销售、委托代销、分期收款、直运、零售、销售调拨等多种类型的销售业务，支持以订单为核心的业务模式，并可对销售价格和信用进行实时监控。企业可以根据实际情况进行销售流程的定制，构建自己的销售业务管理平台。

3. 库存管理

库存管理主要是从数量的角度管理存货的出入库业务，能够满足采购入库、销售出库、产成品入库、材料出库、其他出入库、盘点管理等业务的需要，提供多计量单位使用、仓库货位管理、批次管理、保质期管理、出库跟踪、入库管理、可用量管理等全面的业务应用。通过对存货的收发存业务处理，及时动态地掌握各种库存存货信息，对库存安全性进行控制，提供各种储备分析，避免库存积压占用资金或材料短缺影响生产。

4. 存货核算

存货核算是从资金的角度管理存货的出入库业务，掌握存货耗用情况，及时准确地把各类存货成本归集到各成本项目和成本对象上。存货核算主要用于核算企业的入库成本、出库成本、结余成本；反映和监督存货的收发、领退和保管情况；反映和监督存货资金的占用情况；动态反映存货资金的增减变动并提供存货资金周转和占用分析，以降低库存，减少资金积压。

5. 应收款管理

应收款系统主要用于核算和管理客户往来款项，即管理企业在日常经营过程中所产生的各种应收款数据信息，及时收回欠款。对于应收款的核算与管理既可以深入到各种产品、各个地区、各个部门和各业务员，又可以从不同的角度对应收款项进行分析、决策，使购销业务系统和财务系统有机地联系起来。

6. 应付款管理

应付款系统主要用于核算和管理供应商往来款项，即管理企业在日常经营过程中所产生的各种应付款数据信息，及时付清货款。对于应付款的核算与管理既可以深入到各种产品、各个地区、各个部门和各业务员，又可以从不同的角度对应付款项进行分析、决策，使购销业务系统和财务系统有机地联系起来。

面向"十二五"高职高专项目导向问式教改教材·财经系列

二、财务业务一体化综合应用方案

财务业务一体化管理系统的每个模块既可以单独应用，也可与其他模块联合应用。单独应用及与其他模块集成使用在业务处理范围和业务处理流程上是不同的，如表 8-1 所示。

表 8-1　应用方案

应用方案	应用方案要点
总账+应收应付	应收款应付款形成、收付款处理等在应收、应付系统管理
采购独立应用	所有的采购发票、入库业务均在采购系统处理，在总账中制单
销售独立应用	所有的发货、出库管理均在销售系统处理，在总账中制单
采购+应付	采购中管理发票及入库业务；应付中审核发票、付款处理及制单，传递给总账
销售+应收	销售中管理发票及出库业务；应收中审核发票、收款处理及制单，传递给总账
库存单独应用	所有的出入库办理均在库存管理系统完成，在总账中制单
库存+存货	所有的出库如办理则在库存中完成，在存货核算中进行记账、制单，传递给总账
以上模块集成应用	见图 8-1

三、财务业务一体化应用数据流程

在企业的日常工作中，采购供应部门、仓库、销售部门、财务部门等都涉及购销存业务及其核算的处理，但各个部门的管理内容是不同的。在手工环境下工作间的延续性是通过单据在不同部门间的传递来完成的，而计算机环境下的业务处理流程与手工环境下的业务处理流程肯定存在差异，如果缺乏对供应链管理系统业务流程的了解，那么就无法实现部门间的协调配合，就会影响系统的效率。

财务业务一体化应用数据流程如图 8-1 所示。

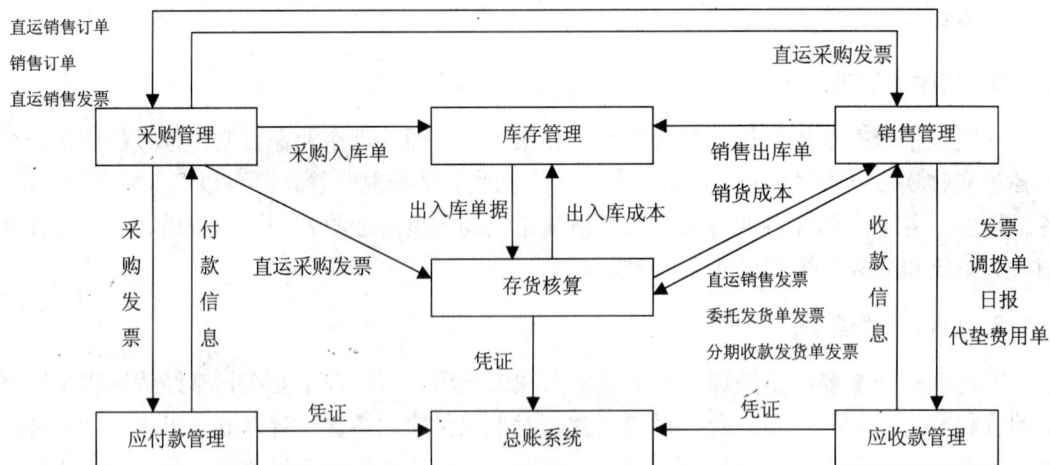

图 8-1　财务业务一体化应用数据流程

任务二　财务业务一体化初始设置

◉【任务案例】

先期已经学习了总账，并进行了总账的初始化设置。在此基础上，我们需要分析在启用 U8 系统时，各块业务还有哪些未完成的？这些未完结业务要以怎样的形式录入到系统中？为了让业务系统能实时自动地生成凭证传递给总账，我们又需要做好哪些准备？

创智科技财务业务一体化初始资料如下。

1. 基础信息

1) 存货分类

存货类别编码	存货类别名称
1	原材料
2	产成品
3	应税劳务

2) 计量单位组及计量单位

计量单位组编号	计量单位组名称	计量单位组类别	计量单位编号	计量单位名称
01	无换算关系	无换算率	01	盒
			02	个
			03	套
			04	台
			05	公里

3) 存货档案

存货编码	存货名称	计量单位	所属分类	税率	存货属性	参考成本
1001	CPU 芯片	盒	1	17	外购、生产耗用	1 260.00
1002	硬盘	盒	1	17	内销、外购、生产耗用	380.00
1003	鼠标	个	1	17	内销、外购、生产耗用	98.00
2001	天骄台式机	台	2	17	内销、外购、自制	3 000.00
2002	神州笔记本	台	2	17	内销、外购	4 000.00
2003	全真激光打印机	台	2	17	内销、外购	1 380.00
2004	名星杀毒软件	套	2	17	内销、外购	50.00
3001	运费	公里	3	7	内销、外购、应税劳务	

4) 仓库档案

仓库编码	仓库名称	所属部门	负 责 人	计价方式
1	原料库	采购部	高亚萍	移动平均法
2	成品库	生产部	李梦甜	移动平均法

5) 收发类别

收发类别编码	收发类别名称	收发标志	收发类别编码	收发类别名称	收发标志
1	入库	收	2	出库	发
11	采购入库	收	21	销售出库	发
12	产成品入库	收	22	材料领用出库	发
13	其他入库	收	23	其他出库	发

6) 采购类型

采购类型编码	采购类型名称	入库类别	是否默认值
01	材料采购	采购入库	是
02	库存商品采购	采购入库	否

7) 销售类型

销售类型编码	销售类型名称	出库类别	是否默认值
01	批发	销售出库	是
02	零售	销售出库	否

8) 本单位开户银行信息

编码: 001

开户银行: 工商银行中关村分理处

银行账号: 110001134608

2. 单据设计

设置销售发票、采购发票单据编号为手工编号。

3. 基础科目

1) 存货科目

仓库编码	仓库名称	存货编码及名称	存货科目编码及名称
1	原料库	1001 CPU 芯片	原材料/CPU 芯片(140301)
1	原料库	1002 硬盘	原材料/硬盘(140302)
1	原料库	1003 鼠标	原材料/鼠标(140303)
2	成品库		库存商品(1405)

2) 存货对方科目

收发类别	存货对方科目
采购入库	材料采购(1401)
产成品入库	生产成本/直接材料(500101)
销售出库	主营业务成本(6401)
材料领用出库	生产成本/直接材料(500101)

3) 应收款管理相关科目

基本科目设置：应收科目为 1122；预收科目为 2203；销售收入科目 6001；商业承兑科目为 1121；应交增值税科目为 22210105。

结算方式科目设置：现金结算对应 1001，转账支票对应 10020101，现金支票对应 10020101。

4) 应付款管理相关科目

基本科目设置：应付科目为 2202；预付科目为 1123；商业承兑科目为 2201；采购科目为 1401，采购税金科目为 22210101。

结算方式科目设置：现金结算对应 1001，转账支票对应 10020101，现金支票对应 10020101。

4. 期初数据

1) 采购模块期初数据

2013 年 12 月 24 日，采购部收到天和公司提供的硬盘 130 盒，暂估价为 320 元，商品已验并收入材料库，至今尚未收到发票。

2) 库存和存货系统期初数据

2013 年 12 月 31 日，对各个仓库进行了盘点，结果如下。

仓库名称	存货编码	存货名称	数 量	结存单价	结存金额
原料库	1001	CPU 芯片	300	1 260	378 000
	1002	硬盘	180	380	68 400
	1003	鼠标	220	98	21 560
成品库	2001	天骄台式机	120	3 000	360 000
	2002	神州笔记本	30	4 000	120 000
	2003	全真激光打印机	260	1 380	358 800
	2004	名星杀毒软件	500	50	25 000

3) 客户往来期初数据

普通发票

开票日期	客 户	销售部门	货物名称	数 量	含税单价	价税合计	发 票 号
2013-10-25	中新城市学院	销售一部	神州笔记本	15	4 800	72 000	00212254

增值税发票

开票日期	客 户	销售部门	货物名称	数 量	含税单价	价税合计	发 票 号
2013-11-10	麦加科技有限公司	销售一部	鼠标	30	125	3 750	10432823

其他应收单

开票日期	客 户	销售部门	金 额	摘 要
2013-11-10	麦加科技有限公司	销售一部	30	代垫运费

面向 "十二五" 高职高专项目导向式教改教材 · 财经系列

4) 供应商往来期初数据

应付账款科目的期初余额为 144 000 元，以采购普通发票输入。

日　期	发 票 号	供 应 商	业 务 员	科　目	货物代码	数　量	单　价
2013-10-20	A000200	天和	高亚萍	2202	2002	30	3984

⊙【具体任务】

(1) 引入"项目四-1"作为初始账套。

(2) 以账套主管"宋淼"的身份登录企业应用平台，启用采购管理、销售管理、库存管理、存货核算、应收款管理、应付款管理六个模块，并完成实验资料中的各项工作。

⊙【理论认知】

一、参数设置

企业所属行业不同、业务范围不同、管理精细程度不同，在财务业务一体化应用方案上就会有所区别。用友 U8 的供应链管理系统是通用管理系统，功能完善、使用方便、适用面广、更具开放性，这意味着系统内蕴含了丰富的参数开关、个性化设置细节等，不同的参数设置将会影响到企业的业务处理流程和业务处理方式。为了能更清晰地了解各项参数与业务之间的关系，参数设置将在业务处理时一并介绍。

二、设置基础档案

本项目之前介绍的基础信息的设置，基本限于与财务相关的信息。而供应链管理系统还需要增设与业务处理、查询统计、财务连接相关的基础信息。供应链管理系统需要增设的基础档案信息包括以下几项。

1．存货分类

如果企业存货较多，需要按照一定的方式进行分类管理。存货分类是指按照存货固有的特征或属性将其分为不同的类别，以方便分类核算与统计。如工业企业可以将存货分为原材料、产成品、应税劳务；商业企业可以将存货分为商品、应税劳务等。

在企业日常购销业务中，经常会发生一些劳务费用(如运输费、装卸费等)，这些费用也是构成企业存货成本的一个组成部分，并且它们可以拥有不同于一般存货的税率。为了能够正确反映和核算这些劳务费用，一般在存货分类中单独设置一类，如"应税劳务"或"劳务费用"。

2．计量单位

企业中的存货种类繁多，不同的存货有不同的计量单位。有些存货的财务计量单位、库存计量单位、销售发货单位可能是一致的，如自行车的三种计量单位均为"辆"。而同一种存货用于不同的业务，其计量单位可能不同。如对某种药品来说，其核算单位可能是"板"，也就是说，财务上按"板"计价；而其库存单位可能是"盒"，1 盒=20 板；对客户发货时可能按"箱"，1 箱=100 盒。因此，在开展企业日常业务之前，需要定义存货的计量单位。

3．存货档案

在"存货档案"窗口中有 8 个选项卡，即基本、成本、控制、其它、计划、MPS/MRP、图片和附件。

1)"基本"选项卡

基本选项卡中记录了存货的基本信息，如图 8-2 所示。

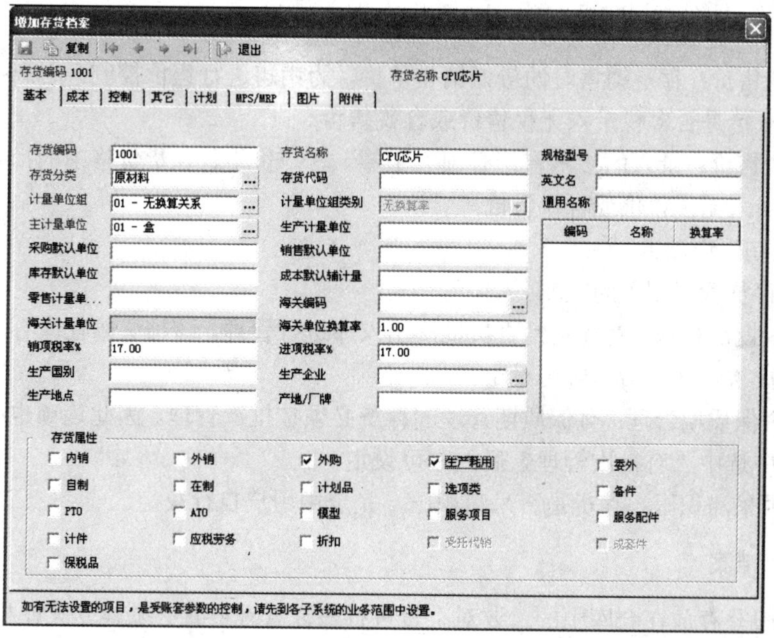

图 8-2 存货档案—基本页

窗口下方为存货设置了多种属性供用户选择。设置存货属性的目的是在填制单据过程中，参照存货时可以缩小参照范围。常用属性简介如下。

(1) 内销：用于发货单、销售发票、销售出库单等与销售有关的单据参照使用，表示该存货可用于销售。

(2) 外销：用于出口子系统填制相关单据时参照使用。

(3) 外购：用于购货所填制的采购入库单、采购发票等与采购有关的单据参照使用，在采购发票、运费发票上一起开具的采购费用，也应设置为外购属性。

(4) 生产耗用：存货可在生产过程被领用、消耗。生产耗用包括生产产品时耗用的原材料、辅助材料等，在开具材料领料单时参照。

(5) 自制：由企业生产自制的存货，如产成品、半成品等，主要用在开具产成品入库单时参照。

(6) 在制：指尚在制造加工中的存货。

(7) 应税劳务：指在采购发票上开具的运输费、包装费等采购费用及开具在销售发票或发货单上的应税劳务、非应税劳务等。

2)"成本"选项卡

该选项卡中的各种属性主要用于在进行存货的成本核算过程中提供价格计算的基础依据。

(1) 最高进价：指进货时用户参考的最高进价，为采购进行进价控制。如果用户在采购管理系统中选择要进行最高进价控制，则在填制采购单据时，如果最高进价高于此价，系统会要求用户输入口令，如果口令输入正确，方可高于最高进价采购，否则不行。

(2) 参考成本：指非计划价或售价核算的存货填制出入库成本时的参考成本。采购商品或材料暂估时，参考成本可作为暂估成本。存货负出库时，参考成本可作为出库成本。该属性比较重要，建议都进行填写。

(3) 最低售价：存货销售时的最低销售单价，为销售进行售价控制。用户在录入最低售价时，根据报价是否含税录入无税售价或含税售价。

(4) 参考售价：录入的参考售价必须大于零。客户价格、存货价格中的批发价，根据报价是否含税录入无税售价或含税售价。

3)"控制"选项卡

设置与存货管理相关的控制。

(1) 是否批次管理：对存货是否按批次出入库进行管理。该项必须在库存系统账套参数中选中"有批次管理"后，方可设定。

(2) 是否保质期管理：有保质期管理的存货必须按批次管理。因此该项也必须在库存系统账套参数中选中"有批次管理"后，方可设定。

(3) 是否呆滞积压：存货是否呆滞积压，完全由用户自行决定。

4．仓库档案

存货一般是存放在仓库中的。要对存货进行核算管理，就必须建立仓库档案。

5．收发类别

收发类别用来表示存货的出入库类型，便于对存货的出入库情况进行分类汇总统计。

6．采购类型/销售类型

定义采购类型和销售类型，能够按采购、销售类型对采购、销售业务数据进行统计和分析。采购类型和销售类型均不分级次，根据实际需要设立。

7．产品结构

产品结构用来定义产品的组成，包括组成成分和数量关系，以便用于配比出库、组装拆卸、消耗定额、产品材料成本、采购计划、成本核算等。产品结构中引用的物料必须首先在存货档案中定义。

8．费用项目

销售过程中有很多不同的费用发生(如代垫费用、销售支出等)，在系统中将其设为费用项目，以方便记录和统计。

三、设置凭证模板科目

在财务业务一体化集成应用模式下，购销业务在采购、销售、库存系统中处理后，最终通过存货核算系统、应收款系统和应付款系统生成与业务相关的凭证传递给总账，那么就需要在这三个系统中预先设置好凭证模板。

1. 存货核算系统

存货核算系统是联系供应链管理系统与财务系统的桥梁，各种存货的购进、销售及其他出入库业务，均在存货核算系统中生成凭证。

1) 设置存货科目

设置存货科目是设定生成凭证所需要的各种存货科目和差异科目。存货科目可以按仓库也可以按存货分类分别进行设置。

2) 设置对方科目

设置对方科目是设定生成凭证所需要的存货对方科目，可以按收发类别设置。

2. 应收款系统

如果企业的应收款业务类型比较固定，生成的凭证类型也较固定，为了简化凭证生成操作，可将各业务类型凭证中的常用科目预先设置好。凭证科目设置一般包括以下几方面的内容。

1) 基本科目设置

基本科目是指在核算应收款项时经常用到的科目，可以作为常用科目设置，而且所设置的科目必须是末级科目。核算应收款项时经常用到的科目包括应收账款、预收账款、销售收入、应交税费——销项税额、销售退回等。除上述基本科目外，银行承兑科目、商业承兑科目、现金折扣科目、票据利息科目、票据费用科目、汇兑损益科目、币种兑换差异科目和坏账准备科目等都可以作为企业核算某类业务的基本科目。

2) 控制科目的设置

在核算客户的赊销欠款时，如果针对不同的客户(客户分类、地区分类)分别设置不同的应收账款科目和预收账款科目，可以先在账套参数中选择设置的依据，即选择是针对不同的客户设置、针对不同的客户分类设置，还是按不同的地区分类设置。然后再依次将往来单位按客户、客户分类或地区分类的编码、名称、应收科目和预收科目等内容进行设置。

如果某个往来单位核算应收账款或预收账款的科目与常用科目设置中的一样，则可以不设置，否则，应进行设置。科目必须是有客户往来辅助核算的末级最明细科目。

3) 产品科目的设置

如果针对不同的存货(存货分类)分别设置不同的销售收入科目、应交增值税——销项税额科目和销售退回科目，则也应先在账套参数中选择设置的依据，即选择是针对不同的存货设置，还是针对不同的存货分类设置。然后再按存货的分类编码、名称、销售收入科目、应交增值税销项税额科目和销售退回科目进行存货销售科目的设置。

如果某个存货(存货分类)的科目与常用科目设置中的一样，则可以不设置，否则，应进行设置。

4) 结算方式科目的设置

不仅可以设置常用的科目，还可以为每种结算方式设置一个默认的科目，以便在应收账款核销时，直接按不同的结算方式生成相应的账务处理中所对应的会计科目。

3. 应付款系统

应付款系统凭证科目设置类似于应收款管理系统，此处不再赘述。

四、财务业务一体化应用期初数据

在财务业务一体化应用模式中，期初数据录入是一个非常关键的环节，期初数据的录入内容及顺序如表 8-2 所示。

表 8-2 购销存系统期初数据

系统名称	操 作	内 容	说 明
采购管理	录入	期初暂估入库 期初在途存货	暂估入库是指货到票未到 在途存货是指票到货未到
	期初记账	采购期初数据	没有期初数据也要执行期初记账，否则不能开始日常业务
销售管理	录入并审核	期初发货单 期初委托代销发货单 期初分期收款发货单	已发货、出库，但未开票 已发货未结算的数量 已发货未结算的数量
库存管理	录入(取数) 审核	库存期初余额 不合格品期初	库存和存货共用期初数据 未处理的不合格品结存量
存货核算	录入(取数) 记账	存货期初余额 期初分期收款发出商品余额	
应收款管理	录入	期初销售发票 期初其他应收单	已开票未收款业务 除销售商品之外的其他应收款项
应付款管理	录入	期初采购发票 期初其他应付单	

◉【实训操作】

1. 启用相关系统

(1) 以账套主管"宋淼"的身份登录企业应用平台。在"基础设置"选项卡中双击"基本信息"下的"系统启用"项目，打开"系统启用"对话框。

(2) 启用"应收款管理"、"应付款管理"、"销售管理"、"采购管理"、"库存管理"、"存货核算"系统，启用日期 2014-01-01。

2. 设置基础信息

在企业应用平台"设置"选项卡中的"基础档案"下，设置各项基础信息。

3．设置单据编号方式

(1) 在企业应用平台"基础设置"选项卡中，双击"单据设置"下的"单据编号设置"项目，打开"单据编号设置"对话框。

(2) 在"销售管理"单据类型中分别选择"销售普通发票"、"销售专用发票"，在"采购管理"单据类型中分别选择"采购普通发票"、"采购专用发票"，单击"修改"按钮，选中"完全手工编号"复选框。单击"保存"按钮，如图8-3所示。

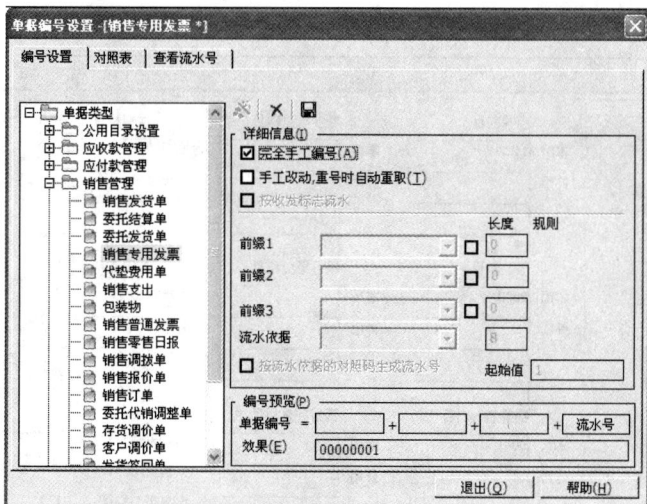

图 8-3　设置单据编号方式

4．设置凭证科目

1) 存货科目

在企业应用平台"业务工作"选项卡中，依次展开"供应链"|"存货核算"|"初始设置"|"科目设置"，双击"存货科目"项目，进入"存货科目"窗口，按资料输入存货科目信息，如图8-4所示。

仓库编码	仓库名称	存货分类编码	存货分类名称	存货编码	存货名称	存货科目编码	存货科目名称
1	原料库			1001	CPU芯片	140301	CPU芯片
1	原料库			1002	硬盘	140302	硬盘
1	原料库			1003	鼠标	140303	鼠标
2	成品库					1405	库存商品

图 8-4　设置存货科目

2) 存货对方科目

双击"初始设置"|"科目设置"下的"对方科目"项目，按资料输入存货对方科目信息。

3) 应收款管理相关科目

在财务会计下的应收款管理系统中，双击"设置"|"初始设置"下的"基本科目设置"命令，按资料输入应收基本科目信息，如图 8-5 所示。

执行"结算方式科目设置"命令，设置结算方式科目信息。

4) 应付款管理相关科目

在财务会计下的应付款管理系统中，双击"设置"下的"初始设置"，在打开的"基本科目设置"窗口中，按资料输入应付基本科目信息。然后选择"结算方式科目设置"项目，设置结算方式科目信息。

图 8-5 应收款系统科目设置

5. 输入采购模块期初数据

采购管理系统有可能存在两类期初数据，一类是货到票未到即暂估入库业务，对于这类业务应调用期初采购入库单录入；另一类是票到货未到即在途业务，对于这类业务应调用期初采购发票功能录入。

1) 货到票未到业务的处理

(1) 在企业应用平台"业务工作"选项卡中，双击"供应链"|"采购管理"|"采购入库"下的"采购入库单"项目，进入"期初采购入库单"窗口。

(2) 单击"增加"按钮，输入入库日期 2013-12-24，选择仓库"原料库"，供货单位"启星"，部门"采购部"，入库类别"采购入库"，采购类型"材料采购"。

(3) 选择存货编码 1002，输入数量 130，暂估单价 320，如图 8-6 所示，单击"保存"按钮。

(4) 完成后单击"退出"按钮。

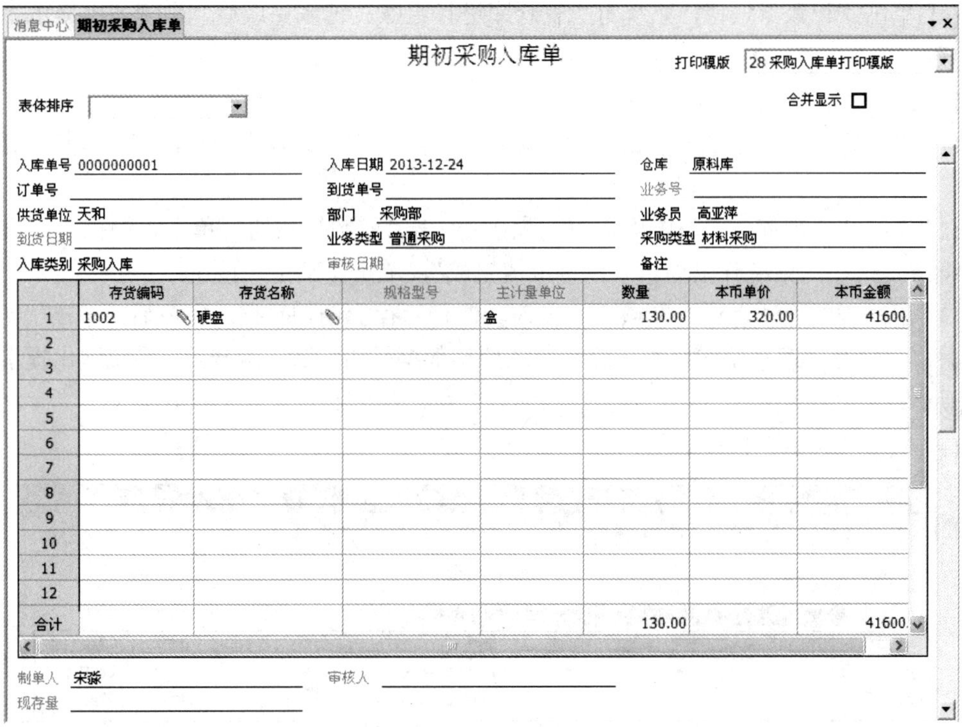

图 8-6 录入期初采购入库单

2) 采购管理系统期初记账

(1) 双击"设置"|"采购期初记账"项目，打开"期初记账"对话框。

(2) 单击"记账"按钮，稍等片刻，系统弹出"期初记账完毕！"信息提示框。

(3) 单击"确定"按钮返回。

> 注意：采购管理系统如果不执行期初记账，则无法开始日常业务处理，因此，即使没有期初数据，也要执行期初记账。
>
> 采购管理系统如果不执行期初记账，库存管理系统和存货核算系统不能记账。
>
> 采购管理若要取消期初记账，可执行"采购"|"期初记账"命令，然后单击"取消记账"按钮即可。

6. 输入库存/存货期初数据

各个仓库存货的期初余额既可以在库存管理系统中录入，也可以在存货核算系统中录入。因为涉及总账对账，所以建议在存货核算系统中录入。

1) 录入存货期初数据并记账

(1) 进入存货核算系统，双击"初始设置"|"期初数据"下的"期初余额"项目，进入"期初余额"窗口。

(2) 选择仓库"原料库",单击"增加"按钮,输入存货编码 1001,自动带出单价,输入数量 300。用同样方法,输入原料库的其他期初数据。结果如图 8-7 所示。

(3) 选择仓库"成品库",按实验资料输入期初数据。

(4) 单击"记账"按钮,系统对所有仓库进行记账,记账完成后,系统弹出提示"期初记账成功!"。

2) 录入库存期初数据

(1) 进入库存管理系统,双击"初始设置"下的"期初结存"项目,进入"期初结存"窗口。

(2) 选择"原料库",单击"修改"按钮,单击"取数"按钮,单击"保存"按钮。单击"批审"按钮,系统弹出提示"批量审核完成",单击"确定"按钮。

(3) 用同样的方法,通过取数方式输入其他仓库存货期初数据。完成后,单击"对账"按钮,核对库存管理系统和存货核算系统的期初数据是否一致,若一致,系统弹出提示"对账成功!"。

(4) 单击"确定"按钮返回。

期初余额

存货编码	存货名称	规格型号	计量单位	数量	单价	金额	计划价	计划金额	存货科...	存货科目
1001	CPU芯片		盒	300.00	1260.00	378000.00			140301	CPU芯片
1002	硬盘		盒	180.00	380.00	68400.00			140302	硬盘
1003	鼠标		个	220.00	98.00	21560.00			140303	鼠标
合计:				700.00		467,960.00				

图 8-7　录入存货期初数据

7. 输入应收款系统期初数据

1) 输入期初销售发票

(1) 在应收款管理系统中,双击"设置"下的"期初余额"项目,打开"期初余额-查询"对话框。

(2) 单击"确定"按钮,进入"期初余额明细表"窗口。

(3) 单击"增加"按钮,打开"单据类别"对话框。

(4) 选择单据名称"销售发票",单据类型"销售普通发票"。

(5) 单击"确定"按钮,进入"期初销售发票"窗口。

(6) 单击"增加"按钮,输入发票号 00212254、开票日期 2013-10-25,客户名称"中新城市学院",其他信息自动带出。

(7) 选择货物名称“神州笔记本”；输入数量 15，单价 4800，金额自动算出，单击“保存”按钮，如图 8-8 所示。

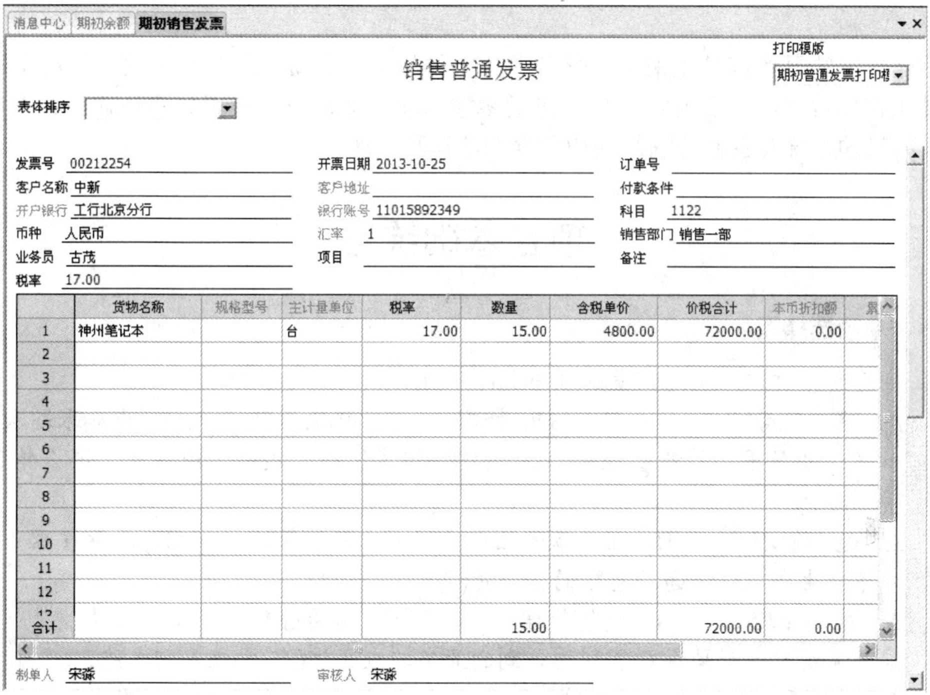
消息中心 | 期初余额 | 期初销售发票

销售普通发票

打印模版：期初普通发票打印模

表体排序

发票号 00212254　开票日期 2013-10-25　订单号
客户名称 中新　客户地址　付款条件
开户银行 工行北京分行　银行账号 11015892349　科目 1122
币种 人民币　汇率 1　销售部门 销售一部
业务员 古茂　项目　备注
税率 17.00

	货物名称	规格型号	主计量单位	税率	数量	含税单价	价税合计	本币折扣额
1	神州笔记本		台	17.00	15.00	4800.00	72000.00	0.00
2								
3								
4								
5								
6								
7								
8								
9								
10								
11								
12								
合计					15.00		72000.00	0.00

制单人 宋淼　审核人 宋淼

图 8-8　录入应收期初数据

(8) 用同样方法，输入增值税发票。

注意： 输入期初销售发票时，要确定科目，以方便与总账系统的应收账款对账。

2) 输入期初其他应收单

(1) 在“期初余额明细表”窗口中，单击“增加”按钮，打开“单据类别”对话框。

(2) 选择单据名称“应收单”，单据类型“其他应收单”，单击“确定”按钮，进入“期初录入—其他应收单”窗口。

(3) 输入单据日期 2013-11-10，客户“麦加科技有限公司”，销售部门“销售一部”，金额 30，摘要“代垫运费”，单击“保存”按钮。

3) 期初对账

(1) 在“期初余额”窗口，单击“对账”按钮，进入“期初对账”窗口。

(2) 查看应收系统与总账系统的期初余额是否平衡。

注意： 应收系统与总账系统的期初余额的差额应为零，即两个系统的客户往来科目的期初余额应完全一致。

8．输入应付款系统期初数据

用与上面同样的方法，在应付款管理系统中输入供应商往来期初数据。

最后，备份“项目八”账套数据。

项 目 小 结

相比单纯的财务信息化来说，财务业务一体化是一个新的跨越。本项目学习了财务业务一体化初始设置的主要内容，具体包括参数选项设置、与业务相关的基础档案设置、凭证模板科目的设置及各业务系统期初数据的整理和录入。

项目基础练习

一、单项选择题

1. 在存货档案中，不能设置的项目是(   )。
   A. 保质期管理　　　　B. 信用管理　　　C. 批次管理　　D. 出库跟踪入库
2. 如果企业采用"总账管理+应收款管理+销售管理"集成应用方案，那么销售发票在(   )系统录入。
   A. 总账管理　　　B. 应收款管理　　　C. 销售管理　　D. 库存管理
3. 以下能生成凭证传递给总账的模块是(   )。
   A. 采购管理　　　B. 销售管理　　　C. 库存管理　　D. 存货核算
4. 启用系统时，如果存在货到票未到的业务，应通过(   )录入到系统。
   A. 采购系统中的采购入库单　　　　　B. 采购系统中的采购发票
   C. 库存系统中的采购入库单　　　　　D. 库存系统中期初余额录入

二、多项选择题

1. 如果某存货设置了"外购"和"生产耗用"属性，则填制(   )单据时可以参照到这种存货。
   A. 采购入库单　　B. 销售出库单　　　C. 材料出库单　　D. 产成品入库单
2. 可以在(   )设置存货的计价方式。
   A. 仓库档案　　　B. 收发类别　　　C. 存货分类　　D. 存货档案
3. 以下与总账存在凭证传递关系的系统是(   )。
   A. 采购管理　　　B. 销售管理　　　C. 应收款管理　　D. 应付款管理

三、简答题

1. 供应链管理系统包括哪些主要模块，各模块的主要功能是怎样的？
2. 供应链管理系统的数据流程是怎样的？
3. 供应链管理系统初始化主要包括哪几项工作？
4. 供应链管理期初数据的主要内容是什么？以什么方式录入系统？
5. 采购管理的期初数据与总账的哪些科目存在关联？
6. 库存管理的期初数据与总账的哪些科目存在关联？
7. 分析哪些地方是我们为业务系统自动生成凭证埋下的伏笔。
8. 就期初设置而言，哪些子系统之间有数据稽核关系？

项目九 采购与应付管理

【项目技能点】

- 掌握普通采购业务全流程处理
- 掌握现付、直运、委托代销业务处理
- 掌握采购退货业务处理
- 掌握应付款及付款核销处理
- 掌握应付票据处理
- 掌握各类转账业务处理

【项目知识点】

- 了解采购管理系统的功能及其与其他系统的数据关系
- 熟悉普通采购业务的处理流程
- 了解采购暂估业务处理方法
- 熟悉直运采购业务、委托代销业务的处理流程
- 了解应付款系统的功能及其与其他系统的数据关系
- 理解核销的意义

任务一 采购管理

◉【任务案例】

采购是企业业务处理的起点。用友 U8 采购管理模块可以对请购、订货、到货、入库、开票、采购结算的完整采购流程进行管理，企业也可以根据实际情况进行采购流程的定制。那么企业常用的采购类型分为哪几种？在 U8 系统中又如何处理呢？

创智科技 2014 年 1 月份采购业务如下。

1. 普通采购业务

(1) 1 月 1 日，业务员向安捷公司询问杀毒软件的价格(50 元/套)，觉得价格合适，随后向公司上级主管提出请购要求，请购数量为 30 套。业务员据此填制请购单。

(2) 1 月 2 日，上级主管同意向安捷公司订购杀毒软件 30 套，单价为 50 元，要求到货日期为 2014-01-03。

(3) 1 月 3 日，收到所订购的杀毒软件 30 套。采购员填制到货单。

(4) 1 月 3 日，收到该笔货物的专用发票一张，发票号 7001。

(5) 1 月 3 日，将所收到的货物验收入成品库。库管员填制采购入库单。

(6) 业务部门将采购发票交给财务部门，财务部门确定此业务所涉及的应付账款及采购成本，材料会计记材料明细账。

(7) 财务部门开出转账支票(票号 ZC1)一张，付清采购货款，并核销应付款。

2. 采购现结业务

1 月 5 日，采购部向天和公司购买鼠标 200 个，单价为 82 元，验收入原料库。同时收到专用发票一张，票号为 85011。财务部门立即以转账支票形式(票号 Z011)支付货款。

3. 采购运费处理

1 月 8 日，采购部向安捷公司购买全真激光打印机 10 台，单价为 1200 元，验收入成品库。同时收到专用发票一张，票号为 F003。另外收到运费发票一张，共计 50 元，税率为 7%。

4. 暂估入库报销处理

1 月 9 日，收到天和公司提供的上月已验收入库的 130 盒硬盘的专用发票一张，票号为 12210，发票单价为 315 元。进行暂估报销处理，确定采购成本及应付账款。

5. 暂估入库处理

1 月 9 日，收到安捷公司提供的鼠标 200 个，入原料库。由于到了月底发票仍未收到，故确定该批货物的暂估成本为 100 元，并进行暂估记账处理。

6. 采购结算前退货

(1) 1 月 10 日，收到天和公司提供的硬盘，数量为 200 盒，单价为 300 元。库管员验收入原料库。

(2) 1 月 10 日，仓库反映有 3 盒有质量问题，要求退回给供应商。

(3) 1 月 10 日，收到天和公司开具的专用发票一张，其发票号为 A64408。采购部门进行采购结算。

7. 采购结算后退货

1月13日，从天和公司购入的硬盘质量有问题，退回22套，单价为300元，同时收到票号为665218的红字专用发票一张。对采购入库单和红字专用采购发票进行结算处理。

【具体任务】

(1) 引入"项目八"作为实训准备账套。

(2) 以账套主管宋淼的身份完成全部业务处理(也可以以采购主管的身份进行采购业务处理；以仓库主管的身份进行库存业务处理；以账套主管的身份进行存货核算业务处理和应付业务处理)。

【理论认知】

一、认识采购管理系统

(一)采购管理系统的主要功能

1. 采购系统初始设置

采购系统初始设置包括设置采购管理系统业务处理所需要的采购参数、基础信息及采购期初数据。

2. 采购业务处理

采购业务处理主要包括对请购、订货、到货、入库、采购发票、采购结算等采购业务全过程的管理，可以处理普通采购业务、受托代销业务、直运业务等业务类型。企业可根据实际业务情况，对采购业务流程进行配置。

3. 采购账簿及采购分析

采购管理系统可以提供各种采购明细表、增值税抵扣明细表、各种统计表及采购账簿供用户查询，同时提供采购成本分析、供应商价格对比分析、采购类型结构分析、采购资金比重分析、采购费用分析、采购货龄综合分析等功能。

(二)采购管理系统与其他系统的主要关系

采购管理系统既可以单独使用，也可以与用友ERP-U8管理系统的库存管理、存货核算、销售管理、应付款管理等系统集成使用。采购管理系统与其他系统的主要关系如图9-1所示。

采购管理系统可参照销售管理系统的销售订单生成采购订单，在直运业务必有订单模式下，直运采购订单必须参照直运销售订单生成，直运采购发票必须参照直运采购订单生成；如果在直运业务非必有订单模式下，直运采购发票和直运销售发票可相互参照。

库存管理系统可以参照采购管理系统的采购订单、采购到货单生成采购入库单，并将入库情况反馈到采购管理系统。

面向"十二五"高职高专项目导向式教改教材·财经系列

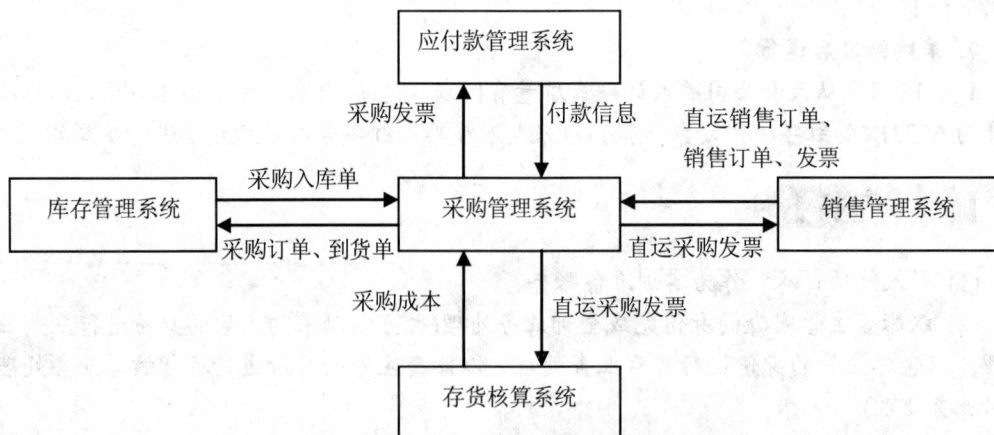

图 9-1　采购管理系统与其他系统的主要关系

采购发票在采购管理系统录入后，在应付款管理中审核登记应付明细账，进行制单生成凭证。应付款系统进行付款并在核销相应应付单据后回写付款核销信息。

直运采购发票在存货核算系统进行记账、登记存货明细表并进行制单生成凭证。采购结算单在存货核算系统进行制单生成凭证，存货核算系统为采购管理系统提供采购成本。

二、日常采购业务处理

采购管理根据企业应用可分为四种业务类型：普通采购业务、代管采购业务、受托代销业务、直运业务。

(一)普通采购业务处理

1. 普通采购业务全流程

普通采购业务处理适用于大多数企业的日常采购业务，可提供对采购请购、订货、到货处理、入库处理、采购发票、采购结算全过程的管理。

1) 采购请购

采购请购是指企业内部各部门向采购部门提出采购申请，或采购部门汇总企业内部采购需求列出采购清单。请购是采购业务的起点，可以依据审核后的采购请购单生成采购订单。在采购业务流程中，请购环节是可省略的。

2) 订货

订货是指企业与供应商签订采购合同或采购协议，确定要货需求。供应商根据采购订单组织货源，企业依据采购订单进行验收。在采购业务流程中，订货环节是可选的。

3) 到货处理

采购到货是采购订货和采购入库的中间环节，一般由采购业务员根据供方通知或送货单填写到货单，确定对方所送货物的数量、价格等信息，并传递到仓库作为保管员收货的依据。在采购业务流程中，到货处理是可选的。

4) 入库处理

采购入库是指对供应商提供的物料进行检验(也可以免检)并确定合格后，放入指定仓库的业务。当采购管理系统与库存管理系统集成使用时，入库业务在库存管理系统中进行处理。当采购管理系统不与库存管理系统集成使用时，入库业务在采购管理系统中进行处理。在采购业务流程中，入库处理是必需的。

采购入库单是仓库管理员根据采购到货签收的实收数量填制的入库单据。采购入库单既可以直接填制，也可以通过复制采购订单或采购到货单生成。

5) 采购发票

采购发票是供应商开出的销售货物的凭证，采购系统根据采购发票确定采购成本，并据以登记应付账款。采购发票按业务性质可分为蓝字发票和红字发票；按发票类型可分为增值税专用发票、普通发票和运费发票。

采购发票既可以直接填制，也可以从"采购订单"、"采购入库单"或其他的"采购发票"复制生成。

6) 采购结算

采购结算也称采购报账。在手工业务中，采购结算的过程是采购业务员拿着经主管领导审批过的采购发票和仓库确定的入库单到财务部门，由财务人员确定采购成本。在采购系统中，采购结算根据采购入库单和采购发票确定采购成本。采购结算的结果是生成采购结算单，它是记载采购入库单与采购发票对应关系的结算对照表。采购结算分为自动结算和手工结算两种方式。

自动结算是由计算机系统自动将相同供货单位的、存货相同且数量相等的采购入库单和采购发票进行结算。

手工结算可以进行正数入库单与负数入库单结算、正数发票与负数发票结算、正数入库单与正数发票结算，以及费用发票单独结算。手工结算时可以先结算入库单中的部分货物，未结算的货物可以在今后取得发票后再结算，也可以同时对多张入库单和多张发票进行报账结算。手工结算还支持到下级单位采购、付款给其上级主管单位的结算，并支持三角债结算(即支持甲单位的发票可以结算乙单位的货物)。

在实际工作中，有时费用发票在货物发票已经结算后才收到，为了将该笔费用计入对应存货的采购成本，需要采用费用发票单独结算的方式。

2. 普通采购业务的三种类型

按货物和发票到达的先后，可将采购入库业务分为单货同行、货到票未到(暂估入库)、票到货未到(在途存货)三种类型，不同的业务类型对应的处理方式也不同。

1) 单货同行业务

当采购管理、库存管理、存货核算、应付款管理、总账集成使用时，单货同行的采购业务处理流程(省略请购、订货、到货等可选环节)如图 9-2 所示。

2) 货到票未到(暂估入库)业务

暂估入库是指本月存货已经入库，但采购发票尚未收到，不能确定存货的入库成本。月底时为了正确核算企业的库存成本，需要将这部分存货暂估入账，形成暂估凭证。对暂估入库业务，系统提供了三种不同的处理方法。

(1) 月初回冲。

进入下月后，存货核算系统自动生成与暂估入库单完全相同的"红字回冲单"，同时登录相应的存货明细账，冲回存货明细账中上月的暂估入库。对"红字回冲单"制单，冲回上月的暂估凭证。

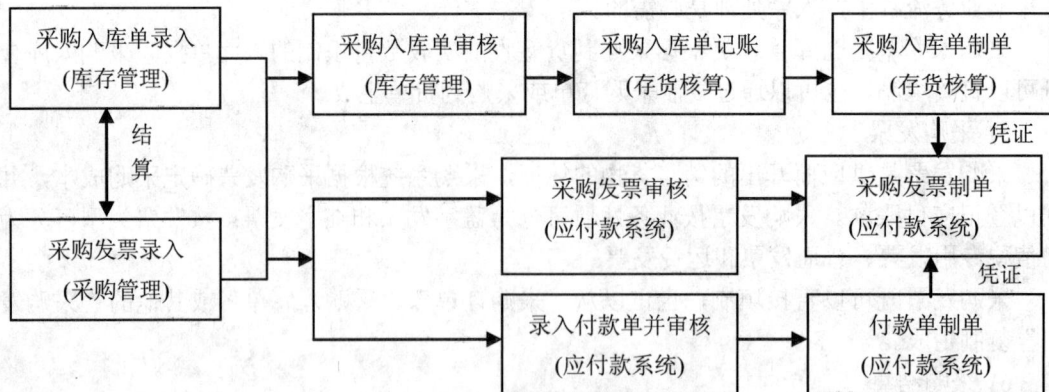

图 9-2　单货同行的业务处理流程

收到采购发票后，录入采购发票，对采购入库单和采购发票作采购结算。结算完毕后，进入存货核算系统，执行"暂估处理"命令，进行暂估处理后，系统根据发票自动生成一张"蓝字回冲单"，其上的金额为发票上的报销金额。同时登记存货明细账，使库存增加。对"蓝字回冲单"制单，生成采购入库凭证。

(2) 单到回冲。

下月初不作处理，采购发票收到后，先在采购管理中录入并进行采购结算，再到存货核算中进行"暂估处理"，系统自动生成"红字回冲单"、"蓝字回冲单"，同时据以登记存货明细账。"红字回冲单"的入库金额为上月暂估金额，"蓝字回冲单"的入库金额为发票上的报销金额。在"存货核算"|"生成凭证"中，选择"红字回冲单"、"蓝字回冲单"制单，生成凭证，传递到总账。

(3) 单到补差。

下月初不作处理，采购发票收到后，先在采购管理中录入并进行采购结算，再到存货核算中进行"暂估处理"。如果报销金额与暂估金额的差额不为零，则产生调整单，一张采购入库单生成一张调整单，用户确定后，自动记入存货明细账；如果差额为零，则不生成调整单。最后对"调整单"制单，生成凭证，传递到总账。

以单到回冲为例，暂估业务的处理流程如图 9-3 所示。

对于暂估业务要注意的是，在月末暂估入库单记账前，要对所有的没有结算的入库单填入暂估单价，然后才能记账。

3) 票到货未到(在途存货)业务

如果先收到了供货单位的发票，而没有收到供货单位的货物，可以对发票进行压单处理，待货物到达后，再一并输入计算机做报账结算处理。但如果需要实时统计在途货物的情况，就必须将发票输入计算机，待货物到达后，再填制入库单并做采购结算。

3. 现付业务

所谓现付业务，是指当采购业务发生时，立即付款，由供货单位开具发票。现付业务处理流程如图 9-4 所示。

当月，货到票未到：

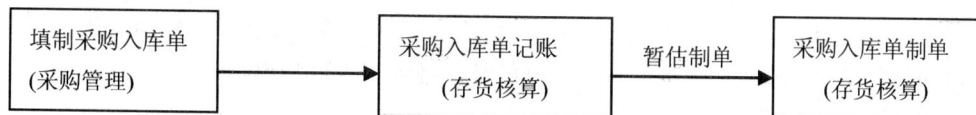

```
┌──────────────┐      ┌──────────────┐  暂估制单  ┌──────────────┐
│ 填制采购入库单 │ ───→ │ 采购入库单记账 │ ───────→ │ 采购入库单制单 │
│  (采购管理)   │      │  (存货核算)   │          │  (存货核算)   │
└──────────────┘      └──────────────┘          └──────────────┘
```

下月发票到：

```
                                                    ┌──────────────┐
                                                    │ 红字回冲单制单 │
                                                    │  (存货核算)   │
┌──────────────┐   ┌──────────────┐   ┌──────────┐ └──────────────┘
│ 填制采购发票  │──→│  采购结算    │──→│ 暂估处理 │
│  (采购管理)  │   │  (采购管理)  │   │(存货核算)│ ┌──────────────┐
└──────────────┘   └──────────────┘   └──────────┘ │ 蓝字回冲单制单 │
                                                    │  (存货核算)   │
                                                    └──────────────┘
```

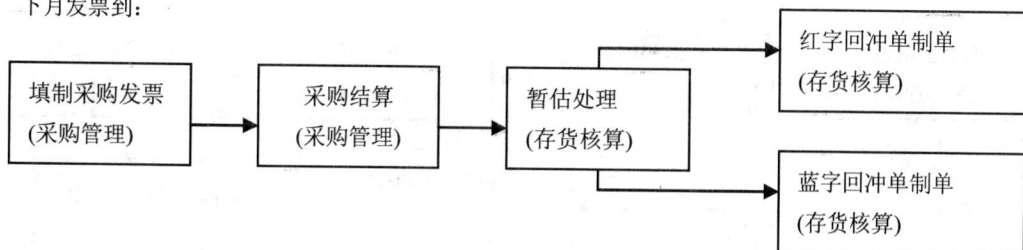

图 9-3 暂估业务处理流程

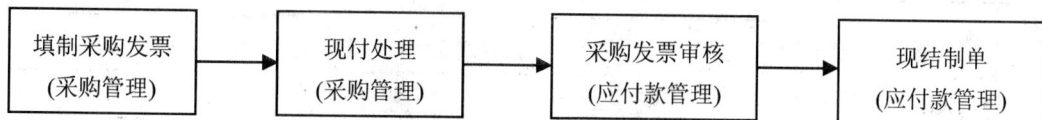

```
┌──────────────┐   ┌──────────────┐   ┌──────────────┐   ┌──────────────┐
│ 填制采购发票  │──→│  现付处理    │──→│ 采购发票审核  │──→│  现结制单     │
│  (采购管理)  │   │  (采购管理)  │   │ (应付款管理)  │   │ (应付款管理)  │
└──────────────┘   └──────────────┘   └──────────────┘   └──────────────┘
```

图 9-4 现付业务流程

4. 采购退货处理

由于材料质量不合格、企业转产等原因，企业可能发生退货业务。针对退货业务发生的不同时机，系统采用了不同的解决方法。

1) 货虽收到，但未作入库手续

如果尚未录入采购入库单，则只要把货退还给供应商即可，系统不用作任何处理。

2) 从入库单角度来看，分为两种情况

(1) 入库单未记账。即已经录入"采购入库单"，但尚未记入存货明细账。此时又分三种情况。

① 未录入"采购发票"。如果是全部退货，可删除"采购入库单"；如果是部分退货，可直接修改"采购入库单"。

② 已录入"采购发票"但未结算。如果是全部退货，可删除"采购入库单"和"采购发票"；如果是部分退货，可直接修改"采购入库单"和"采购发票"。

③ 已经录入"采购发票"并执行了采购结算。若结算后的发票没有付款，此时可取消采购结算，再删除或修改"采购入库单"和"采购发票"；若结算后的发票已付款，则必须录入退货单。

(2) 入库单已记账。此时无论是否录入"采购发票"、"采购发票"是否结算、结算后的"采购发票"是否付款，都需要录入退货单。

3) 从采购发票角度来看,分为两种情况

(1) 采购发票未付款。

当入库单尚未记账时,可直接删除"采购入库单"和"采购发票",已结算的"采购发票"需先取消结算再删除。当入库单已经记账时,必须录入退货单。

(2) 采购发票已付款。

此时无论入库单是否记账,都必须录入退货单。

退货业务处理流程如图 9-5 所示。

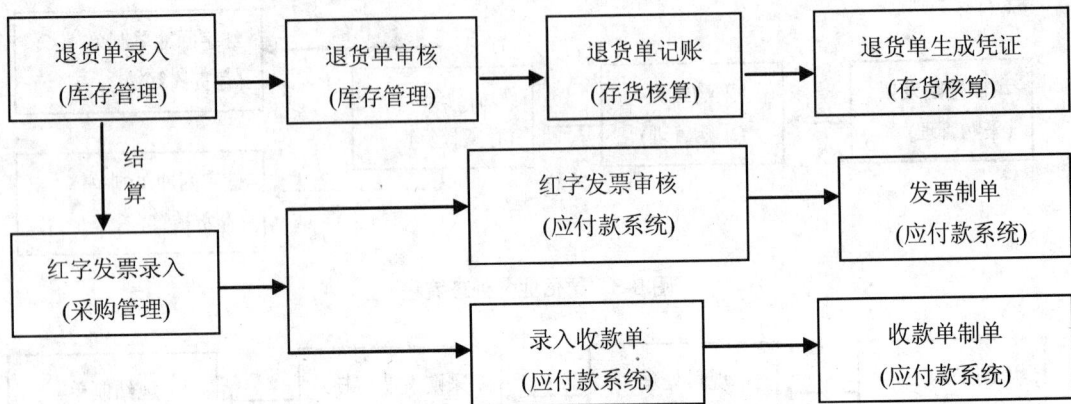

图 9-5 退货业务处理流程

(二)直运采购业务

直运采购业务是指产品无须入库即可完成的购销业务,由供应商直接将商品发给企业的客户,没有实务的入库处理,财务结算由供销双方通过直运销售发票和直运采购发票分别与企业结算。直运业务适用于大型电器、汽车和设备等产品的购销。

直运采购业务类型有普通直运业务和必有订单直运业务两种。

(三)受托代销业务

受托代销业务是一种先销售后结算的采购模式,是指商业企业接受其他企业的委托,为其代销商品,代销商品售出后,本企业与委托方进行结算,开具正式的销售发票,商品的所有权实现转移。这种业务的处理流程如下。

(1) 受托方接收货物,填制受托代销入库单。

(2) 受托方售出代销商品后,手工开具代销商品清单交委托方。

(3) 委托方开具发票。

(4) 受托方进行"委托代销结算",计算机自动生成"受托代销发票"和"受托代销结算单"。

用友 U8 中,只有在建账时选择企业类型为"商业",才能处理受托代销业务。对于受托代销商品,必须在存货档案中选中"是否受托代销"复选框,并把存货属性设置为"外购"、"销售"。

(四)代管采购业务

代管采购是一种新的采购模式。该模式的主要特点是，企业替供应商保管其提供的物料，先使用物料，然后根据实际使用情况定期汇总、挂账，最后根据挂账数与供应商进行结算、开票以及后续的财务支付。

代管采购既类似于普通采购，又不同于普通采购。它的实际业务流程与普通采购相似，也有订货、到货、入库、开票、结算等环节。不同之处主要体现在结算上，即"先使用后结算"。

(五)月末结账

月末结账是将当月的单据数据封存，结账后不允许再对该会计期的采购单据进行增加、修改、删除处理。

三、采购综合查询

灵活运用采购管理系统提供的各种查询功能，可以有效提高信息利用效率和采购管理水平。

1. 单据查询

通过"入库单明细列表"、"发票明细列表"、"结算单明细列表"、"凭证列表查询"可以分别对入库单、发票、结算单、凭证进行查询。

2. 账表查询

通过对采购管理系统提供的采购明细表、采购统计表、余额表及采购分析表的对比分析，可以掌握采购环节业务的情况，为事中控制、事后分析提供依据。

◉【实训操作】

1. 采购业务1

业务类型：普通采购业务。

1) 在采购管理系统中填制并审核请购单

(1) 进入采购管理系统，双击"请购"下的"请购单"项目，进入"采购请购单"窗口。

(2) 单击"增加"按钮，输入日期"2014-01-01"，选择请购部门"采购部"。

(3) 选择存货编号"2004 名星杀毒软件"；输入数量"30"，本币单价"50"，需求日期"2014-01-03"，供应商"安捷"，如图9-6所示。

(4) 单击"保存"按钮；单击"审核"按钮。

(5) 审核完成后单击"退出"按钮，退出"采购请购单"窗口。

2) 在采购管理系统中填制并审核采购订单

(1) 双击"采购订货"下的"采购订单"项目，进入"采购订单"窗口。

图 9-6 采购请购单

(2) 单击"增加"按钮，单击"生单"按钮旁的下三角按钮打开可选列表，选择"请购单"，打开"过滤条件选择"对话框，单击"过滤"按钮，进入"拷贝并执行"窗口。

(3) 选择需要参照的采购请购单，单击"确定"按钮，将采购请购单的相关信息带入采购订单。

(4) 确认订单日期为"2014-01-02"，单击"保存"按钮，如图 9-7 所示。单击"审核"按钮，订单底部显示审核人的名字。

(5) 单击"退出"按钮，退出"采购订单"窗口。

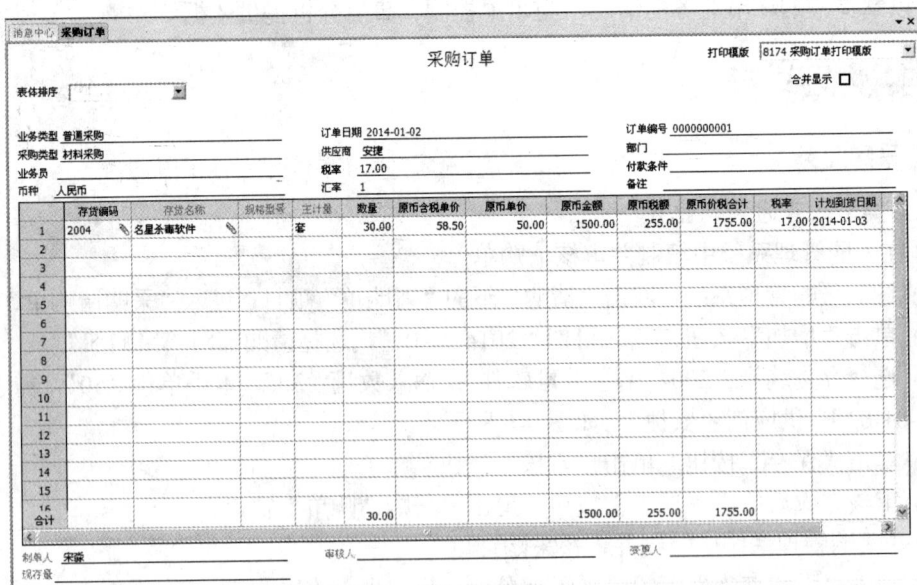

图 9-7 采购订单

注意：在填制采购订单时，右击可查看存货现存量。

如果在存货档案中设置了最高进价，那么当采购订单中货物的进价高于最高进价时，系统会自动报警。

如果企业要按部门或业务员进行考核，必须输入相关"部门"和"业务员"的信息。

采购订单审核后，可在"采购订单执行统计表"中查询。

3）在采购管理系统中填制到货单

（1）双击"采购到货"下的"到货单"项目，进入"到货单"窗口。

（2）单击"增加"按钮，单击"生单"按钮旁的下三角按钮打开可选列表，选择"采购订单"，打开"过滤条件选择"对话框。单击"过滤"按钮，进入"拷贝并执行"窗口。

（3）选择需要参照的采购订单，单击"确定"按钮，将采购订单相关信息带入采购到货单。

（4）输入采购部门，单击"保存"按钮。单击"审核"按钮。

（5）审核完成后单击"退出"按钮，退出"采购到货单"窗口。

4）在采购管理系统中填制并审核采购发票

（1）进入采购管理系统，双击"采购发票"下的"专用采购发票"项目，进入"专用发票"窗口。

（2）单击"增加"按钮，单击"生单"按钮旁的下三角按钮打开可选列表，选择"采购订单"，打开"过滤条件选择"对话框。单击"过滤"按钮，进入"拷贝并执行"窗口。

（3）选择需要参照的采购订单，单击"确定"按钮，将采购订单信息带入采购专用发票，输入发票号"7001"。

（4）单击"保存"按钮，单击"退出"按钮。

5）在库存管理系统中填制并审核采购入库单

（1）进入库存管理系统，双击"入库业务"下的"采购入库单"项目，进入"采购入库单"窗口。

（2）单击"生单"按钮旁的下三角按钮打开可选列表，选择"采购到货单"，打开"过滤条件选择"对话框，单击"过滤"按钮，进入"到货单生单列表"窗口。

（3）选择需要参照的采购到货单，单击"确定"按钮，将采购到货单相关信息带入采购入库单。

（4）输入仓库"成品库"，单击"保存"按钮，如图9-8所示。

（5）单击"审核"按钮，系统弹出提示"该单据审核成功！"，单击"确定"返回。

注意：生单时参照的单据是采购管理系统中已审核未关闭的采购订单和到货单。

采购管理系统如果设置了"必有订单业务模式"，不可手工录入采购入库单。

当入库数量与订单/到货单数量完全相同时，可不显示表体。

6）在采购管理系统中执行采购结算

（1）在采购管理系统中，双击"采购结算"下的"自动结算"项目，打开"过滤条件选择"对话框，选择结算模式"入库单和发票"，如图9-9所示。

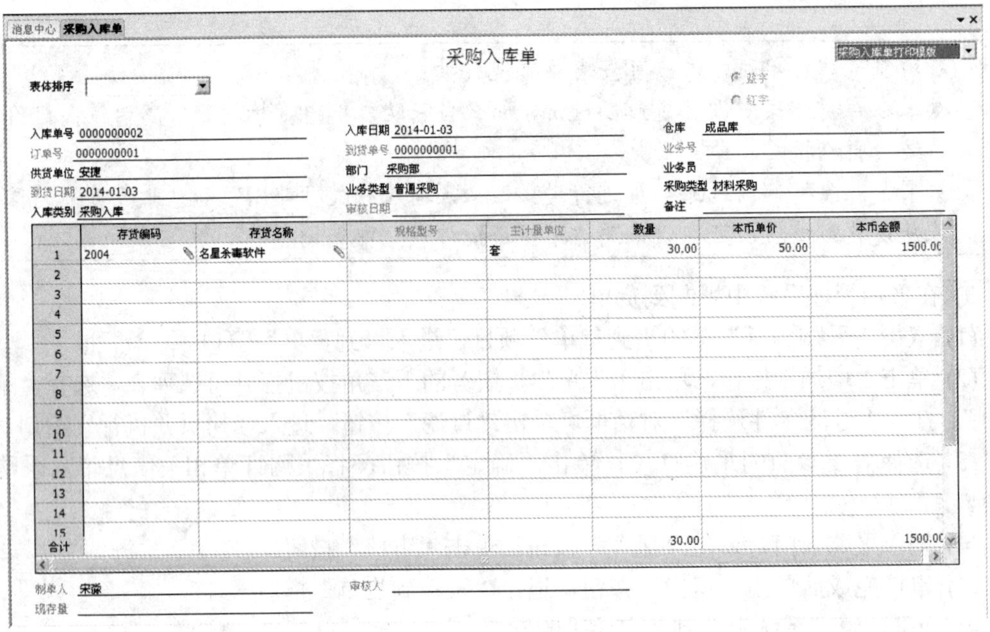

图 9-8　采购入库单

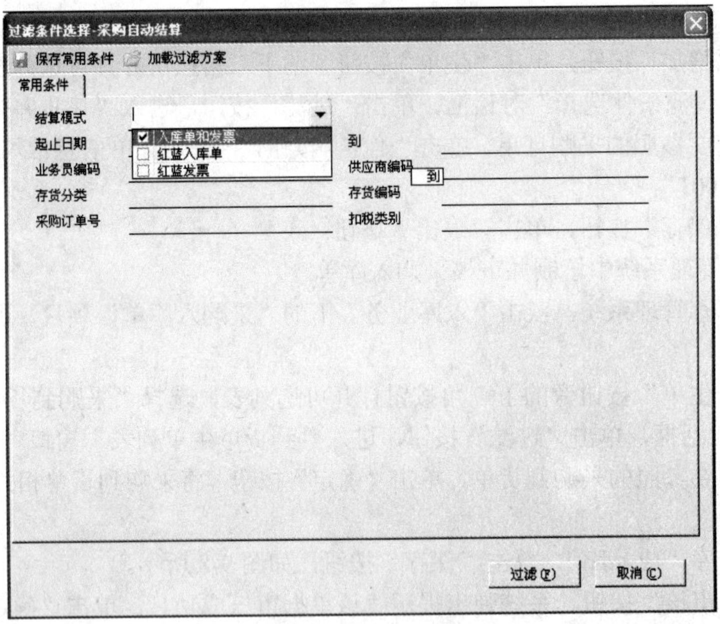

图 9-9　选择结算模式

(2) 单击"过滤"按钮，系统自动进行结算，结算完成后系统弹出提示"结算成功"。

(3) 单击"确定"按钮返回。

注意：结算结果可以在"结算单列表"中查询。

结算完成后，在"手工结算"窗口，将看不到已结算的入库单和发票。

由于某种原因需要修改或删除入库单、采购发票时，需先取消采购结算。

7）在应付款管理系统中审核采购专用发票，生成应付凭证

(1) 在应付款管理系统中，双击"应付单据处理"下的"应付单据审核"项目，打开"应付单过滤条件"对话框。

(2) 选择供应商"安捷"，单击"确定"按钮，进入"应付单据列表"窗口。

(3) 选择需要审核的单据，单击"审核"按钮，系统弹出提示"审核成功"，单击"确定"按钮返回。

(4) 执行"制单处理"命令，打开"制单查询"对话框，选择"发票制单"，选择供应商"安捷"，单击"确定"按钮，进入"采购发票制单"窗口。

(5) 单击"全选"按钮或在"选择标志"栏输入某个数字作为选择标志，选择凭证类别为"转账凭证"，单击"制单"按钮，进入"填制凭证"窗口。

(6) 单击"保存"按钮，凭证左上角出现"已生成"标志，表示凭证已传递到总账，如图 9-10 所示。

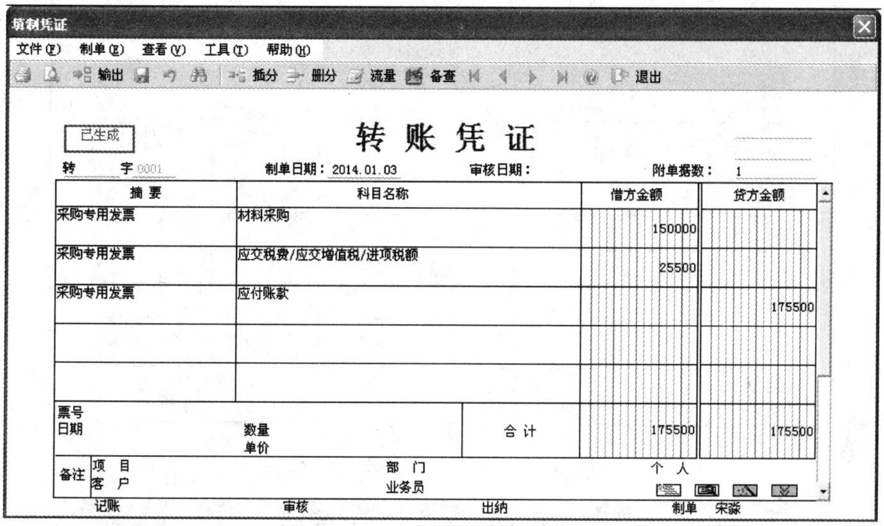

图 9-10　采购发票生成凭证

8）在存货核算系统中进行记账，生成入库凭证

(1) 在存货核算系统中，双击"业务核算"下的"正常单据记账"项目，打开"过滤条件选择"对话框。

(2) 选择查询条件，单击"确定"按钮，进入"正常单据记账"窗口。

(3) 选择要记账的单据，单击"记账"按钮，系统弹出提示"记账成功。"，单击"确定"按钮退出。

(4) 双击"财务核算"下的"生成凭证"项目，进入"生成凭证"窗口。

(5) 在工具栏上单击"选择"按钮，打开"查询条件"对话框。

(6) 选择"采购入库单(报销记账)"，单击"确定"按钮，进入"未生成凭证一览表"窗口。

(7) 选择要制单的记录行，单击"确定"按钮，进入"生成凭证"窗口。

(8) 选择凭证类别为"转账凭证"，单击"生成"按钮，进入"填制凭证"窗口。

(9) 单击"保存"按钮，凭证左上角出现"已生成"标志，表示凭证已传递到总账，如图 9-11 所示。

9) 在应付款管理系统中，进行付款处理并生成付款凭证

(1) 在应付款管理系统中，双击"付款单据处理"下的"付款单据录入"项目，进入"付款单"窗口。

(2) 单击"增加"按钮，选择供应商"安捷"，结算方式"转账支票"，金额"1755"，单击"保存"按钮。

(3) 单击"审核"按钮，系统弹出提示"是否立即制单？"，单击"是"按钮，进入"填制凭证"窗口。

(4) 选择凭证类别"付款凭证"，单击"保存"按钮，凭证左上角出现"已生成"标志，表示凭证已传递到总账，如图 9-12 所示。

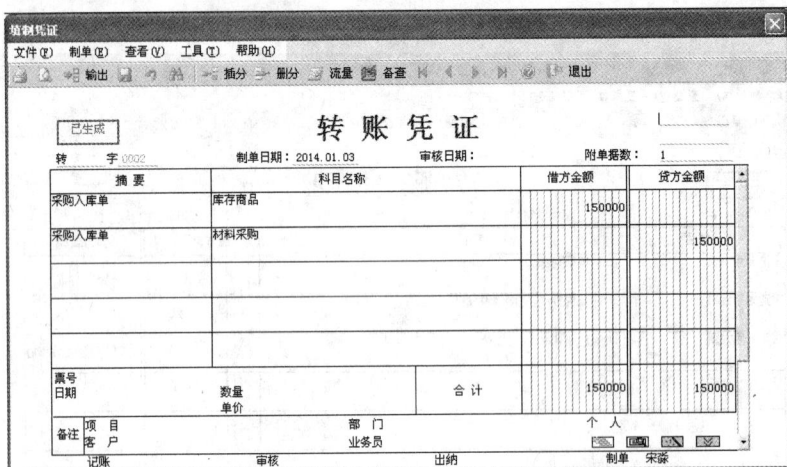

图 9-11　采购入库单生成凭证

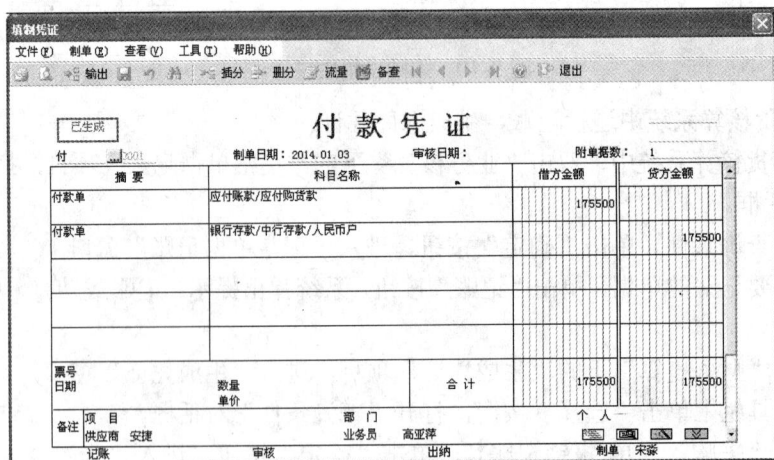

图 9-12　付款单生成凭证

(5) 单击"核销"按钮，打开"核销条件"对话框，单击"确定"按钮返回。在采购专用发票的"本次结算"栏中输入"1755"，如图 9-13 所示，单击"保存"按钮。

10) 相关查询

(1) 在采购管理系统中查询"到货明细表"、"入库明细表"、"采购明细表"等报表。

(2) 在库存管理系统中，查询"库存台账"。

(3) 在存货核算系统中，查询"收发存汇总表"。

单据日期	单据类型	单据编号	供应商	款项...	结算方式	币种	汇率	原币金额	原币余额	本次结算	订单号
2014-01-03	付款单	0000000001	安捷	应付款	转账支票	人民币	1.00000000	1,755.00	1,755.00	1,755.00	
合计								1,755.00	1,755.00	1,755.00	

单据日期	单据类型	单据编号	到期日	供应商	币种	原币金额	原币余额	可享受折扣	本次折扣	本次结算	订单号	凭证号
2014-01-03	采购专...	7001	2014-01-03	安捷	人民币	1,755.00	1,755.00	0.00	0.00	1,755.00	0000000001	转-0001
合计						1,755.00	1,755.00	0.00		1,755.00		

图 9-13　单据核销

2. 采购业务 2

业务类型：现结业务。

1) 在库存管理系统中直接填制采购入库单并审核

(1) 在库存管理系统中，双击"入库业务"下的"采购入库单"项目，进入"采购入库单"窗口。

(2) 单击"增加"按钮，选择"原料库"，选择供应商"天和"，入库类别"采购入库"，存货编码"1003 鼠标"，输入数量"200"，单价"82"。

(3) 单击"保存"按钮，单击"审核"按钮，弹出提示"该单据审核成功！"。

(4) 单击"确定"按钮返回。

2) 在采购管理系统中录入采购专用发票，进行现结处理和采购结算

(1) 在采购管理系统中，双击"采购发票"下的"专用采购发票"项目，进入"专用发票"窗口。

(2) 单击"增加"按钮，单击"生单"按钮旁的下三角按钮打开可选列表，选择"入库单"，打开"过滤条件选择"对话框。单击"过滤"按钮，进入"拷贝并执行"窗口。

(3) 选择需要参照的采购入库单，单击"确定"按钮，将采购入库单信息带入专用发票。修改发票号为"85011"。

(4) 单击"保存"按钮，单击"现付"按钮，打开"采购现付"对话框。

(5) 选择结算方式"202"，输入结算金额"19188"，票据号"z011"，如图 9-14 所示。单击"确定"按钮，发票左上角显示"已现付"标记。

(6) 单击"结算"按钮，自动完成采购结算，发票左上角显示"已结算"标记。

3) 在应付款管理系统中审核发票，进行现结制单

(1) 在应付款管理系统中，双击"应付单据处理"下的"应付单据审核"项目，打开"单据过滤条件"对话框。

(2) 选择供应商"天和",选中"包含已现结发票"复选框,单击"确定"按钮,进入"单据处理"窗口。

(3) 选择需要审核的单据,单击"审核"按钮,系统弹出提示"审核成功",单击"确定"按钮返回。

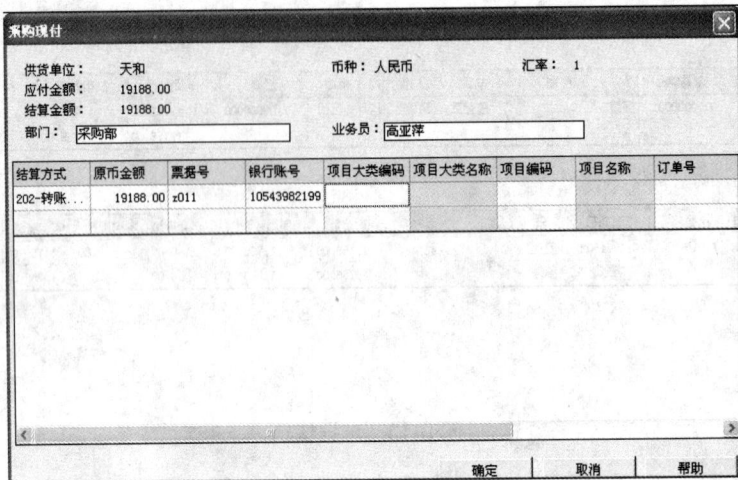

图 9-14　采购现付

(4) 执行"制单处理"命令,打开"制单查询"对话框,选择"现结制单",选择供应商"天和",单击"确定"按钮,进入"应付制单"窗口。

(5) 选择凭证类别为"付款凭证",选择要制单的记录行,单击"制单"按钮,进入"填制凭证"窗口。

(6) 单击"保存"按钮,凭证左上角出现"已生成"标志,表示凭证已传递到总账。

4) 在存货核算系统中对采购入库单记账,生成入库凭证

操作步骤参见采购业务 1。

3. 采购业务 3

业务类型:采购运费处理。

1) 在库存管理系统中增加采购入库单

操作步骤参见采购业务 2。

2) 在采购管理系统中增加专用发票

操作步骤参见采购业务 2。

3) 在采购管理系统中填制运费发票并进行采购结算(手工结算)

(1) 在采购管理系统中,双击"采购发票"下的"运费发票"项目,进入"运费发票"窗口。

(2) 单击"增加"按钮,选择供货单位"安捷",存货"运费",输入金额"50",单击"保存"按钮,单击"退出"按钮。

注意:运费发票上的存货必须具有"应税劳务"属性。

（3）双击"采购结算"下的"手工结算"项目，进入"手工结算"窗口。

（4）单击"选单"按钮，打开"结算选单"对话框。

（5）单击"过滤"按钮，打开"过滤条件选择"对话框，输入过滤条件，单击"过滤"按钮，窗口上方显示未结算的发票，窗口下方显示未结算的采购入库单。

（6）选择要结算的入库单、专用发票和运费发票，单击"OK(确定)"按钮，系统弹出"所选单据扣税类别不同，是否继续？"信息提示框，单击"是"按钮返回"手工结算"窗口。

（7）选择费用分摊方式"按数量"，如图9-15所示。单击"分摊"按钮，系统弹出提示，单击"是"按钮确定。自动完成分摊后，系统弹出提示"费用分摊(按数量)完毕，请检查！"，单击"确定"按钮返回。

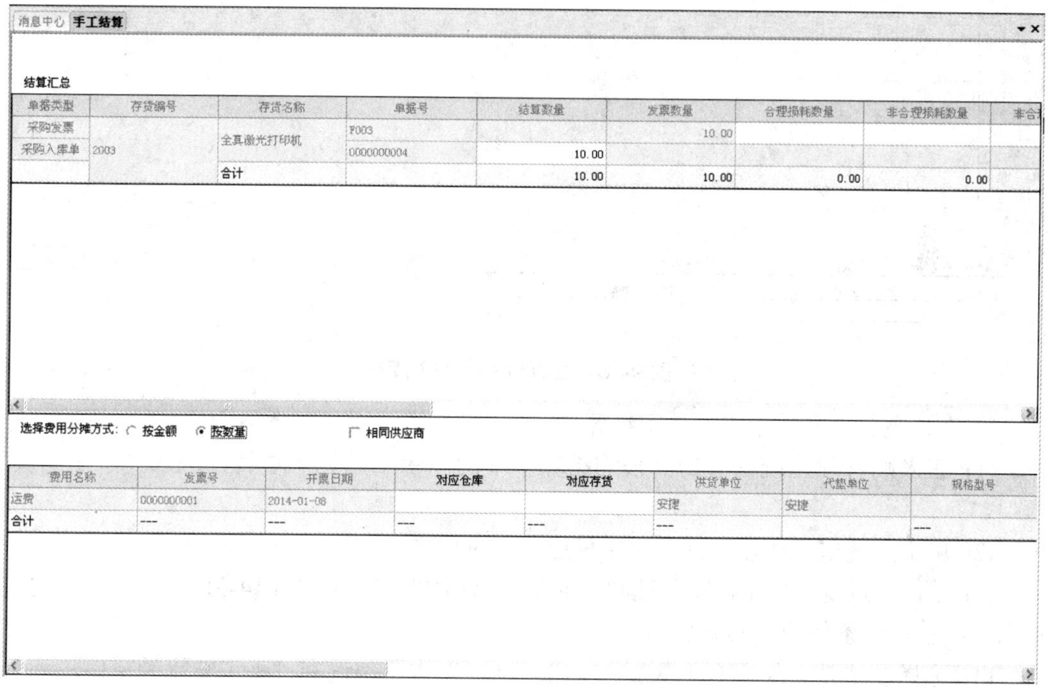

图 9-15 手工结算

（8）单击"结算"按钮，系统进行结算处理，完成后系统弹出提示"完成结算！"。单击"确定"按钮返回。已结算的采购入库单如图9-16所示。

注意： 不管采购入库单上有无单价，采购结算后，其单价都被自动修改为发票上的存货单价。这里采购发票金额是12 000元，扣税后的运费发票金额是46.50元，存货入库成本共计12 046.50元，存货数量10，所以计算出的存货单价为1 204.65元。

4. 采购业务4

业务类型：上月暂估业务，本月发票已到。业务特征：发票单价与入库单单价不同。

1）在采购管理系统中填制采购发票

（1）在采购管理系统中，双击"采购发票"下的"专用采购发票"项目，进入"专用发票"窗口，复制2013-12-24的采购入库单生成专用发票。

(2) 输入发票号为"12210",数量为"130",单价为"315",单击"保存"按钮。

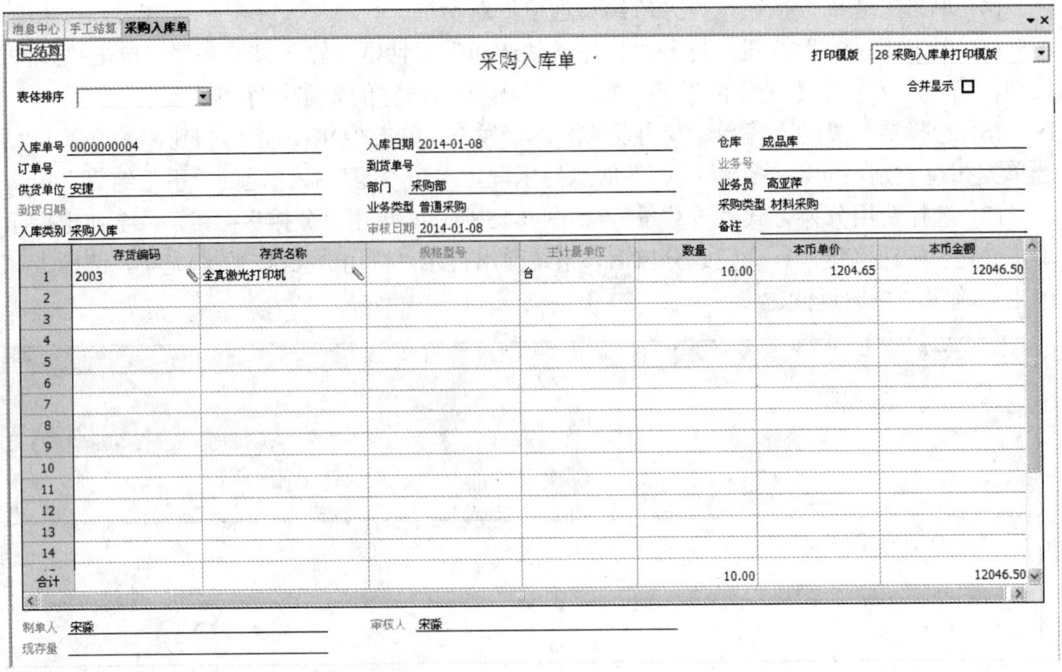

图 9-16 结算后的采购入库单

2) 在采购管理系统中进行手工结算

(1) 在采购管理系统中双击"采购结算"下的"手工结算"项目,进入"手工结算"窗口。

(2) 单击"选单"按钮,打开"结算选单"对话框。

(3) 单击"过滤"按钮,输入过滤日期从"2013-12-01"到"2014-01-31",单击"过滤"按钮,显示符合条件的发票列表和入库单列表。

(4) 选择要结算的入库单和发票,单击"确定"按钮,返回"手工结算"窗口。

(5) 单击"结算"按钮,系统弹出提示"完成结算!",单击"确定"按钮返回。

3) 在存货核算系统中执行结算成本处理并生成凭证

(1) 在存货核算系统中,双击"业务核算"下的"结算成本处理"项目,打开"暂估处理查询"对话框。选择"原料库",选中"未全部结算完的单据是否显示"复选框,单击"确定"按钮,进入"结算成本处理"窗口,如图 9-17 所示。

(2) 选择需要进行暂估结算的单据,单击"暂估"按钮,系统弹出提示"暂估处理完成",单击"确定"按钮返回。

(3) 双击"财务核算"下的"生成凭证"项目,进入"生成凭证"窗口。

(4) 单击"选择"按钮,打开"查询条件"对话框,选择"红字回冲单、蓝字回冲单(报销)",单击"确定"按钮返回。

(5) 单击"全选"按钮,单击"确定"按钮,进入"生成凭证"窗口。

(6) 选择凭证类别为"转账凭证",输入红字回冲单对方科目"1401 材料采购",单击"生成"按钮,进入"填制凭证"窗口。

(7) 单击"保存"按钮，保存红字回冲单生成的凭证。

(8) 单击"下张"按钮，单击"保存"按钮，保存蓝字回冲单生成的凭证。

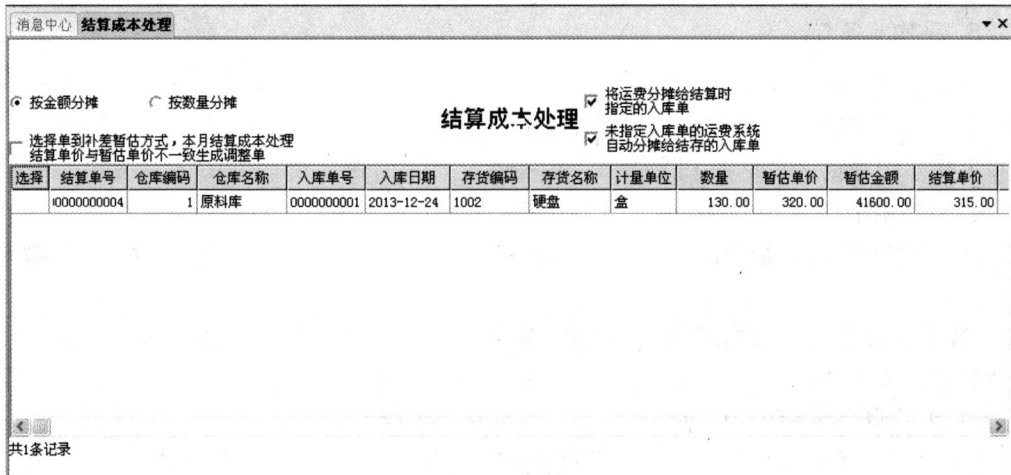

图 9-17　结算成本处理

4) 在应付款系统中进行发票审核及制单处理

操作步骤参见采购业务 1。

5. 采购业务 5

业务类型：暂估入库处理。

1) 在库存管理系统中填制并审核采购入库单

具体操作步骤参见采购业务 2。

注意：采购入库单不必填写单价。

2) 月末发票未到，在存货核算系统中录入暂估入库成本并记账生成凭证

(1) 在存货核算系统中，双击"业务核算"下的"暂估成本录入"项目，进入"采购入库单成本成批录入查询"窗口。单击"确定"按钮，进入"暂估成本录入"窗口。

(2) 输入单价"100"，单击"保存"按钮，系统弹出提示"保存成功！"，单击"确定"按钮返回。

(3) 双击"业务核算"下的"正常单据记账"项目，打开"正常单据记账条件"对话框。

(4) 选择条件，单击"确定"按钮，进入"正常单据记账"窗口。

(5) 选择要记账的单据，单击"记账"按钮，完成记账后退出。

(6) 双击"财务核算"下的"生成凭证"项目，进入"生成凭证"窗口。

(7) 单击"选择"按钮，打开"查询条件"对话框。选择"采购入库单(暂估记账)"，单击"确定"按钮，进入"选择单据"窗口。

(8) 选择要记账的单据，单击"确定"按钮，进入"生成凭证"窗口。

(9) 选择凭证类别"转账凭证"，补充输入对方科目为"1401 材料采购"，单击"生成"按钮，保存生成的凭证。

注意：本例采用的是月初回冲方式，即月初，系统自动生成"红字回冲单"，自动记入存货明细账，回冲上月的暂估业务。

6. 采购业务 6

业务类型：结算前部分退货。

1) 在库存管理系统中填制并审核采购入库单

操作步骤参见采购业务 2。

2) 在库存管理系统中修改采购入库单

(1) 在库存管理系统中，双击"入库业务"下的"采购入库单"项目，进入"采购入库单"窗口。

(2) 找到要修改的采购入库单，单击"弃审"按钮，单击"修改"按钮，修改数量"200"为"197"，单击"保存"按钮，单击"审核"按钮，审核完成后退出。

3) 在采购管理系统中根据采购入库单生成采购专用发票

(1) 在采购管理系统中，双击"采购发票"下的"专用采购发票"项目，进入"专用发票"窗口。

(2) 根据采购入库单生成专用发票。

(3) 修改发票号为"A64408"，单击"保存"按钮。

4) 在采购管理系统中进行采购结算

在采购管理系统中，对采购入库单、采购专用发票进行采购结算处理。

7. 采购业务 7

业务类型：采购结算后退货。

1) 在库存管理系统中填制红字采购入库单并审核

(1) 在库存管理系统中，双击"入库业务"下的"采购入库单"项目，进入"采购入库单"窗口。

(2) 选中"红字"单选按钮，输入数量"-22"，单击"保存"按钮，单击"审核"按钮。

2) 在采购管理系统中填制红字采购专用发票并执行采购结算

(1) 在采购管理系统中，双击"采购发票"下的"红字专用采购发票"项目，进入"专用发票(红字)"窗口。

(2) 参照红字入库单生成"红字专用发票"，输入发票号"665218"，单击"保存"按钮后退出。

(3) 在采购管理系统中，进行自动结算或手工结算。

8. 数据备份

在采购管理月末结账之前，将数据备份至"项目九-1"。

9. 月末结账

1) 结账处理

(1) 执行"月末结账"命令，打开"月末结账"对话框。

(2) 单击"选择标记"栏，出现"选中"标记。

(3) 单击"结账"按钮，系统弹出提示"月末结账完毕"，单击"确定"按钮，"是否结账"一栏显示"已结账"。

(4) 单击"退出"按钮。

2) 取消结账

(1) 执行"月末结账"命令，打开"月末结账"对话框。

(2) 单击"选择标记"栏，出现"选中"标记。

(3) 单击"取消结账"按钮，系统弹出提示"取消月末结账完毕"，单击"确定"按钮，"是否结账"一栏显示为"未结账"。

(4) 单击"退出"按钮。

注意： 若应付款系统或库存管理系统或存货核算系统已结账，则采购系统不能取消结账。

任务二　应付款管理

●【任务案例】

先期在总账中利用供应商往来辅助核算功能可以将应付款管理到供应商，如果启用总账和采购管理的同时也启用了 U8 中的应付款管理子系统，那么对应付货款及其他应付款项又是怎样一种管理方式呢？项目组希望方俊实施顾问能对此进行说明。

创智科技 2014 年 1 月份发生如下经济业务。

(1) 15 日，开出转账支票一张，金额 50 000 元，票号 ZZ010，用以支付本月 9 日天和公司货款 47 911.5 元，余款转为预付款。

(2) 18 日，开出转账支票一张，金额 20 000 元，票号 ZZ012，作为向安捷公司预购激光打印机新品的订金。

(3) 18 日，将期初应付给天和公司的 144 000 元货款转给安捷公司。

(4) 21 日，用支付给安捷公司的 20 000 元订金冲抵其 1 月 9 日的货款及运费 14 090 元。

(5) 21 日，向安捷公司签发并承兑的商业承兑汇票一张(NO.56121)，面值为 80 000 元，到期日为 2014 年 1 月 30 日。

(6) 30 日，将 2014 年 1 月 21 日向安捷公司签发并承兑的商业承兑汇票(NO. 56121)结算。

(7) 查询供应商"安捷"的对账单。

(8) 设置账龄区间并进行付款账龄分析。

账期内账龄区间及愈期账龄区间如下表所示。

序　号	起止天数	总 天 数
01	1～30	30
02	31～60	60
03	61～90	90
04	91 以上	

面向"十二五"高职高专项目导向式教改教材·财经系列

【具体任务】

(1) 引入"项目九-1"账套数据。

(2) 以账套主管"宋淼"的身份进行应付日常业务处理。

【理论认知】

一、认识应付款管理系统

(一)应付款管理系统的主要功能

应付款管理系统主要用于对企业与供应商往来账款进行核算与管理。在应付款管理系统中以采购发票、其他应付单等原始单据为依据，记录采购业务及其他业务形成的应付款项，处理应付款项的支付、核销等情况；提供票据处理的功能。

1. 初始化设置

系统初始化包括系统参数设置、基础信息设置和期初数据录入。

2. 日常业务处理

日常业务处理是指对应付款项业务的处理工作，主要包括应付单据处理、付款单据处理、票据管理和转账处理等内容。

(1) 应付单据处理：应付单据包括采购发票和其他应付单，是确认应付账款的主要依据。应付单据处理主要包括单据录入和单据审核。

(2) 付款单据处理：付款单据主要指付款单。付款单据处理包括付款单据的录入、审核和核销。单据核销的主要作用是解决对供应商的付款核销对该供应商应付款的处理，建立付款与应付款的核销记录，监督应付款及时核销，加强往来款项的管理。

(3) 票据管理：主要是对银行承兑汇票和商业承兑汇票进行管理。票据管理可以提供票据登记簿，记录票据的利息、贴现、背书、结算和转出等信息。

(4) 转账处理：是指在日常业务处理中经常发生的应付冲应收、应付冲应付、预付冲应付及红票对冲的业务处理。

3. 单据查询和账表管理

单据查询包括发票查询、应付单查询、收付款单查询、凭证查询等。账表管理包括业务账表、统计分析和科目账查询。

4. 期末处理

期末处理是指用户在月末进行的结算汇兑损益以及月末结账工作。如果企业有外币往来，在月末需要计算外币单据的汇兑损益并对其进行相应的处理。如果当月业务已全部处理完毕，就需要执行月末结账处理，只有月末结账后，才可以开始下月工作。月末处理主要包括汇兑损益结算和月末结账。

(二)应付款系统与其他系统的主要关系

对供应商应付款项核算和管理的程度不同，其系统功能、接口、操作流程等就不相同。在此以在应付款系统核算供应商往来款项为例，介绍应付款系统与其他系统的主要关系，如图 9-18 所示。

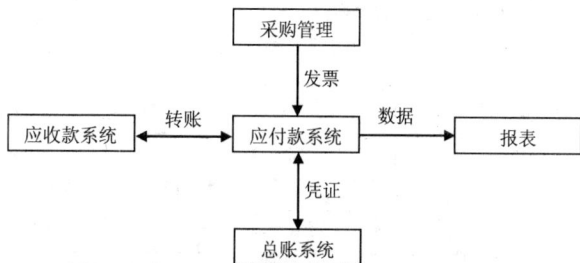

图 9-18 应付款系统与其他子系统的主要关系

应收款系统与系统管理共享基础数据。

采购系统向应付款系统提供采购发票，在应付款系统中进行审核生成应付凭证，并对发票进行付款结算处理。应付款系统向采购系统提供采购发票的付款结算情况。

应付款系统向总账系统传递凭证，并能够查询其所生成的凭证。

应付款系统和应收款系统之间可以进行转账处理，如应付冲应收。

(三)企业应付账款管理的应用方案

根据对供应商往来款项核算和管理的程度不同，提供了"详细核算"和"简单核算"两种应用方案。

1. 详细核算应用方案(在应付款系统核算供应商往来款项)

如果在采购业务中应付款核算与管理内容比较复杂，需要追踪每一笔业务的应付款、付款等情况，或者需要将应付款核算具体到产品一级，则可以选择该方法。在这种方法下，所有的供应商往来凭证全部由应付款系统生成，其他系统不再生成这类凭证，并由应付款系统实现对应付账款的核算和管理。其主要功能如下。

(1) 根据输入的单据或由采购系统传递过来的单据，记录应付款项的形成，包括由于商品交易和非商品交易形成的所有应付项目。

(2) 处理应付项目的付款及转账业务。

(3) 对应付票据进行记录和管理。

(4) 在应付项目的处理过程中生成凭证，并向账务子系统进行传递。

(5) 对外币业务及汇兑损益进行处理，并向账务子系统进行传递。

(6) 根据所提供的条件，提供各种查询及统计分析。

2. 简单核算应用方案(在总账系统核算客户往来款项)

如果采购业务及应付账款业务不复杂，或者现付业务很多，则可以选择在账务系统通过辅助核算完成对供应商往来款项的核算和管理。该方法侧重于对供应商的往来款项进行查询和分析。其主要功能如下。

(1) 若同时使用采购管理系统,可接收采购系统的发票,并对其进行审核和制单处理;在制单前需要预先进行科目设置。

(2) 供应商往来业务在总账系统生成凭证后,可以在应付款系统进行查询。

(四)应付款系统的操作流程

应付款系统的操作流程如图 9-19 所示。

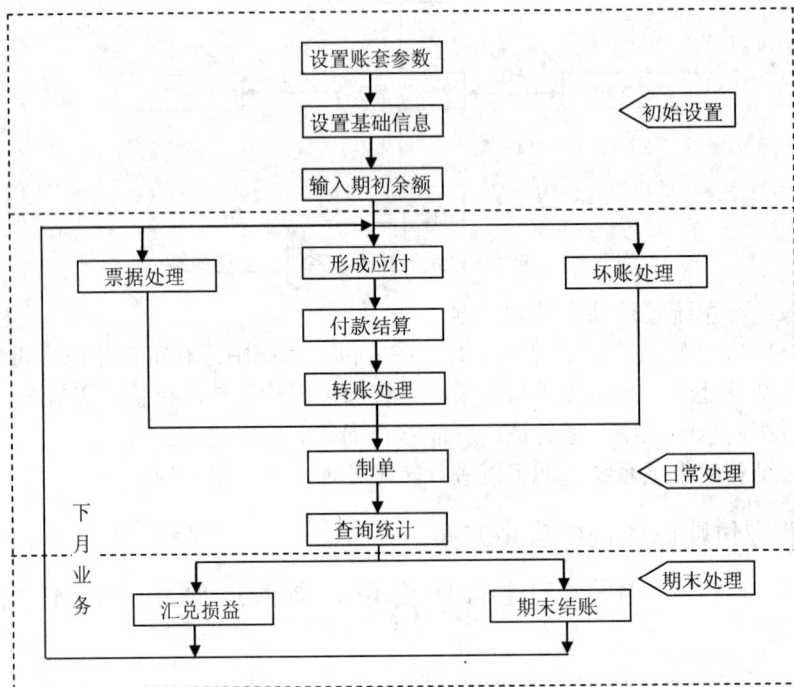

图 9-19　应付款系统的操作流程

二、应付款系统初始化

系统初始化包括选项设置、初始设置和期初数据三部分。

(一)选项设置

在使用应付款系统前,需要首先设置运行所需要的账套参数,以便系统根据所设定的选项进行相应的处理。

应付款系统的选项较多,系统按照参数性质分为常规、凭证、权限与预警、核销设置四个选项卡。每个选项卡中包括若干个参数,每个参数的含义可查阅系统中的帮助。

(二)应付款系统的业务处理核算规则设置

1. 凭证科目的设置

如果企业应付款业务类型比较固定,生成的凭证类型也较固定,则为了简化凭证生成操作,可将各业务类型凭证中的常用科目预先设置好。凭证科目设置一般包括以下几方面的内容。

1) 基本科目的设置

基本科目是指在核算应付款项时经常用到的科目，可以作为常用科目设置，而且所设置的科目必须是末级科目。核算应收款项时经常用到的科目包括应付账款、预付账款、采购科目、应交税费——进项税额等。除上述基本科目外，银行承兑科目、商业承兑科目、票据利息科目、票据费用科目、汇兑损益科目、币种兑换差异科目等都可以作为企业核算某类业务的基本科目。

2) 控制科目的设置

在核算供应商的往来款项时，如果针对不同的供应商(供应商分类、地区分类)分别设置不同的应付账款科目和预付账款科目，可以先在账套参数中选择设置的依据，即选择是针对不同的供应商设置、针对不同的供应商分类设置，还是按不同的地区分类设置。然后再依次将往来单位按供应商、供应商分类或地区分类的编码、名称、应付科目和预付科目等内容进行设置。

如果某个往来单位核算应付账款或预付账款的科目与常用科目设置中的一样，则可以不设置；否则，应进行设置。控制科目必须是有供应商往来辅助核算的末级最明细科目。

3) 产品科目的设置

如果针对不同的存货(存货分类)分别设置不同的采购科目、应交增值税——进项税额科目，则也应先在账套参数中选择设置的依据，即选择是针对不同的存货设置，还是针对不同的存货分类设置。然后再按存货的分类编码、名称、采购科目、应交增值税——进项税额科目进行采购科目的设置。

如果某个存货(存货分类)的科目与常用科目设置中的一样，则可以不设置；否则，应进行设置。

4) 结算方式科目的设置

不仅可以设置常用的科目，还可以为每种结算方式设置一个默认的科目，以便在应收账款核销时，直接按不同的结算方式生成相应的账务处理中所对应的会计科目。

2. 账龄区间的设置

为了对应付账款进行账龄分析，需设置账龄区间。在进行账龄区间的设置时，账龄区间总天数和起始天数直接输入，系统会根据输入的总天数自动生成相应的区间。

3. 报警级别的设置

通过对报警级别的设置，系统会将往来单位按欠款余额与其受信额度的比例分为不同的类型，以便于掌握各个往来单位的信用情况。

如果企业要对应付账款的还款期限做出相应的规定，则可使用超期报警功能。在运行此功能时，系统将自动列出到当天为止超过规定期限的应收账款清单，从而使企业可以及时催款，避免不必要的经济损失。这一信息可按往来单位分类，也可按分管人员进行分类。

在进行报警级别设置时，可以直接输入级别名称和各区间的比率。其中，级别名称可以采用编号或者其他形式。

4. 单据类型设置

单据可分为发票和应付单两种类型。如果同时使用采购系统，则发票的类型包括采购专用发票和普通发票、运费发票和废旧物资收购凭证等。如果单独使用应付款系统，则发票的类型不包括后面两种。

应付单是记录采购业务之外的应付款情况的单据，可划分为不同的类型，以与应付货款之外的其他应付款进行区分。

(三)应付款系统的期初数据录入

在第一次使用系统时，在建立供应商档案后，为了能使计算机顺利完成清理核销工作，必须把手工方式下尚未结清的供应商往来款项输入计算机中。只有当往来期初数据准确输入后，才能正确地进行往来账的各种统计和分析。当进入第二年度时，系统会自动将上一年度未全部结清的单据转成为下一年度的期初余额。

在应付款系统中，往来款余额是按单据形式录入的。如应付账款余额通过发票录入、预付账款余额通过付款单录入。输入完成后，要与总账系统中相应的供应商账户余额核对，以检查输入的往来未达账与相应往来科目余额是否相等。

三、应付款系统日常业务处理

(一)应付单据处理

应付单据处理包括单据输入和单据管理工作。应付单据处理是应付款系统处理的起点，在应付单据处理中可以输入采购业务中的各类发票以及采购业务之外的应付单据。在单据输入后，单据管理可查阅各种应付业务单据，完成应付业务管理的日常工作。其基本操作流程是：单据输入→单据审核→单据制证→单据查询。

1. 单据输入

单据包括采购发票及其他应付单据。如果和采购管理集成应用，采购发票在采购系统录入。

2. 单据审核

单据审核是指在单据保存后对单据的正确性进行审核确认。单据输入后必须经过审核才能参与结算。审核人和制单人可以是同一个人。单据被审核后，将从单据处理功能中消失，但可以通过单据查询功能查看此单据的详细资料。

3. 单据制证

单据制证可在单据审核后由系统自动编制凭证，也可以集中处理。在应付款系统中生成的凭证将由系统自动传送到账务系统中，并由有关人员进行审核和记账等账务处理工作。

4. 单据查询

单据查询是对未审核单据的查询。通过"单据查询"功能可以查看全部单据。

(二)付款单据处理

付款单据处理是对已付款项的单据进行输入，并进一步核销的过程。单据结算功能是输入付款单、收款单，并对发票及应付单进行核销，形成预付款并核销预付款，处理代付款。

1. 输入结算单据

应付款系统的付款单用来记录企业支付的供应商往来款项，款项性质包括应付款、预付款、其他费用等。其中应付款、预付款性质的付款单将与发票、应付单、付款单进行核销处理。

应付款系统的收款单用来记录发生采购退货时，企业收到的供应商退付的款项。该收款单可与应付、预付性质的付款单、红字应付单、红字发票进行核销处理。

2. 单据核销

单据核销是对往来已达账做删除处理的过程，即确定付款单与原始发票之间的对应关系后，进行机内自动冲销的过程。单据核销表示本业务已经结清。单据核销的作用是解决收回供应商款项核销该供应商应付款的处理，建立收付款与应付款的核销记录，监督应付款及时核销，加强往来款项的管理。明确核销关系后，可以进行精确的账龄分析，更好地管理应付账款。

如果结算金额与上期余额相等，则销账后余额为零，如果结算金额比上期余额小，则其余额为销账后的余额。单据核销可以由计算机自动进行，也可以由手工进行。

由于计算机系统采用建立往来辅助账的方式进行往来业务的管理，为了避免辅助账过于庞大而影响计算机运行速度，对于已核销的业务应进行删除。删除工作通常在年底结账时进行。

在确认往来已达账后，才能进行往来账核销处理，删除已达账。为了防止操作不当误删记录，会计信息系统软件中一般都会设计放弃核销或核销前做两清标记功能，如有的财务软件中设置有往来账两清功能，即在已达账项上打上已结清标记，待核实后才执行核销功能，删除的数据不能恢复；有的财务软件设置了放弃核销功能，一旦发现操作失误，可通过此功能把被删除的数据恢复。

(三)票据管理

可以在票据管理中对银行承兑汇票和商业承兑汇票进行管理，其主要功能包括记录票据详细信息和记录票据处理情况。如果要进行票据登记簿管理，必须将应付票据科目设置为带有供应商往来辅助核算的科目。

当开具银行承兑汇票或商业承兑汇票时，应将该汇票在应付款系统的票据管理中录入。系统会自动根据票据生成一张收款单，用户可以对付款单进行查询，并可以与应付单据进行核销钩对，冲减供应商应付账款。在票据管理中，还可以对该票据进行计息、贴现、转出、结算、背书等处理。

面向『十二五』高职高专项目导向式教改教材·财经系列

(四)转账处理

转账处理是指在日常业务处理中经常发生的应付冲应收、应付冲应付、预付冲应付及红票对冲的业务处理。

1. 应付冲应收

应付冲应收是指用某供应商的应付账款冲抵某客户的应收款项。系统通过应付冲应收功能将应付款业务在供应商和客户之间进行转账，实现应付业务的调整，解决应付债务与应收债权的冲抵。

2. 应付冲应付

应付冲应付是指将一家供应商的应付款转到另一家供应商中。通过应付冲应付功能可将应付款业务在供应商之间进行转入、转出，实现应付业务的调整，解决应付款业务在不同供应商之间入错户或合并户的问题。

3. 预付冲应付

预付冲应付是指处理供应商的预付款和该供应商应付欠款的转账核销业务。即某一个供应商有预付款时，可用该供应商的一笔预付款冲其一笔应付款。

4. 红票对冲

红票对冲可实现某供应商的红字应付单与其蓝字应付单、付款单与收款单之间的冲抵。如当发生退票时，用红字发票对冲蓝字发票。红票对冲通常可以分为系统自动冲销和手工冲销两种处理方式。自动冲销可同时对多个供应商依据红票对冲规则进行红票对冲，提高红票对冲的效率。手工冲销可对一个供应商进行红票对冲，并自行选择红票对冲的单据，提高红票对冲的灵活性。

(五)制单处理

使用制单功能批量处理制单，可以快速、成批地生成凭证。制单类型包括应付单据制单、结算单制单、转账制单、汇兑损益制单等。企业可根据实际情况选取需要制单的类型。

(六)信息查询和统计分析

应付款系统的一般查询主要包括单据查询、凭证查询及账款查询等。用户在各种查询结果的基础上可以进行各项统计分析。统计分析包括欠款分析、账龄分析、综合分析及付款预测分析等。通过统计分析，可以按用户定义的账龄区间，进行一定期间内的应付账款账龄分析、付款账龄分析、往来账龄分析，了解各个供应商应付款的周转天数、周转率和各个账龄区间内应付款、付款及往来情况，以便及时发现问题，加强对往来款项的动态管理。

1. 凭证查询

通过凭证查询可以查看、修改、删除、冲销应付款系统传递到账务系统中的凭证。同时还可查询凭证对应的原始单据。

2．单据查询

单据查询包括对发票、应付单及结算单的查询。可以查询已经审核的各种类型应付单据的付款情况、结余情况；也可以查询结算单的使用情况。

3．业务账表查询

业务账表查询可以进行业务总账、业务明细账、业务余额表和对账单的查询，并可以实现总账、明细账、单据之间的联查。

通过业务账表查询可以查看供应商、供应商分类、地区分类、部门、业务员、供应商总公司、主管业务员、主管部门在一定期间所发生的应付、付款及余额情况。

4．业务账表分析

业务账表分析是应付款管理的一项重要功能，对于资金往来比较频繁、业务量和业务金额比较大的企业，业务账表分析功能能更好地满足企业的需要。业务账表分析功能主要包括应付账款的账龄分析、付款账龄分析、付款分析、付款预测等。

(七)应付款系统期末处理

企业在期末主要应完成计算汇兑损益和月末结账两项业务处理工作。

1．汇兑损益

如果供应商往来有外币核算，且在应付款系统中核算供应商往来款项，则在月末需要计算外币单据的汇兑损益并进行相应的处理。在计算汇兑损益之前，应首先在系统初始设置中选择汇兑损益的处理方法。通常系统会提供两种汇兑损益的处理方法，即月末计算汇兑损益和单据结清时计算汇兑损益。

2．月末结账

如果确认本月的各项业务处理已经结束，可以选择执行月末结账功能。结账后本月不能再进行单据、票据、转账等任何业务的增加、删除、修改等处理。另外，如果上个月没有结账，则本月不能结账，并且一次只能选择一个月进行结账。

如果用户觉得某月的月末结账有错误，可以取消月末结账。但取消结账操作只有在该月账务系统未结账时才能进行。如果启用了采购系统，采购系统结账后，应付款系统才能结账。

结账时还应注意本月的单据(发票和应付单)在结账前应该全部审核。若本月的结算单还有未核销的，不能结账；如果结账期间是本年度最后一个期间，则本年度进行的所有核销、坏账、转账等处理必须制单，否则不能向下一个年度结转，而且对于本年度外币余额为零的单据必须将本币余额结转为零，即必须执行汇兑损益。

◉【实训操作】

1．业务1：支付货款核销应付款，余款转为预付款

(1) 在应付款管理系统中，双击"付款单据处理"下的"付款单据录入"项目，进入"收

付款单录入"窗口。

(2) 单击"增加"按钮,选择供应商"天和",结算方式"转账支票",票号"ZZ010",金额 50000 元。

(3) 在表体中,修改第 1 行应付款金额为"47911.5",将第 2 行款项类型选为"预付款",如图 9-20 所示。

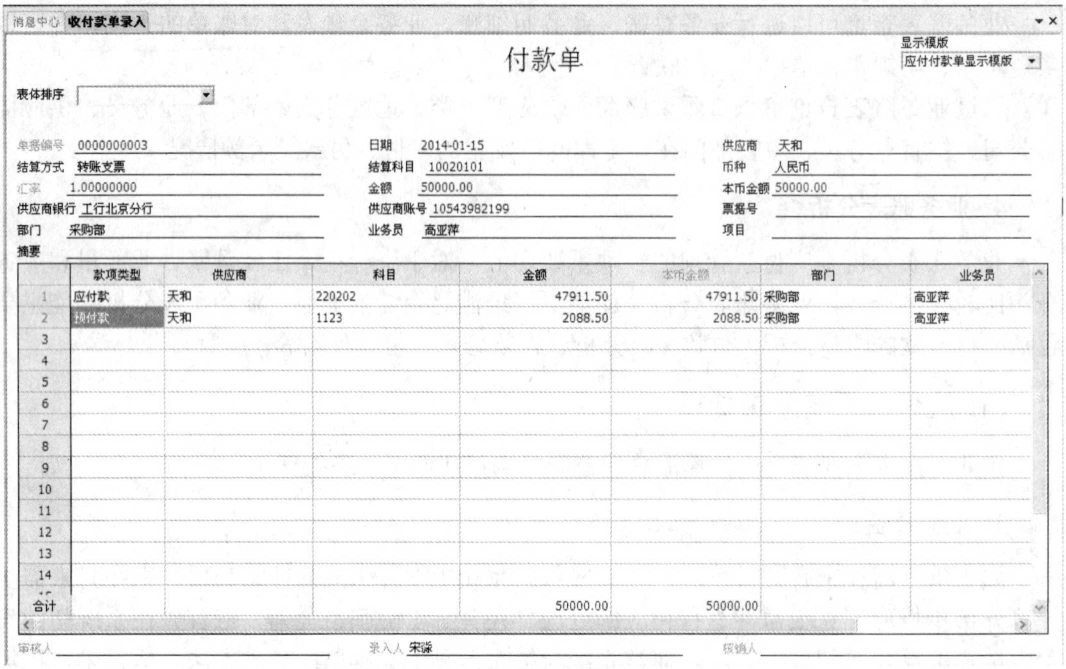

图 9-20 付款单余款转为预付款

(4) 单击"保存"按钮。单击"审核"按钮,系统弹出"是否立即制单"信息提示框,单击"是"按钮,生成凭证如图 9-21 所示。

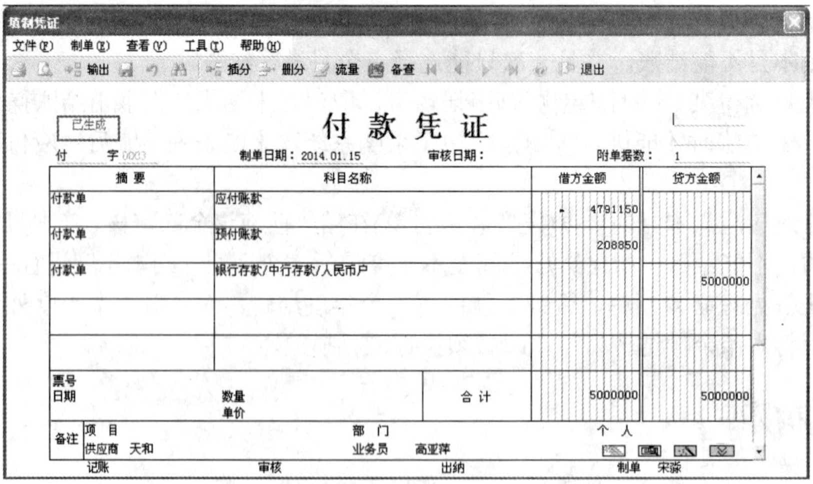

图 9-21 生成凭证

(5) 单击"核销"按钮，打开"核销条件"对话框，单击"确定"按钮，进入"单据核销"窗口。在 1 月 9 日采购专用发票本次结算栏输入"47 911.5"，如图 9-22 所示。

(6) 单击"保存"按钮，核销完成的付款单和发票不在单据核销界面出现。

单据日期	单据类型	单据编号	供应商	款项…	结算方式	币种	汇率	原币金额	原币余额	本次结算	订单号
2014-01-15	付款单	0000000003	天和	应付款	转账支票	人民币	1.00000000	47,911.50	47,911.50	47,911.50	
2014-01-15	付款单	0000000003	天和	预付款	转账支票	人民币	1.00000000	2,088.50	2,088.50		
合计								50,000.00	50,000.00	47,911.50	

单据日期	单据类型	单据编号	到期日	供应商	币种	原币金额	原币余额	可享受折扣	本次折扣	本次结算	订单号	凭证号
2013-10-20	采购普	A000200	2013-10-20	天和	人民币	144,000.00	144,000.00	0.00				
2014-01-09	采购专	12210	2014-01-09	天和	人民币	47,911.50	47,911.50	0.00	0.00	47,911.50		转-0008
合计						191,911.50	191,911.50	0.00		47,911.50		

图 9-22　核销应付款

2. 业务 2：输入一张付款单全部作为预付款

(1) 在应付款管理系统中，双击"付款单据处理"下的"付款单据录入"项目，进入"收付款单录入"窗口。

(2) 单击"增加"按钮，选择供应商"安捷"，结算方式"转账支票"，票号"ZZ012"，金额 20 000 元。

(3) 在表体中，将第 1 行款项类型修改为"预付款"，单击"保存"按钮。

(4) 单击"审核"按钮，按照系统提示生成预付凭证。

借：预付账款　　　　20 000
　　贷：银行存款　　　　20 000

3. 业务 3：应付冲应付

(1) 双击"转账"下的"应付冲应付"项目，进入"应付冲应付"窗口。

(2) 输入日期"2014-01-18"；选择转出户"天和"，转入户"安捷"。

(3) 单击"过滤"按钮。系统列出转出户"天和"未核销的应付款。

(4) 在第一行销售专用发票的并账金额处输入"144 000"，如图 9-23 所示。

(5) 单击"确定"按钮。系统弹出提示"是否立即制单？"。单击"是"按钮，生成应付冲应付凭证。

借：应付账款　　　　144 000(红字)
　　贷：应付账款　　　　144 000

4. 业务 4：预付冲应付

(1) 双击"转账"下的"预付冲应付"项目，进入"预付冲应付"窗口。

(2) 输入日期"2014-01-21"。

(3) 切换到"预付款"选项卡，选择客户"安捷公司"。单击"过滤"按钮。系统列出该供应商的预付款，输入转账金额"14 090"，如图 9-24 所示。

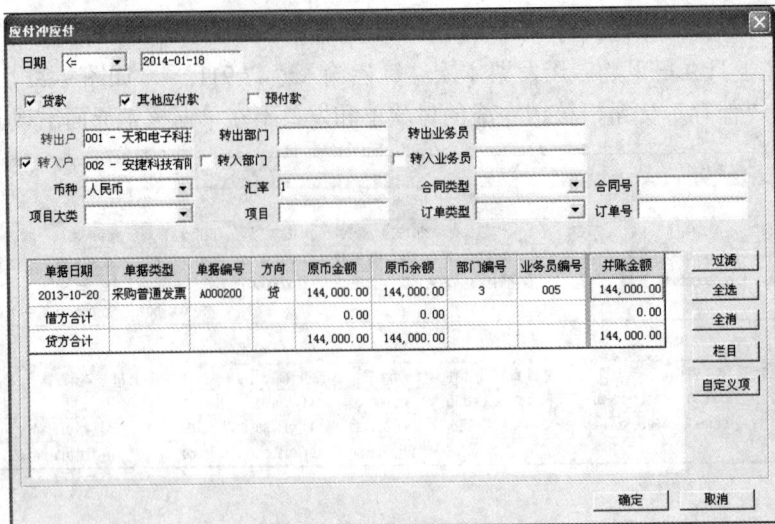

图 9-23　应付冲应付

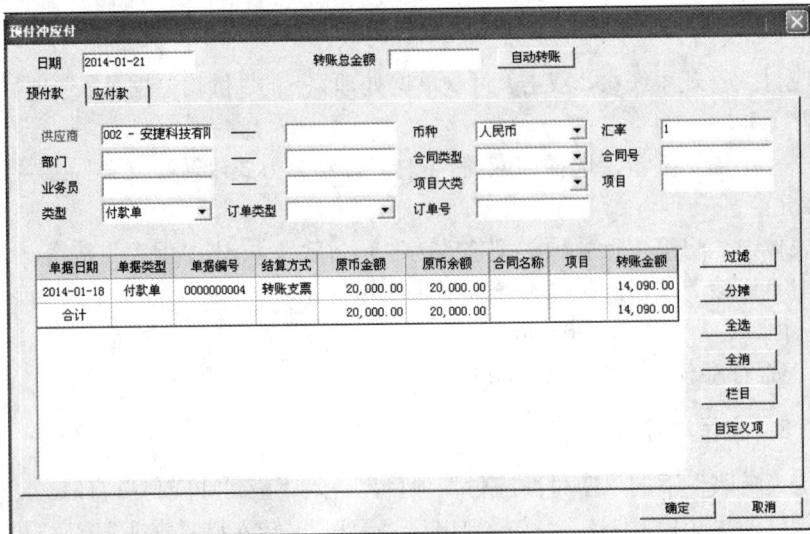

图 9-24　预付冲应付

(4) 切换到"应付款"选项卡,单击"过滤"按钮。系统列出该供应商的应付款,输入转账金额"14 040"和"50"。

(5) 单击"确定"按钮,生成凭证。

借:预付账款　　　14 090
　　贷:应付账款　　　14 090

注意:每一笔应付款的转账金额都不能大于其余额。

应付款的转账金额合计应该等于预付款的转账金额合计。

在初始设置时,如将应付科目和预付科目设置为同一科目,将无法通过预付冲应付功能生成凭证。

5. **业务 5：签发商业承兑汇票**

(1) 在应付款管理系统中，执行"票据管理"命令，打开"过滤条件选择"对话框。

(2) 单击"过滤"按钮，进入"票据管理"窗口。

(3) 单击"增加"按钮，进入"票据"窗口。

(4) 单击"票据类型"与"结算方式"栏的下三角按钮，选择"商业承兑汇票"；在"票据编号"栏录入"56121"；在"收款人"栏录入"002"，或单击参照按钮，选择"安捷科技有限公司"；在"金额"栏录入"80 000"；在"收到日期"与"出票日期"栏录入"2014-01-21"；在"到期日"栏录入"2014-01-30"；在"票据摘要"栏录入"签发并承兑商业汇票"，如图 9-25 所示。

图 9-25 填制商业汇票

(5) 单击"保存"按钮，保存信息。

> **注意：** 保存一张商业承兑汇票后，系统会自动生成一张付款单。这张付款单还需经过审核之后才能生成记账凭证。
>
> 由票据生成的付款单不能修改。

(6) 在应付款管理系统中，双击"付款单据处理"下的"付款单据审核"项目，对商业承兑汇票生成的付款单进行审核。

(7) 在应付款管理系统中，双击"制单处理"项目，选择"收付款单制单"，生成凭证。

借：应付账款　　　　80 000
　　贷：应付票据　　　　80 000

6. **业务 6：商业承兑汇票结算**

(1) 在应付款管理系统中，执行"票据管理"命令，打开"过滤条件选择"对话框。

(2) 单击"过滤"按钮，进入"票据管理"窗口。

(3) 选中向安捷公司签发并承兑的商业承兑汇票(NO.56121)。

(4) 单击"结算"按钮，打开"票据结算"对话框。

(5) 修改结算日期为"2014-01-30"，录入结算金额"80 000"；在"结算科目"栏录入"10020101"，或单击"结算科目"栏的参照按钮，选择"10020101 人民币户"，如图 9-26 所示。

图 9-26 票据结算

(6) 单击"确定"按钮，出现"是否立即制单"提示。单击"是"按钮，生成结算凭证，如图 9-27 所示。

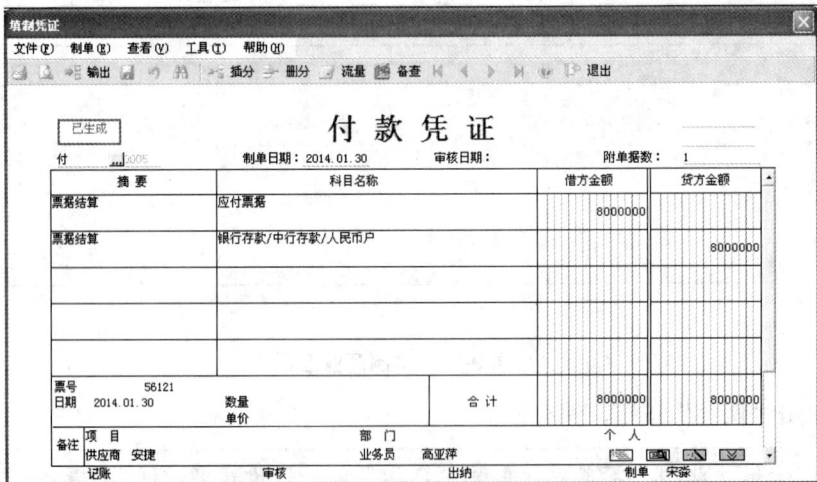

图 9-27 生成票据结算凭证

注意：当票据到期付款时，执行票据结算处理。

进行票据结算时，结算金额应是通过结算实际支付的金额。

票据结算后，不能再进行其他与票据相关的处理。

---

7. 业务 7：查询供应商"安捷"的对账单

(1) 双击"账表管理"|"业务账表"下的"对账单"项目，打开"过滤条件选择"对话框。

(2) 选择供应商"安捷"，单击"过滤"按钮，进入"应付对账单"窗口，如图 9-28 所示。

应付对账单

币种：　全部
期间：　1　－　1

年	月	日	凭证号	供应商 编码	供应商 名称	摘要	订单号	单据类型	单据号	币种	本期应付 本币	本期付款 本币	单据余额 本币	余额 本币	到期日
2014	01	03	转-0001	002	安捷科技有限公司	采购专用发票	0000000001	采购专用发票	7001	人民币	1,755.00			1,755.00	2014-01-03
2014	01	03	付-0001	002	安捷科技有限公司	付款单		付款单	0000000001	人民币		1,755.00			2014-01-03
2014	01	09	转-0006	002	安捷科技有限公司	采购专用发票		采购专用发票	F003	人民币	14,040.00			14,040.00	2014-01-08
2014	01	09	转-0007	002	安捷科技有限公司	运费发票		运费发票	0000000001	人民币	50.00			14,090.00	2014-01-08
2014	01	18	转-0011	002	安捷科技有限公司	并账		并账	BZAP000...	人民币	144,000.00			158,090.00	2013-10-20
2014	01	18	付-0004	002	安捷科技有限公司	付款单		付款单	0000000004	人民币		20,000.00		138,090.00	2014-01-18
2014	01	21	转-0013	002	安捷科技有限公司	签发并承...		付款单	0000000006	人民币		80,000.00		58,090.00	2014-01-21
				(002)小计:							159,845.00	101,755.00		58,090.00	
合...											159,845.00	101,755.00		58,090.00	

【用友软件】

图 9-28　应付对账单

8. 业务 8：账龄分析

(1) 双击“设置”下的“初始设置”项目，设置账期内账龄区间和逾期账龄区间。

(2) 双击“账表管理”|“统计分析”下的“付款账龄分析”项目，打开“付款账龄分析”对话框。

(3) 单击“确定”按钮，进入“付款账龄分析”窗口。

最后，备份为“项目九-2”账套数据。

项 目 小 结

本项目介绍了企业普通采购业务的整个流程，涉及请购、订货、到货、入库、结算、发票、付款全过程，并对应付款管理中的票据管理、转账处理等内容作了补充。

项目基础练习

一、单项选择题

1. 在采购全流程中，(　　)环节是必需的。

A. 请购　　B. 订货　　C. 到货　　D. 入库

2. 如果采购、库存、存货、应付、总账集成应用，采购入库单应该在(　　)模块录入。

A. 采购管理　　B. 应付管理　　C. 库存管理　　D. 存货核算

3. “借：应付账款　贷：银行存款”是根据(　　)制单生成的凭证。

A. 采购发票　　B. 应付单　　C. 付款单　　D. 商业承兑汇票

二、多项选择题

1. 采购管理系统提供的业务类型有(　　)。

A. 普通采购　　B. 代管采购　　C. 受托代销　　D. 直运采购

2. 对暂估入库业务，系统提供的处理方法有(　　)。

    A. 月初回冲　　　 B. 月底回冲　　　 C. 单到回冲　　　 D. 单到补差

3. 应付款管理系统中(　　)操作可以取消。

    A. 单据审核　　　 B. 核销　　　　 C. 票据结算　　　 D. 结账

三、简答题

1. 采购管理系统的功能有哪些？

2. 采购管理系统与其他系统的主要关系是什么？

3. 简述普通采购业务的处理流程。

4. 采购入库业务有几种模式，各自的处理流程是怎样的？

5. 简述采购退货业务的处理流程。

6. 简述直运采购业务、委托代销业务的处理流程。

7. 应付款系统的主要功能有哪些？

8. 说明应付款系统与其他系统的主要关系？

9. 应付款系统转账处理包括哪些内容？

10. 核销的含义是什么？

11. 总结应付款管理有哪两种应用模式？

12. 总结应付款系统生成哪些凭证传递给总账？

项目十 销售与应收管理

【项目技能点】

- 掌握普通销售业务全流程处理
- 掌握现收、直运、受托代销业务处理
- 掌握销售退货业务处理
- 掌握应收款及收款核销处理
- 掌握应收票据处理
- 掌握各类转账业务处理

【项目知识点】

- 了解销售管理系统的功能及其与其他系统的数据关系
- 熟悉普通销售业务的处理流程
- 熟悉直运销售业务、受托代销业务的处理流程
- 了解应收款系统的功能及其与其他系统的数据关系
- 理解核销的意义

任务一　销售管理

◉【任务案例】

销售是企业生产经营成果的实现，是企业利润的直接来源。用友 U8 销售管理可以提供对订货、发货、开票的管理，同时在发货处理时可以对客户的信用额度、货物现存量、最低售价等进行检查和控制，并提供各种销售分析。那么企业常用的销售类型分为哪几种？在 U8 系统中又如何处理呢？

创智科技 2014 年 1 月发生销售业务如下。

1. 普通销售业务

(1) 2014-01-10，蓝光公司想购买 10 台全真激光打印机，向销售二部了解价格。销售二部报价为 1500 元/套。填制并审核报价单。

(2) 2014-01-10，该客户了解情况后，要求订购 10 套，商定发货日期为 2014/01/12。填制并审核销售订单。

(3) 2014-01-12，销售二部从成品库向蓝光公司发出其所订货物，并据此开具专用销售发票一张，发票号为 2134。

(4) 2014-01-12，业务部门将销售发票交给财务部门，财务部门结转此业务的收入及成本。

(5) 2014-01-12，财务部收到蓝光公司转账支票一张，金额为 17 550 元。据此填制收款单并制单。

2. 现结业务

(1) 2014-01-14，销售一部向麦加公司出售名星杀毒软件 30 套，报价(无税单价)为每套 60 元，货物从成品库发出。

(2) 2014-01-14，根据上述发货单开具专用发票一张，发票号为 3312，同时收到客户以转账支票所支付的全部货款，票据号为 1188。

(3) 进行现结制单处理。

3. 代垫费用处理

2014-01-14，销售一部在向麦加公司销售商品过程中发生了一笔代垫的邮寄费 20 元。客户尚未支付该笔款项。

4. 开票直接发货

2014-01-16，销售一部向中新城市学院出售 2 台全真激光打印机，报价为每台 1 400 元，货物从成品库发出，并具此开具专用销售普通发票一张，发票号为 1234。

5. 一次销售分次出库

(1) 2014-01-18，销售一部向中新城市学院出售神州笔记本 20 台，由成品库发货，报价为每台 4500 元，同时开具普通发票一张，发票号为 5678。

(2) 2014-01-18，客户根据发货单从成品库领出神州笔记本电脑 12 台。

(3) 2014-01-19，客户根据发货单再从成品库领出神州笔记本电脑 8 台。

6. 超发货单出库

(1) 2014-01-19，销售一部向中新城市学院出售名星杀毒软件 10 套，由成品库发货，报价为每套 60 元。开具发票时，客户要求再多买 2 套，根据客户要求开具了 12 套的普通发票一张，发票号为 2026。

(2) 2014-01-19，客户从成品仓库领出 12 套名星杀毒软件。

7. 分期收款发出商品

(1) 2014-01-20，销售二部向蓝光公司出售 30 台全真激光打印机，由成品库发货，报价为每台 1400 元。客户要求以分期付款形式购买该商品。经协商，客户分两次付款，并据此开具相应的销售专用发票。第一次开具的专用发票数量为 20 台，发票号为 4321。

(2) 业务部门将该业务所涉及的出库单及销售发票交给财务部门，财务部门据此结转收入及成本。

8. 委托代销业务

(1) 2014-01-21，销售一部委托麦加公司代为销售全真激光打印机 50 台，售价为每台 1400 元，货物从成品仓库发出。

(2) 2014-01-22，收到麦加公司的委托代销清单一张，结算 15 台，售价为每台 1 420 元，立即开具销售专用发票给麦加公司。

(3) 2014-01-22，业务部门将该业务所涉及的出库单及销售发票交给财务部门，财务部门据此结转收入及成本。

【具体任务】

(1) 引入"项目八"作为实训准备账套。

(2) 以账套主管宋淼的身份完成全部业务处理(也可以以采购主管的身份进行采购业务处理；以仓库主管的身份进行库存业务处理；以账套主管的身份进行存货核算业务处理和应付业务处理)。

【理论认知】

一、认识销售管理系统

(一)销售管理系统的主要功能

1. 销售系统初始设置

销售系统初始设置包括设置销售管理系统业务处理所需要的各种业务选项、基础档案信息及销售期初数据。

2. 销售业务管理

销售业务管理主要处理销售报价、销售订货、销售发货、销售开票、销售调拨、销售退回、发货折扣、委托代销、零售等业务，并根据审核后的发票或发货单自动生成销售出库单，处理随同货物销售所发生的各种代垫费用，以及在货物销售过程中发生的各种销售支出。

在销售管理系统中，可以处理普通销售、委托代销、直运销售、分期收款销售、销售调拨及零售业务等业务类型。

3. 销售账簿及销售分析

销售管理系统可以提供各种销售明细账、销售明细表及各种统计表，还可以提供各种销售分析及综合查询统计分析。

(二)销售管理系统与其他系统的主要关系

销售管理系统与其他系统的主要关系如图 10-1 所示。

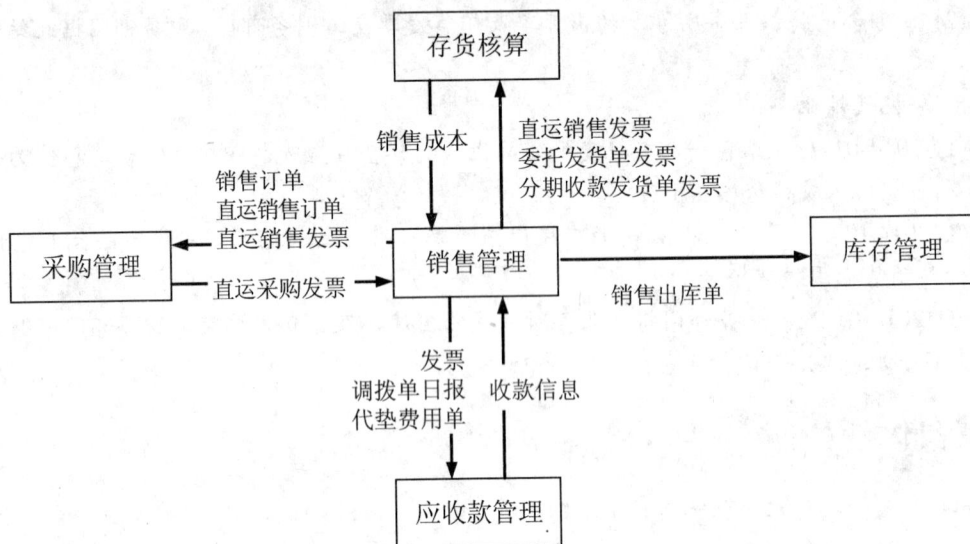

图 10-1　销售管理系统与其他系统的主要关系

采购管理系统可参照销售管理系统的销售订单生成采购订单。在直运业务必有订单模式下，直运采购订单必须参照直运销售订单生成；如果在直运业务非必有订单模式下，那么直运采购发票和直运销售发票可相互参照。

根据选项设置，销售出库单既可以在销售管理系统生成并传递到库存管理系统审核，也可以由库存管理系统参照销售管理系统的单据生成；库存管理系统为销售管理系统提供可用于销售的存货的可用量。

销售发票、销售调拨单、零售日报、代垫费用单在应收款系统中审核登记应收明细账，进行制单生成凭证；应收款系统进行收款并在核销相应应收单据后回写收款核销信息。

直运销售发票、委托代销发货单发票、分期收款发货单发票在存货核算系统登记存货明细账，并制单生成凭证；存货核算系统为销售管理系统提供销售成本。

二、日常销售业务处理

销售管理根据企业应用主要可分为四种业务类型：普通销售业务、委托代销业务、直运业务、分期收款业务，其他还有销售调拨业务、零售业务等。

(一)普通销售业务处理

普通销售业务模式适用于大多数企业的日常销售业务，它与其他系统一起，提供对销售报价、销售订货、销售发货、销售出库、销售开票、销售收款结算、结转销售成本全过程的处理。用户也可以根据企业的实际业务应用，结合本系统对销售流程进行灵活配置。

1. 先发货后开票的普通销售业务

普通销售业务支持两种业务模式：先发货后开票业务模式和开票直接发货业务模式。先发货后开票业务模式的，业务流程如图10-2所示。

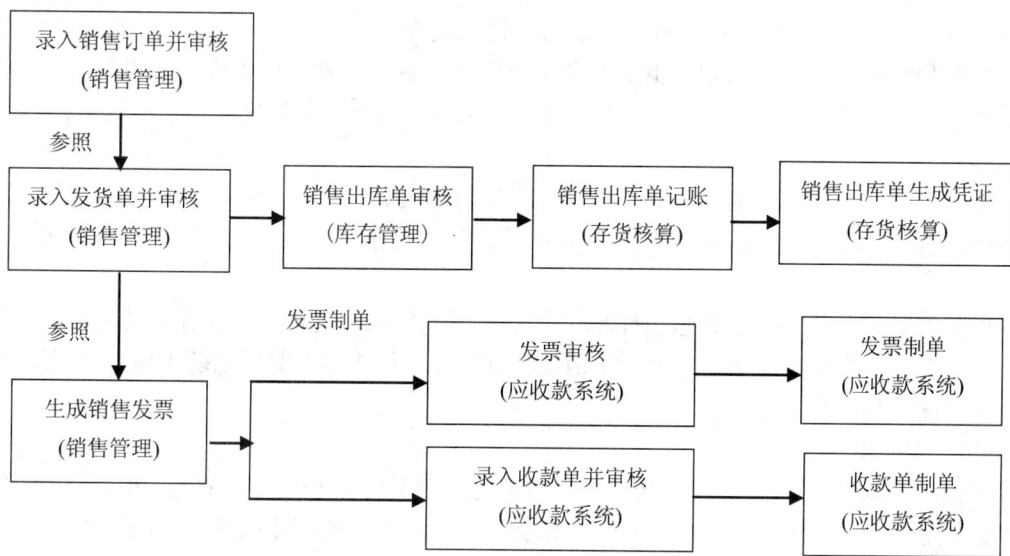

图10-2　先发货后开票业务模式的业务流程

相关的业务流程说明如下。

1) 销售报价

销售报价是指企业向客户提供货品、规格、价格、结算方式等信息，双方达成协议后，销售报价单可以转为有效力的销售合同或销售订单。企业可以针对不同客户、不同存货、不同批量提出不同的报价、折扣率。在销售业务流程中，销售报价环节可以省略。

2) 销售订货

销售订货处理是指企业与客户签订销售合同，在销售管理系统中体现为销售订单。若客户经常采购某产品，或客户是本企业的经销商，则销售部门无须经过报价环节即可输入销售订单。如果前面已有对客户的报价，也可以参照报价单生成销售订单。在销售业务流程中，订货环节是可选的。

可以参照已审核未关闭的销售订单生成销售发货单或销售发票。

3) 销售发货

当客户订单交期来临时，相关人员应根据订单进行发货。销售发货是企业执行与客户签订的销售合同或销售订单，将货物发往客户的行为，是销售业务的执行阶段。除了根据销售订单发货外，销售管理系统也有直接发货的功能，即无须事先录入销售订单而随时可以将产品发给客户。在销售业务流程中，销售发货处理是必需的。

先发货后开票模式中发货单由销售部门根据销售订单填制或手工输入，客户通过发货单取得货物所有权。发货单审核后，可以生成销售发票和销售出库单。开票直接发货模式中发货单由销售发票自动生成，发货单只做浏览，不能进行修改、删除、弃审等操作，但可以关闭、打开；销售出库单根据自动生成的发货单生成。

参照订单发货时，一张订单可多次发货，多张订单也可一次发货。如果不设置"超订量发货控制"，可以超销售订单数量发货。

4）销售开票

销售开票是在销售过程中企业给客户开具销售发票及其所附清单的过程，它是销售收入确定、销售成本计算、应交销售税费确定和应收账款确定的依据，是销售业务的必要环节。

销售发票既可以直接填制，也可以参照销售订单或销售发货单生成。参照发货单开票时，多张发货单可以汇总开票，一张发货单也可拆单生成多张销售发票。

5）销售出库

销售出库是销售业务处理的必要环节。在库存管理系统中用于存货出库数量核算，在存货核算系统中用于存货出库成本核算(条件是存货核算系统中销售成本的核算选择依据销售出库单)。

根据参数设置的不同，销售出库单可在销售系统生成，也可以在库存系统生成。如果由销售管理系统生成出库单，只能一次销售全部出库；而由库存管理系统生成销售出库单，可实现一次销售分次出库。

6）出库成本确定

销售出库(开票)之后，要进行出库成本的确定。对于用先进先出、后进先出、移动平均、个别计价这四种计价方式计价的存货，在存货核算系统进行单据记账时进行出库成本核算；而用全月平均、计划价/售价法计价的存货在期末处理时进行出库成本核算。

7）应收账款确定及收款处理

及时进行应收账款确定及收款处理是财务核算工作的基本要求，由应收款管理系统完成。应收款管理系统主要完成对由经营业务转入的应收款项的处理，提供各项应收款项的相关信息，以明确应收账款款项来源，有效掌握收款核销情况，提供适时的催款依据，提高资金周转率。

2. 以订单为中心的销售业务

销售订单是反映由购销双方确定的客户购货需求的单据，它可以是企业销售合同中关于货物的明细内容，也可以是一种订货的口头协议。以订单为中心的销售业务是标准、规范的销售管理模式，订单是整个销售业务的核心。整个业务流程的执行都回写到销售订单，通过销售订单可以跟踪销售的整个业务流程。

如果企业选择使用以订单为中心的销售业务模式，则需要在销售管理系统中设置"必有订单"业务模式的相关参数，可以选择的模式有普通销售必有订单、委托代销必有订单、分期收款必有订单、直运销售必有订单。

如果设置了"普通业务必有订单"，则其业务流程如图 10-3 所示。

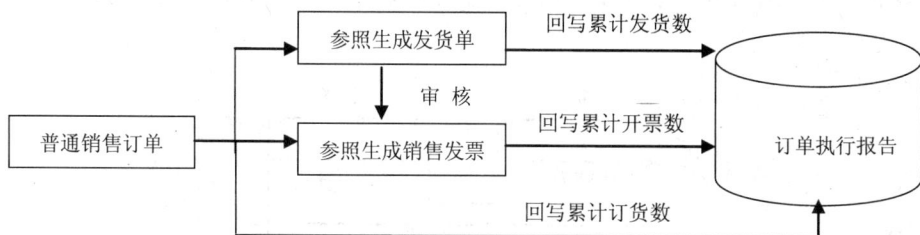

图 10-3　"普通业务必有订单"销售业务的业务流程

3. 现收业务

现收业务是指在销售货物的同时向客户收取货币资金的行为。在销售发票、销售调拨单和零售日报等销售结算单据中可以直接处理现收业务并结算，其业务流程如图 10-4 所示。

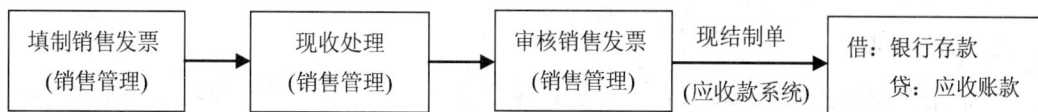

图 10-4　现收业务的业务流程

4. 销售退货业务

销售退货是指客户因质量、品种、数量不符合规定要求而将已购货物退回。

先发货后开票销售业务模式下的退货处理流程如图 10-5 所示。

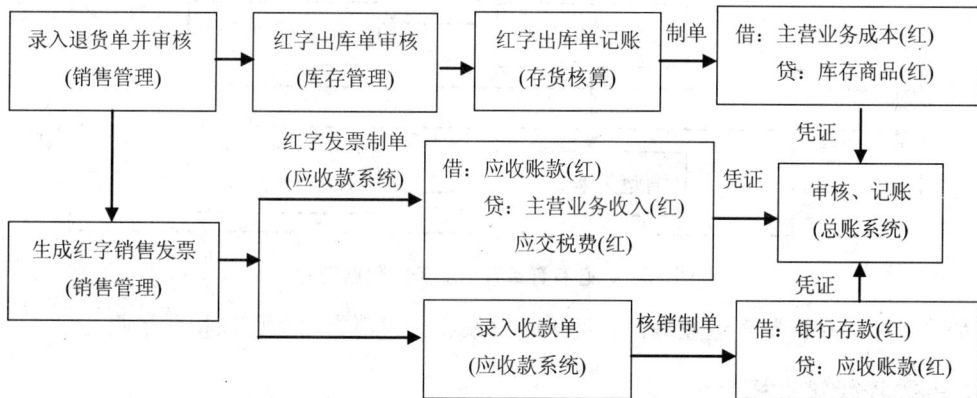

图 10-5　先发货后开票销售业务模式下的退货处理流程

开票直接发货销售业务模式下的退货处理流程：填制并审核红字销售发票，审核后的红字销售发票自动生成相应的退货单、红字销售出库单及红字应收账款，并传递到库存管理系统和应收款管理系统。

(二)直运业务

1. 业务说明

直运业务是指产品无须入库即可完成的购销业务，由供应商直接将商品发给企业的客户；结算时，由购销双方分别与企业结算，企业赚取购销间差价。直运业务流程如图 10-6 所示。

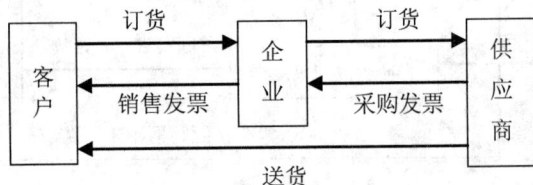

图 10-6　直运业务流程

直运业务包括直运销售业务和直运采购业务。直运业务没有实物的出入库，货物流向是直接从供应商到客户，财务结算通过直运销售发票、直运采购发票解决。直运业务适用于大型电器、汽车、设备等产品的销售。

2. 选项设置

直运销售业务分为两种模式：一种是只开发票，不开订单；另一种是先有订单再开发票。它们分别称为普通直运销售业务(非必有订单)和必有订单直运销售业务。无论采用哪种模式，直运业务选项均在销售管理系统设置。

3. 业务流程

必有订单直运业务的数据流程如图 10-7 所示。

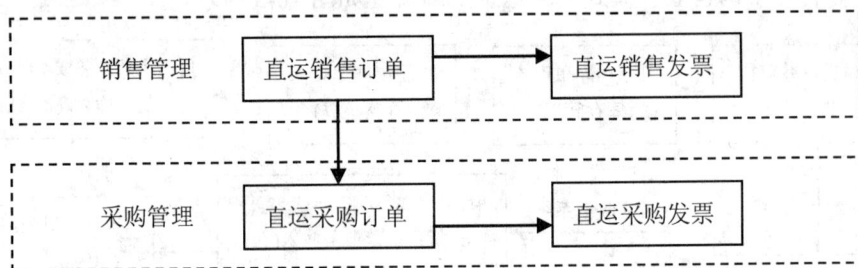

图 10-7　必有订单直运业务的数据流程

如果是非必有订单直运业务，直运采购发票和直运销售发票可以相互参照。

(三)委托代销业务

1. 业务说明

委托代销业务是指企业将商品委托他人进行销售但商品所有权仍归本企业的销售方式。委托代销商品销售后，受托方与企业进行结算，并开具正式的销售发票，形成销售收入，商品所有权转移。

2. 相关设置

如果企业存在委托代销业务，需要分别在销售管理系统和库存管理系统中进行参数设置。只有设置了委托代销业务参数后，才能处理委托代销业务，账表查询中才会增加相应的委托代销账表。为了便于系统根据委托代销业务类型自动生成凭证，需要在存货核算系统中进行委托代销相关科目的设置。

3. 业务流程

委托代销业务的业务流程和单据流程如图 10-8 所示。

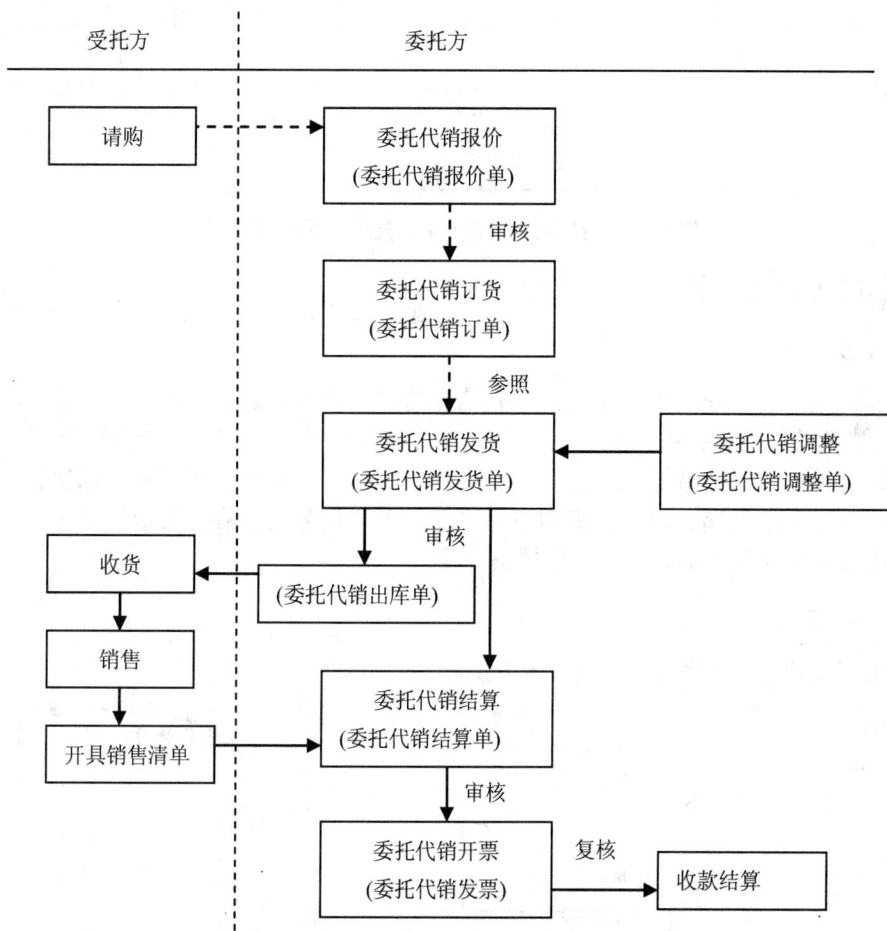

图 10-8　委托代销业务的业务流程及单据流程

(四)分期收款业务

1. 业务类型说明

分期收款销售业务类似于委托代销业务，货物提前发给客户，分期收回货款，收入与成本按照收款情况分期确定。分期收款销售的特点是一次发货，当时不确定收入，分次确定收入，在确定收入的同时配比性地转成成本。

2. 相关设置

在销售管理系统中进行分期收款销售业务的选项设置，在存货核算系统中进行分期收款销售业务的科目设置。

3. 业务流程

分期收款销售业务的处理流程及单据流程如图 10-9 所示。

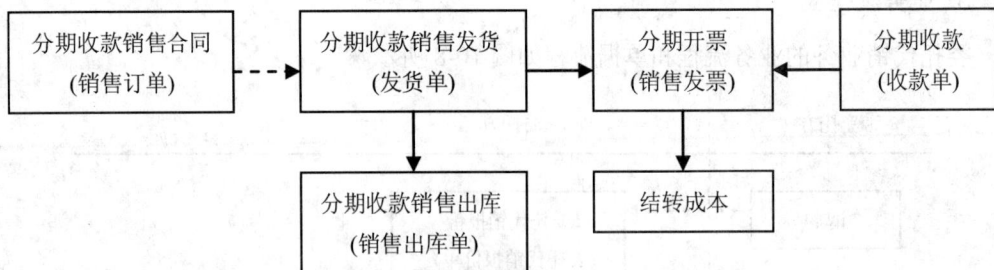

图 10-9　分期收款销售业务的处理流程及单据流程

(五)销售调拨业务

1. 业务类型

销售调拨一般是处理集团企业内部有销售结算关系的销售部门或分公司之间的销售业务。销售调拨单是给有销售结算关系的客户(客户实际上是销售部门或分公司)开具的原始销售票据，客户通过销售调拨单取得货物的实物所有权。与销售开票相比，销售调拨业务只记销售收入并不涉及销售税金。调拨业务必须在当地税务机关许可的前提下方可进行，否则处理内部销售调拨业务必须开具发票。

2. 业务流程

销售调拨业务的业务流程如图 10-10 所示。

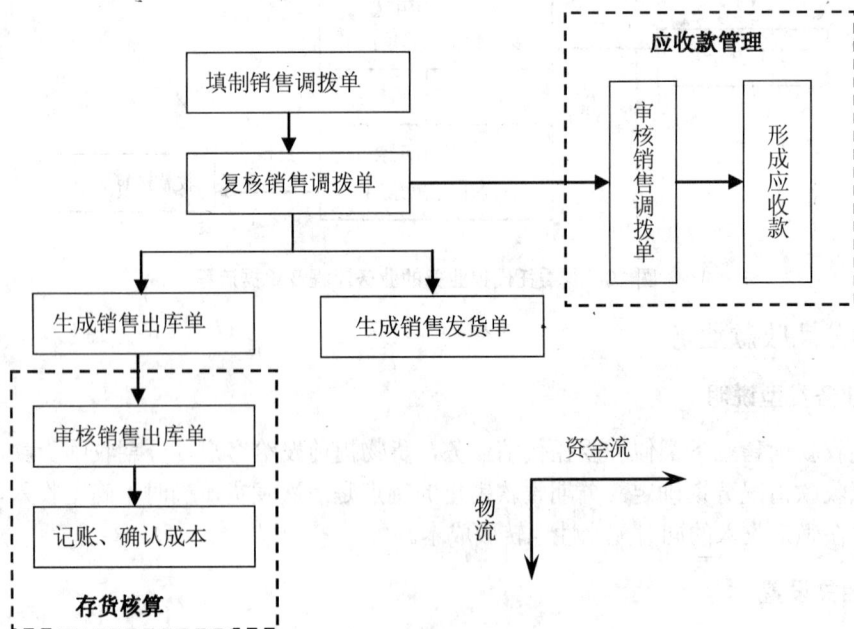

图 10-10　销售调拨业务的业务流程

(六)零售业务

1. 业务类型

零售业务是处理商业企业将商品销售给零售客户的销售业务，如果用户有零售业务，相应的销售票据应按日汇总数据，然后通过零售日报进行处理。这种业务常见于商场、超市及企业的各零售店。

2. 业务流程

零售业务的业务处理流程如图 10-11 所示。

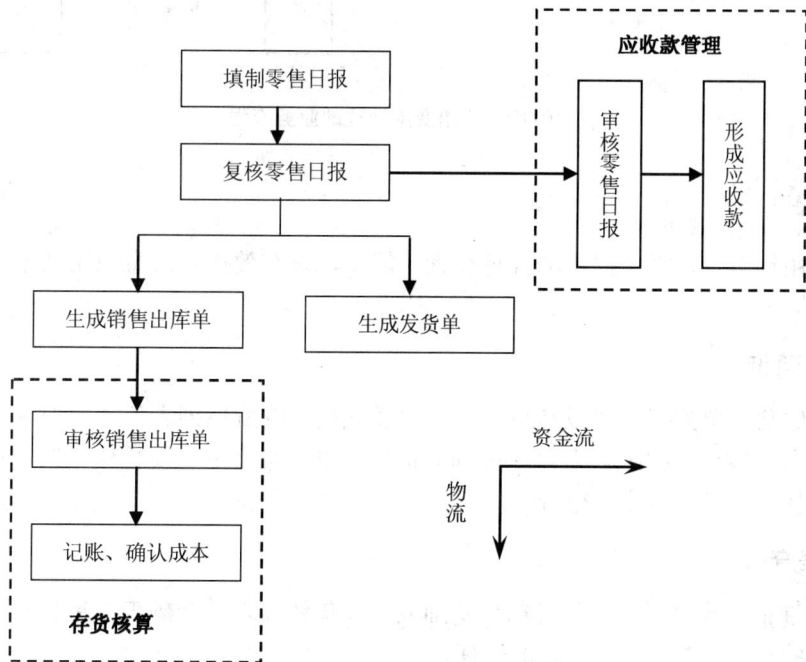

图 10-11　零售业务处理流程

(七)代垫费用

1. 业务类型

代垫费用是指在销售业务中，随货物销售所发生的(如运杂费、保险费等)暂时代垫、将来需向对方单位收取的费用项目。代垫费用实际上形成了用户对客户的应收款，代垫费用的收款核销由应收款管理系统来处理，本系统仅对代垫费用的发生情况进行登记。

2. 业务流程

代垫费用处理的业务流程如图 10-12 所示。

面向「十二五」高职高专项目导向式教改教材·财经系列

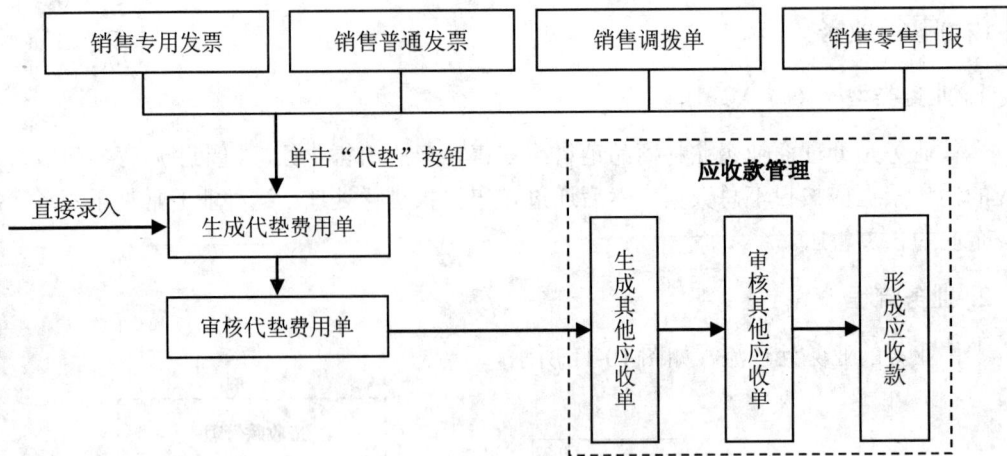

图 10-12　代垫费用处理的业务流程

三、综合查询

灵活运用销售管理系统提供的各种查询功能，可以有效提高信息利用效率和销售管理水平。

1. 单据查询

通过"销售订单列表"、"发货单列表"、"委托代销发货单列表"、"发票列表"、"销售调拨单列表"、"零售日报列表"可以分别对销售订单、发货单、委托代销发货单、销售发票、销售调拨单、零售日报进行查询。

2. 账表查询

通过查询销售管理系统提供的销售明细表、销售统计表、余额表及销售分析表，实现对销售业务的事中控制、事后分析的管理。

四、月末处理

月末结账是将当月的单据数据封存，结账后不允许再对该会计期的销售单据进行增加、修改和删除处理。

【实训操作】

1. 销售业务 1

业务类型：普通销售业务。

在"业务工作"下依次展开"供应"|"销售管理"|"设置"选项，进入销售管理系统，双击"销售选项"项目，打开"销售选项"对话框，取消选中"报价含税"复选框，如图 10-13 所示。

1) 在销售管理系统中填制并审核报价单

(1) 进入销售管理系统，在“销售报价”下双击“销售报价单”项目，进入“销售报价单”窗口。

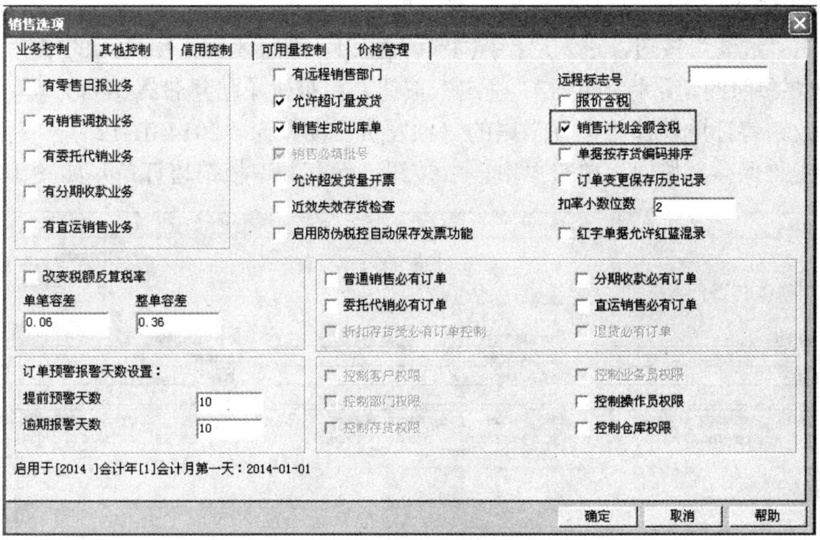

图 10-13　销售选项设置

(2) 单击“增加”按钮，输入报价日期“2014-01-10”，销售类型“批发”，客户名称“蓝光”，销售部门“销售二部”。

(3) 选择货物名称“2003 激光打印机”，输入数量“10”，报价“1500”。

(4) 单击“保存”按钮，单击“审核”按钮，保存并审核报价单，如图 10-14 所示。

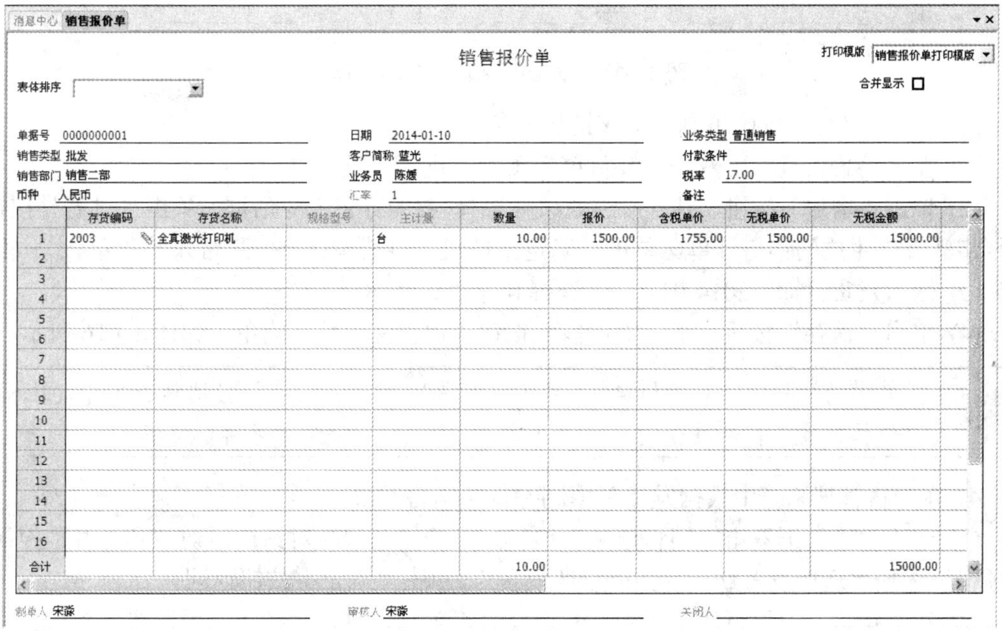

	存货编码	存货名称	规格型号	主计量	数量	报价	含税单价	无税单价	无税金额
1	2003	全真激光打印机		台	10.00	1500.00	1755.00	1500.00	15000.00
2									
3									
4									
5									
6									
7									
8									
9									
10									
11									
12									
13									
14									
15									
16									
合计					10.00				15000.00

图 10-14　输入销售报价单

2) 在销售管理系统中填制并审核销售订单

(1) 在"销售订货"下双击"销售订单"项目,进入"销售订单"窗口。

(2) 单击"增加"按钮,单击"生单"按钮旁的下三角按钮,从下拉列表中选择"报价",打开"过滤条件选择-订单参照报价单"对话框。

(3) 单击"过滤"按钮,进入"参照生单"窗口,选择步骤 1 中录入的报价单,从下边窗口中选择要参照的记录行,单击"确定"按钮,将报价单信息带入销售订单。

(4) 修改销售订单表体第 1 行末尾的"预发货日期"为"2014-01-12"。

(5) 单击"保存"按钮,单击"审核"按钮,保存并审核销售订单,如图 10-15 所示。

图 10-15 根据报价单生成销售订单

3) 在销售管理系统中填制并审核销售发货单

(1) 在"销售发货"下双击"发货单"项目,进入"发货单"窗口。

(2) 单击"增加"按钮,打开"过滤条件选择-参照订单"对话框,单击"过滤"按钮,选择步骤 2 中生成的销售订单,单击"确定"按钮,将销售订单信息带入发货单。

(3) 输入发货日期"2014-01-12",选择仓库"成品库"。

(4) 单击"保存"按钮,单击"审核"按钮,保存并审核发货单,如图 10-16 所示。

> **注意:** 发货单中的"扣率"和"扣率 2"两列可用来处理商业折扣。当销售选项中的取价方式为价格政策、最新售价时,将带入相关"扣率",也可自行输入扣率。

4) 在销售管理系统中根据发货单填制并复核销售发票

(1) 在"设置"下双击"销售选项"项目,打开"选项"对话框。切换到"其他控制"选项卡,选择"新增发票默认"为"参照发货",单击"确定"按钮返回。

(2) 在"销售开票"下双击"销售专用发票"项目,进入"销售专用发票"窗口。

(3) 单击"增加"按钮,打开"过滤条件选择-发票参照发货单"对话框,单击"过滤"

按钮，选择要参照的发货单，单击"确定"按钮，将发货单信息带入销售专用发票。

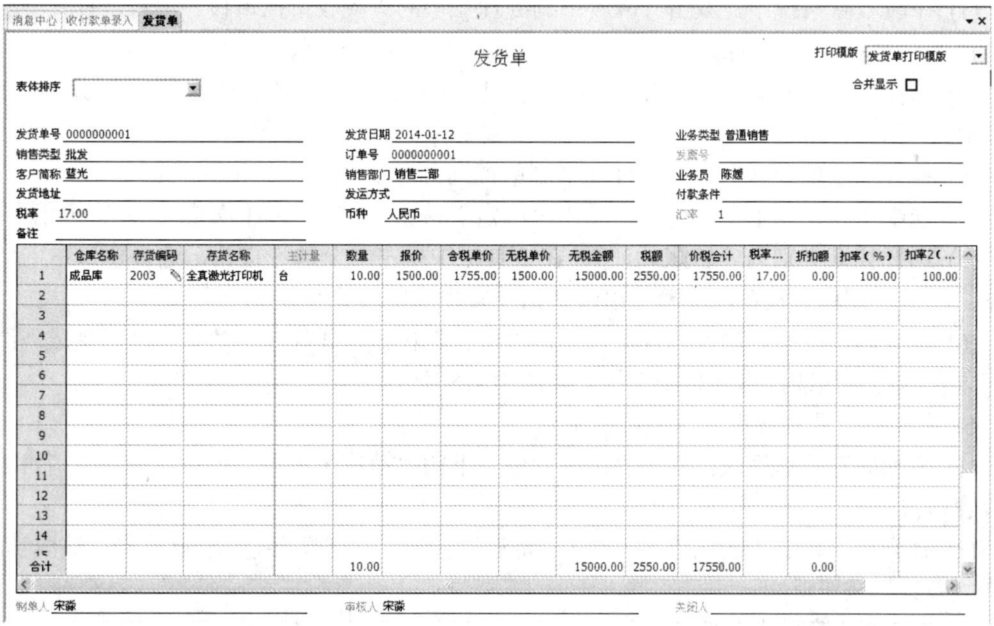

图 10-16　根据销售订单生成销售发货单

> **注意：** 可选择多张发货单开具一张销售发票，也可以一张发货单分次开票。分次开票时注意参照发货单生成发票时要修改发票上的数量。

(4) 修改发票号为"2134"，单击"保存"按钮。单击"复核"按钮，复核销售专用发票，如图 10-17 所示。

图 10-17　根据销售发货单生成销售发票

面向"十二五"高职高专项目导向式教改教材·财经系列

5) 在应收款管理系统中，审核销售专用发票并生成销售收入凭证

(1) 在应收款系统中，双击"应收单据处理"下的"应收单据审核"项目，打开"应收单过滤条件"对话框，单击"确定"按钮，进入"应收单据列表"窗口。

(2) 选择要审核的单据，单击"审核"按钮，系统弹出提示"审核成功"，单击"确定"按钮返回。

(3) 执行"制单处理"命令，打开"制单查询"对话框。

(4) 选中"发票制单"复选框，单击"确定"按钮，进入"销售发票制单"窗口。

(5) 选择凭证类别为"转账凭证"，在工具栏中单击"全选"按钮，选择窗口中的所有单据。单击"制单"按钮，屏幕上出现根据发票生成的转账凭证。

(6) 修改制单日期，输入附件数，单击"保存"按钮，凭证左上角显示"已生成"红字标记，表示已将凭证传递到总账系统，如图 10-18 所示。

6) 在库存管理系统中审核销售出库单

(1) 启动库存管理系统，双击"出库业务"下的"销售出库单"项目，进入"销售出库单"窗口。

(2) 找到要审核的销售出库单，单击"审核"按钮，系统弹出提示"该单据审核成功！"，单击"确定"按钮返回。

7) 在存货核算系统中对销售出库单记账并生成凭证

(1) 进入存货核算系统，双击"初始设置"|"选项"下的"选项录入"项目，选择销售成本核算方式"销售出库单"。

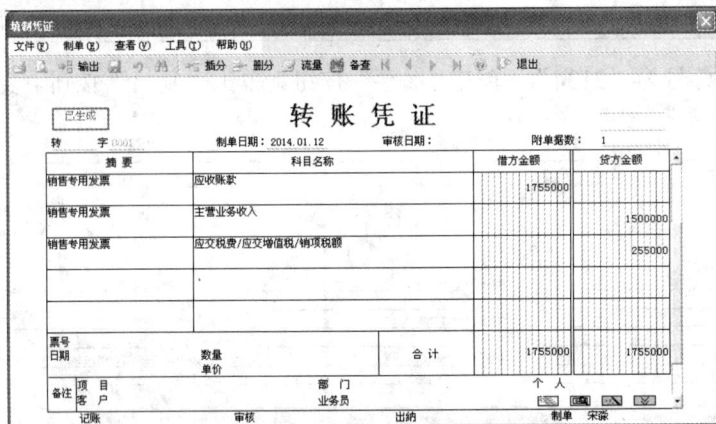

图 10-18　生成销售收入凭证

(2) 双击"业务核算"下的"正常单据记账"项目，打开"过滤条件选择"对话框。

(3) 选择仓库"成品库"，选择"销售出库单"单据类型，单击"过滤"按钮，进入"正常单据记账"窗口。

(4) 单击需要记账的单据前的"选择"栏，出现"Y"标记，或单击工具栏的"全选"按钮，选择所有单据，然后单击工具栏中的"记账"按钮。

(5) 系统开始进行单据记账，记账完成后，单据不在窗口中显示。

(6) 双击"财务核算"下的"生成凭证"项目，进入"生成凭证"窗口。

(7) 单击"选择"按钮，打开"查询条件"对话框。选择"销售出库单"，单击"确定"

按钮，进入"选择单据"窗口。

(8) 选择需要生成凭证的单据或在工具栏中单击"全选"按钮，然后在工具栏中单击"确定"按钮，进入"生成凭证"窗口。

(9) 选择凭证类别为"转账凭证"，单击"生成"按钮，系统显示生成的转账凭证。

(10) 确定修改无误后，单击工具栏中的"保存"按钮，凭证左上角显示"已生成"红字标记，表示已将凭证传递到总账系统，如图 10-19 所示。

8) 在应收款管理系统中输入收款单并制单

(1) 进入应收款管理系统，双击"收款单据处理"下的"收款单据录入"项目，进入收款单录入窗口。

(2) 输入收款单信息。

(3) 单击"保存"按钮，单击"审核"按钮，系统弹出提示"是否立即制单？"，单击"是"按钮。

(4) 在填制凭证窗口，单击"保存"按钮，如图 10-20 所示。

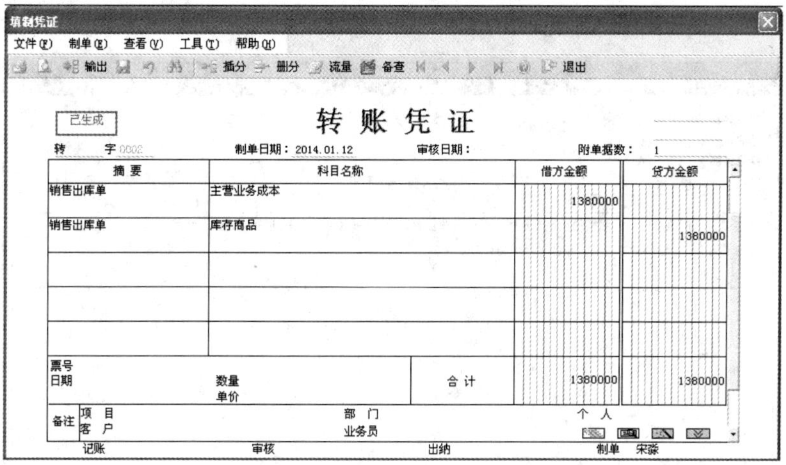

图 10-19　生成销售成本凭证

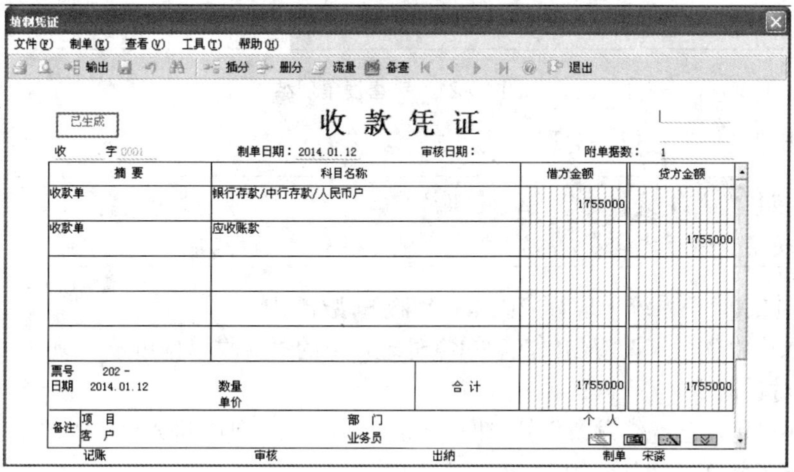

图 10-20　生成收款凭证

2. 销售业务 2

业务类型：现结销售。

1) 在销售管理系统中填制并审核发货单

(1) 双击"销售发货"下的"发货单"项目，进入"发货单"窗口。

(2) 单击"增加"按钮，打开"参照订单"对话框，单击"取消"按钮，进入"发货单"窗口。

(3) 输入发货日期"2014-01-14"，客户"麦加"，销售部门"销售一部"。

(4) 选择仓库"成品库"；输入存货名称"2004 名星杀毒软件"，数量"30"，报价"60"。

(5) 单击"保存"按钮，单击"审核"按钮，保存并审核发货单。

2) 在销售管理系统中根据发货单生成销售专用发票，并执行现结

(1) 在销售管理系统中，根据发货单生成销售专用发票，单击"保存"按钮。

(2) 在销售专用发票界面，单击"现结"按钮，打开"现结"对话框。选择结算方式为"转账支票"，输入结算金额为"2106"，票据号为"1188"，如图 10-21 所示。单击"确定"按钮返回，销售普通发票左上角显示"现结"标志。

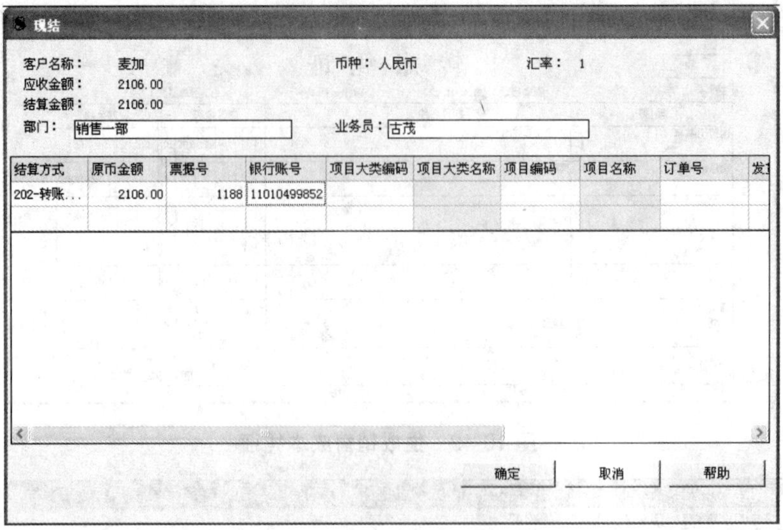

图 10-21　销售发票现结

(3) 单击"复核"按钮，对现结发票进行复核。

> **注意：** 应在销售发票复核前进行现结处理。
> 销售发票复核后才能在应收款系统中进行"现结"制单。

3) 在应收款管理系统中进行应收单据审核和现结制单

(1) 进入应收款系统，双击"应收单据处理"下的"应收单据审核"项目，打开"单据过滤条件"对话框。

(2) 选中"包含已现结发票"复选框，单击"确定"按钮，进入"应收单据列表"窗口。

(3) 审核步骤 2 的销售专用发票。

(4) 执行"制单处理"命令，打开"制单查询"对话框。选中"现结制单"复选框，单

击"确定"按钮，进入"应收制单"窗口。

(5) 单击需要制单的单据行的"选择标志"栏，输入任一标志，选择凭证类别为"收款凭证"，输入制单日期，单击"制单"按钮，生成收款凭证。

(6) 确定修改无误后，单击"保存"按钮，凭证左上角出现"已生成"红色标记，表示凭证已传递到总账，如图 10-22 所示。

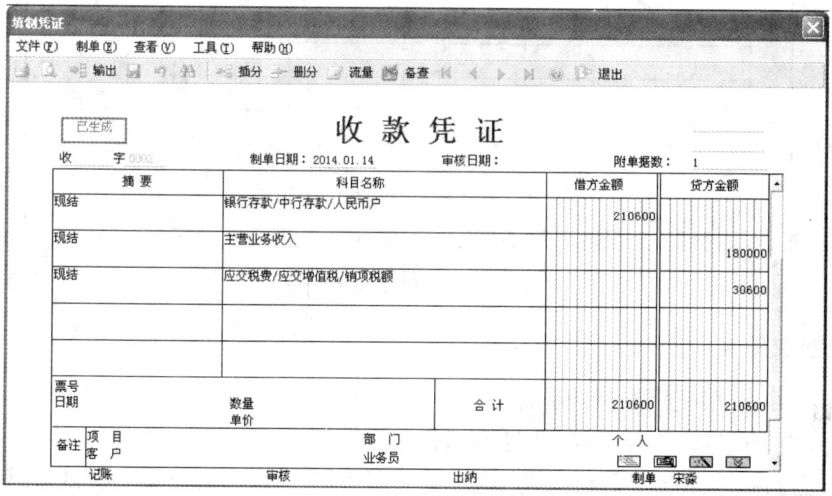

图 10-22 现结制单

3. 销售业务 3

业务类型：代垫费用处理。

1) 在企业应用平台中设置费用项目

(1) 在企业应用平台的"基础设置"选项卡中，双击"基础档案"|"业务"下的"费用项目分类"项目，进入"费用项目分类"窗口。增加项目分类"1 代垫费用"。

(2) 执行"业务"|"费用项目"命令，进入"费用项目"窗口。增加"01 邮寄费"并保存。

2) 在销售管理系统中填制并审核代垫费用单

(1) 在销售管理系统中，双击"代垫费用"下的"代垫费用单"项目，进入"代垫费用单"窗口。

(2) 单击"增加"按钮，输入代垫日期"2014-01-14"，客户"麦加"，销售部门"销售一部"，费用项目"邮寄费"，代垫金额"20"，保存并审核。

3) 在应收款管理系统中对代垫费用单进行审核并确定应收

(1) 在应收款管理系统中，双击"应收单据处理"下的"应收单据审核"项目，打开"应收单过滤条件"对话框，单击"批审"按钮对代垫费用单形成的其他应收单进行审核。

(2) 双击"制单处理"项目，打开"制单查询"对话框。选择"应收单制单"，单击"确定"按钮，进入"应收制单"窗口。

(3) 选择要制单的单据，选择凭证类型为"付款凭证"，单击"制单"按钮，生成一张转账凭证，输入贷方科目"1001"，单击"保存"按钮，如图 10-23 所示。

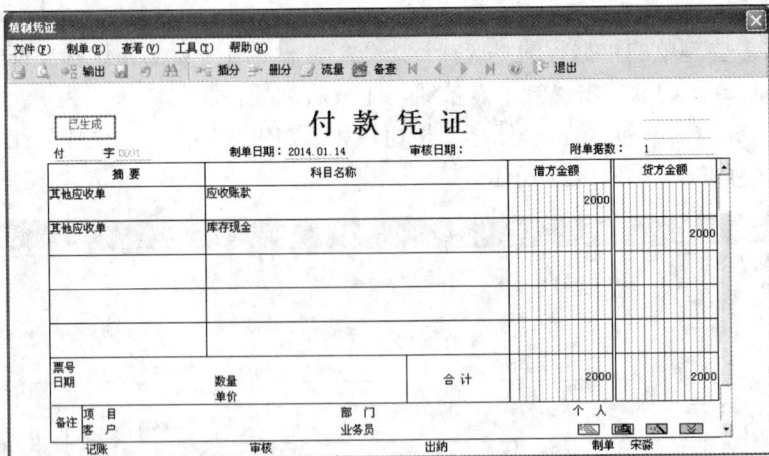

图 10-23 代垫费用制单

4. 销售业务 4

业务类型：开票直接发货业务。

1) 在销售管理系统中，填制并复核销售普通发票

(1) 在销售管理系统中，双击"销售开票"下的"销售普通发票"项目，进入"销售普通发票"窗口。

(2) 单击"增加"按钮，打开"选择发货单"对话框。单击"取消"按钮，返回"销售普通发票"窗口。

(3) 按实验要求输入销售普通发票内容并复核。

2) 在销售管理系统中，查询销售发货单

双击"销售发货"下的"发货单"项目，进入"发货单"窗口，可以看到根据销售专用发票自动生成的发货单。

3) 在库存管理系统中，查询销售出库单

在库存管理系统中，执行"出库业务"┃"销售出库单"命令，进入"销售出库单"窗口，可以查看根据销售发票自动生成的销售出库单。

5. 销售业务 5

业务类型：一次销售分次出库。

1) 在销售管理系统中设置相关选项

在销售管理系统中，双击"设置"下的"销售选项"项目，进入"销售选项"对话框。在"业务控制"选项卡中，取消选中"销售生成出库单"复选框，单击"确定"按钮返回。

注意：修改该选项的前提是原操作模式下的单据(发货单、发票)必须全部审核。

2) 在销售管理系统中，填制并审核发货单

3) 在销售管理系统中，根据发货单开具销售普通发票并复核

4) 在库存管理系统中，根据发货单开具销售出库单

(1) 在库存管理系统中，双击"出库业务"下的"销售出库单"项目，进入"销售出库

单"窗口。

(2) 单击"生单"按钮，打开"选择发货单"对话框。

(3) 单击"过滤"按钮，选择要参照的发货单，窗口下方显示发货单表体内容。移动水平滚动条，在记录行末修改"本次出库数量"为"12"，单击"OK 确定"按钮，系统弹出"生单成功！"信息提示框，单击"是"按钮，生成销售出库单。

(4) 单击"审核"按钮，系统弹出提示"该单据审核成功！"，单击"确定"按钮返回。

(5) 同理，填制第 2 张销售出库单，出库数量为"8"。

6. 销售业务 6

业务类型：超发货单出库、开票。

1) 在库存管理系统和销售管理系统中修改相关选项设置

(1) 在库存管理系统中，双击"初始设置"下的"选项"项目，打开"库存选项设置"对话框。切换到"专用设置"选项卡，选中"允许超发货单出库"复选框，单击"确定"按钮返回。

(2) 在销售管理系统中，双击"设置"下的"销售选项"项目，打开"销售选项"对话框。在"业务控制"中选择"允许超发货量开票"，单击"确定"按钮返回。

2) 在企业应用平台中修改存货档案，设置超额出库上限为 30%

(1) 在企业应用平台中的"基础设置"选项卡中，双击"基础档案"|"存货"下的"存货档案"项目，进入"存货档案"窗口。

(2) 找到"名星杀毒软件"记录行，单击"修改"按钮，打开"修改存货档案"对话框。

(3) 切换到"控制"选项卡，在"出库超额上限"一栏输入"0.2"，单击"保存"按钮。

3) 在销售管理系统中填制并审核发货单

4) 在销售管理系统中填制并复核销售普通发票

注意修改开票数量为"12"。

5) 在库存管理系统中根据发货单生成销售出库单

(1) 在库存管理系统中，双击"出库业务"下的"销售出库单"项目，进入"销售出库单"窗口。

(2) 单击"生单"按钮，打开"销售发货单列表"对话框。

(3) 单击"过滤"按钮，选择要参照的发货单，单击"确定"按钮返回，修改销售出库单上的数量为"12"，审核销售出库单。

7. 销售业务 7

业务类型：分期收款发出商品。

1) 在销售管理系统中修改相关选项设置

在销售管理系统中，双击"设置"下的"销售选项"项目，打开"销售选项"对话框。切换到"业务控制"选项卡，选中"有分期收款业务"、"销售生成出库单"复选框，单击"确定"按钮返回。

2) 在存货核算系统中进行分期收款业务相关科目设置

在存货核算系统中，双击"初始设置"|"科目设置"下的"存货科目"项目，进入"存货科目"窗口，设置所有仓库的"分期收款发出商品科目"为"1406 发出商品"。

3) 在销售管理系统中填制并审核发货单

注意：填制发货单时选择业务类型为"分期收款"，数量为"30"。

4) 在存货核算系统中执行发出商品记账，生成出库凭证

(1) 在存货核算系统中，双击"业务核算"下的"发出商品记账"项目，打开"过滤条件选择"对话框。

(2) 选择业务类型"分期收款"，单据类型"发货单"，仓库"成品库"，单击"确定"按钮，进入"未记账发出商品一览表"窗口。

(3) 选择要记账的单据，单击"记账"按钮，记账完成后退出。

(4) 双击"财务核算"下的"生成凭证"项目，进入"生成凭证"窗口。单击"选择"按钮，打开"查询条件"对话框。

(5) 在单据列表中，选择"分期收款发出商品发货单"，单击"确定"按钮，进入"未生成凭证单据一览表"窗口。

(6) 选择要记账的发货单，单击"确定"按钮，进入"生成凭证"窗口。单击"生成"按钮，生成出库凭证。

借：发出商品　　　　　41 400
　　贷：库存商品　　　　41 400

5) 在销售管理系统中根据发货单填制并复核销售专用发票

注意：参照发货单时，选择业务类型为"分期收款"。
　　　修改开票数量为"20"。

6) 在应收款管理系统中，审核销售专用发票及生成应收凭证

7) 在存货核算系统中，对销售发票进行记账并生成结转销售成本凭证

(1) 在存货核算系统中，执行"业务核算"|"发出商品记账"命令，打开"过滤条件选择"对话框。

(2) 选择业务类型"分期收款"，单据类型"销售发票"，仓库"成品库"，单击"确定"按钮，进入"发出商品记账"窗口。

(3) 选择要记账的单据，单击"记账"按钮。

(4) 双击"财务核算"下的"生成凭证"项目，进入"生成凭证"窗口。单击"选择"按钮，打开"查询条件"对话框。

(5) 在单据列表中，选择"分期收款发出商品专用发票"，单击"确定"按钮，进入"未生成凭证单据一览表"窗口。

(6) 选择要记账的发货单，单击"确定"按钮，进入"生成凭证"窗口。单击"生成"按钮，生成出库凭证。

借：主营业务成本　　　27 600
　　贷：发出商品　　　　27 600

8) 查询分期收款相关账表

在存货核算系统中，查询发出商品明细账。

在销售管理系统中，查询销售统计表。

8. 销售业务 8

业务类型：委托代销业务。

1) 初始设置调整

(1) 在存货核算系统中，双击"初始设置"|"选项"下的"选项录入"项目，将"委托代销成本核算方式"设置为"按发出商品核算"，单击"确定"按钮，保存设置。

(2) 在销售管理系统中，双击"设置"下的"销售选项"项目，切换到"业务控制"选项卡，选择"有委托代销业务"，单击"确定"按钮。

2) 委托代销发货处理

(1) 在销售管理系统中双击"委托代销"下的"委托代销发货单"项目，填制并审核委托代销发货单。

(2) 在库存管理系统中审核销售出库单。

(3) 在存货核算系统中对委托代销发货单进行发出商品记账，生成出库凭证。在生成凭证前，输入发出商品的科目编码为"1406"。

借：发出商品　　　　69 000
　　贷：库存商品　　　69 000

3) 委托代销结算处理

(1) 在销售管理系统中，参照委托代销发货单生成委托代销结算单。

> **注意**：修改委托代销结算数量为"15"，售价为"1420"。

(2) 单击"审核"按钮，打开"请选择发票类型"对话框，选择"专用发票"，单击"确定"按钮。

(3) 在销售管理系统中，查看根据委托代销结算单生成的销售专用发票并复核。

> **注意**：委托代销结算单审核后，由系统自动生成相应的销售发票。
> 系统可根据委托代销结算单生成"普通发票"或"专用发票"两种类型的发票。
> 委托代销结算单审核后，由系统自动生成相应的销售出库单，并将其传递到库存管理系统。

(4) 在应收款管理系统中，审核销售发票生成销售凭证。

借：应收账款　　　　　　　　　　　　　24 921
　　贷：主营业务收入　　　　　　　　　　21 300
　　　　应交税费/应交增值税/销项税额　　　3621

(5) 在存货核算系统中，结转销售成本。

在存货核算系统中，执行"发出商品记账"命令，对委托代销销售专用发票进行记账。然后在"生成凭证"窗口中，对委托代销发出商品专用发票生成凭证。发出商品的科目编码为"1406"。

借：主营业务成本　　20 700
　　贷：发出商品　　　20 700

(6) 委托代销相关账表查询。

在销售管理系统中，查询委托代销统计表。

在库存管理系统中，查询委托代销备查簿。

备份为"项目十-1"账套数据。

任务二　应收款管理

◉ 【任务案例】

先期在总账中利用客户往来辅助核算功能可以将应收款管理到客户，但如果启用总账和销售管理的同时也启用了 U8 中的应收款管理子系统，那么对应收货款及其他应收款项又是怎样一种管理方式呢？

创智科技 2014 年 1 月份发生如下经济业务：

(1) 22 日，收到中新城市学院交来转账支票一张，金额为 3 276 元，票号为 Z0001，用以付清本月 16 日货款。

(2) 23 日，收到麦加公司交来转账支票一张，金额为 30 000 元，票号为 Z0002，用以归还本月 21 日货款 24 921 元，剩余款转为预收账款。

(3) 25 日，麦加公司交来转账支票一张，金额为 20 000 元，票号为 Z0003，作为预购神州笔记本的订金。

(4) 25 日，将本月 10 日中新城市学院购买名星杀毒软件的应收款 842.4 元转给麦加公司。

(5) 27 日，用麦加公司交来的 20 000 元订金冲抵其上月应收款项 3 780 元。

(6) 27 日，确认本月 14 日为麦加科技代垫运费 20 元，作为坏账处理。

说明：创智科技坏账处理方式为"应收账款余额百分比法"。坏账准备相关设置如下。

控制参数	参数设置
提取比例	0.5%
坏账准备期初余额	10 000
坏账准备科目	1 231
对方科目	660 207

(7) 31 日，计提坏账准备。

(8) 设置账龄区间并进行应收账龄分析。

账期内账龄区间及愈期账龄区间如下：

序　号	起止天数	总　天　数
01	1～30	30
02	31～60	60
03	61～90	90
04	91 以上	

【具体任务】

(1) 引入"项目十-1"账套数据。

(2) 以账套主管宋淼的身份进行应收日常业务处理。

【理论认知】

一、认识应收款管理系统

(一)应收款管理系统的主要功能

应收款管理主要实现对企业与客户往来账款进行核算与管理。在应收款管理系统中以销售发票、其他应收单等原始单据为依据，记录销售业务及其他业务形成的应收款项，处理应收款项的收款、核销等情况；并提供票据处理的功能。

1. 初始化设置

系统初始化包括系统参数设置、基础信息设置和期初数据录入。

2. 日常业务处理

日常业务处理是指对应收款项业务的处理工作，主要包括应收单据处理、收款单据处理、票据管理、转账处理和坏账处理等内容。

(1) 应收单据处理：应收单据包括销售发票和其他应收单，是确认应收账款的主要依据。应收单据处理主要包括单据录入和单据审核。

(2) 收款单据处理：收款单据主要指收款单。收款单据处理包括收款单据的录入、审核和核销。单据核销的主要作用是解决收回客户款项核销该客户应收款的处理，建立收款与应收款的核销记录，监督应收款及时核销，加强往来款项的管理。

(3) 票据管理：主要是对银行承兑汇票和商业承兑汇票进行管理。票据管理可以提供票据登记簿，记录票据的利息、贴现、背书、结算和转出等信息。

(4) 转账处理：是在日常业务处理中经常发生的应收冲应付、应收冲应收、预收冲应收及红票对冲的业务处理。

(5) 坏账处理：是指计提应收坏账准备的处理、坏账发生后的处理、坏账收回后的处理等。其主要作用是自动计提应收款的坏账准备，当坏账发生时即可进行坏账核销，或当被核销坏账又收回时，即可进行相应处理。

3. 信息查询和系统分析

用户对信息的查询以及在各种查询结果的基础上所进行的各项分析。一般查询包括单据查询、凭证查询及账款查询等。统计分析包括欠款分析、账龄分析、综合分析及收款预测分析等，便于用户及时发现问题，加强对往来款项动态的监督管理。

4. 期末处理

期末处理是指用户在月末进行的结算汇兑损益以及月末结账工作。如果企业有外币往来，在月末需要计算外币单据的汇兑损益并对其进行相应的处理。如果当月业务已全部处理完毕，就需要执行月末结账处理，只有月末结账后，才可以开始下月工作。月末处理主要包括汇兑损益结算和月末结账。

(二)应收款系统与其他系统的主要关系

若对客户应收款项核算和管理的程度不同，则其系统功能、接口、操作流程等均不相同。在此以在应收款系统核算客户往来款项为例，介绍应收款系统与其他系统的主要关系，如图 10-24 所示。

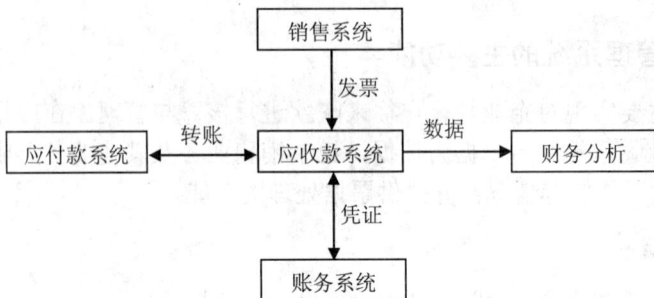

图 10-24 应收款系统与其他子系统的主要关系

应收款系统与系统管理共享基础数据。

销售系统为应收款系统提供已审核的销售发票、销售调拨单及代垫费用单，在此生成凭证，并对发票进行收款结算处理。应收款系统为销售系统提供销售发票、销售调拨单的收款结算情况及代垫费用的核销情况。

应收款系统向总账系统传递凭证，并能够查询其所生成的凭证。

应收款系统和应付款系统之间可以进行转账处理，如应收冲应付。

(三)企业应收账款管理的应用方案

根据对客户往来款项核算和管理的程度不同，提供了"详细核算"和"简单核算"两种应用方案。

1. 详细核算应用方案(在应收款系统核算客户往来款项)

如果在销售业务中应收款核算与管理内容比较复杂，需要追踪每一笔业务的应收款、收款等情况，或者需要将应收款核算具体到产品一级，那么可以选择该方法。在这种方法下，所有的客户往来凭证全部由应收款系统生成，其他系统不再生成这类凭证，并由应收款系统实现对应收账款的核算和管理。其主要功能如下：

(1) 根据输入的单据或由销售系统传递过来的单据，记录应收款项的形成。包括由于商品交易和非商品交易形成的所有应收项目。

(2) 处理应收项目的收款及转账业务。

(3) 对应收票据进行记录和管理。

(4) 在应收项目的处理过程中生成凭证，并向账务子系统进行传递。

(5) 对外币业务及汇兑损益进行处理，并向账务子系统进行传递。

(6) 根据所提供的条件，提供各种查询及统计分析。

2. 简单核算应用方案(在总账系统核算客户往来款项)

如果销售业务及应收账款业务不复杂，或者现销业务很多，则可以选择在账务系统通过辅助核算完成对客户往来款项的核算和管理。该方法侧重于对客户的往来款项进行查询和分析。其主要功能如下：

(1) 若同时使用销售管理系统，可接收销售系统的发票，并对其进行制单处理；在制单前需要预先进行科目设置。

(2) 客户往来业务在总账系统生成凭证后，可以在应收款系统进行查询。

(四)应收款系统的操作流程

应收款系统的操作流程如图 10-25 所示。

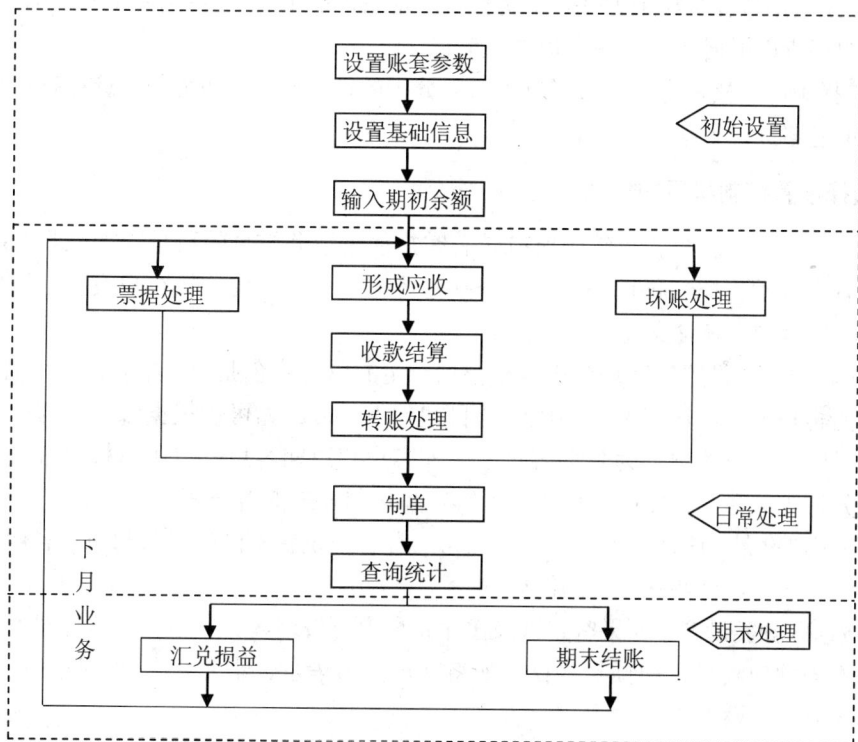

图 10-25　应收款系统的操作流程

二、应收款管理系统初始化

系统初始化包括选项设置、初始设置和期初数据三部分。

在正式启用应收款系统之前，应该对核算企业现有的数据资料进行整理以便能够及时、顺利、准确地运用应收款系统。

面向 "十二五" 高职高专项目导向式教改教材 · 财经系列

(一)应收款系统的选项设置

会计信息化软件为了提高适应范围，各系统都会提供相应的系统参数，企业在实施会计信息系统初始化过程中，必须对各系统提供的系统参数作出选择，以适应自身核算和控制管理的特点和要求。应收款系统提供的主要参数通常有以下几个方面。

1. 确定应收账款核销方式

在选择确定应收账款核销方式时，可按余额、单据或存货三种方式进行账款核销。其具体含义如下。

(1) 如果采用按余额核销方式，系统将根据选定的单据，按单据的到期日从前向后排序，然后从时间最早的单据开始核销。

(2) 如果采用按单据核销方式，系统会将满足条件的未结算单据全部列出，由用户选择要结算的单据，根据所选择的单据进行核销。

(3) 如果采用按存货核销方式，系统会将满足条件的未结算单据按存货列出，由用户选择要结算的存货，根据所选择的存货进行核销。

(4) 选择不同的核销方式，将影响到账龄分析的精确性。一般而言，选择按单据核销或按存货核销能够进行更精确的账龄分析。

2. 选择设置控制科目的依据

控制科目是指在应收款系统中所有带有客户往来辅助核算的科目，如应收账款、预收账款等。有三种设置控制科目的依据，分别是按客户分类设置、按客户设置、按地区分类设置。各项依据的具体含义如下：

(1) 按客户分类设置。客户分类是指根据一定的属性将企业的往来客户分为若干大类。针对不同的客户分类，设置不同的应收科目和预收科目。如可以根据该客户与企业发生业务往来的时间长短将客户分为长期客户、中期客户和短期客户；也可以根据客户的信用情况将客户分为优质客户、良性客户、一般客户和信用较差的客户等。

(2) 按客户设置。这种设置方式可以为每一种客户设置不同的应收科目和预收科目。采用这种设置方式可适合特殊客户的需要。

(3) 按地区分类设置。如果客户涉及多个地区，可按地区分类设置，即针对不同的地区分类设置不同的应收科目和预收科目。如将客户分为华东、华北、东北等地区，则可以在不同的地区分类下设置科目。

3. 选择设置存货销售科目的依据

存货销售科目设置一般有按存货分类设置和按存货设置两种方式。各项依据的具体含义如下。

(1) 按存货分类设置。存货分类是指根据存货的属性对存货所划分的大类，在设置存货销售科目时，可针对存货分类设置不同的科目。如将存货分为原材料、燃料及动力、半成品和库存商品等大类，根据存货分类来设置不同的科目。

(2) 按存货设置。当存货种类不多时，可以直接针对不同的存货设置不同的科目。

4. 选择制单的方式

制单方式有三种，分别是明细到客户、明细到单据和汇总制单。各种方式的具体含义如下。

(1) 明细到客户。明细到客户是指将一个客户的多笔业务合并生成一张凭证时，如果核算多笔业务的控制科目相同，系统将自动将其合并成一条分录。这种方式的特点是在总账系统中能够查看到每一个客户的详细信息。

(2) 明细到单据。明细到单据是指将一个客户的多笔业务合并生成一张凭证时，系统会将每一笔业务形成一条分录。这种方式的特点是在总账系统中能查看到每个客户的每笔业务的详细情况。

(3) 汇总制单。汇总制单是指将多个客户的多笔业务合并生成一张凭证时，如果核算多笔业务的控制科目相同，系统自动将其合并成一条分录。这种方式的特点是能够精简总账系统中的数据，但在总账系统中只能查看该科目总的发生额。

5. 选择预收款的核销方式

预收款核销方式有两种，分别是按单据核销和按余额核销。

如果按单据核销，应根据所选择的单据，对预收款一笔一笔地进行核销。

如果按余额核销，即按预收款收到的时间从前往后进行核销。

选择不同的核销方式，将影响到账龄分析的精确性。一般而言，选择按单据核销能够进行更精确的账龄分析。

6. 选择计算汇兑损益的方式

有两种计算汇兑损益的方式，分别是采用外币余额结清时计算和月末计算。

采用外币余额结清时计算是指只有当某种外币余额结清时才计算汇兑损益，否则不计算汇兑损益。在计算汇兑损益时，可显示外币余额为零且本币余额不为零的外币单据。

采用月末计算是指在每个月末计算汇兑损益。在计算汇兑损益时，可显示所有外币余额不为零或者本币余额不为零的外币单据。

7. 选择坏账处理方式

坏账处理方式主要有两种，分别是备抵法和直接转销法。

备抵法包括应收账款余额百分比法、销售余额百分比法和账龄分析法三种方法。

由于直接转销法不符合会计的权责发生制及收入与费用相配比原则，所以容易造成会计信息的失真。

8. 选择核算代垫费用的单据类型

在初始设置的"单据类型设置"中，若应收单分多种类型时，可设置核算代垫费用单的单据类型；若应收单不进行分类，则无须设置。

9. 选择是否显示现金折扣或输入发票的提示信息

企业为了鼓励客户在信用期间内提前付款通常采用现金折扣政策。选择显示现金折扣及输入发票显示提示信息时，系统会在"单据结算"中显示"可享受折扣"和"本次折扣"，

面向"十二五"高职高专项目导向式教改教材·财经系列

并计算可享受的折扣，显示发票提示信息，如该客户的信用额度余额和最后的交易情况。如果选择不显示现金折扣及输入发票提示信息，则系统既不会计算折扣也不会显示现金折扣和发票信息。

(二)应收款系统的基础档案设置

与应收款系统相关的基础档案包括客户分类、客户档案、地区分类、存货分类、存货档案、部门档案、职员档案、外币及汇率、结算方式、付款条件、单据设计等。这些基础档案统一在企业应用平台中设置，应收款系统会共享这些设置。

(三)应收款系统的业务处理核算规则设置

1. 凭证科目的设置

如果企业应收款业务类型比较固定，生成的凭证类型也较固定，为了简化凭证生成操作，可将各业务类型凭证中的常用科目预先设置好。凭证科目设置一般包括以下几方面的内容。

1) 基本科目设置

基本科目是指在核算应收款项时经常用到的科目，可以作为常用科目设置，而且所设置的科目必须是末级科目。核算应收款项时经常用到的科目包括应收账款、预收账款、销售收入、应交税费——销项税额、销售退回等。除上述基本科目外，银行承兑科目、商业承兑科目、现金折扣科目、票据利息科目、票据费用科目、汇兑扣益科目、币种兑换差异科目和坏账准备科目等都可以作为企业核算某类业务的基本科目。

2) 控制科目的设置

在核算客户的赊销欠款时，如果针对不同的客户(客户分类、地区分类)分别设置不同的应收账款科目和预收账款科目，可以先在账套参数中选择设置的依据，即选择是针对不同的客户设置、针对不同的客户分类设置，还是按不同的地区分类设置。然后再依次将往来单位按客户、客户分类或地区分类的编码、名称、应收科目和预收科目等内容进行设置。

如果某个往来单位核算应收账款或预收账款的科目与常用科目设置中的一样，则可以不设置，否则，应进行设置。科目必须是有客户往来辅助核算的末级最明细科目。

3) 产品科目的设置

如果针对不同的存货(存货分类)分别设置不同的销售收入科目、应交增值税销项税额科目和销售退回科目，则也应先在账套参数中选择设置的依据，即选择是针对不同的存货设置，还是针对不同的存货分类设置。然后再按存货的分类编码、名称、销售收入科目、应交增值税销项税额科目和销售退回科目进行存货销售科目的设置。

如果某个存货(存货分类)的科目与常用科目设置中的一样，则可以不设置，否则，应进行设置。

4) 结算方式科目的设置

不仅可以设置常用的科目，还可以为每种结算方式设置一个默认的科目，以便在应收账款核销时，直接按不同的结算方式生成相应的账务处理中所对应的会计科目。

2. 坏账准备设置

坏账准备设置是指对坏账准备期初余额、坏账准备科目、对方科目以及提取比率进行设置。

在第一次使用系统时，应直接输入期初余额。在以后年度使用系统时，坏账准备的期初余额由系统自动生成且不能进行修改。坏账提取比率可分别按销售收入百分比法和应收账款余额百分比法，直接输入计提的百分比。若按账龄百分比法提取，可直接输入各账龄期间计提的百分比。

3. 账龄区间的设置

为了对应收账款进行账龄分析，需设置账龄区间。在进行账龄区间的设置时，账龄区间总天数和起始天数直接输入，系统会根据输入的总天数自动生成相应的区间。

4. 报警级别的设置

通过对报警级别的设置，系统会将往来单位按欠款余额与其受信额度的比例分为不同的类型，以便于掌握各个往来单位的信用情况。

如果企业要对应收账款的还款期限做出相应的规定，则可使用超期报警功能。在运行此功能时，系统将自动列出到当天为止超过规定期限的应收账款清单，从而使企业可以及时催款，避免不必要的经济损失。这一信息既可以按往来单位分类，也可以按分管人员进行分类。

在进行报警级别设置时，直接输入级别名称和各区间的比率。其中，级别名称可以采用编号或者其他形式，但名称最好能够上下对应。

5. 单据类型设置

单据可分为发票和应收单两种类型。如果同时使用销售系统，则发票的类型包括增值税专用发票、普通发票、销售调拨单和销售日报等。如果单独使用应收款系统，则发票的类型不包括后面两种。

应收单是记录销售业务之外的应收款情况的单据，可划分为不同的类型，以与应收货款之外的其他应收款进行区分。如可以将应收单分为应收代垫费用款、应收利息款、应收罚款、其他应收款等。应收单的对应科目可自由定义。

(四)应收款系统的期初数据录入

在第一次使用系统时，在建立往来客户档案后，为了能使计算机顺利完成清理核销工作，必须把手工方式下尚未结清的客户往来款项输入计算机中。只有当往来期初数据准确输入后，才能正确地进行往来账的各种统计和分析。当进入第二年度时，系统会自动将上年度未全部结清的单据转成为下一年度的期初余额。

在应收款系统中，往来款余额是按单据形式录入的。如应收账款余额通过发票录入、预收账款余额通过收款单录入。输入完成后，要与总账系统中相应的客户往来账户余额核对，以检查输入的往来未达账与相应往来科目余额是否相等。

三、应收款系统日常业务处理

(一)应收单据处理

应收单据处理包括单据输入和单据管理工作。应收单据处理是应收款系统处理的起点，在应收单据处理中可以输入销售业务中的各类发票以及销售业务之外的应收单据。在单据输入后，单据管理可查阅各种应收业务单据，完成应收业务管理的日常工作。其基本操作流程是：单据输入→单据审核→单据制证→单据查询。

1．单据输入

单据输入是对未收款项的单据进行输入，输入时先输入客户名称代码，与客户相关内容由系统自动显示，然后进行货物名称、数量和金额等内容的输入。

在进行单据输入前，首先应确定单据名称、单据类型及方向，然后根据业务内容输入有关信息。

2．单据审核

单据审核是在单据保存后对单据的正确性进行审核确认。单据输入后必须经过审核才能参与结算。审核人和制单人可以是同一个人。单据被审核后，将从单据处理功能中消失，但可以通过单据查询功能查看此单据的详细资料。

3．单据制证

单据制证可在单据审核后由系统自动编制凭证，也可以集中处理。在应收款系统中生成的凭证将由系统自动传送到账务系统中，并由有关人员进行审核和记账等账务处理工作。

4．单据查询

单据查询是对未审核单据的查询。通过"单据查询"功能可以查看全部单据。

(二)收款单据处理

收款单据处理是对已收到款项的单据进行输入，并进一步核销的过程。单据结算功能包括输入收款单、付款单，并对发票及应收单进行核销，形成预收款并核销预收款，处理代付款。

应收款系统的收款单用来记录企业所收到的客户款项，款项性质包括应收款、预收款、其他费用等。其中应收款、预收款性质的收款单将与发票、应收单、付款单进行核销处理。

应收款系统的付款单用来记录发生销售退货时，企业开具的退付给客户的款项。该付款单可与应收、预收性质的收款单、红字应收单、红字发票进行核销处理。

1．输入结算单据

输入结算单据是对已交来应收款项的单据进行输入，由系统自动进行结算。在根据已收到应收款项的单据进行输入时，必须先输入客户的名称。在进行相应操作时，系统会自动显示相关客户的信息，其次必须输入结算科目、金额和相关部门、业务员名称等内容。

单据输入完毕后，由系统自动生成相关内容。如果输入的是新的结算方式，则应先在"结算方式"中增加新的结算方式。如果要输入另一客户的收款单，则需重新选择客户的名称。

2．单据核销

单据核销是对往来已达账做删除处理的过程，即确定收款单与原始发票之间的对应关系后，进行机内自动冲销的过程。单据核销表示本业务已经结清。单据核销的作用是解决收回客商款项核销该客商应收款的处理，建立收款与应收款的核销记录，监督应收款及时核销，加强往来款项的管理。明确核销关系后，可以进行精确的账龄分析，更好地管理应收账款。

如果结算金额与上期余额相等，则销账后余额为零，如果结算金额比上期余额小，则其余额为销账后的余额。单据核销可以由计算机自动进行，也可以由手工进行。

由于计算机系统采用建立往来辅助账的方式进行往来业务的管理，为了避免辅助账过于庞大而影响计算机的运行速度，对于已核销的业务应进行删除。删除工作通常在年底结账时进行。

核销往来账时，应在确认往来已达账后，才能进行核销处理，删除已达账。为了防止操作不当误删记录，会计信息系统软件中一般都会设计放弃核销或核销前做两清标记功能，如有的财务软件中设置有往来账两清功能，即在已达账项上打上已结清标记，待核实后才执行核销功能，经删除后的数据不能恢复；有的财务软件则设置了放弃核销功能，一旦发现操作失误，可通过此功能把被删除的数据恢复。

(三)票据管理

可以在票据管理中对银行承兑汇票和商业承兑汇票进行管理，其主要功能包括记录票据详细信息和记录票据处理情况。如果要进行票据登记簿管理，必须将应收票据科目设置为带有客户往来辅助核算的科目。

当用户收到银行承兑汇票或商业承兑汇票时，应将该汇票在应收款系统的票据管理中录入。系统会自动根据票据生成一张收款单，用户可以对收款单进行查询，并可以与应收单据进行核销钩对，冲减客户应收账款。在票据管理中，还可以对该票据进行计息、贴现、转出、结算、背书等处理。

(四)转账处理

转账处理是在日常业务处理中经常发生的应收冲应付、应收冲应收、预收冲应收及红票对冲的业务处理。

1. 应收冲应付

应收冲应付是指用某客户的应收账款冲抵某供应商的应付款项。系统通过应收冲应付功能将应收款业务在客户和供应商之间进行转账，实现应收业务的调整，解决应收债权与应付债务的冲抵。

2. 应收冲应收

应收冲应收是指将一家客户的应收款转到另一家客户中。通过应收冲应收功能可将应收款业务在客商之间进行转入、转出，实现应收业务的调整，解决应收款业务在不同客商之间入错户或合并户问题。

3. 预收冲应收

预收冲应收是指处理客户的预收款和该客户应收欠款的转账核销业务。即某一个客户有预收款时，可用该客户的一笔预收款冲其一笔应收款。

4. 红票对冲

红票对冲可实现某客户的红字应收单与其蓝字应收单、收款单与付款单之间的冲抵。如当发生退票时，用红字发票对冲蓝字发票。红票对冲通常可以分为系统自动冲销和手工冲销两种处理方式。自动冲销可同时对多个客户依据红票对冲规则进行红票对冲，提高红票对冲的效率。手工冲销可对一个客户进行红票对冲，并自行选择红票对冲的单据，提高红票对冲的灵活性。

(五)坏账处理

所谓"坏账"是指购货方因某种原因不能付款，造成货款不能收回的信用风险。坏账处理就是对"坏账"采取的措施，主要包括计提坏账准备、坏账发生、坏账收回、生成输出催款单等。

1. 计提坏账准备

计提坏账准备的方法主要有销售收入百分比法、应收账款余额百分比法和账龄分析法。

1) 销售收入百分比法

由系统自动算出当年销售收入总额，并根据计提比率计算出本次计提金额。

初次计提时，如果没有预先的设置，应先进行初始设置。设置的内容包括提取比率和坏账准备期初余额。销售总额的默认值为本会计年度发票总额，企业可以根据实际情况进行修改，但计提比率不能在此修改，只能在初始设置中修改。

2) 应收账款余额百分比法

由系统自动算出当年应收账款余额，并根据计提比率计算出本次计提金额。

初次计提时，如果没有预先的设置，应先进行初始设置。设置的内容包括提取比率和坏账准备期初余额。应收账款的余额默认值为本会计年度最后一天的所有未结算完的发票和应收单据余额之和减去预收款数额的差值。有外币账户时，用其本位币余额。企业可以根据实际情况对默认值进行修改。计提比率在此不能修改，只能在初始设置中修改。

3) 账龄分析法

账龄分析法是根据应收账款入账时间的长短来估计坏账损失的方法。它是企业加强应收账款回收与管理的重要方法之一。一般说来，账款拖欠的时间越长，发生坏账的可能性就越大。

系统自动算出各区间应收账款余额，并根据计提比率计算出本次计提金额。

初次计提时，如果没有预先的设置，应先进行初始设置。各区间余额由系统自动生成(由本会计年度最后一天的所有未结算完的发票和应收单据余额之和减去预收款数额的差值)，企业也可以根据实际情况对其进行修改。但计提比率在此不能修改，只能在初始设置中修改。

2. 坏账发生

发生坏账损失业务时，一般需输入客户名称、日期(指发生坏账日期，该日期应大于已经记账的日期，小于当前业务日期)、业务员(指业务员编号或业务员名称)及部门(指部门编号或部门名称,如果不输入部门,表示选择所有的部门)等。

3. 坏账收回

处理坏账收回业务时,一般需输入客户名称、收回坏账日期(如果不输入日期,系统默认为当前业务日期,输入的日期应大于已经记账日期,小于当前业务日期)、收回的金额、业务员编号或名称、部门编号或名称、所需币种、结算单号(系统将调出该客户所有未经过处理的并且金额等于收回金额的收款单,可选择该次收回业务所形成的收款单)。

(六)制单处理

使用制单功能批量处理制单,可以快速地、成批地生成凭证。制单类型包括应收单据制单、结算单制单、坏账制单、转账制单、汇兑损益制单等。企业可根据实际情况选取需要制单的类型。

(七)信息查询和统计分析

应收款系统的一般查询主要包括单据查询、凭证查询及账款查询等。用户在各种查询结果的基础上可以进行各项统计分析。统计分析包括欠款分析、账龄分析、综合分析及收款预测分析等。通过统计分析,可以按用户定义的账龄区间,进行一定期间内应收账款账龄分析、收款账龄分析、往来账龄分析,了解各个客户应收款的周转天数、周转率和各个账龄区间内应收款、收款及往来情况,以便及时发现问题,加强对往来款项的动态管理。

1. 凭证查询

通过凭证查询可以查看、修改、删除、冲销应收款系统传递到账务系统的凭证。同时还可查询凭证对应的原始单据。

2. 单据查询

单据查询包括对发票、应收单及结算单的查询。可以查询已经审核的各类型应收单据的收款情况、结余情况;也可以查询结算单的使用情况。

3. 业务账表查询

业务账表查询可以进行业务总账、业务明细账、业务余额表和对账单的查询,并可以实现总账、明细账、单据之间的联查。

通过业务账表查询可以查看客户、客户分类、地区分类、部门、业务员、客户总公司、主管业务员、主管部门在一定期间所发生的应收、收款及余额情况。

4. 业务账表分析

业务账表分析是应收款管理的一项重要功能,对于资金往来比较频繁、业务量和业务金额比较大的企业,业务账表分析功能能更好地满足企业的需要。业务账表分析功能主要包括应收账款的账龄分析、收款账龄分析、欠款分析、收款预测等。

1) 应收账款的账龄分析

应收账款的账龄分析主要是分析客户、存货、业务员、部门或单据的应收款余额的账龄区间分布,计算各种账龄应收账款占总应收账款的比例,以帮助财务人员了解应收账款的资金占用情况，便于企业及时催收款项，同时还可以设置不同的账龄区间进行分析。既可以进行应收款的账龄分析，也可以进行预收款的账龄分析。

2) 收款账龄分析

收款账龄分析主要分析客户、产品、单据的收款账龄。

3) 欠款分析

欠款分析提供多对象分析，可以分析截至某一日期，客户、部门或业务员的欠款构成、欠款数额、信用额度的使用情况、报警级别和最后业务信息。

4) 收款预测

收款预测可以预测将来的某一段日期范围内，客户、部门或业务员等对象的收款情况，而且能提供比较全面的预测对象、显示格式。

(八)应收款系统期末处理

企业在期末主要应完成计算汇兑损益和月末结账两项业务处理工作。

1. 汇兑损益

如果客户往来有外币核算，且在应收款系统中核算客户往来款项，则在月末需要计算外币单据的汇兑损益并进行相应的处理。在计算汇兑损益之前，应首先在系统初始设置中选择汇兑损益的处理方法。通常系统会提供两种汇兑损益的处理方法，即月末计算汇兑损益和单据结清时计算汇兑损益。

2. 月末结账

如果确认本月的各项业务处理已经结束，可以选择执行月末结账功能。结账后本月不能再进行单据、票据、转账等任何业务的增加、删除、修改等处理。另外，如果上个月没有结账，则本月不能结账，并且一次只能选择一个月进行结账。

如果用户觉得某月的月末结账有错误，可以取消月末结账。但取消结账操作只有在该月账务系统未结账时才能进行。如果启用了销售系统，销售系统结账后，应收款系统才能结账。

结账时还应注意本月的单据(发票和应收单)在结账前应该全部审核；若本月的结算单还有未核销的，不能结账；如果结账期间是本年度最后一个期间，则本年度进行的所有核销、坏账、转账等处理必须制单，否则不能向下一个年度结转，而且对于本年度外币余额为零的单据必须将本币余额结转为零，即必须执行汇兑损益。

⊙【实训操作】

1. 业务 1：收款结算

业务类型：输入一张收款单并完全核销应收款。

(1) 在应收款系统中，执行"收款单据处理" |"收款单据录入"命令，进入"收付款单录入"窗口。

(2) 单击"增加"按钮。

(3) 输入日期"2014-01-22"，选择客户"中新"，结算方式为"转账支票"，金额为"3276"，票号为“Z0001”，单击“保存”按钮，如图 10-26 所示。

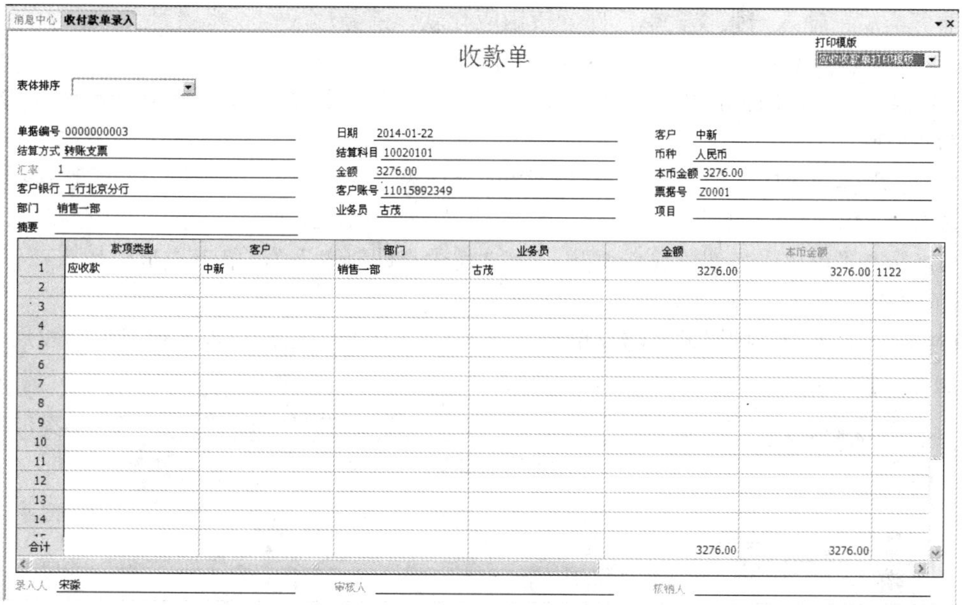
消息中心　收付款单录入

收款单

打印模版　应收收款单打印模板

表体排序

单据编号 0000000003　日期 2014-01-22　客户 中新
结算方式 转账支票　结算科目 10020101　币种 人民币
汇率 1　金额 3276.00　本币金额 3276.00
客户银行 工行北京分行　客户账号 11015892349　票据号 Z0001
部门 销售一部　业务员 古茂　项目
摘要

	款项类型	客户	部门	业务员	金额	本币金额	
1	应收款	中新	销售一部	古茂	3276.00	3276.00	1122
2							
3							
4							
5							
6							
7							
8							
9							
10							
11							
12							
13							
14							
合计					3276.00	3276.00	

录入人 宋薇　审核人　核销人

图 10-26　收款单

(4) 单击“审核”按钮，系统弹出提示“是否立即制单？”。单击“是”按钮，生成凭证。

借：银行存款/中行存款/人民币户　　3 276

　　贷：应收账款　　3 276

(5) 单击“核销”按钮，打开“核销条件”对话框。单击“确定”按钮，进入“单据核销”窗口。

(6) 在 1 月 16 日的发票中输入本次结算金额“3276”，如图 10-27 所示。单击“保存”按钮。

注意： 录入收款单内容时，结算方式、结算科目及金额不能为空。
系统自动生成的结算单号不能进行修改。
已核销的收款单不允许修改和删除。

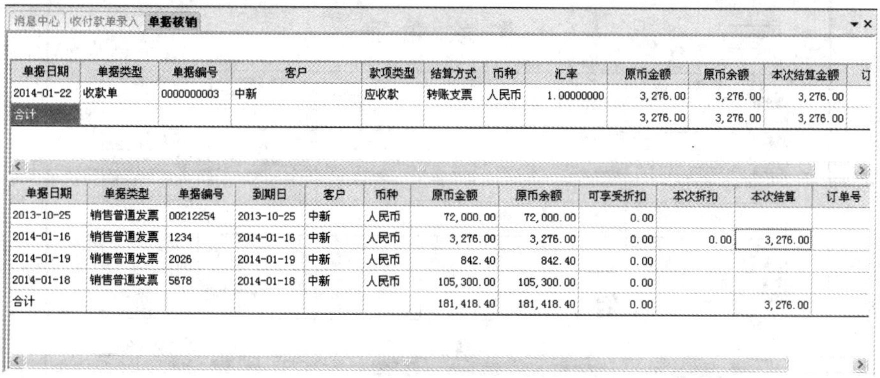
消息中心　收付款单录入　单据核销

单据日期	单据类型	单据编号	客户	款项类型	结算方式	币种	汇率	原币金额	原币余额	本次结算金额	订
2014-01-22	收款单	0000000003	中新	应收款	转账支票	人民币	1.00000000	3,276.00	3,276.00	3,276.00	
合计								3,276.00	3,276.00	3,276.00	

单据日期	单据类型	单据编号	到期日	客户	币种	原币金额	原币余额	可享受折扣	本次折扣	本次结算	订单号
2013-10-25	销售普通发票	00212254	2013-10-25	中新	人民币	72,000.00	72,000.00	0.00			
2014-01-16	销售普通发票	1234	2014-01-16	中新	人民币	3,276.00	3,276.00	0.00	0.00	3,276.00	
2014-01-19	销售普通发票	2026	2014-01-19	中新	人民币	842.40	842.40	0.00			
2014-01-18	销售普通发票	5678	2014-01-18	中新	人民币	105,300.00	105,300.00	0.00			
合计						181,418.40	181,418.40	0.00		3,276.00	

图 10-27　单据核销

2. 业务 2：收款结算

业务类型：输入一张收款单，部分核销应收款，部分形成预收账款。

(1) 在"收款单录入"窗口，单击"增加"按钮。

(2) 输入日期"2014-01-23"，选择客户"麦加"，结算方式为"转账支票"，金额为"30 000"，票号为"Z0002"。

(3) 在表体记录中，第 1 记录行选择款项类型为"应收款"，金额为"24921"；第 2 记录行选择款项类型为"预收款"，金额为"5079"，如图 10-28 所示，单击"保存"按钮。

(4) 单击"审核"按钮，系统弹出提示"是否立即制单？"，单击"是"按钮，生成凭证如图 10-29 所示。

(5) 单击"核销"按钮，在结算单中，输入 1 月 21 日专用发票本次结算"24921"，单击"保存"按钮。

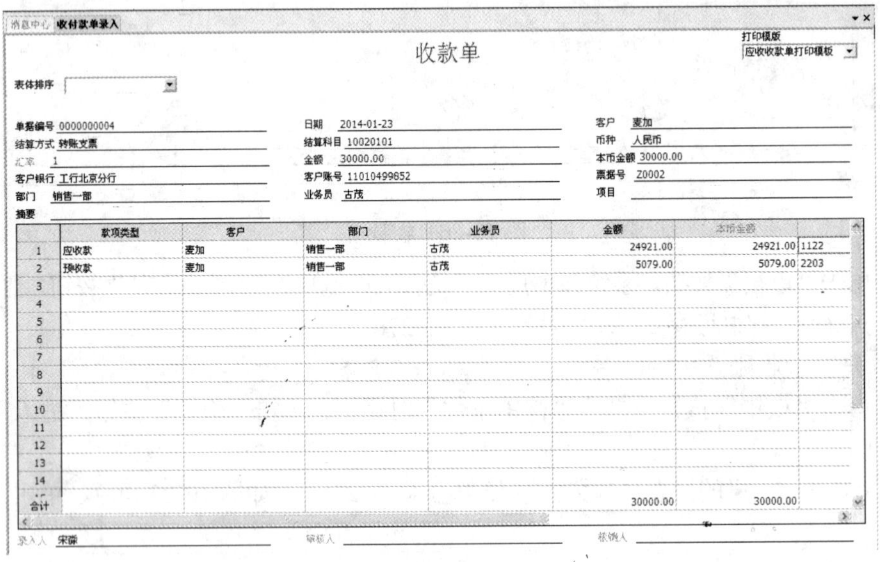

图 10-28　收款单录入

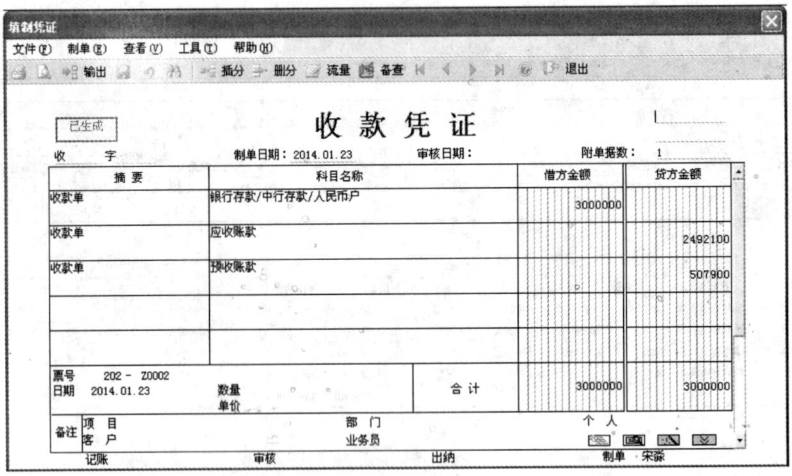

图 10-29　预收款生成凭证

3. 业务 3：输入单据

业务类型：输入一张收款单全部形成预收款。

(1) 在"收款单录入"窗口，单击"增加"按钮。

(2) 表头项目：选择客户"麦加公司"，输入日期"2014-01-25"，结算方式为"转账支票"，金额为"20000"，票据号为"Z0003"。表体项目：选择款项类型"预收款"。单击"保存"按钮。

(3) 单击"审核"按钮，系统弹出提示"是否立即制单？"。

(4) 单击"是"按钮，生成凭证，单击"退出"按钮。

> **注意：** 全部款项形成预收款的收款单可在"结算单查询"功能中查看。
> 以后可通过"预收冲应收"、"核销"等操作使用此笔预收款。

4. 业务 4：转账处理

业务类型：转账处理——应收冲应收。

(1) 双击"转账"下的"应收冲应收"项目，进入"应收冲应收"窗口。

(2) 输入日期"2014-01-25"；选择转出客户"中新城市学院"，转入客户"麦加公司"。

(3) 单击"过滤"按钮。系统列出转出户"中新城市学院"未核销的应收款。

(4) 在第一行销售普通发票的并账金额处输入"842.4"，如图 10-30 所示。

(5) 单击"确定"按钮，系统弹出提示"是否立即制单？"，单击"是"按钮，生成凭证。

5. 业务 5：预收冲应收

业务类型：预收冲应收。

(1) 双击"转账"下的"预收冲应收"项目，进入"预收冲应收"窗口。

(2) 输入日期"2014-01-27"。

(3) 切换到"预收款"选项卡，选择客户"麦加公司"，单击"过滤"按钮。系统列出该客户的预收款，在预收款为 20 000 的转账金额栏输入转账金额"20 000"，如图 10-31 所示。

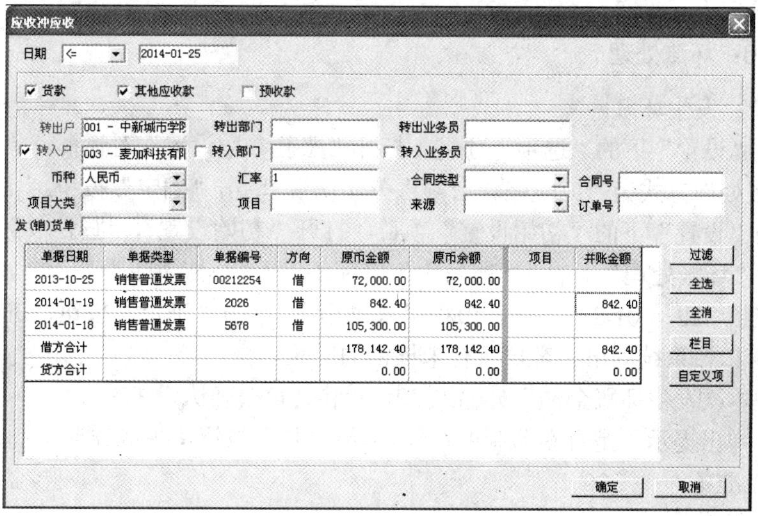

图 10-30　应收冲应收

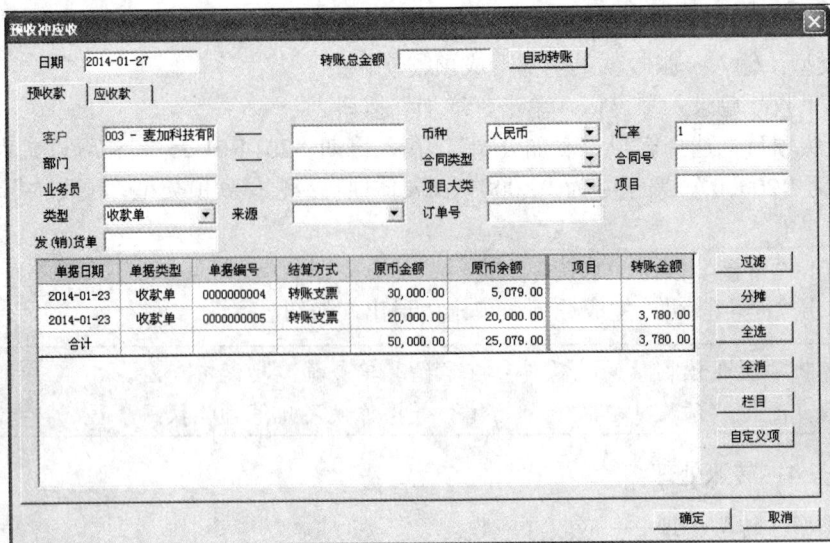

图 10-31　预收冲应收

(4) 切换到"应收款"选项卡,单击"过滤"按钮,系统列出该客户的应收款,输入 2013-11-10 日两笔应收转账金额合计"3780"。

(5) 单击"确定"按钮,系统弹出提示"是否立即制单?"。

(6) 单击"是"按钮,生成凭证。

> **注意:** 每一笔应收款的转账金额不能大于其余额。
>
> 应收款的转账金额合计应该等于预收款的转账金额合计。
>
> 在初始设置时,如将应收科目和预收科目设置为同一科目,将无法通过预收冲应收功能生成凭证。
>
> 此笔预收款也可不先冲应收款,待收到此笔货款的剩余款项并进行核销时,再同时使用此笔预收款进行核销。

6. 业务 6:坏账处理

业务类型:发生坏账。

(1) 双击"设置"下的"选项"项目,打开"账套参数设置"对话框。单击"编辑"按钮,选择坏账处理方式为"应收账款余额百分比法",单击"确定"按钮。

(2) 双击"设置"下的"初始设置"项目,打开"初始设置",进行"坏账准备设置"。

(3) 双击"坏账处理"下的"坏账发生"项目,打开"坏账发生"对话框。选择客户"麦加";输入日期"2014-01-27"。选择币种"人民币"。单击"确定"按钮,进入"坏账发生单据明细"窗口,系统列出该客户所有未核销的应收单据。

(4) 在"本次发生坏账金额"处输入 20,单击"OK(确认)"按钮。

(5) 系统弹出提示"是否立即制单?",单击"是"按钮,生成凭证。

借:坏账准备　　　　20

　　贷:应收账款　　　　　20

7. 业务 7：坏账处理

业务类型：计提坏账准备。

(1) 双击"坏账处理"下的"计提坏账准备"项目，进入"应收账款百分比法"窗口。

(2) 系统根据应收账款余额、坏账准备余额、坏账准备初始设置情况自动算出本次计提金额，如图 10-32 所示。

(3) 单击"确认"按钮，系统弹出提示"是否立即制单？"。

(4) 单击"是"按钮，生成凭证。

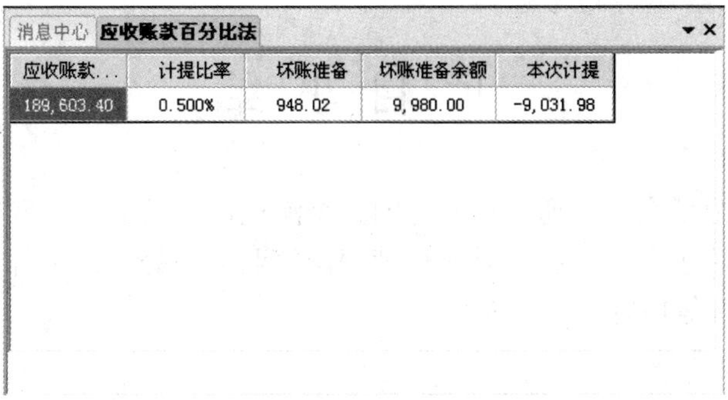

图 10-32 计提坏账准备

> 注意：如果坏账准备已计提成功，本年度将不能再次计提坏账准备。

8. 业务 8：进行应收账龄分析

(1) 双击"设置"下的"初始设置"项目，进行账期内账龄区间设置和逾期账龄区间设置。

(2) 双击"账表管理"|"统计分析"下的"应收账龄分析"项目，打开"过滤条件选择"对话框。

(3) 单击"过滤"按钮，进入"应收账龄分析"窗口。

9. 期末处理

1) 结账

(1) 双击"期末处理"下的"月末结账"项目，打开"月末处理"对话框。

(2) 双击 1 月的结账标志栏。

(3) 单击"下一步"按钮，屏幕显示各处理类型的处理情况。

(4) 在处理情况都是"是"的情况下，单击"完成"按钮，结账后，系统弹出提示"月末结账成功"。

(5) 单击"确定"按钮。系统自动在对应的结账月份的"结账标志"栏中标识"已结账"字样。

> 注意：本月的单据在结账前应该全部审核；本月的结算单在结账前应全部核销。
>
> 应收系统结账后，总账系统才能结账。
>
> 若应收系统与销售系统集成使用，则在销售系统结账后，才能对应收系统进行结账处理。

2) 取消结账

(1) 双击"期末处理"下的"取消月结"项目，打开"取消结账"对话框。

(2) 选择"1 月 已结账"。

(3) 单击"确定"按钮，系统弹出提示"取消结账成功"。

(4) 单击"确定"按钮，当月结账标志即被取消。

注意：如果当月总账系统已经结账，则应收系统不能取消结账。

最后，备份"项目十-2"账套数据。

项 目 小 结

本项目首先介绍了企业普通销售业务的整个流程，涉及订货、发货、出库、发票、收款全过程；其次介绍了分期收款、委托代销等销售业务的处理；另外，对应收款管理中的票据管理、转账处理等内容作了补充。

项目基础练习

一、单项选择题

1. 在销售全流程中，(　　)环节不是必需的。

    A. 订货　　　　　B. 发货　　　　　C. 出库　　　　　D. 收款

2. 如果销售、库存、存货、应收、总账集成应用，则销售发票应该在(　　)模块录入。

    A. 销售管理　　　B. 应收管理　　　C. 库存管理　　　D. 存货核算

3. "借：预收账款　贷：应收账款"是根据(　　)业务生成的凭证。

    A. 并账制单　　　B. 应收单制单　　C. 收款单制单　　D. 转账制单

二、多项选择题

1. 销售管理系统提供的业务类型有(　　)。

    A. 普通销售　　　B. 分期收款　　　C. 委托代销　　　D. 直运销售

2. 对坏账处理，系统提供的处理方法有(　　)。

    A. 应收余额百分比法　　　　　　B. 销售收入百分比法

    C. 账龄分析法　　　　　　　　　D. 直接转销法

3. 应收款管理系统中可以取消的操作是(　　)。

    A. 单据审核　　　B. 核销　　　　　C. 票据结算　　　D. 结账

4. 销售出库业务可以分为(　　)几种业务类型。

    A. 普通销售　　　B. 委托代销　　　C. 受托代销　　　D. 分期收款

三、简答题

1. 销售管理系统的功能有哪些?

2. 销售管理系统与其他系统的主要关系是什么?

3. 简述普通销售业务的处理流程。

4. 简述以订单为中心的销售业务、委托代销业务、直运业务、分期收款销售业务的处理流程。

5. 简述零售业务、现收业务、代垫费用等业务的处理。

6. 应收款管理有哪两种应用模式?

7. 应收款系统的主要功能有哪些? 与其他系统的主要关系是什么?

8. 结算单指的是什么?

9. 如何进行坏账处理?

10. 应收款系统生成哪些凭证传递给总账?

面向 "十二五" 高职高专项目导向式教改教材·财经系列

项目十一

库存管理与存货核算

【项目技能点】

- 掌握材料领用、产品入库的业务处理
- 掌握其他入库、其他出库的业务处理
- 掌握利用出入库调整单调整存货价格的业务处理

【项目知识点】

- 了解库存管理系统的功能及其与其他系统的数据关系
- 了解存货核算系统的功能及其与其他系统的数据关系
- 阐述材料领用、产品入库的业务流程

任务一　库　存　管　理

●【任务案例】

库存管理和存货核算管理的对象都是企业的存货。库存管理侧重管理存货出入库及结存的数量，满足采购入库、销售出库、产成品入库、材料出库、其他出入库、盘点管理等业务需要，提供仓库货位管理、批次管理、保质期管理、出库跟踪入库管理、可用量管理、序列号管理等全面的业务应用。

创智科技 2014 年 1 月份发生如下业务:

1) 产成品入库业务

2014-01-05，成品库收到生产部生产的 50 台天骄台式机，做产成品入库。

2014-01-08，成品库收到生产部制作的 30 台天骄台式机，做产成品入库。

随后收到财务部门提供的完工产品成本，其中天骄台式机的总成本为 260 000 元，立即做成本分配，记账生成凭证。

2) 材料领用

2014-01-10，生产部向原料库领用硬盘 50 盒，用于生产台式机。记材料明细账，生成领料凭证。

3) 出库跟踪入库

有一存货"2005 爱尚耳麦"，在库存管理时，需要对每一笔入库的出库情况做详细的统计。

2014-01-10，采购部向天和公司购进 100 盒"爱尚耳麦"，单价为 65 元。入成品库。

2014-01-11，采购部向安捷公司购进 50 盒"爱尚耳麦"，单价为 68 元。入成品库。

2014-01-12，收到上述两笔入库的普通发票，发票号分别为 2211 和 3356。

2014-01-13，销售一部向中新城市学院销售 30 盒"爱尚耳麦"，从成品库发货。

4) 调拨业务

2014-01-14，将原料库中的 80 个"鼠标"调拨到成品库中。

5) 盘点预警设置

2014-01-15，根据上级主管要求，CPU 芯片应在每周五盘点一次。

6) 盘点业务

2014-01-16，对材料库的"CPU 芯片"存货进行盘点，盘点后，发现 CPU 芯片多出 5 盒。经确定每盒成本为 1 200 元。

7) 其他入库业务

2014-01-16，销售一部收到赠品"爱尚耳麦"500 套，单价 65 元。

8) 其他出库业务

2014-01-16，企管办领取 100 个鼠标，用于捐助教育。

9) 组装业务

2014-01-16，应客户急需，生产当日组装了 20 台天骄台式机。

10) 月末处理

【具体任务】

(1) 引入"项目八"作为准备账套。

(2) 以"宋淼"的身份、业务发生日期进入库存管理系统，填制各种出入库单据并进行审核。之后进入存货核算系统，对各种出入库单进行记账，生成出入库凭证。

【理论认知】

一、认识库存管理系统

(一)库存管理系统的主要功能

1. 日常收发存业务处理

库存管理系统的主要功能是对采购管理系统、销售管理系统及库存管理系统填制的各种出入库单据进行审核，并对存货的出入库数量进行管理。

除管理采购业务、销售业务形成的入库和出库业务外，还可以处理仓库间的调拨业务、盘点业务、组装拆卸业务、形态转换业务等。

2. 库存控制

库存管理系统支持批次跟踪、保质期管理、委托代销商品管理、不合格品管理、现存量(可用量)管理、安全库存管理，对超储、短缺、呆滞积压、超额领料等情况进行报警。

3. 库存账簿及统计分析

库存管理系统可以提供出入库流水账、库存台账、受托代销商品备查簿、委托代销商品备查簿、呆滞积压存货备查簿供用户查询，同时提供各种统计汇总表。

(二)库存管理系统与其他系统的主要关系

库存管理系统既可以和采购管理、销售管理、存货核算集成使用，也可以单独使用。在集成应用模式下，库存管理系统与其他系统的主要关系如图 11-1 所示。

库存管理系统可以参照采购管理系统的采购订单、采购到货单生成采购入库单，库存管理系统将入库情况反馈到采购管理系统。采购管理系统向库存管理系统提供预计入库量。

根据选项设置，销售出库单可以在库存管理系统填制、生成，也可以先在销售管理系统生成后传递到库存管理系统，再由库存管理系统进行审核。如果在库存管理系统生成，则需要参照销售管理系统的发货单、销售发票。销售管理系统为库存管理系统提供预计出库量。库存管理系统为销售管理系统提供可用于销售的存货的可用量。

库存管理系统为存货核算系统提供各种出入库单据。所有出入库单据均由库存管理系统填制，存货核算系统只能填写出入库单的单价、金额，并可对出入库单进行记账操作，核算出入库的成本。

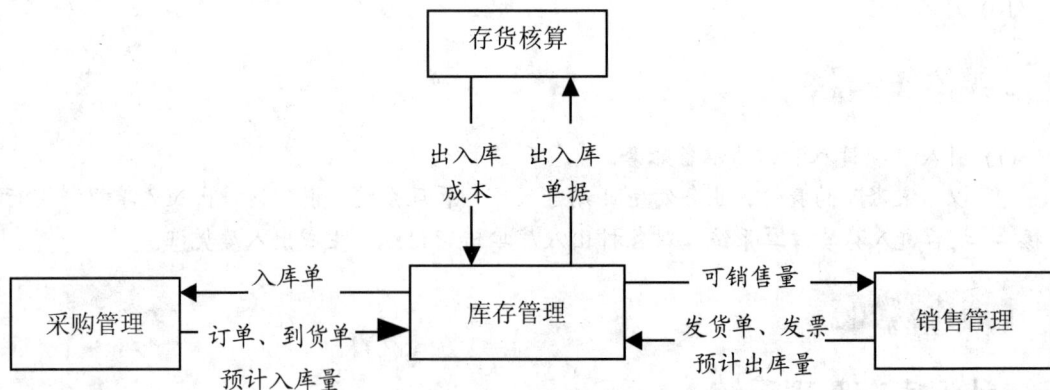

图 11-1　库存管理系统与其他系统的主要关系

二、库存管理日常业务处理

(一)入库业务处理

库存管理系统主要是对各种入库业务进行单据的填制和审核。库存管理系统中的审核具有多层含义,既可表示通常意义上的审核,也可用单据是否审核代表实物的出入库行为,即在入库单上的所有存货均办理了入库手续后,对入库单进行审核。

库存管理系统的入库业务主要包括以下几类。

1. 采购入库

采购业务员将采购回来的存货交到仓库时,仓库保管员对其所购存货进行验收确定,填制采购入库单。采购入库单生成的方式有 4 种:参照采购订单、参照采购到货单、检验入库(与 GSP 集成使用时)、直接填制。采购入库单的审核相当于仓库保管员对采购的实际到货情况进行质量、数量的检验和签收。

2. 产成品入库

产成品入库单是管理工业企业的产成品入库、退回业务的单据。

工业企业对原材料及半成品进行一系列的加工后,形成可销售的商品,然后验收入库。只有工业企业才有产成品入库单,商业企业没有此单据。

一般在入库时是无法确定产成品的总成本和单位成本的,因此,在填制产成品入库单时,一般只有数量,没有单价和金额。

产成品入库的业务流程如图 11-2 所示。

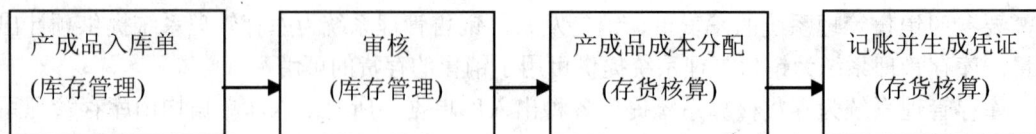

图 11-2　产成品入库的业务流程

3. 其他入库

其他入库指除了采购入库、产成品入库之外的入库，如调拨入库、盘盈入库、组装拆卸入库、形态转换入库等业务形成的入库单。

需要注意的是，调拨入库、盘盈入库、组装拆卸入库、形态转换入库等业务可以自动形成相应的入库单，除此之外的其他入库单由用户填制。

(二)出库业务处理

1. 销售出库

如果没有启用销售管理系统，销售出库单需要手工增加。

如果启用了销售管理系统，则在销售管理系统中填制的销售发票、发货单、销售调拨单、零售日报，经复核后均可以参照生成销售出库单。根据选项设置，销售出库单可以在库存管理系统填制、生成，也可以在销售管理系统生成后传递到库存管理系统，再由库存管理系统进行审核。

2. 材料出库

材料出库单是工业企业领用材料时所填制的出库单据，材料出库单也是进行日常业务处理和记账的主要原始单据之一。只有工业企业才有材料出库单，商业企业没有此单据。

3. 其他出库

其他出库是指除销售出库、材料出库之外的出库业务，如维修、办公耗用、调拨出库、盘亏出库、组装拆卸出库、形态转换出库等。

需要注意的是，调拨出库、盘盈出库、组装出库、拆卸出库、形态转换出库等业务可以自动形成相应的出库单，除此之外的其他出库单由用户填制。

(三)其他业务

1. 库存调拨

库存管理系统提供了调拨单用于处理仓库之间存货的转库业务或部门之间的存货调拨业务。如果调拨单上的转出部门和转入部门不同，就表示是部门之间的调拨业务；如果转出部门和转入部门相同，但转出仓库和转入仓库不同，就表示是仓库之间的转库业务。

2. 盘点

库存管理系统提供了盘点单用来定期对仓库中的存货进行盘点。存货盘点报告表，是证明企业存货盘盈、盘亏和毁损并据以调整存货实存数的书面凭证，经企业领导批准后，即可作为原始凭证入账。

本功能提供两种盘点方法，即按仓库盘点和按批次盘点，还可对各仓库或批次中的全部或部分存货进行盘点，盘盈、盘亏的结果可自动生成出入库单。

> **注意：** 上次盘点的仓库的存货所在的盘点表未记账之前，不应再对此仓库此存货进行盘点，否则账面数不准确。即同一时刻不能有两张相同仓库相同存货的盘点表未记账。

盘点前应将所有已办理实物出入库但未录入台式机的出入库单或销售发货单、销售发票都录入计算机中。

盘点前应将所有委托代管或受托代管的存货进行清查，并将这些存货与已记录在账簿上需盘点的存货区分出来。盘点表中的盘点数量不应包括委托代管或受托代管的数量。

盘点开始后至盘点结束前不应再办理出入库业务。即新增盘点表后，不应再录入出入库单、发货单及销售发票等单据，也不应办理实物出入库业务。

盘点表中的账面数为增加盘点表中的存货的那一时刻该仓库该存货的现存量，它是库存系统中该仓库该存货的账面结存数减去销售系统中已开具发货单或发票但未生成出库单的数量的差。

3. 组装与拆卸

有些企业中的某些存货既可单独出售，又可与其他存货组装在一起销售。如计算机销售公司既可将显示器、主机、键盘等单独出售，又可按客户的要求将显示器、主机、键盘等组装成计算机销售，这时就需要对计算机进行组装；如果企业库存中只存有组装好的计算机，但客户只需要买显示器，此时又需将计算机进行拆卸，然后将显示器卖给客户。

组装是指将多个散件组装成一个配套件的过程。组装单相当于两张单据，一个是散件出库单，一个是配套件入库单。配套件和散件之间是一对多的关系。配套件和散件之间的关系在产品结构中设置。用户在组装之前应先进行产品结构定义，否则无法进行组装。

拆卸是指将一个配套件拆卸成多个散件的过程。拆卸单相当于两张单据，一个是配套件出库单，一个是散件入库单。配套件和散件之间是一对多的关系。配套件和散件之间的关系在产品结构中设置。用户在组装拆卸之前应先进行产品结构定义，否则无法进行拆卸。

4. 形态转换

由于自然条件或其他因素的影响，某些存货会由一种形态转换成另一种形态(如煤块由于风吹、雨淋变成了煤渣，活鱼由于缺氧变成了死鱼等)，从而引起存货规格和成本的变化。因此库管员需根据存货的实际状况填制形态转换单，或叫规格调整单，报请主管部门批准后进行调账处理。

◉【知识链接】

可用量与现存量

在用友 U8 中，可用量是指企业实际可以使用的存量；现存量是指企业实际的库存量。

可用量=现存量-冻结量+预计入库量-预计出库量

冻结量：指虽然已入库但因各种原因不能办理出入库的存货量。

预计入库量：指采购业务或调拨业务已发生或生产订单已下达，实物还未入库但在可预见的未来将要入库的量，包括已请购量、采购在途量、生产订单量、委外订单量、到货/在检量、调拨在途量等。

预计出库量：指销售或调拨业务已发生，实物还未出库但在可预见的未来将要出库的量，包括销售订单量、备料计划量、生产未领量、委外未领量、待发货量、调拨待发量等。

三、综合查询

灵活运用库存管理系统提供的各种查询功能，可以有效提高信息利用效率和库存管理水平。

1．单据查询

通过单据列表可以对"采购入库单列表"、"产成品入库单列表"、"其他入库单产列表"、"销售出库单列表"、"材料出库单列表"、"其他出库单列表"、"限额领料单列表"、"盘点单列表"等进行查询。

2．账表查询

通过查询库存管理系统提供的库存账、批次账、统计表，实现对库存业务的实时管理，通过储备分析提供存货的超储、短缺、呆滞积压等管理信息。

四、月末处理

月末结账是指将当月的单据数据封存，结账后不允许再对该会计期的库存单据进行增加、修改和删除处理。

◉【实训操作】

1．库存业务 1

业务类型：产成品入库。

1) 在库存管理系统中录入产成品入库单并审核

(1) 双击"入库业务"下的"产成品入库单"项目，进入"产成品入库单"窗口。

(2) 单击"增加"按钮，输入入库日期"2014-01-05"，选择仓库"成品库"，入库类别"产成品入库"，部门"生产部"。

(3) 选择产品编码"2001 天骄台式机"，输入数量"50"。

(4) 单击"保存"按钮。

(5) 单击"审核"按钮，完成对该单据的审核，如图 11-3 所示。

(6) 用同样方法，输入第 2 张产成品入库单。

注意：产成品入库单上无须填写单价，待产成品成本分配后会自动写入。

2) 在存货核算系统中录入生产总成本并进行产成品成本分配

(1) 双击"业务核算"下的"产成品成本分配"项目，进入"产成品成本分配"窗口。

(2) 单击"查询"按钮，打开"产成品成本分配表查询"对话框。选择"成品库"，单击"确定"按钮，系统将符合条件的记录带回"产成品成本分配表"。

(3) 在"2001 天骄台式机"记录行的"金额"栏输入"260 000"。

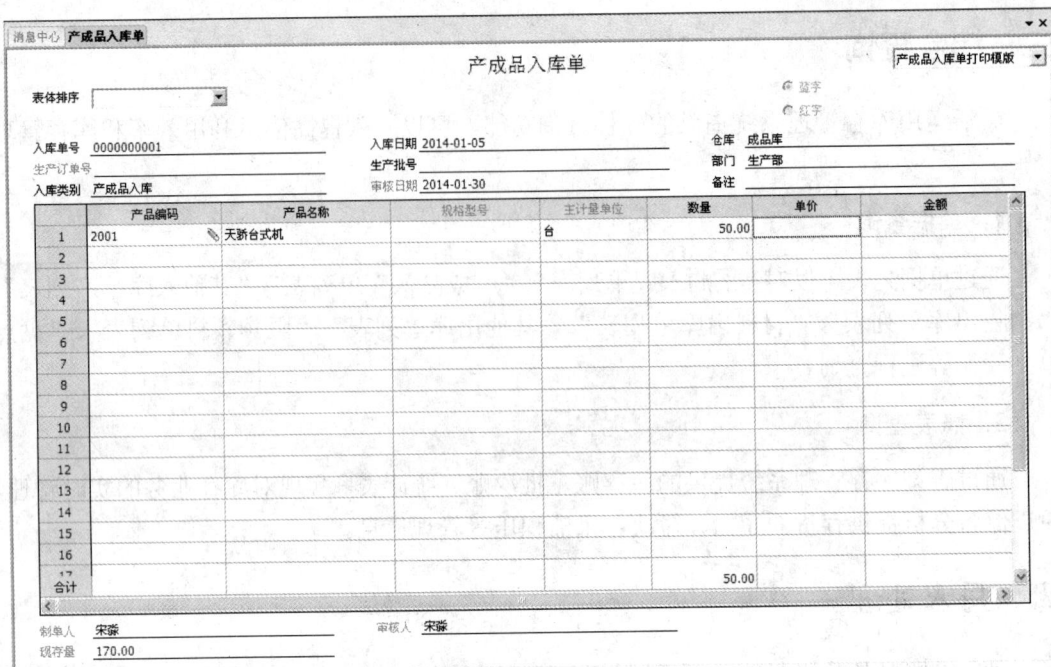

图 11-3　填制并审核产成品入库单

(4) 单击"分配"按钮，系统弹出提示"分配操作顺利完成！"，单击"确定"按钮返回，如图 11-4 所示。

(5) 双击"日常业务"下的"产成品入库单"项目，进入"产成品入库单"窗口，可查看入库存货单价为 3250 元。

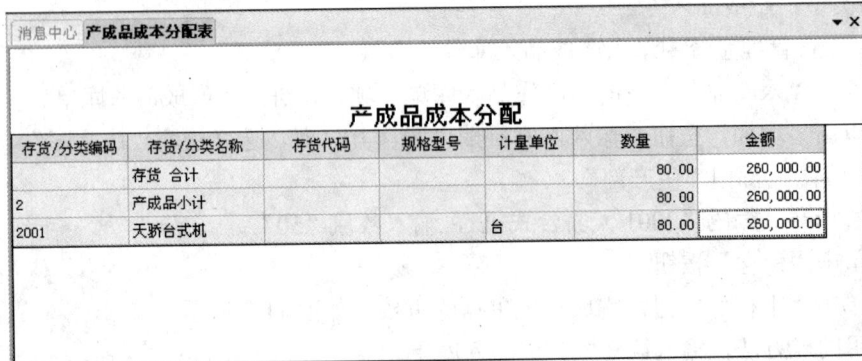

图 11-4　输入产品成本分配金额并分配产品成本

3) 在存货核算系统中对产成品入库单进行记账并生成凭证

(1) 双击"业务核算"下的"正常单据记账"项目，对产成品入库单进行记账处理。

(2) 双击"财务核算"下的"生成凭证"项目，选择"产成品入库单"，生成凭证。在生成凭证界面，单击"合成"按钮，可合并生成入库凭证，如图 11-5 所示。

注意："生产成本/直接材料"为项目核算科目，本业务项目为"天骄台式机"。

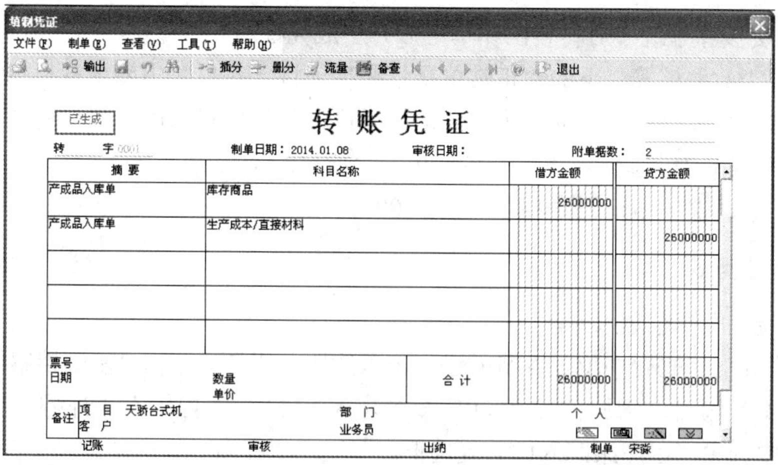

图 11-5 产成品入库单生成凭证

2．库存业务 2

业务类型：材料领用出库。

1) 在库存管理系统中填制材料出库单

(1) 双击"出库业务"下的"材料出库单"项目，进入"材料出库单"窗口。

(2) 单击"增加"按钮，填写出库日期"2014-01-10"，选择仓库"原料库"，出库类别"材料领用出库"，部门"生产部"。

(3) 选择"1002 硬盘"，输入数量"50"。

(4) 单击"保存"按钮，单击"审核"按钮，如图 11-6 所示。

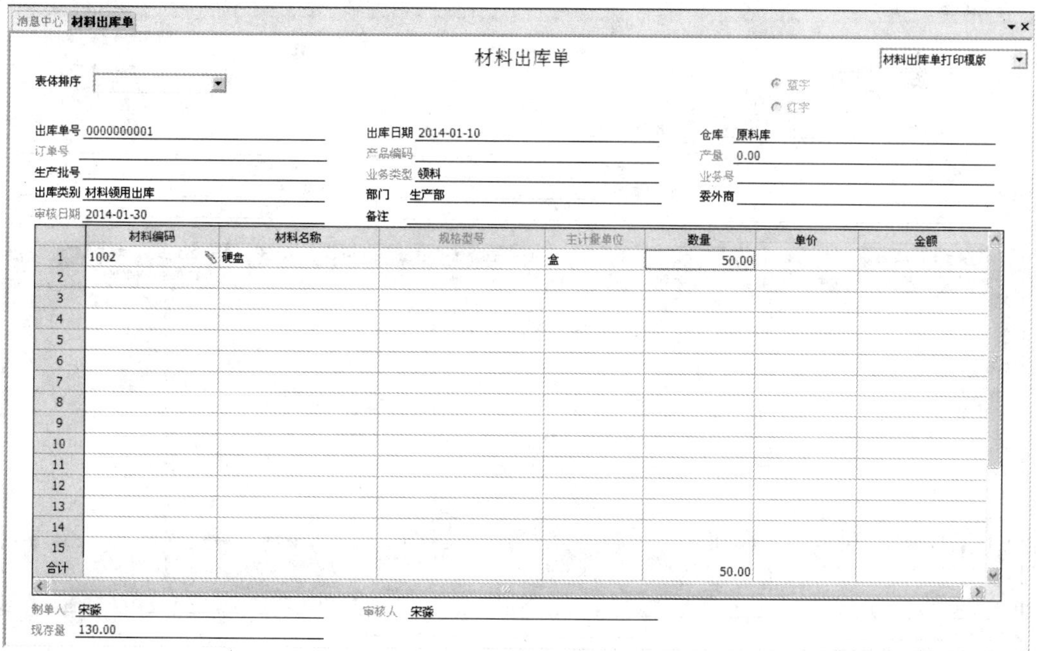

图 11-6 填制材料出库单

2) 在存货核算系统中对材料出库单记账并生成凭证

(1) 双击“业务核算”下的“正常单据记账”项目，对材料出库单进行记账。

(2) 双击“财务核算”下的“生成凭证”项目，选择材料出库单生成凭证。

借：生产成本/直接材料　　　26 800　　(项目：天骄台式机)

　　贷：原材料/生产用原材料　　26 800

3．库存业务 3

业务类型：出库跟踪入库。

(1) 在企业应用平台中增加存货并进行出入库跟踪设置。双击“基础档案”|“存货”下的“存货档案”项目，增加存货“2005 爱尚耳麦”，选中“内销”、“外购”属性，在“控制”选项卡中选中“出库跟踪入库”复选框。

(2) 在企业应用平台中，对销售发货单进行单据设计。在企业应用平台的“基础设置”选项卡中，双击“单据设置”下的“单据格式设置”项目，进入“单据格式设置”窗口。双击“销售管理”|“发货单”|“显示”下的“发货单显示模板”项目，进入“发货单”窗口。单击“表体项目”按钮，打开“表体”对话框。选择“入库单号”，单击“确定”按钮。退出“单据格式设置”窗口，单击“保存”按钮保存设计结果(如图 11-7 所示)。

(3) 在库存管理系统中分别填制并审核采购入库单。

(4) 在采购管理系统中参照采购入库单生成采购普通发票。

(5) 在存货核算系统中对采购入库单进行记账处理。

(6) 在销售管理系统中填制销售发货单并审核(选择对应第 2 次采购入库的入库单)。

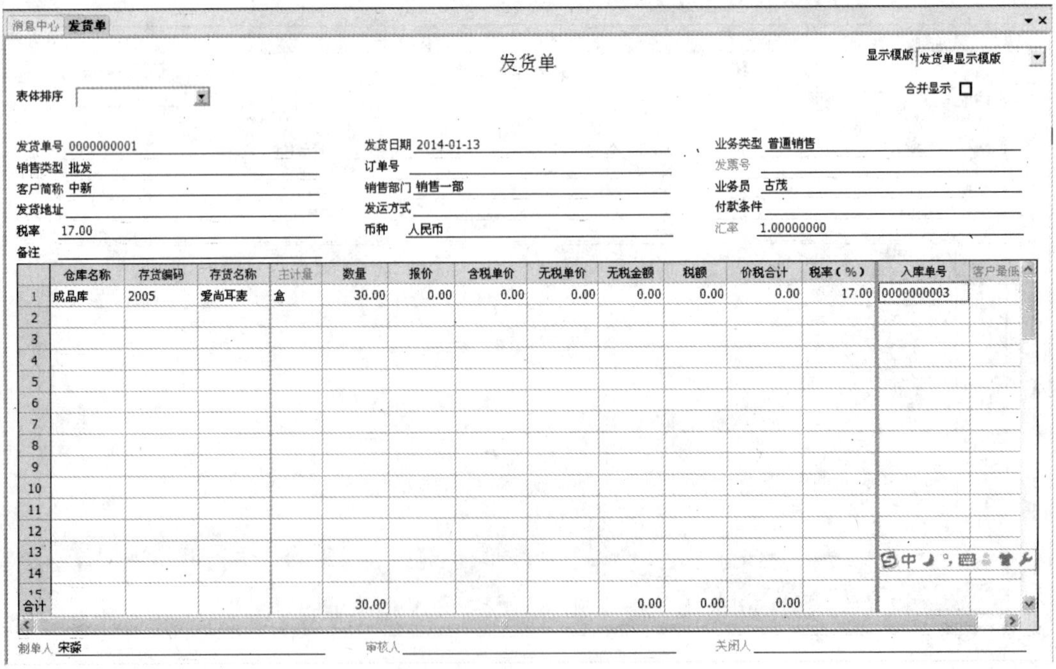
消息中心　发货单

发货单

显示模版　发货单显示模版

表体排序　　　　合并显示

发货单号 0000000001　　发货日期 2014-01-13　　业务类型 普通销售

销售类型 批发　　订单号　　发票号

客户简称 中新　　销售部门 销售一部　　业务员 古茂

发货地址　　发运方式　　付款条件

税率 17.00　　币种 人民币　　汇率 1.00000000

备注

	仓库名称	存货编码	存货名称	主计量	数量	报价	含税单价	无税单价	无税金额	税额	价税合计	税率(%)	入库单号	客户最低
1	成品库	2005	爱尚耳麦	盒	30.00	0.00	0.00	0.00	0.00	0.00	0.00	17.00	0000000003	
2														
3														
4														
5														
6														
7														
8														
9														
10														
11														
12														
13														
14														
合计					30.00				0.00	0.00	0.00			

制单人 宋淼　　审核人　　关闭人

图 11-7　存货出入库跟踪

注意: 对于出库跟踪入库的存货出库时需要输入相应的入库单号。

　　设置自动出库跟踪入库时,系统分配入库单号的方式有两种,即"先进先出"和"后进先出"。在库存管理"初始设置"|"选项"中的通用设置选项卡中选择。

　　对于出库跟踪入库的存货,不允许超可用量出库。

4. 库存业务4

业务类型:库存调拨——仓库调拨。

1) 在库存管理系统中填制调拨单

(1) 双击"调拨业务"下的"调拨单"项目,进入"调拨单"窗口。

(2) 单击"增加"按钮,输入调拨日期"2014-01-14";选择转出仓库"原料库",转入仓库"成品库",出库类别"其他出库",入库类别"其他入库"。

(3) 选择存货编码"1003 鼠标",数量"80",单击"保存"按钮。

(4) 单击"审核"按钮。

注意: 调拨单保存后,系统自动生成其他入库单和其他出库单,且由调拨单生成的其他入库单和其他出库单不得修改和删除。

　　转出仓库的计价方式是移动平均、先进先出、后进先出时,调拨单的单价可以为空,系统会根据计价方式自动计算填入。

2) 在库存管理系统中对调拨单生成的其他出入库单进行审核

(1) 双击"入库业务"下的"其他入库单"项目,进入"其他入库单"窗口。

(2) 单击"审核"按钮。

(3) 用同样方法完成对其他出库单的审核。

3) 在存货核算系统中对其他出入库单记账

(1) 双击"业务核算"下的"特殊单据记账"项目,打开"特殊单据记账条件"对话框。

(2) 选择单据类型"调拨单",单击"确定"按钮,进入"特殊单据记账"窗口。

(3) 选择要记账的调拨单,单击"记账"按钮。

注意: 在"库存商品"科目不分明细的情况下,库存调拨业务不会涉及账务处理,因此,对库存调拨业务生成的其他出入库单暂不进行制单。

5. 库存业务5

业务类型:盘点预警。

1) 在库存管理系统中进行相关选项设置

　　双击"初始设置"下的"选项"项目,打开"库存选项设置"对话框,在"专用设置"选项卡中选中"按仓库控制盘点参数"选项,确定返回。

2) 在企业应用平台的"基础设置"选项卡中,修改存货档案

　　双击"基础档案"|"存货"下的"存货档案"项目,在"控制"选项卡中修改存货"CPU芯片"的盘点周期单位为"周";每周第"5"天为盘点日期,保存。

面向 "十二五" 高职高专项目导向式教改教材 · 财经系列

6. 库存业务 6

业务类型：盘点业务。

1) 在库存管理系统中增加盘点单

(1) 双击"盘点业务"项目，进入"盘点单"窗口。

(2) 单击"增加"按钮，输入日期"2014-01-16"，选择盘点仓库"原料库"，出库类别"其他出库"，入库类别"其他入库"。

(3) 在表体中选择存货"CPU 芯片"，带出账面数量为"300"。

(4) 输入存货"CPU 芯片"的盘点数量"305"，单击"保存"按钮。

(5) 单击"审核"按钮，如图 11-8 所示。

> **注意：** 盘点单审核后，系统自动生成相应的其他入库单和其他出库单。
>
> 单击"盘库"按钮，表示选择盘点仓库中所有的存货进行盘点；单击"选择"按钮，表示按存货分类批量选择存货进行盘点。
>
> 盘点单中输入的盘点数量是实际库存盘点的结果。
>
> 盘点单记账后，不能再取消记账。

图 11-8　盘点单

2) 在库存管理系统中对盘点单生成的其他入库单进行审核

3) 在存货核算系统中修改其他入库单的单价，对其他入库单进行记账并生成凭证

借：原材料/CPU 芯片　　　　6 000

　　贷：待处理财产损溢　　　6 000

7. 库存业务 7

业务类型：其他入库——赠品入库。

1) 在库存管理系统中录入其他入库单并审核

(1) 双击"入库业务"下的"其他入库单"项目，进入"其他入库单"窗口。

(2) 单击"增加"按钮，输入入库日期"2014-01-16"，选择仓库"成品库"，入库类别"其他入库"，部门"销售一部"。

(3) 选择存货编码"2005 爱尚耳麦"，输入数量"500"，单价"65"。

(4) 单击"保存"按钮。

(5) 单击"审核"按钮，完成对该单据的审核。

2) 在存货核算系统中对其他入库单记账

3) 在存货核算系统中生成凭证

借：库存商品　　　32 500

　　贷：资本公积　　32 500

8. 库存业务 8

业务类型：其他出库。

1) 在库存管理系统中录入其他出库单并审核

(1) 双击"出库业务"下的"其他出库单"项目，进入"其他出库单"窗口。

(2) 单击"增加"按钮，输入出库日期"2014-01-16"，选择仓库"原料库"，出库类别"其他出库"，部门"企管办"。

(3) 选择存货编码"1003 鼠标"，输入数量"100"，单价"98"。

(4) 单击"保存"按钮。

(5) 单击"审核"按钮，完成对该单据的审核。

2) 在存货核算系统中对其他出库单记账

3) 在存货核算系统中生成凭证

借：营业外支出　　　　　9 800

　　贷：原材料/鼠标　　　9 800

9. 库存业务 9

业务类型：组装业务。

1) 在库存管理中进行相关选项设置

在库存管理系统中，双击"初始设置"下的"选项"项目，打开"库存选项设置"窗口。在"通用设置"选项卡下选择"有无组装拆卸业务"，单击"确定"按钮返回。库存管理菜单下出现"组装拆卸"功能菜单。

2) 定义产品结构

(1) 双击"基础档案"|"业务"下的"产品结构"项目，进入"产品结构"窗口，定义散件与组装件之间的关系。

(2) 单击"增加"按钮，打开"增加产品结构"对话框。选择母件名称"2001 天骄台式机"；子件分别为"CPU 芯片、硬盘、鼠标"，定额数量均为"1"；存放仓库均为"原料库"；单击"保存"按钮。

3) 在库存管理系统中录入组装单

(1) 双击"组装拆卸"下的"组装单"项目，进入"组装单"窗口。

(2) 单击"增加"按钮，输入日期"2014-01-16"，选择配套件"台式机"，单击"展开"按钮，系统弹出提示"是否展到末级"，单击"是"按钮，系统将产品结构信息带到组装单。选择入库类别"其他入库"，出库类别"其他出库"，部门"生产部"。

(3) 在单据体第一行，选择仓库"成品库"，输入数量"20"。

(4) 单击"保存"按钮，单击"审核"按钮。

> **注意：** 组装单保存后，系统自动生成相应的其他入库单和其他出库单。
> 组装单保存后生成的其他出库单和其他入库单无单价，一般需要在存货核算系统中通过修改单据功能输入单价。

4) 在库存管理系统中对组装单生成的其他入库单、其他出库单进行审核

5) 在存货核算系统中修改其他入库单单价

修改其他入库单"天骄台式机"的单价为"3200"元。

6) 在存货核算系统中对其他入库单、其他出库单记账

> **注意：** 组装拆卸业务一般不涉及账务处理，因此，对组装拆卸业务生成的其他出入库单暂不进行制单。

10. 月末处理

月末处理之前，将数据备份至"项目十一-1"。

1) 对账

双击"财务核算"下的"与总账对账"项目，进入"与总账对账表"窗口，选择对账月份，查看对账结果。

2) 月末结账

(1) 双击"业务核算"下的"月末结账"项目，打开"月末结账"对话框。

(2) 单击"确定"按钮，系统弹出提示"采购系统尚未结账，不能继续！"，单击"确定"按钮返回。

任务二　存　货　核　算

⊙【任务案例】

在任务一中，学习了在库存管理中对存货出入库的各种处理。那么存货核算又是从何种角度对存货进行管理的？它与库存管理的业务范围究竟有什么不同，两者又是如何协同工作的？这些都是项目组在学习存货核算时必然会有的疑问。

创智科技 2014 年 1 月份发生如下经济业务。

(1) 2014-01-20，向安捷公司订购名星杀毒软件 100 套，单价为 50 元，将收到的货物验收入成品库。

(2) 2014-01-20，销售一部向麦加公司出售名星杀毒软件 30 套，无税单价为 70 元，货物从成品库发出。

(3) 2014-01-25，将 1 月 20 日发生的采购名星杀毒软件的入库成本增加 100 元。

(4) 2014-01-25，调整 1 月 20 日出售给麦加公司的杀毒软件的出库成本 200 元。

(5) 2014-01-30，根据生产部的统计，有 2 盒硬盘当月尚未耗用完。先做假退料处理，下个月再继续使用。

(6) 2014-01-31，月末结账。

【具体任务】

(1) 引入"项目十一-1"作为准备账套。

(2) 以"宋淼"的身份进入存货核算系统进行操作。

【理论认知】

一、认识存货核算系统

(一)存货核算系统的主要功能

存货核算系统主要针对企业存货的收发存业务进行核算，掌握存货的耗用情况，及时准确地把各类存货成本归集到各成本项目和成本对象上，为企业的成本核算提供基础数据。

存货核算系统的主要功能包括存货出入库成本的核算、暂估入库业务处理、出入库成本的调整、存货跌价准备的处理等。

(二)存货核算系统与其他系统的主要关系

存货核算系统与其他系统的主要关系如图 11-9 所示。

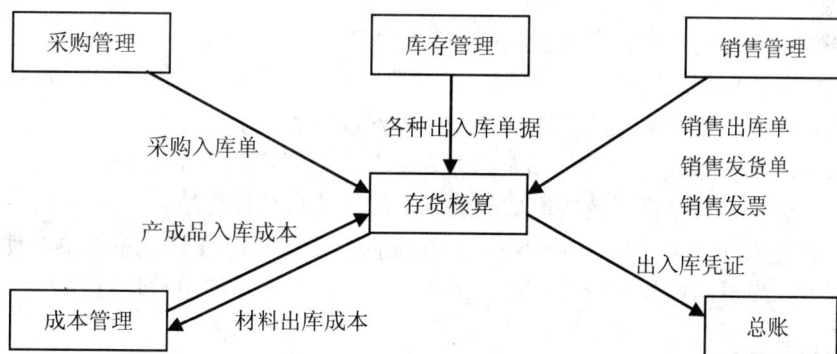

图 11-9　存货核算系统与其他系统的主要关系

存货核算系统可对采购管理系统生成的采购入库单进行记账，对采购暂估入库单进行暂估报销处理。存货核算系统可对库存管理系统生成的各种出入库单据进行记账核算。企业发生的正常销售业务的销售成本可以在存货核算系统根据所选的计价方法自动计算；企业发生分期收款业务和委托代销业务时，存货核算系统可以对销售系统生成的发货单和发票进行记账并确认成本。在存货核算系统，进行了出入库成本记账的单据可以生成一系列的物流凭证传入总账系统，实现财务和业务的一体化。成本管理系统可以将存货核算系统中材料出库单的出库成本自动读取出来,作为成本核算时的材料成本;成本管理系统完成成本计算后,存货核算系统可以从成本管理系统读取其计算的产成品成本并且分配到未记账的产成品入库单中,作为产成品入库单的入库成本。

(三)存货核算系统应用模式

存货核算系统既可以和采购管理、销售管理、库存管理集成使用,也可以只与库存管理联合使用,还可以单独使用。

1. 集成应用模式

当存货核算系统与采购管理、销售管理、库存管理集成使用时,在库存管理系统中录入采购入库单,在销售管理系统中录入发货单,审核后自动生成销售出库单或在库存管理系统中参照销售订单或发货单生成销售出库单,传递到存货核算系统。在存货核算系统中,对各种出入库单据进行记账,并生成出入库凭证。

2. 与库存管理联合使用

当存货核算系统与库存管理联合使用时,在库存管理系统中录入各种出入库单据,并进行审核,在存货核算系统中对各种出入库单据记账,生成凭证。

3. 独立应用模式

如果存货核算系统单独使用,那么所有的出入库单据均由存货核算系统填制。

二、存货核算系统日常业务处理

(一)入库业务处理

入库业务包括采购入库、产成品入库和其他入库。

采购入库单在库存管理系统中录入,在存货核算系统中可以修改采购入库单上的入库金额,采购入库单上"数量"的修改只能在该单据填制的系统进行。

产成品入库单在填制时一般只填写数量,单价与金额既可以通过修改产成品入库单直接填入,也可以由存货核算系统的产成品成本分配功能自动计算填入。

大部分其他入库单都是由相关业务直接生成的,如果与库存管理系统集成使用,可以通过修改其他入库单的操作对盘盈入库业务生成的其他入库单的单价进行输入或修改。

(二)出库业务处理

出库单据包括销售出库、材料出库和其他出库。在存货核算系统修改出库单据上的单价或金额。

(三)单据记账

单据记账是指将所输入的各种出入库单据记入存货明细账、差异明细账、受托代销商品明细账等。单据记账应注意以下几点。

(1) 无单价的入库单据不能记账,因此记账前应对暂估入库的成本、产成品入库单的成本进行确认或修改。

(2) 各个仓库的单据应该按照实践顺序记账。

(3) 已记账单据不能修改和删除。如果发现已记账单据有错误，在本月末结账状态下可以取消记账。如果记账单据已生成凭证，就不能取消记账，除非先删除相关凭证。

(四)调整业务

出入库单据记账后，如果发现单据金额录入错误，通常采用修改方式进行调整。但如果遇到由于暂估入库后发生零出库业务等原因所造成的出库成本不准确或库存数量为零而仍有库存金额的情况，就需要利用调整单据进行调整。

调整单据包括入库调整单和出库调整单。它们都只针对当月存货的出入库成本进行调整，并且只调整存货的金额，不调整存货的数量。

出入库调整单保存即记账，因此已保存的单据不可修改、删除。

(五)暂估处理

存货核算系统中对采购暂估入库业务提供了月初回冲、单到回冲、单到补差三种处理方式，暂估处理方式一旦选择不可修改。无论采用哪种方式，都要遵循以下步骤，即待采购发票到达后，在采购管理系统填制发票并进行采购结算，然后在存货核算系统中完成暂估入库业务成本处理。

(六)生成凭证

在存货核算系统中，可以将各种出入库单据中涉及存货增减和价值变动的单据生成凭证传递到总账。

对比较规范的业务，在存货核算系统的初始设置中可以事先设置好凭证上的存货科目和对方科目，系统将自动采用这些科目生成相应的出入库凭证，并传送到总账。

生成凭证操作一般由在总账中有填制凭证权限的操作员来完成。

(七)综合查询

存货核算系统中提供了存货明细账、总账、出入库流水账、入库汇总表、出库汇总表、差异(差价)分摊表、收发存汇总表、存货周转率分析表、入库成本分析表、暂估材料余额分析表等多种分析统计账表。

在查询过程中，应注意查询条件输入的准确性、灵活性。

(八)月末处理

存货核算系统的月末处理工作包括期末处理和结账两部分。

1. 期末处理

当存货核算系统日常业务全部完成后，进行期末处理。系统自动计算全月平均单价及本会计月出库成本，自动计算差异率(差价率)及本会计月的分摊差异/差价，并对已完成日常业务的仓库/部门做处理标志。

2．月末结账

存货核算系统期末处理完成后，就可以进行月末结账。如果是集成应用模式，必须在采购管理、销售管理、库存管理全部结账后，存货核算系统才能结账。

3．与总账系统对账

为保证业务与财务数据的一致性，需要进行对账，即将存货核算系统记录的存货明细账数据与总账系统存货科目和差异科目的结存金额和数量进行核对。

◉【知识链接】

财务业务一体化期末结账

在财务业务一体化各系统集成应用时，期末结账要遵从一定的顺序。按照子系统之间的数据传递关系，各子系统结账的先后顺序如图 11-10 所示。

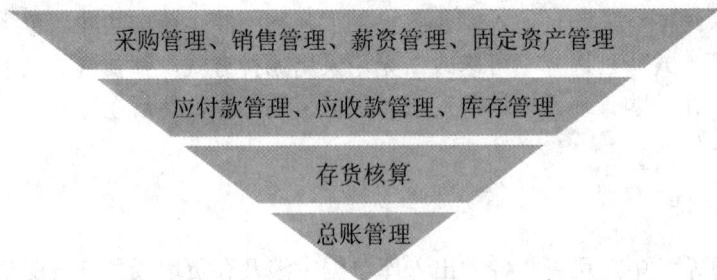

| 采购管理、销售管理、薪资管理、固定资产管理 |
| 应付款管理、应收款管理、库存管理 |
| 存货核算 |
| 总账管理 |

图 11-10　财务业务一体化应用结账次序

◉【实训操作】

1．存货业务 1

在库存管理系统中，输入采购入库单并审核，在存货核算系统中记账并生成凭证。

注意： 记账时选择"采购入库单(暂估记账)"，生成凭证的对方科目编码为"1401"。

2．存货业务 2

在存货核算系统中，双击"初始设置"|"选项"下的"选项录入"项目，选择销售成本核算方式为"销售出库单"。

在销售管理系统中输入销售发货单并审核，在库存管理系统中审核销售出库单，在存货核算系统中记账并生成凭证。

3．存货业务 3

1) 在存货核算系统中录入调整单据
(1) 双击"日常业务"下的"入库调整单"项目，进入"入库调整单"窗口。
(2) 单击"增加"按钮，选择"成品库"，输入日期"2014-01-25"，选择收发类别"采购入库"，部门"采购部"，供应商"安捷"。

(3) 选择存货编码"2003　名星杀毒软件"，调整金额为 100 元。

(4) 单击"保存"按钮，如图 11-11 所示。

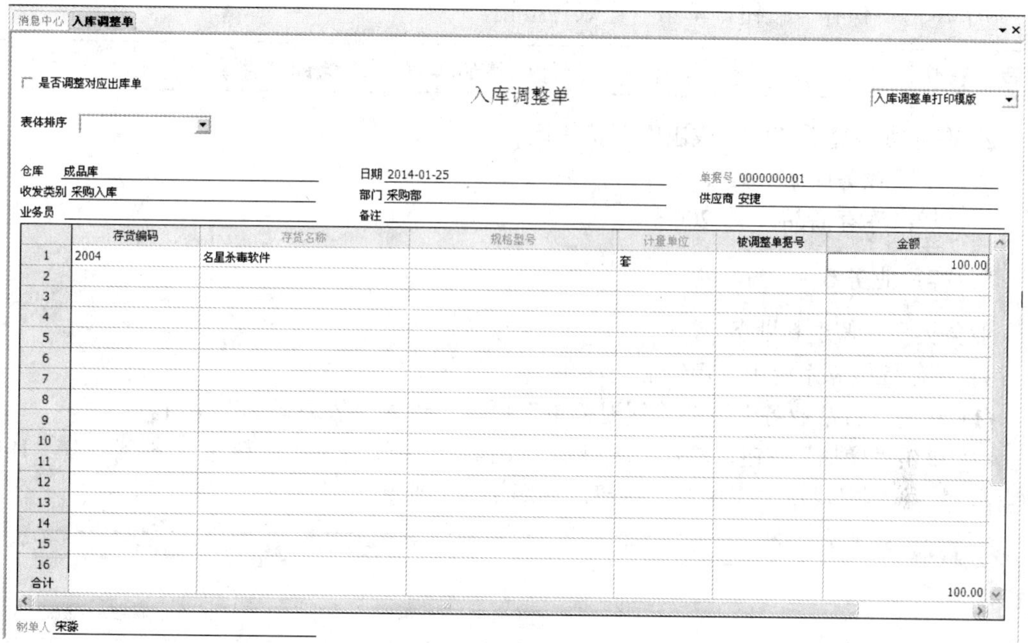

图 11-11　入库调整单

(5) 单击"记账"按钮。

> **注意：** 入库调整单是对存货的入库成本进行调整的单据，可针对单据进行调整，也可针对存货进行调整。

2) 在存货核算系统中生成入库调整凭证

(1) 双击"财务核算"下的"生成凭证"项目，进入"生成凭证"列表窗口。单击"选择"按钮，打开"查询条件"对话框。

(2) 选中"入库调整单"选项，单击"确定"按钮，进入"生成凭证"窗口。

(3) 单击单据行前的"选择"栏，出现选中标记"1"，单击"确定"按钮，出现凭证列表。

(4) 选择凭证类别为"转账凭证"，单击"生成"按钮，系统显示生成的转账凭证。

借：库存商品　　100

　　贷：材料采购　　　100

3) 查询相关账簿

双击"账表"|"分析表"下的"入库成本分析"项目，查看"名星杀毒软件"的入库成本从"5000"变为"5100"。

4. 存货业务 4

1) 在存货核算系统中录入出库调整单据

(1) 双击"日常业务"下的"出库调整单"项目，进入"出库调整单"窗口。

面向"十二五"高职高专项目导向式教改教材·财经系列

(2) 单击"增加"按钮，选择"成品库"，输入日期"2014-01-25"，选择收发类别"销售出库"，部门"销售一部"，客户"麦加"。

(3) 选择存货编码"2003 名星杀毒软件"，调整金额为 200 元。

(4) 单击"保存"按钮，单击"记账"按钮。

注意：出库调整单是对存货的出库成本进行调整的单据，只能针对存货进行调整。

2) 在存货核算系统中生成出库调整凭证

借：主营业务成本　　　200

　　贷：库存商品　　　　200

5. 存货业务 5

业务类型：假退料业务。

1) 在存货核算系统中，填制假退料单

(1) 双击"日常业务"下的"假退料单"项目，进入"假退料单"窗口。

(2) 单击"增加"按钮，输入出库日期"2014-01-30"，仓库"原料库"。材料选择"1002 硬盘"，数量"-2"，单击"保存"按钮，如图 11-12 所示。

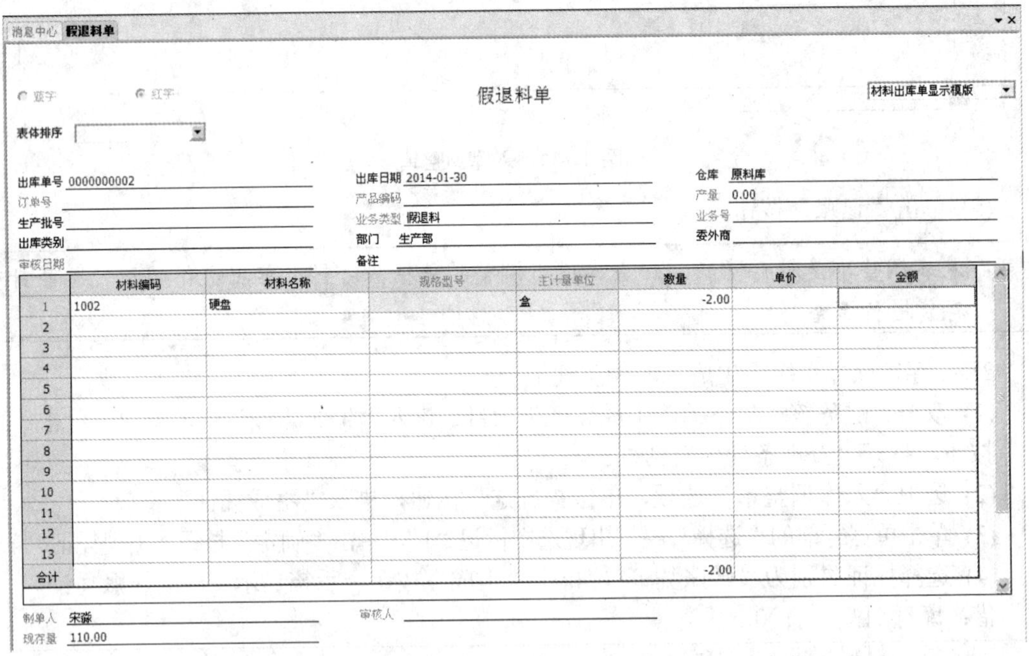

图 11-12　假退料单

2) 在存货核算系统中对假退料单进行单据记账

3) 在存货核算系统中查询硬盘的明细账

双击"账表"|"账簿"下的"明细账"项目，选择查询"硬盘"，查看假退料对材料明细账的影响。

注意：月末结账后，再次查询该材料明细账，看有什么结果。

6．月末处理

1) 期末处理

(1) 双击"业务核算"下的"期末处理"项目，打开"期末处理"对话框。

(2) 选择需要进行期末处理的仓库，单击"确定"按钮，系统自动计算存货成本。完成后，系统弹出提示"期末处理完毕！"，单击"确定"按钮返回。

> **注意：** 如果存货成本按全月平均法或计划价/售价方式核算，当月业务全部完成后，用户要进行期末处理。
>
> 存货核算期末处理需要在采购管理、销售管理、库存管理系统结账后进行。
>
> 期末处理之前应检查需要记账的单据是否已全部记账。

2) 月末结账

(1) 双击"业务核算"下的"月末结账"项目，打开"月末结账"对话框。

(2) 单击"确定"按钮，系统弹出提示"月末结账完成！"，单击"确定"按钮返回。

3) 与总账系统对账

(1) 双击"财务核算"下的"与总账系统对账"项目，进入"与总账对账表"窗口。

(2) 单击"退出"按钮返回。

最后，备份"项目十一-2"账套数据。

项 目 小 结

　　库存管理系统的主要功能是对采购管理系统、销售管理系统及库存管理系统填制的各种出入库单据进行审核，并对存货的出入库数量进行管理。除管理采购业务、销售业务形成的入库和出库业务外，还可以处理仓库间的调拨业务、盘点业务、组装拆卸业务、形态转换业务等。

　　存货核算和库存管理都是对企业的存货进行管理。库存侧重管理存货出入库的数量，存货侧重管理存货出入库的成本。存货核算可以对各种出入库业务、出入库价格进行调整。

项目基础练习

一、单项选择题

1．库存选项中选择"允许超发货出库"，发货单数量为100个，存货档案上"出库超额上限"为1，则根据该发货单生成销售出库单时，最多可以出库(　　)个。

    A. 100　　　　　　B. 101　　　　　　C. 200　　　　　　D. 300

2．产成品入库单上，只有存货属性为(　　)的才可以参照出来。

    A. 自制　　　　　B. 在职　　　　　C. 采购　　　　　D. 生产耗用

3．库存管理和采购管理集成使用时，库存可以参照(　　)单据生成采购入库单。

A. 采购请购单   B. 未审核的采购订单

C. 采购发票   D. 采购到货单

二、多项选择题

1. 关于组装拆卸，以下说法正确的是(   )。

A. 组装是指将多个散件组装成一个配套件的过程

B. 拆卸是指将一个配套件拆卸成多个散件的过程

C. 配套件是由多个存货组成，但又可以拆开销售的存货

D. 配套件和散件之间是一对多的关系，在产品结构中设置两者的关系

2. 其他入库单是指除采购业务、产成品入库之外的其他入库业务，包括(   )。

A. 调拨入库   B. 盘盈入库   C. 组装拆卸入库   D. 形态转换入库

3. 关于入库调整单，以下说法正确的有(   )。

A. 只能对存货的入库数量进行调整

B. 只能对存货的入库金额进行调整

C. 只能针对当月存货进行调整

D. 可以针对单据进行调整也可以针对存货进行调整

三、简答题

1. 库存管理系统的功能有哪些？

2. 库存管理系统与其他系统的主要关系是什么？

3. 简述产成品入库业务、材料出库业务的处理流程。

4. 哪些业务可自动形成其他入库单，哪些业务可自动形成其他出库单？

5. 盘点的方法有哪几种？需注意什么问题？

6. 举例说明组装与拆卸业务。

7. 存货核算系统的功能有哪些？

8. 存货核算系统与其他系统的主要关系是什么？

9. 简述可用量与现存量的区别。

10. 什么情况下需用到调整单据？调整单据有哪几种？

11. 简述存货核算和库存管理的联系和区别。

12. 哪些类型的业务在存货核算系统可以生成凭证传给总账？

附录一

会计电算化法规一览表

　　为了加强对会计电算化工作的管理，促进我国会计电算化事业的健康发展，根据《中华人民共和国会计法》的有关规定，财政部先后制定了若干文件，如下表所示。

发布日期	名　称	制定机构
1989 年 12 月	《会计核算软件管理的几项规定(试行)》	财政部
1994 年 6 月	《会计电算化管理办法》	财政部
	《商品化会计核算软件评审规则》	财政部
	《会计核算软件基本功能规范》	财政部
1996 年 6 月	《会计电算化工作规范》	财政部
2005 年	《信息技术 会计核算软件数据接口》	财政部、审计署
2012 年 12 月	《企业会计信息化工作规范(征求意见稿)》,	财政部

附录二

财务业务综合实训自测

一、企业基本情况

北京爱妮亚商贸有限公司是专门从事服装批发的商贸企业，公司法人代表是徐雅文，开户银行为中国工商银行北京市朝阳支行(账号：020280100166821)，公司为一般纳税人(纳税登记号：010020882461288)。

2014 年 8 月选购了用友 U8 V8.72 的总账、薪资管理、固定资产、采购管理、销售管理、库存管理、存货核算、应收款管理、应付款管理和 UFO 报表模块，并拟定于 2014 年 9 月开始利用用友 U8 管理企业财务和业务。

二、初始化设置资料

1. 岗位分工

爱妮亚企业内部岗位分工如下表所示。

编码	人员姓名	所属部门	职务	分管工作
001	徐雅文	总经理办公室	总经理	系统初始化、审核销售订单、审核采购订单
002	李泽浩	财务部	财务经理	审核记账凭证、对账(含银行对账)、结账、编制会计报表、编制会计报表、财务指标分析
003	周江	财务部	会计	审核发票、编制记账凭证、记账、固定资产核算、职工薪酬核算、存货核算、往来账款管理
004	于丽	财务部	出纳	审核收付款单、出纳签字
006	杨双	销售部	销售员	录入销售订单、编制发货单、录入销售发票(申请、复核)、销售现结收款申请、录入收款单
007	赵晨雪	采购部	采购员	录入采购订单、编制到货单、录入采购发票、采购现付付款申请、录入付款单、采购结算
008	刘忠	仓管部	库管员	编制审核出库单和入库单、盘点业务处理
009	贾兴旺	人力资源部	部门经理	人员增减变动、工资变动处理

2. 建立账套(关键信息提示)

1) **账套信息**

启用会计期：2014 年 9 月 1 日。

2) **单位信息**

单位全称：北京爱妮亚商贸有限公司。

3) **核算类型**

企业类型：商业；行业性质：2007 年新会计制度科目。

4) **基础信息**

对存货、客户、供应商进行分类；无外币核算。

5) 编码方案

采用系统默认。

系统启用：总账、薪资管理、固定资产、应收款管理、应付款管理、采购管理、销售管理、库存管理、存货核算。

3. 基础档案

1) 部门档案

部门编码	部门名称
1	总经理办公室
2	财务部
3	采购部
4	销售部
5	仓储部
6	人力资源部

2) 人员类别

人员类别编码	人员类别名称
101	企业管理人员
102	销售人员

3) 人员档案

人员编码	人员姓名	人员类别	部门	是否业务员	银行账户
001	徐雅文	企业管理人员	总经理办公室	是	20140010001
002	李泽浩	企业管理人员	财务部	是	20140010002
003	周江	企业管理人员	财务部	是	20140010003
004	于丽	企业管理人员	财务部	是	20140010004
005	杨双	销售人员	销售部	是	20140010005
006	赵晨雪	企业管理人员	采购部	是	20140010006
007	刘忠	企业管理人员	仓储部	是	20140010007
008	贾兴旺	企业管理人员	人力资源部	是	20140010008

代发工资银行：工商银行朝阳支行

4) 客户与供应商分类

01 国内；　02 国外

5) 客户档案

客户编码	客户名称	客户简称	所属分类	纳税人登记号	开户银行	银行账号
0101	广东万利商贸有限公司	万利公司	01	440100678765436	工商银行广州天河支行	456345234567235
0102	北京福润商贸有限公司	北京福润	01	110833098156234	工商银行海淀支行	008756245675878

客户编码	客户名称	客户简称	所属分类	纳税人登记号	开户银行	银行账号
0103	武汉远程商贸有限公司	远程公司	01	420109847382945	工商银行武汉青山区支行	789065467432999
0104	深圳旺和有限公司	深圳旺和	01	440303321393003	工商银行深圳市支行	100628934563789
0105	北京华丰有限公司	北京华丰	01	110134757853258	工商银行海淀支行	067828582235126
0106	郑州宏图百货公司	宏图百货	01	410104558365732	工商银行大学路支行	067771239098123

6) 供应商档案

供应商编码	供应商名称	供应商简称	所属分类	纳税人登记号	开户银行	银行账号
0101	广东东越商贸有限公司	广东东越	01	440103567856743	工商银行广州天河支行	456784234876673
0102	北京宇通客车有限公司	北京宇通	01	110833098156234	工商银行海淀支行	009812384590235
0103	北京远大商贸有限公司	北京远大	01	110456847382945	工商银行大运村支行	098213492039665
0104	北京华银服装有限公司	北京华银	01	110678221393003	工商银行惠新东支行	437382920494898
0105	天津瑞达服装有限公司	天津瑞达	01	120728757853258	工商银行南开支行	182940485746678
0106	天津泰祥服装有限公司	天津泰祥	01	120723558365732	工商银行河西区支行	439200980098567

7) 付款条件

付款条件编码	付款条件名称	信用天数	优惠天数1	优惠率1	优惠天数2	优惠率2	优惠天数3	优惠率3
01	2/10,1/20,n/30	30	10	2	20	1	30	0

8) 结算方式

结算方式编码	结算方式名称	是否票据管理
1	现金	否
2	支票	否
201	现金支票	是
202	转账支票	是

结算方式编码	结算方式名称	是否票据管理
3	银行汇票	否
4	商业汇票	否
401	银行承兑汇票	是
402	商业承兑汇票	是
5	电汇	否
6	同城特约委托收款	否
7	委托付款	否
8	托收承付	否
9	其他	否

9) 开户银行

编码	银行账号	开户银行	所属银行编码
01	020280100166821	开户银行为中国工商银行北京市朝阳支行	01-中国工商银行

10) 存货分类

分类编码	分类名称
01	男装
02	女装
03	应税劳务

11) 计量单位

计量单位组编码	计量单位组名称	计量单位组类别	计量单位编号	计量单位名称	所属计量单位组
01	无换算单位	无换算率	0101	件	无换算单位
01	无换算单位	无换算率	0102	套	无换算单位
01	无换算单位	无换算率	0103	条	无换算单位
01	无换算单位	无换算率	0104	元	无换算单位

12) 存货档案

分类编码	所属类别	存货编码	存货名称	计量单位	税率(%)	存货属性
01	男装	01	男式 T 恤	件	17	外购、内销
		02	男式夹克	件	17	外购、内销
		03	男式运动服	套	17	外购、内销
02	女装	04	女式连衣裙	件	17	外购、内销
		05	女式针织衫	件	17	外购、内销
		06	女式休闲裤	条	17	外购、内销
03	劳务类	07	运输费	元	7	应税劳务

13) 凭证类别

记账凭证

14) 会计科目

科目编码	科目名称	计量单位	辅助账类型	余额方向
1001	库存现金			借
1002	银行存款			借
100201	工行存款			借
1012	其他货币资金			借
101201	存出投资款			借
1101	交易性金融资产			借
110101	成本			借
110102	公允价值变动损益			借
1121	应收票据			借
112101	银行承兑汇票		客户往来	借
112102	商业承兑汇票		客户往来	借
1122	应收账款		客户往来	借
1123	预付账款		供应商往来	借
1131	应收股利			借
1221	其他应收款			借
122101	个人往来		个人往来	借
1231	坏账准备			贷
1401	物资采购	件	项目核算	借
1403	原材料			借
1405	库存商品	件	项目核算	借
1406	发出商品	件	项目核算	借
1601	固定资产			借
1602	累计折旧			贷
1603	固定资产减值准备			贷
1604	在建工程			借
1606	固定资产清理			借
1901	待处理财产损溢			借
190101	待处理流动资产损溢			借
190102	待处理非流动资产损溢			借
2001	短期借款		供应商往来	贷
2201	应付票据			贷
220101	银行承兑汇票		供应商往来	贷
220102	商业承兑汇票		供应商往来	贷
2202	应付账款			贷
220201	暂估应付账款		供应商往来	贷
220202	一般应付账款		供应商往来	贷

续表

科目编码	科目名称	计量单位	辅助账类型	余额方向
2203	预收账款		客户往来	贷
2211	应付职工薪酬			贷
221101	工资			贷
221102	职工福利			贷
221103	养老保险			贷
221104	医疗保险			贷
221105	失业保险			贷
221106	工伤保险			贷
221107	职工教育经费			贷
221108	住房公积金			贷
221109	工会经费			贷
221110	生育保险			贷
2221	应交税费			贷
222101	应交增值税			贷
22210101	进项税额			贷
22210102	进项税额转出			贷
22210103	销项税额			贷
22210104	已交税金			贷
22210105	出口退税			贷
22210106	转出未交增值税			贷
222102	未交增值税			贷
222103	应交所得税			贷
222104	应交个人所得税			贷
222105	应交城市维护建设税			贷
222106	应交教育费附加			贷
222107	应交地方教育费附加			贷
2231	应付利息			贷
2232	应付股利			贷
2241	其他应付款			贷
224101	住房公积金			贷
224102	养老保险			贷
224103	医疗保险			贷
224104	失业保险			贷
4001	实收资本			贷
4002	资本公积			贷
4101	盈余公积			贷
410101	法定盈余公积			贷
410102	任意盈余公积			贷

面向"十二五"高职高专项目导向式教改教材·财经系列

科目编码	科目名称	计量单位	辅助账类型	余额方向
4102	一般风险准备			贷
4103	本年利润			贷
4104	利润分配			贷
410401	提取法定盈余公积			贷
410402	提取任意盈余公积			贷
410403	应付现金股利或利润			贷
410404	转作股本股利			贷
410405	盈余公积补亏			贷
410406	未分配利润			贷
6001	主营业务收入			贷
6011	利息收入			贷
6111	投资收益			贷
6301	营业外收入			贷
6401	主营业务成本			借
6402	其他业务成本			借
6403	营业税金及附加			借
6601	销售费用			借
660101	包装费			借
660102	广告费			借
660103	运杂费			借
660104	职工薪酬			借
660105	业务招待费			借
660106	折旧费			借
660107	委托代销手续费			借
660108	差旅费			借
660109	其他			借
6602	管理费用			借
660201	职工薪酬			借
660202	办公费			借
660203	差旅费			借
660204	业务招待费			借
660205	折旧费			借
660208	其他			借
6603	财务费用			借
6701	资产减值损失			借
6711	营业外支出			借
6801	所得税费用			借
680101	当期所得税费用			借
680102	递延所得税费用			借

15) 项目目录

项目大类	项目分类定义	项目目录
商品项目	1 男装	101 男式 T 恤
		102 男式夹克
		103 男式运动服
	2 女装	201 女式连衣裙
		202 女式针织衫
		203 女式休闲裤

16) 仓库档案

仓库编码	仓库名称	计价方式
1	男装仓库	先进先出法
2	女装仓库	先进先出法

17) 收发类别

收发类别编码	收发类别名称	收发标志	收发类别编码	收发类别名称	收发标志
1	入库	收	2	出库	发
101	采购入库	收	201	销售出库	发
102	盘盈入库	收	202	盘亏出库	发
103	其他入库	收	203	委托代销	发

18) 采购类型

采购类型编码	采购类型名称	入库类别
01	普通采购	采购入库

19) 销售类型

销售类型编码	销售类型名称	出库类别
01	普通销售	销售出库
02	委托代销	委托代销

20) 费用项目

费用项目分类编码	费用项目分类名称	费用项目编码	费用项目名称
1	代垫费用	101	代垫运费

21) 单据设置

修改允许手工改动采购专用发票票号、运费发票票号、销售专用发票票号。

4. 总账

1) 选项

采用系统默认选项。

2) 期初余额

科目名称	方 向	年初余额	累计借方	累计贷方	期初余额
库存现金	借	100 000	56 789	46 789	110 000
银行存款	借	900 425	3 098 879	774 039	3 225 265
工行存款	借	952 742	679 835	774 039	858 538
其他货币资金	借	1 032 345.88	0	332 345.88	700 000
存出投资款	借	1 032 345.88	0	332 345.88	700 000
应收账款	借	70 200	58 500	0	128 700
坏账准备	贷	750	0	0	750
库存商品	借	30 000	620 000	120 000	530 000
	借	100	2 100	400	1 800
固定资产	借	1 800 000	0	0	1 800 000
累计折旧	贷	154 533.33	0	77 266.67	231 800
应付账款	贷	0		105 300	105 300
应付职工薪酬	贷	5 463.5	5 900	7 200	6 763.5
职工教育经费	贷	2 857.5	3 100	4 000	3 757.5
工会经费	贷	2 606	2 800	3 200	3 006
应交税费	贷	249 874.52	157 690.96	165 686.44	257 870
未交增值税	贷	76 000	18 000	24 000	82 000
应交所得税	贷	163 325	137 690	139 090	164 725
应交个人所得税	贷	1 309.52	200.96	196.44	1 305
应交城市维护建设税	贷	5 320	1 260	1 680	5 740
应交教育费附加	贷	2 280	540	720	2 460
应交地方教育费附加	贷	1 640	0	0	1 640
短期借款	贷	670 579.5	0	0	670 579.5
实收资本	贷	5 650 000	0	0	5 650 000
资本公积	贷	150 000	0	0	150 000
盈余公积	贷	153 197	0	0	153 197
法定盈余公积	贷	153 197	0	0	153 197
本年利润	贷	0	165 625	659 800	494 175
利润分配	贷	210 000	0	0	210 000
未分配利润	贷	210 000	0	0	210 000

5. 薪资管理

1) 工资类别

单个工资类别；从工资中代扣个人所得税。注：其他参数采用默认。

2) 工资项目设置

工资项目名称	类　型	长　度	小　数	增减项
应发合计	数字	10	2	增项
扣款合计	数字	10	2	减项
实发合计	数字	10	2	增项
代扣税	数字	10	2	减项
基本工资	数字	8	2	增项
岗位工资	数字	8	2	增项
奖金	数字	8	2	增项
请假天数	数字	8	2	其他
请假扣款	数字	8	2	减项
住房公积金	数字	8	2	减项
失业保险	数字	8	2	减项
医疗保险	数字	8	2	减项
养老保险	数字	8	2	减项
五险一金计提基数	数字	8	2	其他
日工资	数字	8	2	其他
加班天数	数字	8	2	其他
加班工资	数字	8	2	增项
个人所得税计提基数	数字	8	2	其他
工资费用分配	数字	8	2	其他

3) 公式设置

工资项目	公　式
日工资	基本工资/22
请假扣款	日工资*请假天数
加班工资	加班天数*日工资
奖金	500
工资费用分配	基本工资+岗位工资+加班工资+奖金-事假扣款-病假扣款
五险一金计提基数	基本工资+岗位工资
养老保险	五险一金计提基数*0.08
住房公积金	五险一金计提基数*0.12
医疗保险	五险一金计提基数*0.02
失业保险	五险一金计提基数*0.002
个人所得税计提基数	基本工资+岗位工资+加班工资-请假扣款-养老保险-失业保险-住房公积金-医疗保险+奖金
应发合计	基本工资+岗位工资+奖金+加班工资
扣款合计	代扣税+请假扣款+住房公积金+失业保险+医疗保险+养老保险
实发合计	应发合计-扣款合计

面向"十二五"高职高专项目导向式教改教材·财经系列

6. 固定资产管理

1) 账套参数

● 启用月份：2014.9；用平均年限法(二)按月计提折旧；当"月初已计提月份=可使用月份-1"时，要求将剩余折旧全部提足；固定资产类别编码方式为 2112，固定资产按"类别编号+序号"自动编码；已注销的卡片 5 年后删除。

● 卡片序号长度为 3；要求与总账系统进行对账，固定资产对账科目"1601 固定资产"；累计折旧对账科目"1602 累计折旧"。

● 月末结账前一定要完成制单登账业务；固定资产默认入账科目"1601 固定资产"；累计折旧默认入账科目"1602 累计折旧"；对账不平衡的情况下允许月末结账。

2) 资产类别

编码	类别名称	计提属性	折旧方法	卡片样式
01	房屋及建筑物	正常计提	平均年限法(二)	含税卡片样式
02	交通运输设备	正常计提	平均年限法(二)	含税卡片样式
03	电子设备	正常计提	平均年限法(二)	含税卡片样式

3) 部门及对应折旧科目

部门	对应折旧科目
总经理办公室	管理费用/折旧费
财务部	管理费用/折旧费
采购部	管理费用/折旧费
销售部	销售费用/折旧费
仓储部	管理费用/折旧费
人力资源部	管理费用/折旧费

4) 增减方式的对应入账科目

增减方式	对应入账科目
增加方式：直接购入	100201 工行存款
减少方式：毁损	1606 固定资产清理

5) 原始卡片

固定资产名称	类别编号	使用部门	增加方式	可使用年限	开始使用日期	原值	已提折旧	使用状况	净残值率
小轿车	02	总经理办公室	直接购入	10	2012.8.10	280 000	53 200	在用	5%
电脑	03	总经理办公室	直接购入	5	2012.8.10	5000	1 900	在用	5%
电脑	03	财务部	直接购入	5	2012.8.10	5000	1 900	在用	5%
电脑	03	销售部	直接购入	5	2012.8.10	5000	1 900	在用	5%
电脑	03	采购部	直接购入	5	2012.8.10	5000	1 900	在用	5%
卡车	02	采购部	直接购入	10	2012.8.10	300 000	57 000	在用	5%
办公楼	01	总经理办公室	直接购入	20	2012.8.10	1 200 000	114 000	在用	5%

7. 应收款管理

1) 选项

应收款核销方式：按单据；坏账处理方式：应收余额百分比法；其他参数为系统默认。

2) 科目设置

基本科目设置：应收科目为1122，预收科目为2203，应交增值税科目为22210103，销售收入科目为6001，现金折扣科目为6603，其他可暂时不设。

3) 坏账准备设置

提取比例为0.5%，坏账准备期初余额为750，坏账准备科目为1231，对方科目为6701。

4) 期初余额

日　期	客户单位名称	摘　要	方　向	金　额
2014-2-10	广东万利商贸有限公司	销售商品	借	58 500.00
2013-12-16	武汉远程商贸有限公司	销售商品	借	70 200.00

8. 应付款管理

1) 选项

应付款核销方式：按单据；其他参数为系统默认。

2) 科目设置

基本科目设置：应付科目为220202，预付科目为1123，采购科目为1401，应交增值税科目为22210101，其他可暂时不设。

3) 期初余额

日　期	供应商单位名称	摘　要	方　向	金　额
2014-6-17	北京远大商贸有限公司	购买商品	贷	105 300.00

9. 供应链管理

1) 采购管理模块

采用系统默认参数。

期初采购入库单：入库日期为2014-8-20；仓库：男装仓库；供货单位：广东东越公司；采购类型：普通采购；存货编码：01；存货名称：男式T恤；数量：100；单价：60。

2) 销售管理模块

有委托代销业务，其他采用系统默认，无期初数。

3) 库存管理模块

有委托代销业务，其他采用系统默认。

期初数：

面向"十二五"高职高专项目导向式教改教材·财经系列

仓　库	存货编码	存货名称	数量(件)	单价(元)	金额(元)
男装仓库	01	男式 T 恤	1 000	60	60 000
	03	男式运动服	500	300	150 000
女装仓库	04	女式连衣裙	800	150	120 000
	05	女式针织衫	2 000	100	200 000

4) 存货核算模块

核算方式：按仓库；暂估方式：月初回冲；销售成本核算方式：销售发票；委托代销成本核算方式：按发出商品；其他参数采用系统默认。

科目设置：存货科目为库存商品；委托代销发出商品科目为发出商品；采购入库的存货对方科目为物资采购；盘盈入库的存货对方科目为待处理流动资产损溢；销售出库的存货对方科目为主营业务成本；盘亏出库的存货对方科目为待处理流动资产损溢；委托代销的存货对方科目为主营业务成本。

三、本期经济业务(按业务发生日期逐笔记账并制单)

(1) 9 月 1 日，销售部杨双出差借款 2 000 元，财务部以现金支付。

(2) 9 月 2 日，采购部赵晨雪与北京华银服装有限公司签订采购连衣裙的合同(合同编号 CG9001)，500 件，单价 150 元(不含税)，当日货已全部验收入库，同时收到全额增值税专用发票，票号为 46012355，立即以转账支票(票号 23000012)形式支付了全部货款。

(3) 9 月 5 日，北京华丰有限公司想购买女式针织衫，向销售部杨双了解价格。销售部报价 220 元/件。填制并审核报价单。

该客户了解情况后，要求订购 500 件，但价格要求降为 200 元/件。要求发货日期为 9 月 6 日。销售部同意此价格，签订了销售合同(合同编号为 XS9001)。

9 月 6 日销售部从女装仓库向华丰公司发出其所订货物。并开具全额销售发票一张(票号 39203849)，另代垫运费 500 元。

(4) 9 月 6 日，收到广东万利商贸有限公司转账支票(票号 28392804)一张，用以偿还 2 月份所欠货款。

(5) 9 月 6 日，销售部杨双与郑州宏图百货公司签订销售男式 T 恤的合同(合同编号为 XS9002)，数量 500 件，单价 100 元/件，付款条件为 2/10,1/20,n/30。货已发出，并开出增值税专用发票(发票号为 39203850)。

(6) 9 月 7 日，采购部赵晨雪与天津泰祥服装有限公司签订采购休闲裤的合同(合同编号 CG9002)，数量 500 件，单价 180 元。

(7) 9 月 7 日，销售部杨双报销差旅费 1 880 元，并退回 120 元现金。

(8) 9 月 8 日，采用视同买断的方式委托北京福润商贸公司代销女式针织衫，数量 1 000 件，单价 200 元，销售合同已签订(合同编号 WT9001)，货已全部发出。每月底结算一次并开具增值税专用发票。

(9) 9 月 8 日，以银行存款缴纳企业 8 月份各项税费，并代缴个人所得税，企业所得税除外。

(10) 9 月 9 日，广东万利商贸公司以电汇(票号 21098293)方式支付 2 月份所欠货款。

(11) 9 月 10 日，买入 30 000 股科迅数码股票，准备短期持有。成交价每股 30 元，支付佣金 550 元，印花税 250 元，买价中包含已宣告发放但尚未支付的现金股利每股 5 元。

(12) 9 月 10 日，本月 7 日订购的休闲裤全部到货(合同编号 CG9002)，已入库，同时收到增值税专用发票和代垫运费发票(运费分摊到存货成本中)，于当日以电汇方式向对方支付全部货款及运费(20 元/千米，共 100 千米)。

(13) 9 月 11 日，收到上月 20 号从广东东越商贸有限公司购买男式 T 恤(已入库)的增值税专用发票，当日以电汇方式支付全部货款。

(14) 9 月 11 日，对上笔(合同编号 CG9002)的货物进行检验，发现有 10 条休闲裤存在不同程度非正常残损。经与对方协商后即日办理退货，并于当日收到退还的价税款及红字发票。

(15) 9 月 15 日收到华丰公司转账支票一张，用以偿还 9 月 5 日购买女式针织衫的所有货款，票号 28127897。

(16) 9 月 16 日，收到科迅数码发放的现金股利 150 000 元。

(17) 9 月 20 日，开出 105 300 元的转账支票(支票号 23000013)用于支付 6 月 17 日从北京远大商贸公司购买运动服的货款。

(18) 22 日，从北京沃尔沃汽车有限公司购置一辆沃尔沃轿车，收到对方开具的增值税专用发票，并以电汇方式支付了全部款项；轿车供销售部使用，型号 S20，单价 120 000 元，使用年限 5 年，残值率为 5%，平均年限法计提折旧，即日起开始使用。

(19) 25 日，卖出 20 000 股科迅数码股票，成交价 33 元，标准佣金 200 元，印花税 120 元。

(20) 25 日，上年度销售给武汉远程商贸公司的货款无法收回，公司对该笔应收款项进行了坏账注销。

(21) 30 日，收到北京福润公司开具的委托代销清单(共 1000 件，单价 200 元)和转账支票(票号 57683920)，已向对方开具增值税专用发票(票号 39203851)。

(22) 30 日，调整个人所得税扣税基数，完成工资变动处理(企管人员基本工资 3 000 元，岗位工资 500 元，销售人员基本工资 2 000 元，岗位工资 1 000 元，李泽浩加班 3 天，周江加班 2 天，刘忠请假 2 天)及工资费用的分配处理，并委托银行代发工资。

(23) 30 日，按规定计提本月应交的"五险一金"。

(24) 30 日，计提本月工会经费及职工教育经费。

(25) 30 日，缴纳本月应缴"五险一金"。

(26) 30 日，公司对存货进行清查，发现女装仓库盘亏针织衫 6 件，单位成本 100 元，盘盈男式 T 恤 10 件，单位成本 60 元。

(27) 30 日，根据主管批示，盘亏的钥匙包作为非正常损失转入营业外支出，盘盈的女式箱包以红字冲减当期管理费用。

(28) 30 日，对各部门固定资产计提折旧。

(29) 腾达重工股票今日收盘价为 28.8 元。

(30) 对未完成业务进行处理。

四、期末业务

1. 银行对账

2. 自动转账定义及生成

(1) 根据短期借款期末余额计提短期借款利息。

(2) 转出进项税。

(3) 转出销项税。

(4) 转出未交增值税。

(5) 计算城市建设维护税、教育费附加和地方教育费附加。

(6) 期间损益结转。

(7) 计算并结转所得税。

(8) 本年利润转利润分配。

3. 期末处理及结账

(1) 采购管理和销售管理月末结账。

(2) 库存管理对账及月末结账。

(3) 存货核算期末处理、对账及结账。

(4) 应收款管理、应付款管理月末结账。

(5) 薪资管理、固定资产管理月末结账。

(6) 总账月末结账。

4. 编制会计报表

(1) 编制资产负债表和利润表。

(2) 编制现金流量表。

(3) 编制"9 月份财务指标分析表"内部报表(应收账款周转率、成本费用利润率、净资产收益率)。

附录三 项目基础练习参考答案

项目一

一、单项选择题

1．B　2．B　3．C

二、多项选择题

1．ABCD　　2．AB　　3．ABCD

三、简答题

略

项目二

一、单项选择题

1．A　2．B　3．C　4．B

二、多项选择题

1．ACD　　2．ABCD　3．AC　　4．BC

三、简答题

略

项目三

一、单项选择题

1．C　2．D　3．D　4．D

二、多项选择题

1．BD　　2．ACD　3．ABCD　4．BCD

三、简答题

略

项目四

一、单项选择题

1．A　　2．D　　　3．B　　4．C　　　5．D　　　6．C

二、多项选择题

1．ACD　　2．ACD　　　3．AD　　4．ABD　　5．ABCD　　6．AB

三、简答题

略

项目五

一、单项选择题

1．C　　2．B　　3．A

二、多项选择题

1．ABC　　2．ABCD　　3．AC

三、简答题

略

项目六

一、单项选择题

1．B　　2．C　　3．A　　4．C

二、多项选择题

1．ABC　　2．AB　　3．BD

三、简答题

略

项目七

一、单项选择题

1．A　2．B　3．C　4．A

二、多项选择题

1．AB　2．AB　3．AC　4．ACD

三、简答题

略

项目八

一、单项选择题

1．B　2．C　3．D　4．A

二、多项选择题

1．AC　2．AD　3．CD

三、简答题

7. 在存货核算系统中设置存货科目和存货对方科目、在应收款管理系统中设置基本科目和结算方式科目、在应付款管理系统中设置基本科目和结算方式科目都是为系统自动生成凭证埋下伏笔。

8. 存货和库存系统的期初数据一致；应收款系统和应付款系统期初数据应等于总账系统应收科目(包括应收账款、应收票据和预收账款)和应付科目的期初余额。

其他略。

项目九

一、单项选择题

1．D　2．C　3．C

二、多项选择题

1．ABCD　2．ACD　3．ABCD

三、简答题

略

项目十

一、单项选择题

1．A　　2．A　　3．A

二、多项选择题

1．ABCD　　2．ABCD　　3．ABCD　　4．ABD

三、简答题

略

项目十一

一、单项选择题

1．C　　2．A　　3．D

二、多项选择题

1．ABCD　　2．ABCD　　3．BCD

三、简答题

略

参 考 文 献

1. 李勉，张依农，王新玲. 会计信息系统原理与应用. 北京：电子工业出版社，2013
2. 王新玲，梁毅炜. 会计信息化应用实训. 北京：电子工业出版社，2009
3. 王新玲，杨震宇，褚兰琳. 会计信息化应用. 北京：电子工业出版社，2008